정치가를 위한
정치자금법 강의

신우용

박영사

정치자금법을 두려워하는 이들에게

이 책을 추천하며

저자를 처음 만난 순간을 떠올립니다. 15년 전 중앙선관위 사무차장으로 재직하면서 나는 출근길에 즐겨 듣던 MBC 라디오 '손석희의 시선집중'에서 목소리로 그를 먼저 만났습니다. 당시 중앙선관위 공보팀장으로 해당 프로그램에 출연한 저자의 목소리는 겸손함을 잃지 않았으나 공정선거를 지키려는 단호한 의지만큼은 감추지 못했습니다. 선거제도와 정치자금에 관한 전문용어는 그의 설명을 통하여 어느새 청취자들의 귀 높이에 다가왔습니다.

그때 나는 마음속으로 다짐했습니다. 내가 사무총장이 된다면 내 곁을 든든히 지켜줄 비서관은 바로 저 사람이라고 일찌감치 점찍어 두었습니다. 실제로 그는 비서관으로서 르네상스적 지식인처럼 풍부하고 깊이 있는 식견으로 나를 도왔습니다. 2013년 6월 내가 '말과 전화로 하는 선거운동을 상시 허용하자'는 개혁적인 선거법 개정의견을 발표할 때, 그는 개혁안의 취지에 헌법적 가치를 담아 품격 높은 발표문으로 정리해 주었습니다. 그 발표는 여러 방송사를 통해 생중계되었고 오늘날 모두 입법에 반영되었습니다.

그 후 그는 법제과장, 법제국장, 선거정책실장, 기획조정실장 등 중앙선관위의 핵심 보직을 두루 거치며 탁월한 역량을 발휘했습니다. 퇴직 후에도 그는 나의 자랑이자 긍지가 되었습니다.

저자가 공직에서 더 큰 책임을 맡지 못한 점은 아쉬움으로 남지만, 오히려 그것이 전화위복이 되어 그는 당대 최고의 전문가로서 공직선거법과 위탁선거법의 해설서에 이어 드디어 이 책을 세상에 내놓았습니다. 전문가와 집행기관의 전유물이었던 난해한 정치관계법이 그의 저작을 통하여 비로소 생명을 얻고 시민의 언어로 재해석됨으로써 이제야 본래의 주인인 주권자의 품으로 되돌아온 것입니다. 이것은 무엇보다 값진 성과입니다.

십여 년 전 조부모의 묘소에 비석을 세우려던 때의 일입니다. 선친께서 절절한 사모곡과 사부곡으로 비문을 써주셨지만, 이를 그대로 새기려면 비석이 광개토대왕릉비만큼 커질 판이었습니다. 난감한 상황에서 그는 "한번 줘보세요"라며 원고를 가져갔고, 장문의 육필원고는 곧 여섯 줄의 운문으로 되돌아왔습니다. 선친께서도 크게 흡족해하셨으니 저에게는 더없는 효도가 되었습니다.

지극히 사적인 개인사라 공개하기 쑥스럽지만, 그 비문에 새겨진 저자의 문장을 소개합니다. 조부모님의 삶이 깃든 소중한 기록이기에 감사한 마음으로 함께 나누고자 합니다.

육신 불편한 사들양반
현인의 회초리로 까막눈 깨우셨네
절차탁마하여 선비정신 드높이고
공정하고 지혜롭게 마을 평화 보듬었네.
인심 좋은 사들댁
주린 산모 먹이고자 대신 굶으셨네

올해 작고하신 선친을 떠올리며 나는 이 책에서 그 운문의 향기를 다시 느낍니다. 정치자금법의 건조한 주제를 산문으로 풀어냈지만, 그 속에서 조부모의 비문에서 느꼈던 운율을 발견할 수 있었습니다. 그것이 바로 정치자금법의 정수이자 숨겨진 노래입니다. 여러분께서도 그 울림을 함께 느껴보시기 바랍니다.

2025. 12.

중앙선관위 전 상임위원 문상부

책을 내면서

공직선거법이 선거의 공정을 훼손하지 않는 범위에서 선거운동의 자유를 점진적으로 확대하였듯, 정치자금법도 수입·지출의 투명성을 훼손하지 않는 범위에서 정치자금의 원활한 조성을 지향하여 왔습니다. 2021년 1월 지방의원선거의 후보자와 예비후보자에게 후원회를 허용한 후, 2024년 7월부터는 현역 지방의원에게도 후원회 설치를 허용한 입법 개선은 그 생생한 증거입니다.

통상적으로 정치자금은 정치활동에 필요한 금품 정도로 이해할 수 있고, 정치활동은 권력의 획득을 둘러싼 투쟁과 권력을 행사하는 행위로 정의됩니다. 이러한 점에서 정치자금은 정치활동의 모유이자 필요악이기도 합니다. 이렇게 상충하는 목표를 조화시키기 위하여 정치자금법은 조성법이면서도 규제법이라는 야누스적인 모습을 보입니다. 그 절묘한 균형이 아름다울 지경입니다.

정치자금의 밝은 측면에서 제도화된 정치자금으로는 정당에 내는 당비, 후원회에 기부하는 후원금, 국가의 예산으로 편성되어 정당에 지급하는 보조금, 중앙선관위에 납부하여 정당에 배분하는 기탁금이 있습니다. 모두 공적으로 조성되는 특징을 보유하며 원활한 조성에 방점을 둡니다. 다만, 당비와 후원금은 그 제공의 목적이나 의도가 오염된 경우에는 기부하거나 받을 수 없습니다.

반면, 정치자금의 어두운 측면에는 음성적으로 수수되는 정치자금이 있습니다. 정치자금법이 정한 방법을 따르지 않고 정치활동을 하는 사람에게 정치활동을 위해 제공되는 금품은 모두 위법하므로, 이런 정치자금의 수수에는 형벌이 적용됩니다.

정치자금법은 절차적·기술적 측면이 강하지만, 그 본질적 내용을 올바르게 이해하려면 마치 해저지형을 탐험하는 것처럼 입체적인 사고가 필요합니다. 정치자금의 조성에 관해서는 대륙붕처럼 얕은 수심을 탐색하는 것으로 충분하지만, 규제의 측면에서는 마리아나 해구를 탐험하는 것처럼 깊은 고민을 요구하기도 합니다. 정치자금법은 우리 현대사의 정치부패에 관한 반성과 성찰을 기록한 참회록이자 재발을 방지하기 위한 버팀목이기 때문입니다.

이 책은 정치에 뜻을 둔 분들과 정치인 그리고 후원회 관계자를 위한 해설서입니다. 정치자금법이 본래 두껍지는 않으나, 독자들의 이해를 돕기 위해 법문을 플라스마 상태로 용해한 후 주제별로 필요한 요소를 추출하여 설명하는 방식을 취했습니다. 이 책을 통하여 독자들이 정치자금의 구조와 불법의 경계를 이해하고 정치자금의 밝은 영역에서 담대하게 뛰놀 수 있기를 희망합니다.

같은 물이라도 뱀이 품으면 독이 되지만, 소가 품으면 우유가 됩니다. 맑고 투명한 정치로 민주주의가 아름답게 꽃피우기를 희망한다면 우리 모두는 소가 될 각오가 되어 있어야 합니다.

사랑하는 아내의 격려와 감수에 힘입어 일련의 저술을 완성할 수 있었습니다. 아울러 이 책의 출간에 부쳐 공직의 평생 은인인 두 분께도 특별한 감사를 드립니다. 중앙선관위 문상부 전 상임위원께서는 추천사를 써주셨고, 김대년 전 총장께서는 『정치신인을 위한 선거법 강의』에 이어 이 책의 표지도 그려주셨습니다.

문상부 전 상임위원께서는 온갖 오해를 무릅쓰면서 중앙선관위를 바로 세우기 위해 진력하고 계시고, 김대년 전 총장께서는 임진강 언덕에 벙커갤러리를 열고 잡초들의 속삭임을 그리고 있습니다. 꽃이 시들었다고 쿠데타만 탓할 일도 아니라 생각합니다.

2025. 12.
관용과 통합의 정치를 꿈꾸며

차 례

제1장 정치자금이란 무엇인가

제1절 정치자금의 의미와 정치자금법의 적용범위

제2절 공적으로 조성되는 적법한 정치자금

제3절 음성적으로 제공되는 불법 정치자금

제5절 정치자금 공개의 원칙

제3장 후원회 설립과 후원금 모금방법

제1절 후원회 설립과 그 운영방법

제4장 후원금 외 정치자금 수수 금지

제1절 후원금 외 정치자금 수수 금지 개요(§45①)

제2절 누가 정치활동을 하는 사람인가

제3절 무엇이 정치활동을 위한 금품인가

제2절 법인 · 단체 · 외국인의 후원금 기부 금지(§31)

제3절 의도가 오염된 후원금 기부 금지(§32)

제4절 억압적 방법의 후원금 기부 알선 금지(§33)

제5절 불법후원금 반환 절차와 방법(§18)

제6장 회계책임자 선임과 정치자금 회계처리

제4절 해산된 후원회와 지정권자의 잔여재산 처분

제8장 당선이 무효되는 회계책임자의 범죄

제1절 회계책임자의 범죄로 인한 당선무효 개요

제2절 정치자금부정수수죄로 인한 당선무효

제3절 선거비용 초과지출로 인한 당선무효

제10장 일반 정치자금범죄와 과태료

제4절 정치자금범죄의 양벌규정(§50)

제5절 과태료의 부과 · 징수(§51)

제11장 정치자금범죄 조사와 피조사자의 권리

제1절 정치자금범죄 조사권 개요

제2절 정치자금범죄 조사권의 주요내용

제3절 방어를 위한 피조사자의 권리

제4절 정치자금범죄 신고자 포상과 보호

제12장 정치자금범죄의 특별 형사제도

제1절 정치자금범죄의 재판에 관한 특례

제2절 당선무효 범죄와 형의 분리선고

제3절 선거권제한 범죄와 형의 분리선고

일러두기

- 이 책은 2025. 10. 1. 시행중인 법령을 기준으로 하였다.
- 구·시·군의회의원은 기초의원으로, 시·도의회의원은 광역의원으로, 자치구·시·군의 장은 기초단체장으로 약칭하였다.
- 기초의원과 광역의원은 지방의원으로, 자치구·시·군의 장과 시·도지사는 자치단체장이라 통칭하였다.
- 본문에서 규범의 명칭이 언급되지 않고 괄호 안에 조문만 표시된 경우 해당 규범은 정치자금법을 말한다.
- 문장의 말미 괄호 안에 '규칙'이라 표시한 경우 해당 규범은 정치자금사무관리 규칙을 말한다.
- 본문에서 규범의 명칭이 언급된 경우 괄호 안에 조문을 표시할 때에는 해당 규범의 명칭기재를 생략하였다.
- 괄호 안 규범의 조항 표시는 예시와 같이 기호를 사용하여 축약하였다. (제45조제2항제5호) → (§45② 5.)

제 1 장

정치자금이란 무엇인가

일반 국민은 정치권력을 획득하기 위한 투쟁에 가담하거나, 선거에 적극적으로 참여하더라도 공직선거의 후보자 또는 예비후보자 신분이 아닌 한 정치자금법의 규제에 관하여 고민할 필요가 없다.

그러나 후보자 · 예비후보자와 당선인, 정당 · 후원회의 간부 등은 정치활동을 하는 사람이므로, 그들에게 정치활동을 위하여 제공되는 금품에는 정치자금의 속성이 부여됨에 따라 정치자금법이 적용된다.

이 장에서는 정치자금법 적용의 전제가 되는 정치자금의 정의에 관하여 구체적인 내용을 살펴보고자 한다.

제 1 절

정치자금의 의미와 정치자금법의 적용범위

1. 정치자금에 관한 정의

정치활동에 소요되는 돈을 흔히 정치자금이라 한다. '정치운동' 또는 '정치적 행위'에 관해서는 국가공무원법이나 정부조직법 또는 대통령령인 공무원 복무규정 등 개별 법령에서 구체적으로 그 의미를 정의하고 있다. 그러나 '정치활동'의 개념에 관해서는 개별 법률은 물론 정치자금법, 정당법, 공직선거법 등 정치관계법에서도 따로 정의한 사례가 없어 사법부의 판례로 정립한 개념을 활용하고 있다.

헌법재판소 결정과 대법원 판례는 정치활동의 개념을 '권력의 획득과 유지를 둘러싼 투쟁 및 권력을 행사하는 활동'으로 파악하고 있다.[1] 이러한 정치활동은 근대국가 이후 정당제 민주주의의 출현과 보통선거의 제도화로 인하여 고도로 조직화되었고, 이에 따라 정치활동에 필요한 비용이 크게 증가되고 있다.

정치자금법은 야누스의 얼굴처럼 공적으로 조성되는 적법하고 투명한 정치자금과 음성적으로 수수되는 불법 정치자금의 양면성을 동시에 규율하고 있다. 투명한 정치자금에 관해서는 이를 제도적으로 수

1) 헌법재판소 2004. 6. 24. 선고 2004헌바16 결정, 대법원 2009. 2. 26. 선고 2008도10422 판결, 대법원 2017. 11. 14. 선고 2017도3449 판결 등

용하여 그 조성방법을 구체적으로 규정하고 원활한 조성에 무게중심을 두는 반면, 불법 정치자금에 대하여는 포괄적으로 규제하여 엄격하게 처벌하는 입장을 취하고 있다. 이에 따라 정치자금법은 정치자금에 관하여 아래와 같이 세 개의 층위(層位)로 정의한다.

첫째, 다음 각 항목에 열거된 자금은 그 자체로 정치활동의 주체에게 정치활동을 위한 목적으로 제공되는 금전이라는 점이 객관적으로 명확하여 정치자금으로 간주된다(§3 1. 가.~바.). 따라서 해당 자금에는 이론의 여지가 없이 정치자금법이 적용된다. 이 점에 관하여는 입법론적으로 명확하게 규정하고 있어 달리 해석할 여지가 없다.

① 정당의 당원이 해당 정당에 납부하는 당비

② 후원회에 기부하는 후원금

③ 선거관리위원회에 기탁하여 정당에 배분하는 기탁금

④ 예산으로 편성되어 정당에 지급하는 보조금

⑤ 정당의 당원·당규 등에서 정한 부대수입

둘째, 다음에 열거된 신분에게 정치활동을 위하여 제공되는 금전은 정치자금으로 정의된다(§3 1. 바.). 이들은 정치자금의 소요가 객관적으로 명확한 신분으로서 법률상 정치활동을 하는 사람으로 간주된다. 따라서 이들에게 '정치활동을 위하여' 금전이 제공된다면, 해당 금전은 정치자금의 속성을 취득하여 정치자금법이 적용된다.

① 정당, 중앙당창당준비위원회

② 공직선거에 후보자가 되려는 사람, 후보자, 당선된 사람

③ 후원회·정당의 간부 또는 유급사무직원

셋째, 그 밖에 정치활동을 하는 사람에게 정치활동을 위하여 제공되는 금전도 정치자금으로 정의된다(§3 1. 바.). 여기에서 '정치활동을 하는 사람'과 '정치활동 목적'에 관해서는 법률상 명확하게 규정되어 있지 않으므로, 그에게 금전이 제공될 경우 해당 자금이 정치자금에 해당하는지는 구체적 사안에 따라 개별적으로 판단해야 한다.

참고로 정치자금법은 위에 열거된 신분의 정치활동에 소요되는 비용도 정치자금으로 정의하고 있다(§3 1. 사.). 이는 정치자금의 수입을 규제하기 위한 측면보다 정치자금 지출의 투명성을 확보하기 위하여 해당 신분이 자신의 자산으로 정치활동을 위한 경비를 집행하는 경우에도 이를 정치자금에 포섭함으로써 정치자금법의 각종 규제를 적용하려는 입법정책적 필요에서 규정한 것으로 보인다.

2. 정치자금 규제의 필요성

정치자금의 제공은 금품을 활용한 정치적 영향력의 행사라는 속성을 보유하고 있으므로, 정치자금의 조달을 정당 또는 정치인에게 맡겨 두고 아무런 규제를 하지 않는다면 정치권력과 금력의 결탁이 만연해지고, 이는 필연적으로 정치자금 기부자의 정치적·경제적 영향력이 증대될 것이다. 개인이 특정 정당이나 정치인에게 정치자금을 기부하는 것은 정치자금을 매개로 하는 정치적 의사표현으로서, 그들의 정치활동에 대한 적극적인 지지와 지원활동인 동시에 자신의 경제력을 활용하여 정치적 영향력을 행사하려는 의도이기 때문이다.

정치자금의 제공을 통한 정치적 영향력을 악용하여 금력을 가진 소수의 기득권자에게 유리하도록 정치적 결정이 이루어진다면, 민주주의의 기초라 할 수 있는 1인 1표의 기회균등 원리가 심각하게 훼손되고, 이는 필연적으로 경제권력과 정치권력의 유착을 초래하여 정치부패를 초래할 우려도 있다. 이러한 측면에서 헌법재판소는 정치자금에 대한 규제를 대의제 민주주의의 필연적 귀결로 파악한다.[2)]

특히 대의민주주의 정치체제에서 정치자금의 기부와 그 수입·지

2) 헌법재판소 2004. 6. 24. 선고 2004헌바16 결정

출에 아무런 규제를 두지 않는다면 정치공동체의 구성원 간 경제력의 차이에 따라 정치적 영향력의 행사에 불균형을 초래하여 정치적 형평성을 저해하고 체제의 정당성마저 훼손할 우려도 있다.

반면에 정치자금 기부는 주권자의 적극적인 정치활동으로 평가할 수 있을 것이므로, 결국 정치자금에 관한 규제의 문제는 정치적 표현의 자유 보장과 정치적 형평성을 추구하는 상충하는 법익 간 조화로운 해결책을 모색하는 것이 핵심 과제로 남게 된다.

3. 공직선거 출마와 정치자금법의 적용

공직선거에서 후보자 또는 후보자가 되려는 사람에게는 선거의 공정을 담보하기 위하여 선거운동 방법에 관한 공직선거법의 각종 제한·금지규정이 적용되고, 선거운동에 소요되는 비용에 대해서는 선거비용제한액이라는 총량규제를 두는 한편, 그 수입·지출의 투명성을 확보하고 부정을 방지하기 위해 정치자금법이 중층적으로 적용된다.

공직선거에서 후보자 또는 후보자가 되려는 사람의 측면에서 정치자금은 권력의 획득을 위한 경쟁, 즉 선거에서 당선을 위하여 직접적인 득표활동을 목적으로 하는 선거운동에 소요되는 비용과, 직접적인 득표활동으로 보기 어려운 활동인 정치적 지지 기반 배양이나 선거운동 준비에 소요되는 일반 정치자금으로 구분할 수 있다.

공직선거에서 선거의 공정과 후보자 간 무기대등의 원칙을 실현하기 위하여 직접적인 득표활동에 소요되는 선거비용에 관해서는 선거별로 지출할 수 있는 한도액을 규제하는 선거비용제한액제도를 두고 있지만(공직선거법 §121), 선거운동에 이르지 않는 일반 정치자금에 관해서는 정치자금법에서 그 조성방법과 수입·지출의 투명성만을 규제할 뿐, 지출의 한도액에 관해서는 제한하지 않는다.

누구든지 공직선거의 후보자 또는 예비후보자로 등록하면 선거비용제한액에 대한 통제와 정치자금 수입·지출의 투명성을 확보하기 위하여 정치자금법이 전면적으로 적용된다. 예컨대 예비후보자로 등록하면 즉시 회계책임자를 선임하여 관할 선거관리위원회에 신고해야 하고, 회계책임자를 선임한 후에 정치자금의 수입·지출은 원칙적으로 회계책임자만이 할 수 있다. 이 경우 자신의 재산으로 정치자금을 지출하는 경우에도 그 회계책임자를 통하여 지출해야 한다.

후원회를 둔 국회의원이나 지방의원이 해당 국회의원선거 또는 지방의원선거에서 예비후보자로 신고하지 않은 경우, 해당 선거의 예비후보자 등록신청개시일부터 자신의 재산으로 정치자금을 지출하는 때에도 회계책임자를 통하여 지출해야 한다(§36③).

참고로 선거일 전 180일부터 후보자가 되려는 사람은 공직선거법에 따라 예비후보자와 동일한 선거운동용 명함을 제작·활용하여 선거운동을 할 수 있지만(§59 5.), 관할 선거관리위원회에 예비후보자로 등록하기 전까지는 회계책임자를 선임해야 한다거나 회계장부를 비치·기재해야 하는 등 정치자금법에 따른 각종 의무는 부과되지 않는다.

4. 일반인의 정치참여와 정치자금법 적용 여부

일반 국민이 정치에 관하여 자신의 의사를 적극적으로 표현하기 위한 비용과 특정 후보자의 선거운동을 위하여 지출하는 비용은 정치활동에 소요되는 비용으로 평가할 수도 있다. 그러나 일반 국민의 정치적 의사표현이나 선거참여 활동은 자신이 직접 권력을 획득하거나 권력을 행사하는 행위가 아니어서 이를 정치활동으로 평가하기 어렵다. 따라서 그러한 활동에 소요되는 비용은 정치자금이 아니므로, 그 수입·지출에는 당연히 정치자금법이 적용되지 않는다.

국민들의 정치적 의사표현과 선거참여 기회에 형평성을 기하기 위한 목적이라도 모든 국민 개개인의 정치참여에 소요되는 비용을 정치자금법으로 규제할 실익이 없거니와 그러한 규제를 적용하는 것이 사실상 불가능하거나 현저하게 곤란한 문제가 있다.

다만, 그러한 활동이 특정 정당, 후보자 또는 후보자가 되려는 사람, 선거사무장·회계책임자 등과 통모(通謀)한 경우에는 정치자금의 일종인 선거비용에 포함될 수 있다(공직선거법 §119① 4.).[3] 특히 특정 후보자의 선거운동을 위하여 지출하는 것이라면 해당 자금의 성격보다 그 활동의 내용이 공직선거법에 따라 허용된 방법인지를 우선 검토해야 한다.

예컨대, 일반 유권자에게는 온－오프라인을 불문하고 특정 후보자의 당선이나 낙선을 위한 방송·신문 또는 인터넷 광고가 허용되지 않고, 후보자라도 그러한 광고는 선거운동기간에 한정하여 제한적으로 허용되기 때문이다. 아울러 선거운동을 위한 현수막 등 시설물 설치와 인쇄물 배부의 경우에도 선거가 임박한 시기부터 선거일까지는 정당과 후보자에게만 제한적으로 허용될 뿐이다.[4]

---

3) 공직선거법 제119조제1항제4호에서는 누구든지 후보자와 후보자가 되려는 사람, 그들의 가족, 선거사무장·선거연락소장·회계책임자와 통모하여 선거운동을 위하여 지출한 비용과 기부행위 제한규정을 위반하여 지출한 비용은 선거비용으로 간주하고 있다.

4) 공직선거법 제90조·제93조 참조

제 2 절

공적으로 조성되는 적법한 정치자금

1. 공적으로 조성되는 정치자금의 의미

정치자금법에서 합법적으로 인정하는 자금의 원천은 당원이 소속 정당에 납부하는 당비, 정당 또는 정치인 후원회에 기부하는 후원금, 선거관리위원회에 기탁하여 정당에 교부하는 기탁금, 국가의 예산으로 편성하여 정당에 지급하는 보조금, 그 밖에 정당의 당헌·당규 등에서 정한 부대수입뿐이다(§3 1.).

입법권자는 이렇게 열거한 정치자금만으로도 정당, 공직선거의 후보자 등 정치활동의 주체에게 그 활동에 소요되는 비용의 물질적 기초를 충분히 담보할 수 있다고 판단한 것으로 보인다. 이러한 정치자금들은 조성의 측면에서 공적으로 조달되고, 용도의 측면에서는 정치활동의 주체에게 정치활동을 위하여 제공될 것임이 객관적으로 명확하여 그 자체로서 적법한 정치자금으로서의 성격을 보유하고 있다는 점이 특징이다.

이렇게 제도화된 정치자금의 원활한 조성을 위하여 정치자금법에서는 해당 정치자금 기부자에게 조세특례제한법에 따라 조세감면의 혜택을 부여하고(§59), 깨끗한 정치자금 기부문화 조성을 위하여 지상파 방송사에게 공익광고 의무를 부여하는 한편(§61), 각급 선거관리위원회에 정치자금의 기부·기탁을 촉진하기 위하여 인쇄물·시설물·광고물 등을 활용하여 홍보하도록 법적 의무를 부과하고 있다(§60).

다만, 정치자금 중 당비와 후원금 외에 기탁금이나 보조금은 정당의 중앙당에 지급하는 정치자금으로서 중앙선거관리위원회와 정부의 소수 관계 공무원, 그리고 정당의 재정담당자 외에는 일반 국민이나 공직선거에 출마하려는 후보자 또는 예비후보자와는 직접적인 관련이 없다. 따라서 기탁금과 보조금에 관해서는 이 책에서 필요 최소한의 범위에서 다루고자 한다.

2. 당원이 소속 정당에 납부하는 당비

가. 당비납부의 요건

정당은 법률에 따라 당원의 정예화와 정당의 재정자립을 도모하기 위하여 당비납부제도를 설정·운영해야 한다(정당법 §31①). 당비란, 명목여하에 불구하고 특정 정당의 당헌·당규 등에 의하여 소속 당원이 부담하는 금전이나 유가증권 그 밖의 물건을 말한다(§3 3.). 따라서 정당의 당원이 아닌 사람이나 직업공무원 등 정당의 당원이 될 수 없는 사람이 당비 명목으로 특정 정당에 금품을 제공하는 것은 정치자금법에 위반된다.

정당의 당원에 해당하는지는 정당 내부에서 정한 임의적인 명칭만으로 판단해서는 안 된다. 실체적으로 정당에 가입할 수 있는 자격을 보유해야 하고, 절차적으로 특정 정당에 입당원서를 제출하여 해당 정당의 가입승인을 거친 후 당원명부에 등재된 사람만이 법률상 당비를 납부할 수 있는 당원이 된다.[5)]

---

5) 정당의 정기보고에 따라 중앙선거관리위원회가 최근 발간한 자료에 따르면 우리

따라서 정당에 가입할 수 없는 직업공무원이나 사립학교 교원, 선거 또는 정치자금 범죄로 선거권이 없는 사람이 형식적으로 입당절차를 거쳐 당비를 납부한 경우에는 정당법에 따른 위법으로 당원이 된 죄(§59)와 정치자금법에 따른 정치자금부정수수죄(§45①)의 실체적 경합범이 성립된다.[6)]

예컨대, 직업공무원이나 사립학교 교원이 특정 정당에 후원당원으로 가입하여 당원명부에 등재되는 절차를 거쳤더라도 그 입당의 효력은 무효이므로, 해당 정당에 당비 명목으로 정치자금을 제공하였다면, 이는 정치자금법에서 정하지 않은 방법의 정치자금 제공에 해당하여 처벌대상이 된다는 의미다. 정당의 당원이 아닌 사람이 특정 정당에 정치자금을 제공할 수 있는 유일한 방법은 해당 정당의 후원회에 후원금을 기부하는 방법뿐이다.

참고로 정당법상 16세 이상의 국민은 원칙적으로 특정 정당의 당원이 될 수 있다.[7)] 이 경우 18세 미만인 사람이 입당신청을 하는 때에는 법정대리인의 동의서를 함께 제출해야 한다(정당법 §22①·§23). 정당의 당원은 타인의 당비를 부담할 수 없고, 타인의 당비를 부담한 사람과 타인으로 하여금 자신의 당비를 부담하게 한 사람은 그 날부터 1년간 해당 정당의 당원자격이 정지된다(정당법 §31②). 당비납부의무를 이행하지 않은 당원에 대한 권리행사의 제한과 당원자격의 정지 등에 관하여 필요한 사항은 내부규범인 해당 정당의 당헌으로 정한다(정당법 §31③).

나라의 총 당원 수는 1,000만 명을 약간 상회한다. 그중 당비를 납부하는 당원은 통상적으로 약 20% 정도이다.

6) 대법원 2014. 5. 16. 선고 2012도12867 판결

7) 정당가입 연령을 16세로 낮춘 정당법 관련 조항은 2022. 1. 21. 개정되었다. 참고로 유럽 국가들의 정당가입 연령은 14세 내지 15세 정도이다. 예외적으로 프랑스의 경우 연령 제한이 없는 것으로 알려져 있다.

나. 고액당비와 특별당비

당원이 소속 정당에 납부하는 당비는 후원금과 달리 그 상한액이 없고, 고액당비에 대한 공개제도도 적용되지 않는다. 논리적으로는 수백억 원의 특별당비를 비공개적으로 납부할 수도 있다. 실제 주요 정당에서는 공직선거에서 후보자추천을 위한 당내경선이나 당대표경선에 소요되는 경비를 조달하기 위하여 수억 원에 이르는 기탁금을 요구하기도 한다.

이 경우 납부하는 기탁금이 바로 해당 정당의 당헌이나 당규에 따라 당원이 부담하는 금전에 해당하므로, 이러한 기탁금은 그 명목에도 불구하고 정치자금법상 당비의 개념에 포섭된다.

특히 중앙선거관리위원회는 유권해석으로 정당이 당헌·당규에 근거하여 공직선거의 후보자들로부터 선거경비를 조달할 목적으로 일정 금액의 특별당비를 부과하거나, 공직선거의 비례대표후보자들에게 해당 선거에 소요될 선거비용제한액의 범위에서 이를 조달할 목적으로 정당의 비례대표 순위 확정 전 일정 금액의 기탁금을 납입하게 한 후 비례대표 정수 순위에 포함되지 못한 사람들에게 반환할 수 있다고 허용한 바 있다.[8)]

해당 유권해석은 당내민주주의를 훼손하고 공천장사와 매관매직의 위험성을 내포하고 있어 선례 변경이 필요하다고 본다. 물론 중앙선거관리위원회는 해당 유권해석에서 정당이 공직선거에 특정인을 후보자로 추천하는 일과 관련하여 특별당비 또는 기탁금을 기부하거나 받는다면 정치자금법에 위반될 수 있다는 단서를 붙이기는 하였다. 그러나 정당들은 이를 귓등으로 흘려듣고 공천신청자에게 정치자금을 받을 수 있다는 부분에만 주목하여 이를 포괄적 면죄부로 인식하였음에 틀림이 없다.

---

8) 중앙선거관리위원회 2006. 5. 4. 회답

정당이 공직선거의 후보자를 선출하는 당내경선에서 그 비용을 조달하기 위하여 거액의 기탁금을 요구하는 것은 예비선거의 기능을 수행하는 당내경선의 공정을 해하고, 경선후보자의 자금력이 정당의 후보자 선출에 부당한 영향력을 미쳐 결과적으로 정치체제의 정당성은 물론 선거의 대표성 확보에도 실패할 수 있다.

따라서 정치자금법의 개정을 통하여 당비 납부액에 상한을 설정하고, 누가 고액의 당비를 납부하여 특정 정당의 정치적 의사결정에 영향력을 미치려고 하는지 해당 고액당비 납부자를 국민에게 공개함으로써 당내민주주의를 보호하고 대의민주주의 정치체제의 운영에 건강성을 담보할 필요가 있다고 본다.[9]

3. 후원인이 후원회에 기부하는 후원금

후원금이란, 후원회에 기부하는 금전이나 유가증권 그 밖의 물건을 말한다(§3 4.). 후원회는 정당의 중앙당, 국회의원과 지방의원, 비례대표를 제외한 모든 공직선거의 후보자와 예비후보자, 그리고 대통령선거의 당내경선후보자, 중앙당의 대표자·최고의원을 선출하기 위한 당내경선후보자에게 허용된다(§6).

후원금은 당원이 소속 정당에 납부하는 당비와 달리 해당 후원회의 회원이나 당원의 자격 여부, 소속 정당 여부, 선거권 보유 여부, 성년 여부 등을 묻지 않는다. 기부가 금지되는 것은 오로지 자금의 출처 측면에서 법인 또는 법인·단체와 관련된 자금뿐이고, 기부자의 신분 측면에서는 직업공무원과 외국인뿐이다.

9) 중앙선거관리위원회는 30여 년 전인 1993년부터 2005년까지 3차례에 걸쳐 당비 납부액에 상한액을 설정하자는 정당법 개정의견을 국회에 제출하였으나, 아직 입법에 반영되지 않았다.

직업공무원의 경우 정치자금법에 후원금 기부를 금지하는 명시적 규정은 없으나, 공무원은 헌법적으로 국민 전체에 대한 봉사자의 지위를 보유하고 있고, 정당법에서 정당가입을 금지하는 한편, 국가공무원법과 지방공무원법에서 정치적 행위를 금지하고 있으므로, 직업공무원의 후원금 기부는 금지된다.

후원회는 정당, 국회의원과 지방의원, 공직선거의 후보자와 예비후보자 등 객관적으로 정치자금의 수요가 예정된 신분에 한정하여 설립을 허용하되, 그 신분별로 활동의 폭과 깊이에 따라 후원회의 모금한도액을 달리함은 물론, 개인의 후원금액도 후원회별로 그 한도액을 각각 달리 정하고 있다.

특히 2021년 1월 정치자금법의 개정으로 지역구 지방의원선거의 예비후보자·후보자에게 후원회를 허용한 후, 2024년 7월부터는 지역구와 비례대표를 불문하고 모든 현직 지방의원에게 후원회를 허용하였다. 이러한 개선입법은 후원금 기부를 통하여 유권자의 적극적인 정치참여를 보장하고, 풀뿌리 민주주의에서 그 모유(母乳)인 정치자금을 적법하게 조달할 수 있도록 하며, 후원회제도의 완성이라는 측면에서도 시사하는 바가 크다.

4. 국가 예산으로 정당에 지급하는 보조금

정당은 국민의 정치적 의사를 형성하고, 정책적 대안을 제시하며, 국민이 정치나 국가작용에 영향력을 행사하는 매개체의 역할을 수행하는 등 현대 대의민주주의 정치체제에서 중요한 공적기능을 수행하고 있다. 이에 우리 헌법은 정당의 기능에 상응하는 지위와 권한을 보장하여 정당의 목적과 그 조직이나 활동이 민주적인 한 정당은 국가의 보호를 받으며 정당운영에 필요한 자금을 보조받을 수 있도록 규정하고 있다.

이러한 국고보조금은 각종 이익집단으로부터의 정치에 대한 부당한 영향력을 배제함으로써 부패를 방지하고, 정당 간 정치자금 조달의 격차를 줄이며, 정당의 정치자금 지출의 증가추세에 따른 재정압박을 완화하여 정당의 원활한 활동과 기능을 보장하는 데 그 입법목적이 있다.

외국의 국고보조금제도를 살펴보면, 독일과 일본 등 대륙법계 국가들은 직접 정당에 보조금을 지급하는 데 반하여, 미국이나 영국 등 영미법계 국가들은 주로 선거비용이나 야당에 대한 보조 등을 하고 있다. 보조금을 배분하는 기준도 의석수나 정당득표율 등 각 나라의 정치환경에 따라 다양한 모습을 보인다.

우리나라의 국고보조금제도는 1979년 12·12 군사반란으로 집권한 신군부가 1980년 국회를 해산한 후 정치권을 회유할 목적으로 국가보위입법회의를 통하여 도입되었다. 민주화 이후에도 정당에 대한 국고보조금의 종류와 규모가 지속적으로 확대되어 당초의 경상보조금 외에 선거보조금, 여성추천보조금, 장애인추천보조금은 물론, 현재는 청년추천보조금까지 신설되었다.[10)]

정당 국고보조금제도의 도입에 관한 정치적·도덕적 정당성에 대한 강한 의문이 있음에도 불구하고 이제 국고보조금제도는 정당이 손쉽게 정치자금을 확보하는 조달통로가 되어 거대 정당과 입법권자들은 어느 누구도 이를 문제삼지 않는다. 신군부 세력이 역사적으로 단죄되고, 비상입법기구에서 제정되거나 개정된 악법들은 대부분 폐지되었지만, 국고보조금제도라는 매력적인 열매만큼은 여전히 유력 정당들이 향유하고 있다.

국고보조금은 마치 죽은 나무에 열린 향기로운 과일처럼 보인다.

---

10) 대통령선거와 동시지방선거를 실시한 2022년 정당에 지급된 총 국고보조금 규모는 1,420억 원에 달하였다. 국민의힘과 더불어민주당은 각각 600억 원이 넘는 보조금을 받았고, 정의당도 100억 원에 가까운 보조금을 받았다.

게다가 그 나무에 물이나 거름을 주는 등 특별한 노력을 기울이지 않더라도 매분기마다 열매가 다시 열리는 기적을 보여준다. 국고보조금제도의 이러한 특성 때문에 정당재정의 국고의존이 심화되고, 정당의 정치적 의사결정 과정에서 국민 여론에 대한 반응성이 둔화되며, 정치자금 조성을 위한 정당의 자구노력과 자생능력이 상실되는 등 그 부작용이 노출되고 있다.

그러나 이에 관해서는 정치세력뿐만 아니라 시민단체나 학계에서도 거실에 들어온 코끼리를 대하듯 모두가 언급을 회피하려는 묵시적인 침묵의 카르텔이 지배하는 것처럼 보인다.

경상보조금 외에 선거보조금을 따로 지급하는 것도 적절치 않거니와, 하물며 선거 후에 일정 득표를 한 정당이나 후보자들에게 선거비용 보전이라는 이중의 꽃다발을 안겨주는 것은 더욱 문제가 있다. 선거공영제를 규정하고 있는 헌법정신과 무소속 후보자의 형평성을 고려하면, 후보자에 대한 선거비용 보전제도는 폐지하기 어렵다. 대안으로 정당에 대한 선거보조금제도를 축소하거나, 국고보조금 지급에 해당 정당의 후원금과 당비수입의 총액을 연계한 매칭펀드를[11] 도입하는 등 정치자금의 투명한 조달을 위하여 정당의 자구노력을 촉구할 필요가 있다.

참고로 2016년 8월 중앙선거관리위원회는 정당재정의 과도한 국고의존을 방지하고, 재정확충을 위한 정당의 자구노력을 촉구하며, 진성당원 중심의 정당운영 기반을 조성하기 위하여 국고보조금에 당비납부와 연동한 매칭펀드 도입을 제안한 바 있다.

11) 정당의 정치자금 국고보조에 매칭펀드를 적용한 국가는 독일이 대표적이다. 후보자의 선거비용 국고보조를 해당 후보자가 모금한 후원금과 연계하는 매칭펀드로는 미국의 대통령선거가 좋은 예로 보인다. 그러나 국고보조금을 받으면 선거비용제한액이 적용되므로, 2008년 이후 미국의 공화당과 민주당 모두 국고보조를 받지 않은 것으로 알려져 있다.

5. 중앙선관위 경유 정당에 지급하는 기탁금

기탁금은 선거관리위원회가 정당에 정치자금을 기부하려는 개인에게 모금하여 매분기마다 국고보조금 배분비율에 따라 각 정당에 지급하는 제도이다(§22 · §23). 기탁금은 정치자금 기부자와 정당 간 발생할 수 있는 청탁 등의 폐해를 예방함으로써 정치부패를 방지하고 건전한 민주정치의 발전을 도모할 수 있다. 이러한 특성 때문에 기탁금은 후원금과 달리 개인이 연간 1억 원 또는 전년도 소득의 5%까지의 거액을 기탁할 수 있도록 허용하고 있다.

본래 기탁금은 1965년 2월 정치자금에관한법률 시행 당시부터 도입되었다. 10월 유신 다음 해인 1973년 6월에는 기탁금 배분대상을 정치단체까지[12] 확장하였고, 1989년 12월에는 개인과 법인의 기탁금액에 상한을 두었다. 초기의 기탁금제도의 핵심내용은 지정기탁금 제도로서, 선거관리위원회에 정치자금을 기탁하는 사람이나 법인이 지급하려는 정당을 지정할 수 있었다. 당연히 기탁금의 여당 편중 현상은 피하기 어려웠다.

당시에는 법인 · 단체의 정치자금 제공이 허용되었으므로, 대기업이 특정 정당을 지정하여 중앙선거관리위원회에 정치자금을 기탁하면 중앙선관위가 단지 심부름을 맡아 해당 정당에 지급하던 구조이다. 실로 정경유착의 제도화로 평가할 수 있다.

다행히 1997년 11월 정치자금법의 개정에 따라 정치자금 조달의 형평성과 정경유착 논란이 제기되어 온 지정기탁금제를 전면 폐지하고 모든 기탁금을 정치자금 기탁 당시의 국고보조금 배분율에 따라 각 정당에 배분 · 지급되게 된다. 당연히 대기업들의 거액 기탁금은 썰물처럼 빠져나갔다. 이후 2004년 3월에는 법인 · 단체의 정치자금 기

12) 당시 국회의원 정수의 3분의 1을 사실상 대통령이 지명하였다. 해당 국회의원으로 구성된 정치단체가 소위 유신정우회, 즉 유정회로 불렸다.

부가 원천적으로 금지됨에 따라 정치자금의 일종인 기탁금 기부 또한 금지되었다.

2010년대에 이르러 다시 기탁금제도의 부흥기가 도래하였다. 중앙선거관리위원회가 투명한 정치자금 조성활동을 적극적으로 전개하면서 기탁금제도에 주목하였기 때문이다. 기탁금은 대가성이 없는 가장 순수하게 빚어진 정치자금이다. 아울러 기탁자에 대한 면세제도가 적용되어 유인요소로 작용하고[13], 정치활동이 금지된 공무원에게도 정치자금 기탁이 허용된다.

2013년도에는 연간 조성된 기탁금이 100억 원을 넘기도 하였지만, 일선 선거관리위원회가 적극적으로 기탁금 조성활동을 하고 그 성과를 인사에도 반영하면서 관할 지방자치단체와의 유착이나 강요 등 기탁금 조성에 부작용이 노출되자 그 정책을 수정하였다. 이제 기탁금제도는 물길이 바뀐 냇가에 외로이 서 있는 물레방아가 되었다.

13) 당시 10만 원을 기탁하면 면세혜택에 따라 11만 원을 환급받기도 하였다. 지금은 10만 원만 돌려받도록 관련 규정이 개정되었다.

제 3 절

음성적으로 제공되는 불법 정치자금

1. 정치활동을 하는 자에게 정치활동을 위해 제공

정치자금법은 우리 헌법과 공직선거법에 따른 대의민주주의 실현을 위하여 정치활동을 하는 사람에게 정치자금의 적정한 제공을 보장하고 수입과 지출의 투명성을 확보하며 정치자금과 관련된 부정을 방지하기 위한 목적으로 제정되었다.

그러므로 정치자금법은 일반적·사전적 의미의 정치활동을 하는 사람 모두를 규율대상으로 하는 것이 아니라 정당활동 또는 대의민주주의 실현을 위하여 공직선거와 관련한 활동을 하는 사람을 대상으로 한정하고, 그 가운데에서도 정치활동을 위하여 적정한 자금을 공급할 공익상의 필요가 있는 사람으로 제한한다.[14)]

이에 따라 정치자금법은 당비, 후원금, 기탁금, 보조금 등을 합법적인 정치자금의 원천으로 열거하면서, 포괄적으로 '정치활동을 위하여 정당, 공직선거법에 따른 후보자 또는 후보자가 되려는 사람, 당선된 사람, 후원회·정당의 간부와 유급사무직원, 그 밖에 정치활동을 하는 사람에게 제공되는 금전이나 유가증권 또는 그 밖의 물건'을 정

14) 헌법재판소 2022. 12. 22. 선고 2020헌바254 결정

치자금으로 정의하고 있다(§3 1. 바.).

정치자금에 관하여 이렇게 포괄적 정의규정을 둔 이유는 후원회, 정당, 또는 선거관리위원회 등 완충지대를 매개로 하지 않고 사적으로 또는 음성적으로 정치활동을 하는 사람에게 제공하는 모든 정치자금을 규제하기 위한 취지이다. 아울러 해당 규정은 정치자금을 수수하는 주체와 객체, 그리고 제공목적 등에 관한 정치자금범죄의 핵심적 구성요건으로 기능하기도 한다.

이에 따라 당비, 후원금, 기탁금, 보조금 등 공적으로 조성되는 정치자금 외에 사적으로 조달되는 모든 정치자금 수수행위는 정치자금법에 위반된다. 특히 정당의 당원으로 소속 정당에 당비를 납부하거나, 후원회에 후원금을 기부하는 외에 정치활동의 주체에게 개별적으로 정치활동을 위하여 금품을 제공하는 행위는 모두 정치자금법에 위반되어 형벌이 적용되는 것이다.

2. 정치활동을 하는 자의 범위와 판단기준

가. 법에 열거된 신분

정치자금법에서 정치활동의 주체로 열거된 정당, 공직선거법에 따른 후보자와 후보자가 되려는 사람, 공직선거에서 당선된 사람, 후원회·정당의 간부 또는 유급사무직원은 그 신분 자체가 객관적으로 정치활동을 하는 주체라는 점이 명확하므로, 그들의 정치활동을 위하여 제공되는 금품이라면 해당 금품에 정치자금의 속성이 부여되어 정치자금법이 적용된다(§3 1. 바.).

이러한 구체적 예시들에 의하여 추론할 수 있는 '정치활동을 하는 사람'의 공통적 판단기준은, '정당, 선거, 후원회와 관련된 사람 내지 단체로서 정당법, 공직선거법 또는 정치자금법에 의하여 규율되는 당사자나 이와 직접 관련된 활동을 하는 사람'으로 볼 수 있을 것이다. 따라서 정당의 평당원 또는 후원회의 회원으로 활동하거나, 선거에서 자원봉사자 또는 무급사무직원으로 활동하는 사람은 이에 해당하지 않는다.15)

예컨대, 판례는 특정 정당의 당원으로서 외부적으로 해당 정당의 지지층 유지에 기여하고 정당 내부의 선거운동을 지원한 사정만으로는 해당 당원을 '정당이나 공직선거와 직접 관련된 활동을 주로 하는 사람'에 해당한다고 보지 않았다.16)

특히 정치활동을 하는 사람에 해당하기 위해서는 공직선거나 정당과 관련된 활동이 있어야 하는데, 정치자금부정수수죄의 집행유예 확정판결에 따라 10년간 선거권과 피선거권을 상실한 사람은 같은 기간동안 선거운동을 할 수 없고, 정당의 당원도 될 수 없으므로 정치활동을 하는 사람으로 볼 수 없다.

판례는 정치자금범죄로 집행유예 1년 형이 확정되어 도지사의 당선이 무효로 된 사람이 금전을 제공받은 사안에 대하여 정치자금법을 적용할 수 없다고 보았다.17) 당선이 무효로 된 전직 도지사에게 선거권과 피선거권이 회복되지 않았기 때문이다.

반면, 당협위원장의 경우 국회의원 지역구에서 당원을 조직화하고 정당에서 지시하는 당무사항을 이행하는 등의 업무를 집행하고 있으므로, 해당 신분은 후보자가 되려는 사람이 아니더라도 정치자금법상 정당의 간부로서 정치활동을 하는 사람에 해당한다. 판례는 당협위원장이 공천을 기대한 지방의원선거 예비후보자로부터 금품을 수수한 행위를 정치자금범죄로 보았다.18)

15) 헌법재판소 2014. 7. 24. 선고 2013헌바169 결정

16) 대법원 2013. 9. 26. 선고 2013도7876 판결

17) 대법원 2015. 4. 23. 선고 2013도3790 판결

18) 대법원 2016. 5. 12. 선고 2016도68 판결

한편, 정치자금법이 적용되는 '후보자가 되려는 사람'이란, 아직 후보자등록을 하지 않았으나 장차 후보자가 될 의사를 가진 사람을 말한다. 입후보할 것을 예정하거나 그 의사를 가지고 있으면 족하고 입후보를 위한 확정적 결의까지 요구하는 것이 아니다.

예컨대, 외부에 확정적으로 입후보 의사를 표시하지 않은 사람이라도 그 신분이나 접촉대상·언행 등에 비추어 해당 선거에 입후보할 의사를 가진 것으로 객관적으로 인식할 수 있을 정도에 이른 사람도 후보자가 되려는 사람에 포함되는 것이다.[19] 당초 '후보자가 되려는 사람'은 공직선거법에서 형성된 개념이지만, 해당 개념을 정치자금법에 적용하는 데 아무런 무리가 없다.

또한 정치자금법에 규정된 후원회·정당의 간부란, 후원회나 정당의 주요 의사결정에 관여할 수 있는 공식기관으로서 정치활동을 위한 경비의 지출이 객관적으로 예상되는 명확한 위치에 있는 사람으로 볼 수 있다. 정당의 유급사무직원도 정치자금법상 이에 준하는 지위를 가진 것으로 보인다.

나. 기타 정치활동을 하는 자

정치자금법의 입법목적은 정치자금의 적정한 제공을 보장하고 그 투명성을 확보하며 부정을 방지함으로써 민주정치의 건전한 발전에 기여함을 목적으로 한다(§1). 이러한 정치자금법의 입법목적, 정치자금법에서 명시적으로 정치활동을 하는 사람으로 규정한 제한적 열거규정의 취지, 그리고 정당제 대의민주주의 정치체제의 운영방식 등을 고려하면 '그 밖에 정치활동을 하는 자'란, 정당이나 공직선거와 직접 관련된 활동을 주로 하는 사람이나 단체를 의미하는 것으로 보아야 할 것이다.[20]

---

19) 대법원 2005. 9. 25. 선고 2005도2642 판결 등

20) 서울고등법원 2010. 1. 8. 선고 2009노2434 판결

달리 말하자면, 정치자금법에서 지칭하는 '그 밖에 정치활동을 하는 자'란, 정치자금의 적정한 제공의 필요성이 있고, 그 수입 · 지출에 투명성을 확보하여 정치자금과 관련한 부정을 방지할 필요가 있는 사람과 단체로 한정하는 것이 적절한 것으로 보인다.

따라서 정치자금법은 일반적 의미의 정치활동을 하는 사람 모두를 그 수범자(受範者)로 하는 것이 아니라 정당, 공직선거에 참여하는 사람, 후원회 업무에 종사하는 사람 등을 규율대상으로 하는 것이다. 특히 정치자금법의 적용범위는 정치활동을 하는 사람 중에서도 정당이나 후원회에서 주요 직책을 수행하는 간부이거나, 최소한 직업적으로 활동하는 유급사무직원과 같은 정도의 위치에 있는 사람으로 한정되어야 한다.

결국 정치자금법에서 불법 정치자금의 규제에 관하여 특별하게 의미를 가지는 '그 밖에 정치활동을 하는 자'란, 정당, 공직선거 또는 후원회와 직접 관련된 활동을 직업적으로 하는 사람은 물론이고, 정당, 공직선거 또는 후원회를 위하여 설립된 단체로 볼 수 있을 정도에 이른 단체를 뜻한다.[21)]

다. 정치활동을 하는 사람 판단기준

정치자금법은 불법적인 정치자금 규제를 위하여 정치자금에 관한 포괄적 정의에서 '정치활동을 위하여'라는 제공목적과, '정치활동을 하는 사람'이라는 수령자 신분의 2가지 개념의 상호작용으로 파악하고 있다. 따라서 정치자금법이 금지하고 처벌하는 수수 대상이 되는 정치자금에 해당하기 위해서는 반드시 목적과 신분에 관한 이 두 가지 요소가 충족되어야 한다.[22)]

---

21) 헌법재판소 2014. 7. 24. 선고 2013헌바169 결정

22) 대법원 1999. 3. 23. 선고 99도404 판결

다만, 금품수수 당사자의 의사나 금품수수의 경위 등에 비추어 수수의 대상이 되는 금품이 정당의 운영비나 선거비용 등 정치활동을 위한 경비로 제공된 것이 객관적으로 명백하고, 당사자도 그와 같은 사정을 인식하여 금품을 수수한 경우처럼 특정 정치활동과 관련성이 명확한 경우에는 금품의 수령자 신분에 관한 요건이 완화될 수 있다.

반면에 제공되는 금품이 정치활동을 위한 경비로 제공된 것인지 객관적으로 명확하지 않거나, 금품수수의 당사자가 그와 같은 사정을 인식하지 못한 경우에는 그 수령주체인 '정치활동을 하는 사람'에 관한 요건을 엄격하게 판단해야 한다.

이 경우 '정치활동을 하는 사람'에 해당하기 위해서는 금품의 수령주체로 특정된 사람이 정당의 간부 등 보직을 갖고 있거나, 선거 관련 조직의 공식적 직책을 보유하는 등 지속적으로 정치 또는 선거에 관한 활동을 하는 사람이어야 한다.

라. 정치활동을 하는 사람과 단체

시·도당의 공천심사위원회에 추천되는 지역구 시·도의원선거의 후보자가 사실상 정당의 공천을 받게 된다는 점을 이용하여 국회의원 보좌관이 공천 희망자로부터 1억 원 상당의 공천헌금을 제공받은 사안에 대하여, 판례는 해당 보좌관을 국회의원의 의정 활동과 관련하여 정치활동을 하는 사람으로 보아 정치자금법죄가 성립된다고 판단하였다.[23] 지극히 상식적인 결론이다.

반면에 오랜 기간의 정치활동을 마무리하고 공식적으로 정계 은퇴를 선언한 사람은 정치활동을 하는 사람이 아니다.

예컨대, 정계 은퇴를 선언한 사람이 정치자금법이 정하지 않은 방법으로 현금 2억 원을 기부받은 행위로 기소된 사안에서, 판례는 현

---

23) 대법원 2013. 7. 12. 선고 2013도3940 판결

금수수 당시의 피고인은 정치활동을 하는 사람으로 보기 어려워 정치자금범죄가 성립되지 않는다고 판단하였다.[24)]

특히 선거와 관련된 포럼의 운영에도 유의할 부분이 있다. 실제 2014년 실시된 제6회 전국동시지방선거에서 시장선거 당선을 목적으로 포럼을 설립하고 특정 정치인의 인지도 제고와 이미지 향상을 위한 활동을 한 후 이에 소요되는 비용을 마련하고자 불특정 다수의 사람들로부터 포럼의 특별회비 명목으로 돈을 기부받아 정치자금법 위반으로 기소된 사건이 있었다.

법원은 해당 포럼의 각종 행사를 정치활동으로 볼 수 있고, 결국 해당 포럼은 정치자금법에서 정치활동의 주체로 열거된 사람 또는 단체에 준하여 '그 밖에 정치활동을 하는 자'에 해당하므로, 해당 포럼이 특별회비 명목으로 1억 6,000여만 원을 모금한 행위를 정치자금법에서 정하지 않은 방법으로 정치자금을 기부받은 것으로 보아 정치자금법 위반으로 처벌하였다.[25)]

반면에 정당이나 선거조직과 직접적인 인적·물적 유대관계를 맺지 않은 채 통상적인 사회활동의 일환으로 특정사안에 대한 정치적 의견을 표명하고 정치현안을 공론화하는 정도의 활동을 하는 개인이나 단체를 정치활동을 하는 사람으로 평가해서는 안 될 것이다. 이러한 활동만으로 정치자금법이 정한 '그 밖에 정치활동을 하는 자'에 해당한다고 본다면, 공직선거에서 선거운동원이나 자원봉사 등의 방법으로 정치활동에 일시적으로 참여하는 사람도 정치자금법의 규율대상이 될 수 있어 그 범위가 지나치게 확대될 우려가 있기 때문이다.

---

24) 대법원 2010. 10. 14. 선고 2010도1380 판결
25) 대법원 2017. 11. 14. 선고 2017도3449 판결

3. 정치활동을 위하여 제공한다는 의미

가. 열거된 신분에게 제공하는 경우

정치자금법에 따라 수수가 금지되는 정치자금은 '정치활동을 위하여 정치활동을 하는 사람에게 제공되는 금전 등 일체'를 의미한다. 따라서 정치활동을 하는 사람에게 제공된 금전이라도 그 사람의 '정치활동을 위하여' 제공된 것이 아닌 경우에는 이를 정치자금으로 볼 수 없어 정치자금법 또한 적용되지 않는다.

이 경우 정치자금법에서 정치활동을 하는 신분으로 보아 정치자금의 수령 주체로 열거된 '정당, 공직선거에서 당선된 사람, 공직선거의 후보자, 후원회·정당의 간부 등'은 이미 정치활동을 위한 경비의 지출이 객관적으로 명확하게 예상되는 위치에 있는 개인이나 단체이므로, 그들에게 제공되는 자금은 일단 정치활동을 위하여 제공된 것으로 볼 여지도 있을 것이다(§3 1.).

그러나 국회의원이나 지방의원, 공직선거의 후보자·예비후보자 등에게 정치활동을 원활하게 할 수 있도록 제공되는 모든 금품을 정치자금에 포함되는 것으로 그 의미를 확장해서는 안 된다. 수수된 금품이 정치활동을 위하여 제공되는 것으로서 정치자금에 해당하기 위해서는 이를 제공받은 정치인이 정당운영비, 선거 관계비용 등 정치활동을 위한 경비로 지출할 것임이 객관적으로 명확히 예상할 수 있는 경우로 한정해야 하기 때문이다.

예컨대, 당초부터 정치인에게 제공되는 금전이 뇌물로 수수되거나, 사적경비 또는 정치자금법에서 규정하고 있는 용도 외로 사용될 것이 예상되는 경우에는 해당 금전을 정치자금이라 볼 수 없다. 판례도 지방자치단체장선거에 출마하기 위하여 정당에 공천을 신청한 사람이 국회의원에게 금전을 제공하였으나, 해당 금전이 국회의원의 정치활동을 위한 경비가 아니라 개인적인 부채를 변제하기 위하여 제공된 것임이 객관적으로 명백하다는 이유로 정치자금범죄의 성립을 부인한 바 있다.[26]

또한 구청장과 국회의원을 모두 역임한 정치인이 구청 직원과 지역 주민에게 제공한 총 57회의 식사경비 2,500여만 원을 지역 사업가로부터 대납받은 사안에서, 판례는 식사경비를 대납받은 것은 해당 정치인의 개인적인 이익을 위한 것으로 보일 뿐, 정치활동에 이용될 것임이 객관적으로 명백히 예상되는 것으로 평가하기 어렵고, 총 57회에 걸친 식사경비 대납 항목 중 어느 것이 해당 정치인의 정치활동을 위한 것이고 또 어느 항목이 개인적인 목적 또는 이익을 위한 것인지 구별할 수 있는 증거가 없다고 보아 정치자금범죄의 성립을 부인한 사례도 있다.[27]

한편, 국회의원이 지역의 사업가로부터 고가의 시계 2개와 안마의자를 제공받은 사안에 대하여, 판례는 고가의 시계를 착용하여 정치인으로서의 긍정적인 이미지를 형성하거나 안마의자를 사용하여 피로를 풀고 건강을 회복하는 것까지 '정치활동'에 해당한다고 보기 어렵다고 판단하였다.

이에 따라 법원은 해당 사건의 시계 2개와 안마의자는 정치활동에 사용될 것이 객관적으로 명백히 예상된다고 볼 수 없다고 판시하여 정치자금법 위반에 대하여는 무죄를 선고하였다.[28] 전업 정치인의 경우 그 사회적 활동이 직·간접적으로 정치활동과 관련될 개연성은 높다. 그러나 그들의 모든 사회적 활동을 정치활동으로 결부시키는 것은 무리가 있고, 전업 정치인이라도 순수한 사적인 영역에 해당하는 활동도 엄연히 존재할 것이므로, 비록 환가성(換價性)이 높은 선물을

26) 광주고등법원 1999. 9. 16. 선고 99노3 판결

27) 대법원 2018. 5. 11. 선고 2018도3577 판결

28) 대법원 2016. 7. 29. 선고 2016도5596 판결

받았다는 사정만으로 이를 정치자금을 제공받은 것으로 단정할 수는 없기 때문이다.

결국 정치활동을 하는 사람에게 금전이 제공된 경우 해당 금전이 정치자금에 해당하는지는 수수한 금전의 명목 또는 그 사용처가 핵심적으로 중요한 판단요소가 될 것이다.

참고로 정치인의 후원자가 해당 정치인의 정치활동을 위하여 금전을 제공하면 정치자금의 기부는 완성이 된 것이고, 그 후에 제공된 금전을 정치활동과 무관하게 생활비로 사용하는 등 해당 금전을 어떤 용도로 사용하였는지는 정치자금범죄의 성립에 아무런 영향을 미치지 않는다.[29]

나. 기타 정치활동을 하는 사람에게 제공

정치자금법에 규정된 정치활동의 주체로서 '그 밖에 정치활동을 하는 사람'의 경우에는 일상적인 사회활동과 정치활동을 구별하는 것이 어느 정도 가능하더라도 법에 개별적으로 열거된 신분과 달리 그가 지출하는 경비가 반드시 정치활동과 직결된다고 인정할 만한 객관적인 위치에 있는 것으로 보기 어렵다.

따라서 이들에게 제공되는 자금에 대해서는 그 자금의 수수 당시 이를 특정한 정치활동을 위한 용도로 제공하고 또 제공받는다는 인식이 있을 때 비로소 정치자금에 해당될 수 있다. 이와 같은 인식의 여부에 관해서는 자금 수수 당사자의 의사, 당사자 사이의 관계, 자금의 수수 경위와 그 명목, 자금의 실제 사용처 등을 종합하여 판단한다.[30]

판례는 공직선거의 후보자를 위하여 특보 또는 법률고문으로서 정치활동을 수행하면서 선거자금으로 제공되는 금전을 제공받은 경

29) 대법원 2011. 6. 9. 선고 2010도17886 판결

30) 대전고등법원 2011. 9. 16. 선고 2011노288 판결

우, 해당 금전을 수령한 사람이 정당의 간부 또는 선거 관련 조직의 공식적 직책을 보유하는 등 지속적으로 정치활동을 하는 사람에는 해당하지 않더라도, 공직선거 후보자의 특보 또는 법률고문은 '그 밖에 정치활동을 하는 사람'으로서 자금의 배분 등에 관한 어느 정도의 권한 내지 재량이 인정되므로 그 사람의 정치활동을 위한 자금, 즉 정치자금으로 보았다.[31]

31) 대법원 2004. 12. 10. 선고 2004도5652 판결

제 4 절

정치자금의 적법기부와 위법기부

1. 정치자금 기부의 함의(含意)

일반적으로 다른 사람이나 단체에 대한 기부행위는 공동체의 결속을 도모하고 타인과의 연대를 확대하는 기능을 하므로, 자본주의와 시장경제의 흠결을 보완하는 의미에서 국가·사회적으로 장려되어야 할 미덕(美德)이다. 기부를 통하여 사회적 안전망이 구축되고 국가공동체의 통합을 이룰 수도 있다.

또한 금품의 기부자 입장에서는 자신의 재산을 사회적 약자나 소외계층을 위하여 출연(出捐)함으로써 자기가 속한 사회에 공헌하였다는 행복감과 만족감을 실현할 수 있으므로, 이는 헌법상 인격의 자유로운 발현을 위하여 필요한 행동을 할 수 있어야 한다는 의미의 행복추구권과 그로부터 파생되는 일반적 행동자유권의 행사로서 당연히 보호되어야 한다.[32)]

그러나 선거와 관련한 기부행위는 선거구민을 대상으로 하는 재산상의 이익제공 행위로서, 선거를 타락시키고 후보자 간 경제력의 차이에 따라 선거운동 기회균등의 원칙을 심각하게 훼손할 우려가 있으므로 공직선거법에서는 이를 엄격하게 제한하고 있다.

32) 헌법재판소 2014. 2. 27. 선고 2013헌바106 결정

반면에 정치자금의 기부는 기부자의 정치적 신념을 실현하는 수단으로 정당이나 후보자·예비후보자 또는 현직의원을 대상으로 이루어진다. 특정 정당에 대한 정치자금의 기부는 해당 정당이 추구하는 이념과 가치를 공유하여 이를 정책으로 실현하고자 하는 의지의 표현이지만, 정치인을 대상으로 하는 후원금 기부는 해당 정치인과의 학연·지연·혈연에 기초한 친소관계나 경제적 이익에 대한 기대가 정치자금 기부의 주된 유인요소로 작용하기도 한다.

따라서 특정 정당이나 정치인에 대한 정치자금의 기부는 그들의 정치활동에 대한 지지 내지 지원의 의미와 더불어 해당 정당이나 정치인에 대한 정책적 영향력 행사의 의도를 내포하고 있으므로,[33] 이는 정치자금을 매개로 하는 정치적 의사표현이자 자신의 이익을 실현하기 위한 적극적 활동으로 볼 수 있다.

그러나 선거의 공정을 이념으로 하는 공직선거에 적용되는 선거비용과 달리 그 지출에 상한액이 없는 일반 정치자금의 기부와 지출은 그 규모의 차이에 따라 유권자 간 정치적 영향력의 불균형을 초래하고, 유권자나 정당 후보자 등의 정치적 불평등과 정경유착의 폐해 등 부정부패의 가능성을 배제하기 어렵다.

이를 방지하기 위하여 정치자금 기부에 대하여 과도한 규제를 둘 경우에는 정치와 선거과정에서 정당 또는 후보자들의 역할이 제한되고, 유권자들이 그 과정에 참여할 공간을 축소시킴으로써 결과적으로 정치적 표현의 자유를 억압하게 된다.

결국 정치자금 기부에 관한 쟁점은 대의민주주의 정치체제에서 유권자의 정치적 표현의 자유와 유권자 간 경제력의 차이에서 발생하는 정치적 형평성 문제를 어떻게 조화시켜 적절한 균형을 이루어 낼 수 있는지가 핵심적 과제가 된다.

---

33) 헌법재판소 2017. 8. 31. 선고 2016헌바45 결정

2. 정치자금법에 따른 기부의 정의

정치자금법에서 '기부'란, '정치활동을 위하여 개인 또는 후원회 그 밖의 사람이 정치자금을 제공하는 일체의 행위'를 말한다. 정치자금법은 이에 더하여 제3자가 정치활동을 하는 사람의 정치활동에 소요되는 비용을 부담하거나 지출하는 경우와 금품이나 시설의 무상대여, 채무의 면제·경감 그 밖의 이익을 제공하는 행위를 모두 기부로 의제하도록 간주규정을 두고 있다(§3 2.).

정치자금법은 이처럼 제3자가 정치인 등에게 정치자금을 무상대여하면 이를 기부로 간주하는바, 이는 금품의 무상대여가 편법적·음성적인 정치자금 제공의 수단으로 악용되는 것을 차단함으로써 정치자금법의 규범력을 확보하기 위한 취지로 보인다.[34]

여기에서 특히 유의할 사항은 간주규정의 효력에 따라 제3자가 정치활동을 하는 사람의 정치활동에 소요되는 비용을 부담하거나 지출하는 경우, 금품이나 시설의 무상대여, 채무의 면제·경감 그 밖의 이익을 제공하는 행위는 정치자금법에 따른 기부로 사실관계가 확정된다는 점이다. 간주규정은 법규에서 정한 내용대로 사실관계가 확정되고 반증을 허락하지 않는 입법기술이다. 아무리 증명력이 높은 반대증거를 내세워 항변하더라도 간주규정에 따라 확정된 사실관계를 바꾸지 못한다.[35]

결국 정치활동을 하는 사람에게 정치활동에 소요되는 금품이나 시설의 무상대여, 채무의 면제·경감 그 밖의 이익을 제공하는 행위는 기부로 간주되므로, 이를 정치활동 주체에게 제공하기 위해서는 정치자금법에서 정한 절차와 방법에 따라야 한다.

34) 헌법재판소 2017. 8. 31. 선고 2016헌바45 결정

35) 대법원 1995. 2. 17. 선고 94다52751 판결 등

3. 정치자금 기부로 간주하는 요건

가. 금품 · 시설 무상대여

정치자금법에서 금품이나 시설의 무상대여는 정치자금의 기부로 간주한다(§3 2. 후단). 무상대여란 금품 등의 사용에 대한 대가의 출연(出捐)[36] 없이 대여가 이루어지는 것을 말한다. 이 경우 금품 등의 대여가 무상인지는 그 대여 당시를 기준으로 그 대가의 출연 의무가 있는지에 따라 판단한다.

따라서 금품 등을 대여받는 사람이 대가의 출연에 관한 상대방과의 약정이 없이 장차 대가를 출연하겠다는 일방적인 내심의 의사만을 가지고 있었던 경우에는 이로 인하여 대가의 출연의무가 발생한다고 볼 수 없다. 이 경우에는 금품이나 시설의 무상대여에 해당하여 정치자금의 기부로 볼 수 있다.

그러나 금품 등의 사용에 대하여 대가를 출연하기로 하는 당사자 사이의 약정은 묵시적으로도 이루어질 수 있으므로, 당사자 사이에 명시적인 대가지급에 관한 약정이 없었더라도, 금품 등을 대여받는 사람이 상대방과 사이에 대가의 출연에 관한 묵시적인 약정이 있어 그 대가를 출연할 의무가 있다고 믿고 그 금품 등을 대여받은 경우라면 이를 기부로 간주해서는 안 될 것이다.

반면에 금품 등을 대여받은 사람에게 대가의 출연에 대한 묵시적인 약정조차 없었다면, 이는 해당 금품 등을 무상으로 대여받는 행위로서 정치자금법이 정하지 않은 방법으로 정치자금을 기부받는다는 점에 대한 범의(犯意)를 인정할 수 있을 것이다.

다만, 차용자가 대가를 제공할 의사로 금원을 차용하였다면, 비록

36) 출연의 사전적 의미는 자신의 의사에 따라 금품을 기부하거나 의무를 부담함으로써 재산상의 손실을 입고 남의 재산을 증가시키는 것을 말한다.

대여자가 대가를 제공받을 의사 없이 금원을 대여하였더라도 차용자에게는 무상차용의 범의(犯意)를 인정할 수 없다.[37]

한편, 형식적으로는 대여의 모양새를 갖추었지만, 그 실질은 대여자에게 대여금을 반환받을 의사가 없었거나, 대여자가 대여금을 반환받을 의사를 일부 가지고 있었더라도 대여금을 반환받지 못할 수도 있다는 점을 인식하고 금품 등을 대여하였다면 이는 결국 무상으로 금품을 기부한 경우에 해당한다.[38]

따라서 금품이 정치자금으로 제공된 사실은 시인하면서도 이를 빌린 것이라 주장하는 경우, 그것이 실제로 빌린 것인지는 제공자와 차용자 사이의 관계, 돈을 수수한 동기, 금품의 전달 경위와 방법, 양자의 직업과 경력, 제공받은 사람의 차용 필요성, 제공자 외의 사람에게 차용 가능성, 차용금의 규모와 용처, 제공자의 경제적 상황, 제공과 관련된 이익의 규모, 담보 제공 여부, 변제기일과 이자 약정 여부, 제공받은 사람의 원리금 변제 여부, 채무불이행 시 금품을 제공한 사람의 독촉과 강제집행의 가능성 등 객관적인 사정을 모두 종합하여 판단해야 한다.[39]

이 경우 금품의 성격이 차용금에 해당하더라도, 금품수수의 경위와 시기, 이자율과 변제조건, 대여금의 회수가능성, 인적 · 물적 담보의 여부, 차용자의 지위와 신용상태 등을 종합하여 해당 차용금과 같은 조건으로 다른 곳에서 금품을 차용하는 것이 사실상 불가능한 경우에는 이를 유상으로 대여하는 행위를 통해 금융기회라는 재산상의 이익을 기부받은 것으로 볼 수 있다.[40]

37) 대법원 2007. 11. 15. 선고 2007도3383 판결

38) 대법원 2004. 3. 11. 선고 2003도6650 판결

39) 서울고등법원 2008. 11. 12. 선고 2008노2194 판결. 대법원 2009. 5. 14. 선고 2008도11040 판결로 원심 확정

40) 서울고등법원 2008. 11. 12. 선고 2008노2194 판결. 대법원 2009. 5. 14. 선고 2008도11040 판결로 원심 확정

나. 채무의 면제 · 경감

정치자금법은 '채무의 면제 · 경감'도 정치자금의 기부로 간주한다(§3 2. 후단). '채무의 면제'란, 채권자가 채무자에 대한 일방적 의사표시에 따라 무상으로 채권을 소멸시키는 단독행위를 말한다. 채권이란 특정인에게 어떤 급부를 청구할 수 있는 권리로서 금전채권, 이자채권 등을 말하며, 채무의 면제에는 보증채무처럼 부속된 채무도 포함된다. 한편, '채무의 경감'이란 원본채권은 물론이고, 이자를 발생시키는 이자채권도 그 대상이 된다. 따라서 지급할 의무가 있는 원금의 금액을 줄여주거나 이자채무의 면제 또는 이자율의 인하도 채무의 경감에 해당된다.

다. 기타 이익 제공

정치자금법은 '그 밖의 이익'을 제공하는 행위도 정치자금의 기부로 간주한다(§3 2. 후단). 해당 조문의 논리적 구조상 '그 밖의 이익'이란 채무의 면제 · 경감 이외에 일체의 이익을 포함하는 것으로 보인다. 다만, 이를 심리적 위안이나 만족 등 정신적 · 심리적 이익까지 확장하는 것은 무리가 있으므로, 그 범위는 사회통념상 재산상의 이익으로 한정하는 것이 적절해 보인다.

판례도 통상적인 경우에 비하여 현저하게 낮은 이율로 정치자금을 제공한 경우 그 차용금 전체를 기부받은 것으로 보지 않고 통상적으로 차용금에 대한 유상대여가 이루어졌을 경우와 비교하여 그 이자 상당액을 기부받은 것으로 보았다. 이 경우 불법 정치자금 수수에 따른 몰수 · 추징의 대상도 이율 차이로 인하여 발생한 재산상의 이익에 한정해야 한다.[41]

---

41) 대법원 2009. 10. 22. 선고 2009도7436 전원합의체 판결

4. 적법한 기부의 절차와 방법

후원회가 후원금을 기부받은 때에는 그 날부터 30일까지 해당 후원인에게 정치자금영수증을 교부해야 한다(§17①). 정치자금영수증은 중앙선거관리위원회가 제작하는 정액영수증과 무정액영수증을 말한다. 무정액영수증은 인터넷을 통하여 발행·교부할 수 있도록 전자적 형태로 제작할 수 있다.

본래 무정액영수증은 10만 원 미만의 후원금이나 1회 10만 원을 초과하여 기부한 후원금이라도 10만 원 미만의 자투리 후원금에 한하여 교부할 수 있다. 그러나 전자적 형태로 제작한 무정액영수증을 인터넷을 통하여 교부하는 경우에는 이러한 제한을 받지 않는다(§17③).

정당의 당원이 소속 정당에 당비를 납부하는 경우 정당의 회계책임자는 당비를 납부받은 날부터 30일까지 해당 당원에게 당비영수증을 교부하고 그 원부를 보관해야 한다(§5①). 당비영수증에는 중앙당과 시·도당별로 연도별 일련번호를 부여하고, 당비영수증 원부에는 납부액, 발행일자, 납부자의 성명, 생년월일, 주소, 직업, 전화번호 등 인적사항을 적어야 한다.

정치자금을 기탁하는 때에도 관할 선거관리위원회가 정치자금 수탁증을 내어준다. 모든 정치자금 기부는 면세혜택을 받을 수 있으므로, 적법한 정치자금 기부에는 반드시 그 영수증이 발행된다.

결론적으로 영수증이 발행되지 않거나 발행할 수 없는 정치자금의 기부는 모두 정치자금법에 위반되는 것으로 평가하더라도 무리가 없다. 달리 말하자면, 정당, 후원회 또는 정치인에게 정치활동을 위하여 금품을 제공한 경우, 정치자금영수증이나 당비영수증이 발행되지 않는다면 특별한 사정이 없는 한 정치자금범죄를 구성하게 된다.

5. 위법한 정치자금 기부 사례

가. 현금카드 제공

예금계좌에 돈을 입금한 후 이를 언제든지 인출할 수 있는 현금카드를 발급받아 비밀번호와 함께 해당 카드를 정치활동을 하는 사람에게 교부한 행위는 정치자금법상 정치자금의 기부에 해당한다. 예금계좌에 연결된 현금카드를 교부한 것은 그 예금계좌에 들어 있는 정치자금의 처분 권한을 비밀번호와 함께 해당 정치인에게 제공하는 행위이기 때문이다. 이후 해당 정치인이 현금카드에 연결된 예금계좌의 돈을 어떻게 사용하였는지는 정치자금부정수수죄의 성립에 영향을 미치지 않는다.[42]

지인이나 업체를 후원자로 두어 현금카드나 신용카드를 제공받은 정치인이 있다면, 나중에 압수수색 영장이나 구속영장이 제시되더라도 평정심을 유지할 각오와 배포가 있어야 한다.

나. 사무실 운영비 지원

지방의원이 지인 2인으로부터 지역구 소재 건물의 2층을 자신의 사무실로 제공받기로 하고, 해당 지인들이 2012년 5월 보증금 1,500만 원, 월 임대료 37만 원에 해당 사무실을 임차하였다. 또한 지인들은 해당 사무실의 인테리어에 1,600만 원, 집기 구입에 1,400만 원을 지출하는 한편, '시의원 △△△'라고 표기된 간판을 설치하는 등 지방의원이 활용할 수 있도록 사무실을 꾸며 해당 지방의원에게 제공한 사례가 있었다.

이 후 해당 지방의원은 임차한 사무실의 임차료 와 공과금을 내

42) 대법원 2011. 6. 9. 선고 2010도17886 판결

지 않고 지인들에게 2012년 6월부터 2013년 4월까지 인터넷·TV 요금 38만 원, 전화요금 31만 원, 정수기 임대료 20만 원, 기타 임대료 110만 원 등을 각각 지불하도록 하였다.

해당 사안에 대하여 판례는 지방의원이 임차료 등 총 1,800만 원을 기부받고, 보증금 1,500만 원에 대한 금융이익 상당액을 기부받았으며, 구매비용 1,400만 원의 사무실 집기에 대한 사용이익 상당액의 정치자금을 기부받은 것으로 보아 해당 지방의원을 정치자금법 위반으로 처벌한 바 있다.[43]

다. 운전노무 제공

자원봉사자가 국회의원선거의 후보자가 되려는 사람에게 자신의 차량을 활용하여 지방에서 서울 소재 중앙당 당사까지 이동하는 등 6개월간 총 42회에 걸쳐 운전노무를 제공한 행위에 대하여, 판례는 이를 정치자금법에 정하지 않은 방법으로 금액 불상 교통비 상당액의 정치자금을 기부한 것으로 보았다.[44]

해당 사건으로 기소된 자원봉사자는 자신의 운전노무가 선거운동의 자유의 일환인 자원봉사자로서 제공한 것에 불과하므로 정치자금법이 적용될 수 없다고 항변한 바 있다.

그러나 법원은 피고인의 주장을 배척하고, 선거운동 자원봉사자는 공직선거법에 따른 선거운동을 하는 사람을 의미할 뿐이고, 선거운동과 직접적인 관련이 없이 오로지 후보자의 당선을 돕기 위한 방편으로 선거에 필요한 금품이나 비용을 제공하는 사람은 선거운동 자원봉사자에 해당하지 않는다고 판시하였다.

이처럼 선거운동에 소요되는 물품이나 시설은 물론이고, 청소, 운

---

43) 대법원 2017. 2. 24. 선고 2017도353 판결
44) 대법원 2022. 6. 30. 선고 2021도13981 판결

전, 손님 접대, 수행 등 선거사무 보조업무나 그 비용 역시 후보자 또는 후보자가 되려는 사람을 위하여 제공한다면 정치자금법의 규율대상이 된다. 따라서 이 경우에도 정치자금법이 정한 정치자금의 수입·지출 절차와 방법에 따라야 한다.

선거운동 자원봉사는 자신이 지지하는 후보자의 당선을 위하여 스스로 표현의 자유와 선거운동의 자유를 누리면서 자신의 정치활동을 하는 것이지만, 정치인에 대하여 자기 소유의 차량을 활용하여 무상으로 운전노무를 제공하는 행위는 자신의 정치참여라기보다는 후보자가 되려는 사람의 정치활동을 지원하기 위한 것이 목적이므로, 판례는 정치자금법의 입법취지를 고려하여 이를 해당 법률의 적용대상으로 판단한 것처럼 보인다.

이처럼 정치자금법에는 공짜 점심이 없다. 정치자금영수증으로 처리할 수 없으면, 모두 정치자금법에 위반된다.

라. 반환을 약속한 제공

2006년 실시된 경남도지사선거에서 후보자의 선거대책본부장이 케이블TV 방송사 인수에 관한 청탁을 받자 그 대가로 도지사선거의 선거자금 명목으로 7억 원의 금전을 제공받은 사례가 있었다. 당시 금전을 수수하면서 해당 방송사 인수를 위한 로비가 성공하지 못하면 제공된 금전을 반환하기로 약속하였고, 로비가 실패하자 선거 후 선거대책본부장이 해당 금전을 실제 반환하였음에도 정치자금부정수수죄로 기소된 사건이 있었다.

해당 판례에서 대법원은 정치자금 기부에 관하여 아래와 같이 2가지의 중요한 기준을 제시하였다.[45)]

첫째, 이 사건 금전이 도지사선거의 정치활동을 위하여 소요되는

45) 대법원 2009. 2. 26. 선고 2008도10422 판결

경비로 지출될 것을 예상하여 제공됨에 따라 정치자금의 실체를 지닌 것으로 인정되는 이상, 비록 이 사건 금전의 수수가 방송인수를 위한 로비의 대가를 겸하여 이루어졌더라도 해당 금전은 정치자금으로서의 속성을 잃지 않는다.

둘째, 정치자금법에서 '기부'의 개념을 '정치자금을 제공하는 일체의 행위'로 규정하면서 금품의 무상대여까지 기부로 본다고 명시하고 있으므로, 방송 인수를 위한 로비가 성공하지 못하면 금전의 반환이 예정되어 있었더라도 당초 정치자금 명목으로 수수된 이 사건 금전은 정치자금법의 '기부'에 해당한다.

마. 저금리 자금대여

공직선거에서 후보자 또는 예비후보자가 일반 대중을 상대로 정치자금을 공개적으로 차용하는 정치인 펀드를 활용하는 것은 무방하다. 다만, 금융기관의 대출금리 또는 법정 이자율 등 통상적인 이자율과 비교하여 현저하게 낮은 이자율로 차입하는 것은 정치자금부정수수죄를 구성할 수 있다.[46]

정치자금법에서 기부란, 정치활동을 위하여 개인 또는 후원회 그 밖의 사람이 정치자금을 제공하는 일체의 행위를 말하고, 제3자가 정치활동을 하는 사람의 정치활동에 소요되는 비용을 부담하거나 지출하는 경우, 그리고 금품이나 시설의 무상대여, 채무의 면제·경감 그 밖의 이익을 제공하는 행위 등은 이를 기부로 보기 때문이다(§3 2.).

다만, 정치자금을 무상 또는 낮은 이자율로 차용하는 경우 차용금 전체를 기부받은 것으로 보는 것이 아니라 통상적으로 유상대여가 이루어졌을 경우와 비교하여 그 이자 상당의 재산상 이익을 정치자금으로 기부받은 것으로 본다.[47]

46) 중앙선거관리위원회 2010. 4. 5. 회답

반면에 통상적인 시중금리보다 높은 이자율로 차입하는 경우에는 정치자금법보다 공직선거법과의 관계에서 문제가 발생할 수 있다. 이자율의 차액만큼 해당 정치인이 정치인 펀드에 가입한 사람에 대한 재산상의 이익제공, 즉 선거구민에 대한 기부행위가 성립되어 공직선거법에 위반될 수 있기 때문이다.[48)]

그 밖에 정치활동을 하는 사람, 정치활동을 목적으로 하는 금전의 제공, 정치자금 부정수수에 관한 주요 쟁점, 정치자금 부정수수에 대한 제재 등에 관하여 자세한 내용은 '제4장 후원금 외 정치자금 수수 금지'를 참고하기 바란다.

47) 대법원 2009. 10. 22. 선고 2009도7436 판결

48) 신우용 『정치신인을 위한 선거법 강의』 2025. 4. 박영사 60·61쪽

제 2 장

정치자금 수입 · 지출에 관한 원칙

정치자금법은 정치자금의 적정한 제공을 보장하고 그 수입 · 지출의 투명성을 확보하며 정치자금과 관련한 부정을 방지하려는 입법목적 달성을 위하여 정치자금에 관한 주요 원칙을 선언하고 있다.

그 원칙의 핵심내용은 정치자금에 관한 포괄적 규제원칙을 기초로 정치자금 수입 · 지출의 공개원칙과 실명제 원칙을 가미하는 한편, 사적경비 등 부정용도 지출금지의 원칙으로 보완하고 있다.

이 장에서는 정치자금법에 규정된 정치자금의 수입 · 지출에 관한 원칙과 그 구체적 내용에 관하여 살펴보기로 한다.

제 1 절

정치자금 기부에 관한 포괄적 규제원칙

1. 포괄적 규제원칙의 의의

정치자금법은 누구든지 해당 법률에 따르지 않고는 정치자금을 기부하거나 받을 수 없도록 정치자금 기부에 관한 포괄적 규제원칙을 선언하고 있다(§2①). 해당 규정을 위반한 경우에는 정치자금부정수수죄로 무겁게 처벌된다(§45①).

정치자금법이 포괄적 규제형식을 취하여 해당 법률에서 명시적으로 허용하지 않은 정치자금 수수행위를 금지하는 이유는 입법기술의 측면에서 정치자금법이 금지하려는 음성적·탈법적 정치자금 수수에 관하여 그 구체적 행위를 개별적으로 일일이 열거하는 방법이 현실적으로 불가능하기 때문이다.

판례는 해당 규정에 대하여 건전한 상식과 통상적인 법감정을 가진 일반인이라면 정치자금을 수수하는 방법을 상세히 규정하고 있는 정치자금법의 개별 규정을 통하여 해당 법률이 허용하는 정치자금의 수수방법을 충분히 인식할 수 있고, 나아가 해당 법률에 정해진 방법이 아닌 방법으로 정치자금을 수수하면 처벌된다는 점 또한 명백히 알 수 있다고 보았다.[1)]

1) 대법원 2006. 12. 22. 선고 2006도1623 판결

이러한 입법형식은 입법권자가 정치자금에 관한 법률을 제정하면서 기술적인 어려움을 이유로 선택한 불가피한 규제형식으로 보인다. 그러나 해당 규정은 정치자금법의 다른 모든 규정의 도움을 받아야만 그 의미를 온전하게 이해할 수 있으므로 형벌법규의 명확성의 원칙 측면에서는 상당한 문제가 있다.

이는 로마시대 시라쿠사(Siracusa)의 독재자[2]가 새로운 법률을 공포할 때 그 법률을 널빤지에 적어서 장대 끝에 높이 매달아 놓아 일반 시민들이 읽지 못하게 한 것과 다를 바가 없는 것으로 보인다. 포괄적 규제는 때로 장대 끝에 매달린 널빤지가 된다.

다만, 해당 규정의 '이 법에 의하지 아니한 방법'이라는 것은 정치자금법의 각 개별 조항에서 구체적으로 정한 방법 이외의 모든 방법을 의미하는 것임이 문언적으로 명백하다. 따라서 후보자 또는 후보자가 되려는 사람이나 국회의원 또는 지방의원이 정치자금을 기부받으려면 오로지 후원회를 통해야 한다.

2. 포괄적 규제원칙의 주요내용

가. 기부 주체의 제한

일반 국민이 정치활동의 주체에게 직접 정치자금을 기부할 수 있는 방법은 두 가지뿐이다. 그중 정당에 대하여는 해당 정당의 당원으로 가입하여 당비를 납부하는 방법이 있다. 16세 이상의 대한민국 국민으로서 직업공무원이나 사립학교 교원이 아닌 사람은 누구든지 정

2) 디오니시오스 1세(B.C. 431－367)를 말한다. 그가 법을 공포하였을 때 시민들은 장대 끝을 올려다보고 자신들을 괴롭히는 법률이 또 제정되었다고 추정만 하였을 뿐, 정작 그 내용은 알지 못하였다고 한다.

당에 가입할 수 있다. 그러나 이러한 연령 또는 신분상의 제약이 없는 국민이라도 선거범죄와 정치자금부정수수죄 등으로 100만 원 이상의 벌금형의 선고를 받은 사람은 선거권이 일정기간 제한되어 그 기간동안 정당가입이 금지된다.[3)]

따라서 정당에 가입할 수 없거나, 특정 정당의 당원이 아닌 사람은 해당 정당에 당비 명목으로 정치자금을 기부할 수 없다.

반면에 중앙당후원회, 공직선거의 후보자 · 예비후보자후원회, 국회의원과 지방의원후원회 등 후원회에는 해당 정당의 당원이나 선거권 보유 여부를 묻지 않고 대한민국 국민이라면 누구든지 후원금을 기부할 수 있다. 예컨대, 민주노동당 당원이 더불어민주당후원회에 후원금을 기부할 수 있고, 자유통일당 당원이 국민의힘 소속 국회의원의 후원회에 후원금을 기부할 수도 있다.

후원금 기부에 관한 주체의 제한으로서 가장 핵심적인 부분은 자연인만 후원금을 기부할 수 있을 뿐, 법인이나 단체는 물론, 법인 · 단체와 관련된 자금으로도 후원금을 기부할 수 없다는 점이다. 2002년 대통령선거에서 불법 정치자금의 폐해가 차떼기 사건으로 드러나자 입법권자가 정치부패와 정경유착을 근절하기 위한 단호한 조치로서 이와 같은 결단을 내렸다.

외국인도 후원회에 정치자금을 기부할 수 없다. 이는 대한민국의 정체성을 확보하기 위한 방화벽이므로, 비록 외국인이 영주의 체류자격을 갖추고 3년 이상 국내에 체류함에 따라 지방선거에서 선거권을 부여받고 선거운동을 할 수 있더라도 그들은 정당의 당비든 후원회의 후원금이든 정치자금을 기부할 수 없다.

이러한 측면에서 정치활동의 자유이자 참정권 행사의 일환인 정치자금의 기부는 주민의 권리가 아니라 주권자인 국민의 권리로 평가함이 마땅하다.

---

3) 정당법 제22조제1항제4호, 공직선거법 제18조제1항제3호

나. 기부 대상의 제한

정치자금을 기부받으려는 정치인은 객관적으로 정치자금의 지출이 예정된 신분을 취득해야 한다. 정치인이 정치자금을 기부받으려면 우선 정치자금법에 따른 후원회를 설치하여 기부받는 방법이 유일하다. 후원회를 둘 수 있는 사람은 공직선거의 후보자·예비후보자, 당선된 국회의원과 지방의원 등이 있다.

다만, 비례대표선거에서는 선거의 주체가 정당이므로, 개별 후보자의 후원회를 허용하지 않고, 대통령과 자치단체장의 경우 해당 공직의 염결성(廉潔性)을 보호하고, 예산으로 활동에 필요한 자금이 공급되는 점 등을 고려하여 후원회를 허용하지 않는다.

한편, 정당은 국민의 정치적 의사형성에 참여하고 공직선거에 후보자를 추천하는 등 '권력의 획득과 유지를 둘러싼 투쟁'이라는 정치활동의 주체라는 점이 명확하므로, 소속 당원으로부터 직접 당비를 받거나 후원회를 두어 간접적으로 후원금을 받을 수 있다.

그 밖에 정당의 당대표 또는 최고의원 선출을 위한 경선후보자와 대통령선거의 후보자 선출을 위한 당내경선후보자도 후원회를 두어 정치자금을 기부받을 수 있다(§6).

위에서 열거된 주체 외에는 비록 정치활동을 하는 신분을 가지고 있더라도 어느 누구도 후원회를 두어 정치자금을 기부받을 수 없다. 따라서 정치자금법의 입법목적을 고려하면, 입법권자가 후원회를 통한 정치자금 조달이 허용되는 신분을 열거할 때 그 지위가 불명확한 입후보예정자를 제외한 것도 불가피한 선택이다.[4]

그 밖에 후원회를 둘 수 있는 사람 등 정치활동의 주체, 후원회 설립절차와 후원금 모금방법 등에 관해서는 '제3장 후원회 설립과 후원금 모금방법'을 참고하기 바란다.

---

4) 헌법재판소 2005. 2. 3. 선고 2004헌마216 결정

다. 기부 목적의 제한

정치자금을 기부할 수 있는 사람이 합법적으로 정치자금을 제공받을 수 있는 신분에게 정치자금법에서 정한 절차와 방법을 거쳐 당비 또는 후원금을 제공하는 경우에도 그 제공의 목적과 동기에 따라 정치자금의 기부가 제한 또는 금지될 수 있다. 이를 위반한 때에는 정치자금부정수수죄가 적용된다(§45② 5.).

예컨대, 공직선거에서 특정인을 후보자로 추천하거나, 지방의회의 의장·부의장 선거와 관련되거나, 공무원이 담당·처리하는 사무에 관하여 청탁 또는 알선하거나, 공공기관·단체와 계약이나 그 처분에 의하여 재산상의 권리·이익 또는 직위를 취득하거나 이를 알선하는 일과 관련하여 정당에 당비를 납부하거나 후원회에 후원금을 기부할 수 없다.

이에 관하여 자세한 내용은 '제5장 오염된 후원금 기부 금지와 반환'을 참고하기 바란다.

라. 기부 절차·방법의 제한

정치자금법에서 제공이 허용된 당비와 후원금이라도 해당 법률이 정한 절차와 방법에 따라야 한다. 1회 120만 원을 초과하여 정치자금을 기부하는 사람은 수표나 신용카드·예금계좌입금 그 밖에 실명이 확인되는 방법으로 기부해야 한다(§2④ 본문).

당비와 후원금 등 모든 정치자금의 수입은 회계장부에 정확하게 기재되어야 하고, 정치자금을 납부한 사람에게는 반드시 영수증을 발행·교부해야 한다. 이에 관하여 자세한 내용은 '제6장 회계책임자 선임과 정치자금 회계처리'를 참고하기 바란다.

제 2 절

정치자금 실명기부의 원칙

1. 실명기부 원칙의 내용과 의의

정치자금법은 누구든지 다른 사람의 명의나 가짜 이름으로 정치자금을 기부할 수 없도록 정치자금 실명기부의 원칙을 규정하고 있다(§2⑤). 예컨대, 1회 120만 원을 초과하여 정치자금을 기부하는 사람은 수표나 신용카드·예금계좌입금 그 밖에 실명이 확인되는 방법으로 기부해야 한다(§2④ 본문).

타인의 명의나 가명 또는 실명이 확인되지 않는 방법으로 당비를 납부하거나 후원금을 기부한 사람은 '정치자금 수입·지출 실명원칙 위반죄'가 적용되어 200만 원 이하의 벌금형에 처해진다(§48 2.·3.). 해당 죄의 법정형이 벌금형뿐인지라 법정 최고형인 200만 원이 선고되더라도 선거권에 영향을 미치지 않는 점은 피고인의 자랑이다. 그러나 선거비용과 관련하여 실명제를 위반한 경우에는 선거비용과 관련한 벌칙이 적용되어 2년 이하의 징역 400만 원 이하의 벌금에 처해질 수 있다(§49② 1.).

해당 규정은 외국인·법인·단체의 정치자금 기부, 개인별 연간 기부한도액의 실효성을 확보하기 위한 안전판으로 기능함은 물론, 쪼개기 후원에 대한 일차적 방어기제로 작동하고 있다.

2. 타인명의 또는 가명으로 기부 금지

타인의 명의나 가명으로 정치자금을 기부하거나, 본인의 진정한 명의라도 1회 120만 원을 초과한 정치자금을 기부하는 때에 실명이 확인되지 않는 방법으로 기부하여 정치자금 실명기부의 원칙을 위반한 사람에게는 정치자금법에 따른 벌칙이 적용된다(§48 2. · 3.). 현금기부가 그 대표적 사례이다.

여기에서 '타인의 명의'는 기부자로 표시된 명의자가 실재(實在)하는 경우이고, '가명'은 기부자로 표시된 명의자가 실재(實在)하지 않는 경우를 말한다.[5] 한편, 실명이 확인되는 정치자금 기부방법의 예로서는 수표 · 신용카드 · 계좌입금처럼 정치자금의 흐름을 객관적으로 확인할 수 있어 그 기부방법 자체로 기부자가 누구인지 특정될 수 있는 방법을 말한다.

정치자금법에서 실명기부의 원칙을 규정하면서 금액의 많고 적음을 불문하고 누구든지 타인의 명의나 가명으로 정치자금을 기부할 수 없도록 금지하고 있으므로, 명의를 도용한 타인의 사전 동의나 사후승낙을 요구하는 것이 아니다. 따라서 타인의 사전 동의를 받았더라도 정치자금의 투명성을 확보하고 정치자금과 관련된 부정을 방지하려는 입법목적에 반하여 처벌대상이 된다.[6]

다만, 정치자금법은 후원회에 후원금을 기부하려는 후원인이 1회 10만 원 이하, 연간 120만 원 이하의 후원금은 이를 익명으로 기부할 수 있도록 유일하게 실명기부 원칙의 예외를 규정하여 정치자금의 원활한 조성을 도모하고 있다(§11③).

참고로 통상적인 장 · 절 체제의 법률에서 입법목적과 정의규정 등 법 전반에 공통적으로 적용되는 부분을 규정한 총칙 부분의 내용

5) 이용복 『정치자금법강의』 2022. 1. 박영사 36쪽
6) 대법원 2019. 6. 13. 선고 2019도3814 판결

을 직접 벌칙의 구성요건으로 정한 예는 드물다.[7] 그런 측면에서 정치자금법의 총칙 부분에서 정치자금 실명기부의 원칙을 선언하고 벌칙에서 이를 그대로 형벌의 구성요건으로 삼은 점은 체계정당성 원리의[8] 측면에서 다소 문제가 있는 것으로 보인다.

3. 고액기부자 보고와 인적사항 공개

후원회의 회계책임자가 관할 선거관리위원회에 회계보고를 하는 때에는 1회 30만 원 초과 또는 연간 300만 원을 초과하여 후원금을 기부한 사람의 성명·생년월일·주소·직업·전화번호와 수입일자 및 그 금액을 보고해야 한다. 다만, 대통령선거에서 후보자·예비후보자·당내경선후보자후원회의 보고대상이 되는 연간 기부액의 기준은 500만 원을 초과한 금액으로 한다(§40③ 1.).

관할 선거관리위원회가 후원회로부터 회계보고를 받은 때에는 후원회의 재산상황과 정치자금의 수입내역 등을 일반인에게 공개하되, 후원회에 연간 300만 원 이하를 기부한 사람의 인적사항과 금액은 이를 공개하지 않는다. 이 경우에도 대통령선거의 후보자·예비후보자·당내경선후보자후원회의 비공개 대상이 되는 연간 기부액의 기준은 500만 원 이하의 금액으로 한다(§42④).

결론적으로 모든 후원회에 1회 30만 원을 초과한 금액을 기부하면 회계책임자가 그 기부자의 인적사항을 관할 선거관리위원회에 보

---

7) 이처럼 총칙 위반을 형벌의 구성요건으로 정한 벌칙은 2005년 8월 정치자금법의 개정으로 도입되었다. 당시 정치자금법을 전부개정하였으므로 법체계를 합리적으로 정비할 수 있는 절호의 기회였으나, 이를 놓친 셈이다.

8) 체계정당성의 원리는 동일 규범 또는 다른 규범 간 규범의 구조나 내용 또는 규범의 근거가 되는 원칙면에서 상호 모순되거나 배치되어서는 안 된다는 원리를 말한다. 헌법재판소 2004. 11. 25. 선고 2002헌바66 결정 참조.

고하지만, 기부자의 인적사항이 공개되는 요건은 연간 기부액 총액이 일반 후원회에서 300만 원을 초과하거나 대통령선거와 관련한 후원회에서 연간 500만 원을 초과한 경우로 한정된다.

따라서 고액기부자 명단공개는 누가 정치자금 기부를 통하여 정치적 영향력을 행사하려고 하는지 알 수 있도록 정치적 이익과 경제적 이익의 연계를 공개하기 위하여 도입된 제도이므로, 연간 10만 원 이하의 소액 후원자들은 그 명단이나 인적사항이 공개될 가능성이 전혀 없다.

제 3 절

정치자금 실명지출의 원칙

1. 실명지출 원칙의 내용

정치자금법에서는 공직선거의 선거비용과 후보자·예비후보자의 일반 정치자금은 건별로 20만 원, 선거비용 외의 정치자금은 건별로 50만 원을 초과하여 지출하는 경우 수표나 신용카드·계좌입금 그 밖에 실명이 확인되는 방법으로 지출하도록 정치자금 실명지출의 원칙을 규정하고 있다(§2④ 본문).

다만, 지출 건별로 실명을 확인하지 않아도 되는 금액기준 이내에서 소액의 정치자금을 현금으로 지출하는 경우에도 연간 지출할 수 있는 한도액을 따로 준수해야 한다. 예컨대, 선거비용의 경우 선거비용제한액의 10%, 일반 정치자금의 경우에는 연간 지출총액의 20%를 초과하여 현금으로 지출할 수 없다(§2④ 단서).

정치자금 실명지출의 원칙은 정치자금 지출에 투명성을 확보하여 정치자금과 관련한 부정을 방지하기 위한 것이다. 따라서 '그 밖에 실명이 확인되는 방법'의 지출이란, 수표·신용카드·계좌입금의 경우와 같이 정치자금의 흐름을 객관적으로 확인할 수 있어 그 지출방법 자체로 해당 정치자금 지출의 주체가 누구인지 명확하게 특정될 수 있는 방법을 의미한다.

2. 실명지출 원칙 위반사례

가. 연간 한도액 초과

정치자금법 제2조제4항 본문에서 선거비용과 후보자 · 예비후보자의 정치자금은 20만 원, 그 밖의 정치자금은 50만 원을 초과하여 정치자금을 지출하는 경우 실명이 확인되는 방법으로 지출하도록 규정하면서, 그 단서에서 현금으로 지출할 수 있는 정치자금의 경우 선거비용은 선거비용제한액의 10%, 일반 정치자금은 연간 지출총액의 20%를 초과할 수 없도록 제한하고 있다(§2④).

해당 조문의 형식과 논리적 구조상 단서의 취지는 1년간 현금으로 지출할 수 있는 정치자금 총액의 상한을 정한 것으로 해석하는 것이 건전한 상식에 부합되는 것으로 보인다. 판례도 현금으로 지출한 정치자금의 액수가 단서에서 정하고 있는 연간 한도액의 상한에 미치지 못하므로 정치자금법 위반이 아니라는 피고인의 주장을 배척하고, 본문과 각 호에서 정한 한도액을 넘어 현금으로 지출한 행위를 정치자금법 위반으로 보았다.[9)]

다시 말해 정치자금의 투명성을 확보하고 정치자금과 관련한 부정을 방지하기 위한 입법취지를 고려하면, 건별로 정치자금을 현금으로 지출하는 경우에도 해당 조항 본문의 적용이 배제되는 것이 아니다. 따라서 해당 규정은 정치자금을 현금으로 지출할 때에는 우선 건별로 각 항목에서 정한 기준금액 이내여야 한다.

아울러 연간 현금으로 지출할 수 있는 총액으로서 선거와 관련한 지출은 선거비용제한액의 10%, 일반 정치자금에 관한 지출은 연간 지출총액의 20%를 넘을 수 없다. 이것은 이중규제의 의미다.

9) 대법원 2019. 12. 20. 선고 2019도13804 판결

나. 건별 한도액 초과

국회의원의 비서관이 2004년 3월 국회의원선거의 예비후보자 사무실에서 해당 예비후보자의 홈페이지 유지보수비용 등의 명목으로 서비스업체에 250만 원을 현금으로 지출한 것을 비롯하여, 그 때부터 같은 해 5월 말까지 총 34회에 걸쳐 합계 1억 3,500만 원의 정치자금을 현금으로 지출하여 처벌되었다.[10)]

해당 사안은 건별 현금지출 한도액 20만 원을 초과하였음은 물론이고, 연간 현금지출 한도액도 초과되어 정치자금법 위반에 따른 가벌성과 법익침해의 정도가 상당한 것으로 보인다. 그러나 정치자금범죄는 선거범죄와 달리 그 1심재판의 관할이 합의부가 아니므로,[11)] 약식기소한 사건으로 보인다. 벌금형으로 선거권이 제한되는 정치자금범죄는 선거범죄와 균형을 이루도록 1심재판을 합의부의 관할로 개정할 필요가 있다고 본다.

다. 선거사무소 임차비용 현금지출

2006년 실시된 제4회 전국동시지방선거에서 시의원선거의 예비후보자가 회계책임자인 자신의 아내와 공모하여 2006년 3월 말 지역구 소재 아파트단지 내 상가 2층의 사무실을 선거사무소로 임차하면서 임대료 100만 원을 현금으로 지급함으로써 실명이 확인되지 않는 방법으로 정치자금을 지출하여 처벌되었다.[12)]

이 경우에도 선거와 관련한 정치자금의 건별 현금지출 한도액 20만 원을 초과하였기에 유죄판결의 단초가 되었다.

---

10) 춘천지방법원 영월지원 2004. 10. 20. 선고 2004고약3216 약식명령

11) 선거범과 그 공범에 대한 1심재판은 지방법원 또는 그 지원의 합의부 관할로 한다. 공직선거법 제269조 참조.

12) 춘천지방법원 2007. 2. 1. 선고 2006고합91 판결

라. 예비후보자 정치자금 현금지출

2018년 실시된 제7회 전국동시지방선거에서 시장선거 예비후보자의 회계책임자가 2018년 3월 초 농협 하나로마트에서 다과류 명목으로 선거비용 3만여 원을 현금으로 지출한 것을 비롯하여 같은 해 5월 중순까지 총 123회에 걸쳐 예비후보자의 선거사무실 운영비, 대량문자발송비 등 합계 3,800여만 원의 선거비용과 일반 정치자금을 현금으로 지출함에 따라 정치자금법에 따른 정치자금 실명지출의 원칙을 위반하여 처벌되었다.[13)]

3. 실명지출 원칙 위반에 따른 벌칙

정치자금법에 따른 실명지출 원칙을 위반한 경우, 그 지출의 성격이 공직선거와 관련된 비용인지, 아니면 공직선거와 무관하게 정당이나 국회의원 또는 지방의원의 일반 정치자금인지에 따라 그 처벌수준과 형벌 외의 제재효과에 현저한 차이가 있다.

예컨대, 공직선거의 종류를 불문하고 후보자 또는 예비후보자의 일반 정치자금이나 선거비용을 1회 20만 원을 초과하여 현금으로 지출한 경우에는 실명지출 원칙을 위반하게 된다. 이 경우 정치자금법 제49조제2항에 따른 선거비용 수입 · 지출 실명원칙 위반죄가 적용되어 2년 이하의 징역 또는 400만 원 이하의 벌금에 처해진다(§49② 1.). 선거에 관한 정치자금의 지출에는 일반적인 정치자금의 지출에 비하여 더욱 엄격한 기준이 적용되는 것이다.

이 경우 100만 원 이상의 벌금형이 확정되면 공직선거법에 따라 5년간 선거권과 피선거권이 제한된다(§18① 3.).

13) 전주지방법원 정읍지원 2019. 4. 15. 선고 2018고단490 판결

다행히 위반자의 신분이 선거사무소의 회계책임자라도 해당 유죄 판결은 당선의 효력이나 반환된 기탁금 또는 지급된 보전비용에는 영향을 미치지 않는다.[14] 크게 가슴을 쓸어내릴 일이다.

반면, 공직선거와 무관하게 일반 정치자금에 관하여 50만 원을 초과한 금액을 현금으로 지출한 경우에는 정치자금법 제48조의 '정치자금 수입·지출 실명원칙 위반죄'가 적용되어 200만 원 이하의 벌금형에 처해지게 된다(§48 2.). 해당 죄의 법정형에 징역형이 없으니 구속될 걱정은 일찌감치 접어두어도 되고, 법정 최고형이 확정되어도 선거권과 피선거권에는 아무런 지장이 없다.

해당 벌칙규정은 주로 정당·후원회, 후원회를 둔 국회의원과 지방의원의 정치자금 지출에 적용된다. 현금으로 지출할 수 있는 연간 한도액을 초과한 경우에도 해당 벌칙이 적용되므로, 정치자금 실명지출에 관한 실효성을 확보하기 위해서는 해당 벌칙의 법정형을 상향 조정할 필요가 있다고 본다.

가벌성이 유사한 법익침해 행위에 대하여 법정형이 현저하게 균형을 잃고 있기 때문이다.

---

14) 선거사무소의 회계책임자가 정치자금법 제49조 위반으로 당선무효가 적용되는 경우는 제1항의 회계보고 불이행, 허위보고, 누락보고, 같은 조 제2항제6호의 증빙서류의 허위기재 또는 위조·변조로 300만 원 이상의 벌금형이 확정된 경우이다. 공직선거법 제263조제2항 참조.

제 4 절

사적경비 · 부정용도 지출금지의 원칙

1. 사적경비 · 부정용도 지출금지 원칙의 내용

정치자금은 정치활동을 위하여 소요되는 경비로만 지출해야 하며, 사적경비(私的經費)로 지출하거나 부정한 용도로 지출해서는 안 된다. 이 경우 아래의 용도로 사용되는 경비는 해당 법률 자체에서 '사적경비(私的經費)'로 정의하고 있다(§2③).

① 가계의 지원 · 보조

② 개인적인 채무의 변제 또는 대여

③ 향우회 · 동창회 · 종친회, 산악회 등 동호인회, 계모임 등 개인간의 사적모임 회비 그 밖의 지원경비

④ 개인적인 여가 또는 취미활동에 소요되는 비용

한편 정치자금법은 '부정한 용도'의 의미에 대해서는 사적경비(私的經費)의 규정 예와 달리 따로 입법적으로 정의하지 않고 해석론에 맡기고 있다. 이에 따라 '부정한 용도'의 의미는 해당 법률의 입법목적과 관련 조항의 전체적인 취지, 그리고 입법연혁 등을 종합적으로 고려하여 죄형법정주의 원칙과 명확성의 원칙에 위배되지 않도록 합리적으로 해석해야 할 것이다.[15]

15) 서울고등법원 2020. 9. 25. 선고 2018노2389 판결

따라서 '부정한 용도'란 앞에 열거된 사적경비 이외의 경우로서 정치자금의 지출목적이 위법한 것뿐만 아니라 사회상규나 신의성실의 원칙에도 위배되어 부당한 경우를 뜻한다.[16] 이러한 측면에서 '부정한 용도의 지출'이란, 형식상 정치활동을 위하여 정치자금을 지출하는 때에도 그 지출행위가 구체적 타당성이나 합목적성을 결여한 경우를 모두 포함하는 것으로 보아야 할 것이다.

결론적으로 정치자금이 정치활동에 소요되는 경비 외에 사적경비 또는 부정한 용도로 지출되었는지는 지출의 목적과 상대방, 지급액수 및 전후 경위 등을 종합적으로 고려하여 정치활동을 위하여 그 지출이 필요하다고 평가할 수 있는지를 구체적 사안에 따라 개별적으로 판단해야 할 것이다.

2. 사적경비 · 부정용도 지출금지 원칙의 적용

정치활동의 주체라는 점이 객관적으로 명확한 때에도 관할 선거관리위원회에 회계책임자를 신고할 의무가 없는 경우에는 사적경비 또는 부정용도 지출금지의 원칙이 적용되지 않는다.

예컨대, 현직 국회의원이나 지방의원이라도 따로 후원회를 두지 않으면 회계책임자를 신고할 필요가 없으므로, 그들에게는 이러한 규제가 적용되지 않는다. 이처럼 정치자금법과 윤리학 사이에는 흐릿해 보이지만 명확한 경계가 있다.

그러나 현직 국회의원이나 지방의원이 예비후보자로 등록하면 반드시 관할 선거관리위원회에 회계책임자와 예금계좌를 신고해야 하므로, 그때부터 해당 정치자금 계좌에서 사적경비나 부정한 용도로 자금

16) 대법원 2008. 6. 12. 선고 2006도4982 판결

을 인출해서는 안 된다. 사적경비에 해당하는지는 관할 선거관리위원회에 문의하여 확인받으면 무난할 것이다.

사적경비의 경우 정치활동을 위하여 지출하는 비용이 아니다. 따라서 해당 경비는 정치자금에 해당하지 않으므로, 그 수입 · 지출 내역을 기록 · 관리하거나 선거관리위원회에 보고할 필요가 없다.

그러나 부정용도의 지출은 사정이 전혀 다르다. 예컨대, 공직선거법에 따른 기부행위제한 위반이나 불법선거운동은 정치활동이라는 점이 명확하므로, 이러한 활동에 소요되는 비용은 정치자금으로 지출되어야 하고, 회계책임자에 의하여 정치자금 계좌에서 인출되어야 하며, 회계장부에 기재되어야 함은 물론, 회계보고의 형식으로 관할 선거관리위원회에 보고되어야 한다. 이 경우 회계보고서는 참회록이 되고 정치자금 부정용도 지출의 죄책을 물을 수 있는 확실한 증거로서 스모킹 건(Smoking gun)이 된다.

정치자금 부정용도의 지출에 대한 처벌을 회피하고자 신고된 정치자금 계좌 이외의 다른 계좌 또는 현금으로 불법행위에 소요된 경비를 지출하면 예금계좌 외의 수입 · 지출에 대한 처벌이 기다리고(§47 ① 9.), 해당 비용을 회계보고에 누락하여 선거관리위원회에 제출하면 허위보고의 형사책임이 덫처럼 기다린다(§46 5. · §49①). 이와 같은 진퇴양난 상황을 회피하기 위해서는 투명한 정치자금을 활용한 깨끗한 정치활동만이 유일한 해결책이다.

참고로 정치자금을 사적경비 또는 부정용도로 지출한 경우 정치자금법에 따른 각종 의무규정위반죄가 적용되어 2년 이하의 징역 또는 400만 원 이하의 벌금에 처해질 수 있다(§47① 1.). 다행히 해당 죄목에 대한 벌금형만으로는 선거권이나 피선거권이 제한되지 않고 당선의 효력에도 아무런 영향을 미치지 않는다. 이 경우 해당 벌금을 정치자금으로 납부하게 되면 다시 부정한 용도의 지출에 해당하여 처벌대상이 된다.

3. 사적경비 지출로 판단한 사례

가. 국회의원이 지방의원을 위해 지출

국회의원의 회계책임자인 서울시 의원선거의 입후보예정자가 2005년 11월 8일 출마 예정인 지역구 소재 식당에서 모범 운전자회원 12명을 초청하고, 해당 국회의원이 자신의 회계책임자를 시의원 출마 예정자로 소개하는 한편, 해당 회계책임자는 참석자들을 대상으로 명함을 돌리면서 국회의원의 정치자금으로 30여만 원 상당의 식사를 제공하여 기소된 사건이 있었다.

해당 사안에 대하여 법원은 국회의원의 회계책임자이자 서울시 의원선거의 입후보예정자가 자신의 사전선거운동과 기부행위를 위하여 국회의원의 정치자금 계좌와 연계된 신용카드로 참석자들의 식사비를 결제함에 따라 해당 국회의원의 정치자금을 사적경비로 사용한 것이라 판단하였다.17)

나. 직원 상여금을 돌려받아 사용

정당의 시·도당 사무처장이 해당 시·도당의 회계책임자를 겸직하면서, 2010년 7월 시·도당의 유급사무직원에게 상여금을 지급한 후 이를 되돌려 받아 회계사무보조자의 은행계좌에 보관하고, 그 정치자금 중 1,150만 원을 자신의 예금계좌로 이체하는 등 2013년 1월까지 모두 10회에 걸쳐 총 2,000여만 원의 정치자금을 자신 명의의 계좌로 이체받아 신용카드 대금을 결제함으로써 정치자금을 사적경비로 지출하여 처벌되었다.18)

---

17) 대법원 2006. 10. 13. 선고 2006도5768 판결

18) 대전지방법원 2014. 1. 28. 선고 2013고합253-1(분리) 판결

다. 후원금으로 부의금 지출

제16대 비례대표 국회의원으로서 제17대 국회의원선거에 출마하여 낙선한 사람이 2004년 3월 부의금 명목으로 10만 원을 송금하면서 후원회로부터 기부받은 정치자금을 사용한 것을 비롯하여 그 때부터 같은 해 6월까지 총 9회에 걸쳐 합계 2,260여만 원 상당의 정치자금을 사적으로 사용하여 처벌되었다.[19)]

라. 기타 유권해석 선례

중앙선거관리위원회가 정치자금의 사적경비 지출로 판단한 유권해석 선례를 유형별로 살펴보면 다음과 같다.

첫째, 공직선거법상 기부행위 제한의 대상이 아닌 동료의원 또는 선거구민이 아닌 사람의 경조사에 축·부의금 또는 화환을 제공하거나, 동료의원에게 설을 맞이하여 지역특산물을 제공하는 행위는 정치활동을 위한 것이라기보다는 사람이 살아가는 도리로 행하는 의례적 행위에 해당하므로 정치자금으로 지출할 수 없다.[20)]

둘째, 공직선거법 또는 정당법 위반으로 벌금형을 선고받은 경우 그 벌금의 납부는 사적경비 또는 부정한 용도의 지출에 해당하므로 정치자금으로 지출할 수 없다.[21)] 공직선거법 위반 또는 정당법 위반은 정치활동이 그 원인으로 추정되고, 해당 벌금은 국가에 납부하는 것이므로 부정용도의 지출로 보기 어려운 측면이 있으나, 벌금 납부의 원인을 형성한 행위가 위법하였기에 이에 소요된 비용을 정치자금으로 지출할 수 없다고 판단한 것이다.

셋째, 국회의원 지역사무소에서 발생한 전기요금 연체료는 채무

19) 인천지방법원 2005. 1. 14. 선고 2004고합535 판결
20) 중앙선거관리위원회 2005. 2. 4., 2005. 10. 24., 2019. 7. 10. 회답
21) 중앙선거관리위원회 2005. 2. 22. 회답

자의 귀책사유로 인한 채무불이행에서 비롯된 손해배상의 성격을 가지므로, 이는 사적경비 또는 부정한 용도의 지출에 해당하여 정치자금으로 지출할 수 없다.[22] 국회의원 지역사무소의 유지에 필요한 경비는 원칙적으로 정치활동을 위하여 지출되는 것임이 분명함에도 정치자금법에 관하여 유권해석을 발하는 중앙선거관리위원회는 연체료를 불법행위에 따른 손해배상금으로 보아 정치자금으로 집행할 수 없다고 판단한 것으로 보인다. 정치자금으로 지출할 수 없으니, 누군가는 개인 지갑을 열어야 할 것이다.

4. 부정한 용도로 지출한 사례

가. 차명계좌로 송금

2008년부터 2016년까지 연속하여 같은 지역구에서 당선된 3선 국회의원과[23] 그 보좌관, 해당 국회의원의 정치자금 회계책임자, 지역사무소의 사무국장 등이 공모하여 차명계좌를 개설하고, 선거관리위원회에 신고된 정치자금계좌에서 차명인에 대한 급여 명목으로 3년간 총 7,600만 원 상당을 송금한 후 그 돈을 돌려받아 현금성 경비를 마련하여 기소되었다.

법원은 해당 사안에 대하여, 이러한 행위는 정치자금법의 입법취지에 정면으로 반하는 것으로서 정치자금의 지출목적이 위법할 뿐만 아니라 사회상규나 신의성실의 원칙에 위배되어 '부정한 용도'의

---

22) 중앙선거관리위원회 2021. 3. 11. 회답

23) 해당 국회의원은 2013년 9월부터 2014년 6월까지 지역사무소 사무국장을 지인의 회사 고문으로 허위 등록하고 급여 명목으로 약 2,000만 원을 부정하게 수수한 혐의로 기소되자 2020년 총선에서 출마를 포기했다. 이후 벌금 1,000만 원이 확정되어 5년간 피선거권이 박탈되었다.

지출에 해당한다고 보았다.

아울러 급여 명목의 돈을 송금받은 계좌의 명의인은 해당 금전에 대한 처분권이 없이 정치자금 회계책임자가 그 돈에 대한 실질적인 처분권을 가지고 있더라도 허위로 급여 명목의 외관을 만들어 정치자금 계좌에 있던 정치자금을 다른 계좌로 이체하여 옮긴 이상, 그러한 송금행위는 지출에 해당한다고 판시하였다.[24)]

나. 선거법 위반 지출

2016년 제19대 국회의 임기 종료 열흘을 남기고 여당 소속 비례대표 국회의원이 자신의 정치후원금 중 5,000만 원을 같은 정당 소속의 초·재선 의원모임에 기부하고, 해당 비례대표 국회의원은 임기만료 후 정치자금을 기부한 의원모임의 싱크탱크에 대표자로 재직하며 임금과 퇴직금으로 9,000만 원을 수령함에 따라 정치자금법을 위반한 혐의로 기소된 사건이 있었다.[25)]

법원은 해당 금품제공행위가 공직선거법 제113조제1항에 따른 소정의 기부행위에 해당한다고 보고,[26)] 그 기부행위에 선거운동 목적이 확연히 드러나지 않는다거나 선거와의 관련성이 적다고 해도 그

24) 서울고등법원 2020. 9. 25. 선고 2018노2389 판결. 대법원 2022. 7. 14. 선고 2020도13957 판결로 원심 확정

25) 해당 사안은 유권해석에 관하여 중앙선관위의 양심을 시험하였던 사건이다. 중앙선관위가 2018. 4. 16. 전체회의를 열어 해당 사안이 공직선거법에 위반된다고 판단하자, 당사자였던 당시의 금융감독원장은 취임 2주만에 사퇴하였다. 이후 해당 사안에 대한 수사가 진행되어 기소되었다.

26) 본건은 부정한 용도로 정치자금을 지출하여 정치자금법 위반으로 기소된 사건이다. 판결문의 대부분은 공직선거법에 따른 기부행위 위반을 강조하였지만, 불고불리의 원칙에 따라 정치자금법 위반으로만 벌금 200만 원이 확정되었다. 권력기관은 때로 무언가를 하지 않음으로써 더욱 강력한 권한을 행사하기도 한다. 이를 기소편의주의라 한다.

위법성이 정당화되는 것은 아니라고 판단하였다.

아울러 법원은 피고인이 이 사건 단체에 5,000만 원의 정치자금을 기부한 점에 관하여, 이는 피고인이 단체의 구성원으로서 해당 단체의 정관·규약 또는 운영관례상의 의무에 기하여 부담하던 종전의 회비 범위를 현저하게 초과하는 것으로서 공직선거법에 따라 허용되는 의례적 행위로 보기 어렵다고 판시하였다.

특히 법원은 5,000만 원의 정치자금을 기부하지 않았더라면 해당 정치자금은 정치자금법에 따라 정당 등에 인계하는 방식으로 반환되어야 하므로, 이러한 절차가 임박한 시점에서 공직선거법상 허용되지 않는 기부행위를 목적으로 자금이 사용된 것은 정치자금을 부정한 용도로 지출한 경우에 해당한다고 보았다.[27]

다. 선거범죄 변호사 선임비용

정치인의 공직선거법 위반사건과 관련한 변호사 선임비용은 무죄의 판결이 확정된 경우에는 정치자금으로 지출할 수 있으나, 유죄의 판결이 확정된 경우에는 형의 경중을 불문하고 사적경비 또는 부정한 용도로 보아 정치자금으로 지출할 수 없다.[28]

이처럼 재판의 결과에 따라 사후적으로 정치자금 지출 용도의 적법성 여부가 결정됨에 따라 정치인과 그 회계책임자의 지위가 불안정하여 적극적인 정치활동을 제약한다는 문제점도 지적되고 있다. 실무적으로는 공직선거법 또는 정치자금법 위반사건에서는 우선 정치자금으로 변호사 선임비용을 지출한 후 유죄의 판결이 확정된 경우에는 지출한 비용을 해당 정치자금 계좌로 반환하는 절차를 두면 족한 것으로 보인다.[29]

---

27) 대법원 2021. 6. 10. 선고 2020도14321 판결

28) 중앙선거관리위원회 2005. 2. 28. 회답 등

29) 이창술『정치자금법 이해』2024. 1. 박영사 141쪽

검찰에서도 무죄추정의 원칙에 따라 공직선거법 위반사건의 판결이 확정되기 전에 정치자금으로 지출한 변호사 선임비용은 유죄의 판결이 확정된 경우 반환함이 마땅하지만, 유죄의 판결이 확정되기 전에 변호사 선임을 위하여 정치자금을 지출한 행위 자체를 부정한 용도의 지출로 처벌하기 어렵다는 입장이다.[30]

라. 후원회의 총회 · 송년회 개최비용

정치자금을 모금하기 위하여 결성된 후원회가 자체 정관 또는 규약에 따라 해당 후원회의 회원명부에 등재된 회원만을 대상으로 총회나 임시총회 또는 이를 겸한 송년회를 개최할 수 있다.

이 경우 후원회의 총회나 송년회 개최비용을 해당 후원회가 기부받은 정치자금으로 지출할 수 없다.[31] 정치자금법에 따른 후원회는 정치자금을 모금하여 후원회지정권자에 대한 기부를 근본 목적으로 설립 · 운영되는 단체로서 해당 후원회에 납입하거나 기부된 후원금은 후원회 자체의 경비라기보다는 지정권자에게 기부하기 위하여 일시적으로 보관하는 정치자금에 해당하기 때문이다.

다만, 후원회 총회를 개최하면서 행사 전후 후원회의 회원들이 자발적으로 참여하는 간단한 문화행사를 개최하는 것은 무방할 것이다. 이 경우에도 연예인이나 외부단체 등을 초청하여 유료공연에 이르는 수준의 행사를 개최하는 것은 그 행위 양태에 따라 공직선거법에 따른 기부행위위반이 성립될 수 있고, 후원금으로 해당 비용을 지출한 경우에는 정치자금법에 따른 사적경비 또는 부정한 용도의 지출 금지 규정에 위반될 수 있다.[32]

---

30) 대검찰청 『정치자금법 벌칙해설』 제2개정판. 2022. 222쪽

31) 중앙선거관리위원회 2004. 12. 10. 회답

32) 중앙선거관리위원회 2012. 12. 9. 회답

5. 적법한 지출의 사례

가. 보좌직원 퇴직위로금

2004년 4월 실시된 제17대 국회의원선거에서 낙선한 현역 국회의원의 남편이자 해당 국회의원후원회의 회계책임자가 국회의원의 정치자금 회계책임자에게 지시하여 2004년 5월 27일 정치자금 중 2,500만 원을 국회의원 보좌직원 5명에게 각각 500만 원씩을 퇴직위로금으로 지출함에 따라 기소된 사건이 있었다.

해당 사안에 대하여 법원의 2심 재판부는 관련 사안에 대한 중앙선거관리위원회의 유권해석에 터 잡아 국회사무처에서 봉급, 퇴직금 등을 지급받는 국회의원의 보좌직원에게 지급한 퇴직위로금은 정치활동을 위하여 소요되는 경비라고 볼 수 없으므로, 해당 국회의원이 그들에게 퇴직위로금 명목으로 각각 500만 원씩 지급한 것은 사적경비나 부정한 용도로 정치자금을 지출한 것으로서 정치자금법에 위반된다고 판단하였다.

그러나 대법원에서는 보좌직원과 국회의원과의 관계, 지급된 액수와 해당 사건 전후의 사정 등에 비추어 볼 때, 보좌직원에게 500만 원씩 지급한 것은 국회의원의 정치활동 보좌에 대한 보답과 퇴직에 대한 위로를 위한 것이므로, 정치활동을 위하여 소요되는 경비로 적법하게 지출된 것으로 보았다.

아울러 대법원은 국회의원의 보좌직원들이 국회사무처로부터 따로 급여를 지급받는다 하여 달리 볼 것은 아니라며, 2심이 정치자금의 지출 용도에 대한 법리를 오해하여 판결 결과에 영향을 미친 위법이 있다고 지적하였다.[33)]

---

33) 대법원 2008. 6. 12. 선고 2006도4982 판결

나. 자서전 출판비용

2004년 4월 실시된 제17대 국회의원선거에 출마하여 낙선한 제16대 국회의원의 남편이자 해당 국회의원후원회의 회계책임자가 국회의원의 정치자금 회계책임자에게 지시하여 임기만료 3일 전인 2004년 5월 27일 낙선한 국회의원의 자서전 출판을 위하여 정치자금으로 1억 원을 지출함에 따라 정치자금을 사적용도로 지출하였다는 혐의로 기소된 사건이 있었다.[34]

해당 사안에 대하여 2심 법원은 자서전을 출판하려는 국회의원이 제17대 국회의원선거에서 낙선하였지만 앞으로도 계속 정치를 할 생각을 가지고 향후 자신의 정치적 행보에 대해 모색하고 있었던 점, 해당 사건의 저서는 낙선한 국회의원이 자신을 후원해 준 사람들을 상대로 그 동안 자신의 정치활동을 자서전 또는 수필의 형식으로 알리려는 의도로 출판하려 한 것이고, 그 출판비용 지출 당시 이 사건 저작물의 초벌 원고(原稿)가 거의 완성되어 있었던 점 등에 비추어 볼 때, 이 사건 출판비용은 정치활동을 위하여 소요되는 경비로 지출한 것이라 판단하였다.[35]

대법원도 해당 사건에 관하여 후원회를 둔 국회의원은 국회의원 선거에서 낙선되었더라도 장차 임기만료 등 후원회의 해산사유가 발생하기 전까지는 후원회로부터 기부받은 정치자금을 정치활동을 위하여 지출할 수 있다며, 이 경우 지출이 허용되는 정치활동의 목적을 국회의원 재직기간 동안의 직무수행과 관련된 것으로만 제한하여 국회의원 임기만료 후의 정치활동을 위한 것은 배제하여야 할 것은 아니라고 보아 원심판결을 확정하였다.[36]

34) 해당 국회의원은 2019년 법무부장관후보자 인사청문회에서 출판사와 계약을 해지한 후 반환받은 금액을 공익재단에 기부하였다고 밝혔다.

35) 서울동부지방법원 2006. 6. 29. 선고 2005노1229 판결

36) 대법원 2008. 6. 12. 선고 2006도4982 판결

참고로 국회의원 총선거의 선거일은 공직선거법에 따라 그 임기 만료일 전 50일 이후 첫 번째 수요일이므로, 통상 4월 초중순에 선거를 실시하고, 당선된 국회의원의 임기는 5월 30일에 개시되므로[37] 총선에서 낙선된 국회의원은 선거일 후 50일 정도 더 국회의원직에 재임하게 된다.

다. 기타 유권해석 선례

중앙선거관리위원회가 적법한 정치자금 지출로 판단한 유권해석 선례를 유형별로 살펴보면 다음과 같다.

첫째, 국회의원의 지역사무소 설치·운영에 관한 비용으로서, 국회의원이 원활한 의정활동을 위하여 지역구에 사무실을 임차하고 그 임차료와 집기구입 등 유지비를 정치자금으로 지출할 수 있다.[38] 이 경우 본인 소유의 건물을 의정활동을 위한 사무소로 사용하는 경우 그 사무소의 통상적인 임대료에 상당하는 비용을 후원회로부터 기부받은 정치자금으로 공제하는 것도 무방하다.

다만, 정치자금을 지출하여 임차한 사무소 또는 차량을 정치활동 이외에 사적인 용도로 사용해서는 안 된다.[39]

둘째, 국회의원이 소속 보좌직원이나 그 배우자 또는 그 직계비속이 결혼하거나 사망한 때에 통상적인 범위에서 축·부의금품을 제공하거나 소속 보좌직원의 생일에 제공하는 화환을 정치자금으로 지출할 수 있다. 다만, 그 범위를 벗어나 보좌직원 부친의 생일이나 형제

---

37) 1987. 10. 29. 공포된 현행 헌법 부칙 제3조제1항에서 새로운 헌법에 따라 선출된 국회의원의 임기는 최초 집회일부터 개시하도록 규정하였고, 1988. 4. 26. 제13대 총선거를 실시한 후 대통령의 요구로 같은 해 5. 30. 국회가 최초로 소집됨에 따라 현재의 국회의원 임기구조가 형성되었다.

38) 중앙선거관리위원회 2010. 9. 15. 회답

39) 중앙선거관리위원회 2014. 3. 18., 2004. 3. 24. 회답

자매의 경조사에 축·부의금을 정치자금으로 제공하는 것은 사적경비에 해당하거나 부정한 용도의 지출이 되어 정치자금법에 위반된다. 아울러 국회의원이 자신의 보좌직원에게 의정활동 지원과 관련하여 통상의 격려금을 후원회로부터 기부받은 정치자금으로 지출할 수 있다.[40)]

셋째, 정치인이 지역 주민과의 접촉활동에 소요되는 경비를 정치자금으로 집행할 수 있다. 예컨대, 지역 현안에 대한 의견수렴을 위한 간담회 개최에 소용되는 비용이나, 자신의 의정활동 상황을 알리기 위하여 문자메시지 또는 전자우편을 발송하는 데 소요되는 비용을 정치자금으로 지출하는 것은 무방하다.[41)] 이 경우 지역 주민과 간담회를 개최하고 식사를 제공하는 것은 공직선거법상 기부행위에 위반될 수 있으니 유의해야 한다.

넷째, 정책간담회·세미나·토론회 등 정책개발과 관련하여 간담회를 개최하거나, 여론조사를 실시하거나, 의정활동에 필요한 정책개발을 위하여 전문가에게 자문을 받거나, 정책을 개발하게 하고 그에 소요되는 비용을 정치자금으로 지출할 수 있다.[42)]

다섯째, 학교 발전기금이나 의정활동을 위한 법인설립 자본금을 정치자금으로 지출할 수 있다. 예컨대, 초·중등교육법에 따라[43)] 학교운영위원회에 정치자금으로 발전기금을 제공하거나, 의정활동에 필요한 정책개발을 위하여 법인의 설립에 필요한 자본금을 출연하거나, 해당 법인의 정관·규약 또는 운영관례상의 의무에 따라 회비 또는 부담금을 정치자금으로 납부할 수 있다.[44)]

이 경우에도 공직선거법에 따른 기부행위 제한규정에 위반되지

40) 중앙선거관리위원회 2010. 9. 15., 2009. 1. 9. 회답

41) 중앙선거관리위원회 2008. 9. 29. 회답

42) 중앙선거관리위원회 2004. 7. 9. 회답

43) 초·중등교육법 제33조 및 같은 법 시행령 제64조를 말한다.

44) 중앙선거관리위원회 2009. 7. 21., 2009. 3. 26. 회답

않아야 한다. 공직선거법에 위반되는 행위에 소요되는 비용을 정치자금으로 지출할 경우 부정한 용도의 지출이 되기 때문이다.

공직선거법에 따른 정치인의 기부행위 제한에 관한 내용은 복잡하고 방대하여 이 책에 모두 담기 어려우니, 저자의 또 다른 저서 『정치신인을 위한 선거법 강의』 '제3장 입후보예정자 등의 기부행위 제한'을 참고하기 바란다.

제 5 절

정치자금 공개의 원칙

1. 정치자금 공개원칙의 의의

정치자금은 국민의 의혹을 사는 일이 없도록 공명정대하게 운용되어야 하고, 그 회계는 공개되어야 한다. 정치자금법은 이러한 정치자금 공개를 기본원칙으로 삼는다(§2②).

이를 실현하기 위하여 정치자금법에서는 정치활동의 주체들에게 의무적으로 회계책임자를 선임·신고하도록 하고, 그 회계책임자에게 회계장부를 비치·기재하도록 하며, 관할 선거관리위원회에 정치자금의 수입·지출 내역을 보고하도록 하는 한편, 누구든지 회계보고서를 열람 또는 공람할 수 있도록 하고, 그 내역에 대한 이의제기와 선거관리위원회의 조사를 통하여 정치자금 수입·지출 내역의 정확성을 검증할 수 있도록 제도화하고 있다.

헌법재판소는 정치자금 공개원칙에 관하여 정당의 정치적 의사결정은 정당에게 정치자금을 제공하는 사람에 의하여 현저하게 영향을 받을 수 있으므로, 사인(私人)이 정당에 정치자금을 기부하는 것 그 자체를 막을 필요는 없으나, 누가 정당에 대하여 영향력을 행사하려고 하는지, 즉 정치적 이익과 경제적 이익의 연계는 원칙적으로 공개되어야 한다고 판시한 바 있다.

아울러 헌법재판소는 유권자가 정당의 정책을 결정하는 세력에 관하여 알아야 하고, 정치자금의 제공을 통하여 정당에 영향력을 행사하려는 세력의 실체가 정당의 정책방향과 일치하는지를 스스로 판단할 수 있는 기회를 가져야 한다고 강조하였다.[45)]

2. 회계장부 비치와 수입 · 지출내역 기재

정치자금법에 따른 회계책임자는 회계장부를 비치하고 모든 정치자금의 수입과 지출에 관한 사항을 기재해야 한다(§37①). 특히 후원회의 회계책임자는 회계장부에 후원금 등 수입의 상세내역과 후원회지정권자에 대한 기부일자 · 금액과 후원금 모금에 소요된 경비 등 지출의 상세내역을 기재해야 한다.

후원회를 둔 국회의원과 지방의원의 회계책임자도 소속 정당의 지원금, 후원회로부터 기부받은 후원금의 기부일자와 금액, 후원금에서 공제하려는 선임권자의 재산과 차입금 등 수입의 상세내역과 지출의 상세내역을 회계장부에 기재해야 한다.

'수입의 상세내역'이란 수입의 일자 · 금액과 제공한 사람의 성명 · 생년월일 · 주소 · 직업 및 전화번호 그 밖의 명세를 말하고, '지출의 상세내역'이란 지출의 일자 · 금액 · 목적과 지출을 받은 사람의 성명 · 생년월일 · 주소 · 직업 및 전화번호를 말한다(§37②).

믿기 어렵겠지만, 수입내역에는 불법적으로 정치자금을 받은 내용도 적어야 한다. 법원은 2002년 실시된 대선에서 차떼기로 상징되는 불법대선자금에 관한 판결에서 정치자금부정수수죄와 회계장부 허위기재죄 및 허위보고죄는 그 보호법익, 행위 주체, 행위 태양이 서로

45) 헌법재판소 1999. 11. 25. 선고 95헌마154 결정

다른 별개의 범죄로 보았다.

따라서 중앙당의 회계책임자가 불법적인 정치자금을 받은 다음, 그 정치자금에 대한 수입·지출 내역을 누락하는 방법으로 회계장부를 허위기재하고, 다시 관할 선거관리위원회에 그 허위기재 내역을 보고한 사안에 대하여, 법원은 각 죄가 모두 성립하는 실체적 경합관계에 있는 것으로 판단하여 무겁게 처벌하였다.[46)]

법리적으로 정치자금을 불법적으로 수수한 경우 그 내역을 회계장부에 기재하지 않거나, 불법 정치자금 수수내역이 누락된 회계서류를 선거관리위원회에 보고한 행위는 법조경합의 일종인 불가벌적 사후행위에 해당할 수 있다. 이 경우 불법 정치자금에 대한 회계장부의 기재를 누락한 행위와 그 내용을 관할 선거관리위원회에 보고한 행위는 적법행위 기대가능성이 전혀 없으므로, 책임조각사유를 인정하여 정치자금부정수수죄로만 처벌하는 것이 적절한 것으로 보인다.

그러나 헌법재판소는 해당 조항들이 정치자금의 수입·지출에 대한 정확한 기재·신고에 따라 정당의 수입·지출에 관하여 정확한 정보를 얻고 이를 검증할 수 있게 하므로, 이를 정치자금법의 입법목적과 밀접한 관련을 갖는 적절한 수단으로 평가하였다.

아울러 불법 정치자금의 수수 내역을 기재하고 이를 신고하는 조항이 없다면 정치자금의 투명성 확보라는 정치자금법 본연의 목적을 달성할 수 없게 된다는 점에서 해당 조항들을 정치자금법의 입법목적을 달성하기 위한 필수불가결한 조치로 보았다.

특히 헌법재판소는 회계책임자에게 불법 정치자금이라도 그 수수내역을 회계장부에 기재하고 신고할 의무가 있다며, 해당 조항들은 헌법이 보장하는 진술거부권을 침해하지 않는다고 판단하였다.[47)]

---

46) 대법원 2004. 12. 24. 선고 2004도5494 판결
47) 헌법재판소 2005. 12. 22. 선고 2004헌바25 결정

반면, 해당 조항이 불법 정치자금을 수수한 사람 중 누구도 자신의 범죄사실을 보고하지 않을 것이라는 점에서 정치자금의 투명성 확보라는 목적달성에는 아무런 기능을 하지 못하면서도 단지 '정치자금 부정수수죄'로 처벌받는 사람을 다시 '허위기재 및 허위보고죄'라는 명목으로 이중으로 처벌함으로써 침해의 최소성에 어긋나 헌법에 위반된다는 1인의 반대의견이 오히려 맑은 정신으로 써 내려간 다수의견처럼 오인될 지경이다.

이처럼 불법 정치자금 수수를 바라보는 사법부의 시선은 차갑고 그 처벌은 엄중하다는 점을 잊어서는 안 된다.

3. 정치자금 회계보고와 일반인 대상 공개

정치자금법에 따른 아래의 회계책임자는 해당 법률이 정하는 기한까지 정기 또는 부정기적으로 관할 선거관리위원회에 정치자금의 수입과 지출에 관한 회계보고를 해야 한다(§40①).

① 정당의 회계책임자

② 후원회를 둔 국회의원과 지방의회의원의 회계책임자

③ 모든 후원회의 회계책임자

④ 공직선거의 후보자·예비후보자의 회계책임자

후원회의 회계책임자가 회계보고를 하는 경우 재산상황과 정치자금의 수입내역 및 지출의 상세내역을 보고해야 한다. 수입내역에는 1회 30만 원 초과 또는 연간 300만 원을 초과하여 수입을 제공한 사람의 경우에는 성명·생년월일·주소·직업·전화번호와 수입일자 및 그 금액을, 그 이하 금액의 수입을 제공한 사람의 경우에는 일자별로 건수와 총금액을 보고해야 한다. 개인정보 보호법도 정치자금 회계보고서에 인적사항의 기재를 막지 못한다.

한편, 국회의원과 지방의원, 공직선거의 후보자 · 예비후보자 등 후원회 지정자, 후보자 · 예비후보자의 회계책임자는 후원금과 소속 정당의 지원금으로 구입 · 취득한 재산상황과 회계장부에 기재된 수입·지출의 상세내역을 보고해야 한다(§40③).

회계책임자로부터 보고를 받은 관할 선거관리위원회는 보고 마감일부터 7일 이내에 회계보고를 받은 사실, 회계보고의 열람 · 사본교부 기간, 회계보고서의 사본교부에 필요한 비용 등을 공고하고, 회계책임자가 보고한 재산상황, 정치자금의 수입 · 지출내역과 첨부서류를 해당 선거관리위원회의 사무소에 비치한 후 6개월간 누구든지 볼 수 있도록 해야 한다.

그 밖에 정치자금 회계보고와 공개, 후원금 고액기부자 명단 보고, 회계보고에 대한 이의신청과 검증, 회계장부의 인계 · 보존 등에 관하여 자세한 내용은 제6장 '제3절 정치자금 회계보고와 그 내용의 공개'를 참고하기 바란다.

제 3 장

후원회 설립과 후원금 모금방법

공직선거의 후보자 · 예비후보자, 국회의원과 지방의원에게 정치자금을 제공하려면 그들의 후원회에 후원금을 기부하는 방법뿐이다. 따라서 후원회를 통하지 않은 모든 정치자금의 기부는 불법이다.

후원회는 주권자가 정치인을 직접 후원하는 구조를 형성하여 자발적인 정치참여를 유도하고, 정치에 대한 신뢰감을 높이며, 정치자금을 양성화함으로써 정치부패를 방지하기 위하여 고안된 제도이다.

이 장에서는 후원회의 설립과 후원금 모금 · 기부 등에 관하여 구체적인 내용을 살펴보기로 한다.

제 1 절

후원회 설립과 그 운영방법

1. 정치자금 후원회제도의 의의

정치자금법에 따른 후원회란, 정치자금의 기부를 목적으로 설립·운영되는 것으로서 관할 선거관리위원회에 등록된 단체를 말한다(§37.). 정치자금법은 정당의 중앙당, 국회의원과 지방의원, 비례대표선거를 제외한 공직선거의 후보자·예비후보자, 정당의 당대표·최고위원 경선후보자, 대통령선거의 당내경선후보자 등 후원회지정권자에 한정하여 후원회 설치를 허용하고 있다(§6).

정치자금 조성을 위한 후원회는 국민들의 자발적인 정치참여의식을 높여 유권자 스스로 정당이나 정치인을 후원하도록 함으로써 정치에 대한 신뢰감을 높이고 음성적인 정치자금을 양성화하여 정치부패를 방지하는 데 그 입법목적이 있다.[1] 특히 후원회제도는 후원회 활동을 통하여 해당 후원회 또는 후원회원이 지향하는 정책적 의지가 보다 효율적으로 구현될 수 있도록 하자는 데에서 그 철학적 기초를 찾을 수 있다.[2]

우리나라에서 정치자금 후원회제도는 1980년 12월 정치자금법의

1) 헌법재판소 2000. 6. 1. 선고 99헌마576 결정

2) 헌법재판소 2001. 10. 25. 선고 2000헌바5 결정

개정을 통해 최초로 도입되었다. 제도 도입 초기에는 정당후원회만 허용하였으나, 1989년 12월 국회의원후원회를 허용한 이래 점진적으로 후원회를 둘 수 있는 범위를 확장하여 왔다.

2021년 1월에는 지역구 지방의원선거의 예비후보자와 후보자에게도 후원회가 허용되어 2022년 6월 실시된 제8회 전국동시지방선거에서 최초로 적용되었다. 또한 2024년 7월부터는 지역구와 비례대표를 불문하고 모든 지방의원에게 후원회를 허용함에 따라 공직선거의 후보자·예비후보자와 그 당선자의 정치활동에 소요되는 자금의 적정한 제공을 위한 후원회제도를 완성하게 되었다.

다만, 비례대표선거에서는 후보자후원회가 허용되지 않는다. 공직선거의 법제에서 비례대표선거의 주체는 후보자가 아니라 정당이고, 정당에는 이미 중앙당후원회가 허용되어 있기 때문에 비례대표선거의 개별 후보자에게 후원회를 허용할 실익이 없다.

정치자금법에 따른 후원회는 정치자금을 조달하는 경제적 측면으로만 그 의미를 축소해서는 안 된다. 오히려 지지자들을 조직화하여 득표력을 강화하고 정치자금 모금활동을 통하여 인지도를 확장할 수 있는 정치적 의미와 그 가능성에 더 주목해야 한다. 후원회의 회원모집 활동을 통하여 지지자들을 조직할 수 있고, 후원회를 선거운동 조직으로 활용할 수 있으며, 덕망 높은 인물을 후원회의 회장으로 초빙하여 자신이 추구하는 가치와 정책방향을 유권자에게 제시하는 의미도 무시할 수 없기 때문이다.

정치자금 모금을 위한 후원회의 활동에 관해서는 공직선거법에서 정당활동의 자유에 버금갈 정도로 관대한 태도를 보이고 있다. 예컨대, 후원회는 특정 정치인을 후원하기 위한 일종의 사적인 결사(結社)로 평가할 수 있음에도 후원회 또는 그 대표자의 명의로 선거운동을 할 수 있고, 후원회를 사조직으로 보지 않으며, 후원회가 설치된 시설을 유사기관으로 보지도 않는다.[3)]

2. 후원회를 둘 수 있는 사람

가. 지방의원과 후보자·예비후보자

2000년 6월 헌법재판소는 시·도의원에게 후원회를 허용하지 않았던 구 정치자금법에 대한 헌법소원심판에서, 시·도의원은 그 활동범위가 해당 시·도의 지역사무에 국한되고 무보수 명예직으로서 정치는 부업에 지나지 않으므로, 같은 정치활동이라도 국회의원과 그 질과 양이 근본적으로 달라 정치자금을 필요로 하는 정도나 소요자금의 양에서도 현저한 차이가 있다고 보았다. 따라서 국회의원에게 후원회를 허용하면서 시·도의원에게는 이를 금지하더라도 헌법상 평등의 원칙에 위반되지 않는다고 결정하였다.[4)]

그러나 2022년 11월 헌법재판소는 종전과 판단을 달리하여 지방의원은 주민의 대표자이자 지방의회의 구성원으로서 주민들의 다양한 의사와 이해관계를 통합하여 지방자치단체의 의사를 형성하는 역할을 하므로, 지방의원의 전문성을 확보하고 원활한 의정활동을 지원하기 위해서는 지방의원들에게도 후원회를 허용하여 정치자금을 합법적으로 확보할 수 있는 방안을 마련해 줄 필요가 있다며 판례를 전향적으로 변경한 바 있다.[5)]

해당 결정에서 헌법재판소는 지방의원에게 지급되는 의정활동비 등은 의정활동에만 전념하기에 충분하지 않고, 지방의회는 유능한 정치신인의 유입 통로가 되므로, 지방의원에게 후원회를 둘 수 없도록 금지하는 것은 경제력을 갖추지 못한 사람의 정치입문을 저해할 수 있어 국회의원과 달리 지방의원을 후원회지정권자에서 제외하는 것은

3) 공직선거법 제87조제1항·제2항, 제89조제1항 등 참조.

4) 헌법재판소 2000. 6. 1. 선고 99헌마576 결정

5) 헌법재판소 2022. 11. 24. 선고 2019헌마528·631·632(병합) 결정

불합리한 차별로서 평등권을 침해하여 헌법에 위반된다고 결정하였다. 이에 입법권자는 2024년 2월 정치자금법을 개정하여 비례대표를 포함한 모든 지방의원에게 후원회를 허용하였고, 해당 개정법률은 같은 해 7월부터 시행되었다.

한편, 일찍이 후원회가 허용된 국회의원선거의 후보자와 달리 지방의원선거의 후보자나 예비후보자의 경우에는 선거비용 외에 정치자금의 필요성이 크지 않으며, 선거비용 측면에서도 국회의원선거에 비하여 상대적으로 선거비용이 적게 드는 점 등의 이유로 그 후원회 설치의 필요성이 크게 부각되지는 않았다.

그러나 2019년 12월 헌법재판소가 기초의원선거의 예비후보자에게 후원회를 허용하지 않았던 정치자금법 관련 규정에 대한 헌법소원심판에서 비록 위헌결정이 필요한 6인에 달하지 못하여 해당 심판을 기각하였으나, 입법권자는 헌법재판관 5인의 위헌의견을 존중하여 2021년 1월 지역구 지방의원선거의 후보자와 예비후보자에게 후원회 설치를 허용하기에 이르렀다.

당시 5인의 위헌의견 요지는 기초의원선거의 후보자에게 후원금을 모금할 수 있는 기회를 원천적으로 봉쇄하는 것은 지나치게 가혹하고, 군소정당이나 신생정당 또는 무소속 예비후보자의 경우에는 후원회제도를 활용하여 선거자금을 마련할 필요성이 더욱 절실하므로, 이들이 후원회제도를 활용하는 것을 제한하는 것은 다양한 신진 정치세력의 진입을 막고 자유로운 경쟁을 통한 정치발전을 가로막을 우려가 있다고 보았다.[6)]

지방의원과 그 후보자 등에게 후원회를 둘 수 있는 권리는 이렇게도 지난한 투쟁과 입법권자의 결단을 통하여 확보된 것이다.

---

6) 헌법재판소 2019. 12. 27. 선고 2018헌마301・430(병합) 결정

나. 단체장선거의 후보자·예비후보자

2001년 헌법재판소는 선출된 자치단체장과 그 선거에 입후보하는 사람에게 후원회를 허용하지 않는 부분에 대하여, 국회의원은 전 국민을 대표하는 대의기관으로서 그 직무수행에 있어서 선거자금 외에도 상당한 정치자금의 소요가 예상되지만, 자치단체장은 집행기관으로서 그 지위와 성격 및 기능에서 국회의원과 본질적인 차이가 있으므로, 그에게 후원회를 금지하는 것이 정당하다고 보았다.[7)]

그 이유로서 자치단체장의 직무수행에 필요한 자금에 관하여 개인의 선거비용 이외에는 모두 국가 또는 자치단체의 예산으로 책정되어 있을 뿐만 아니라, 집행기관으로서의 염결성(廉潔性)을 확보하기 위하여 정치자금의 조달방법에서도 자치단체장 또는 자치단체장 선거에 입후보하는 사람에게 개인후원회를 둘 수 없도록 한 것은 합리적 차별이라 판단한 것이다.

그러나 입법권자는 지속적으로 정치자금법을 개정하여 2005년 8월에는 시·도지사선거의 후보자에게 후원회를 둘 수 있도록 허용하였고, 2010년 1월에는 기초단체장선거의 후보자에게도 후원회를 둘 수 있도록 후원회지정권자를 확대하였다.

한편, 헌법재판소는 2016년 9월 기초단체장선거의 예비후보자를 후원회지정권자에서 제외한 정치자금법 관련 조항에 대한 헌법소원 사건에서 기초단체장선거의 예비후보자를 국회의원선거의 예비후보자와 달리 취급하는 것에는 합리적인 이유가 있으므로, 해당 조항은 헌법에 위반되지 않는다고 판단한 바 있다.[8)]

그러나 헌법재판소는 2019년 12월 종전의 판례를 변경하여 시·도지사선거의 경우 국회의원선거보다 선거비용의 규모가 크고, 후원

---

7) 헌법재판소 2001. 10. 25. 선고 2000헌바5 결정

8) 헌법재판소 2016. 9. 29. 선고 2015헌바228 결정

회를 통해 선거자금을 마련할 필요성 역시 매우 크므로, 군소정당이나 신생정당, 무소속 예비후보자에게는 후원회를 활용하여 선거자금을 마련할 필요성이 더욱 절실하다고 보았다.9)

아울러 헌법재판소는 시·도지사선거의 예비후보자에게 후원회를 금지하는 것은 다양한 신진 정치세력의 진입을 막아 자유로운 경쟁을 통한 정치발전을 저해할 우려가 있고, 후원회제도 자체가 시·도지사 직무수행의 염결성(廉潔性)을 저해하는 것으로도 볼 수 없다며 해당 규정이 헌법에 위반된다고 결정한 바 있다.10)

이에 따라 2021년 1월 정치자금법의 개정으로 모든 자치단체장 선거의 후보자와 예비후보자에게 후원회가 허용되었다.

다. 국회의원과 후보자·예비후보자

국회의원후원회와 그 선거의 후보자후원회는 정당후원회 다음으로 1989년에 도입되었다. 이후 2004년 국회의원선거에 예비후보자제도가 도입됨에 따라 그 예비후보자에게도 자연스럽게 후원회가 허용되었다. 이는 우리 정치사에서 후원회를 둘 필요성에 대한 법적 다툼이 없이 후원회지정권자의 지위를 획득한 사례이다.

라. 대통령선거 후보자·예비후보자·경선후보자

2004년 3월 구 정치자금에 관한 법률을 개정하여 대통령선거의 당내경선후보자도 후원회를 지정할 수 있도록 후원회지정권자를 확대하였다. 2008년 2월 개정된 정치자금법은 후원회지정권자를 대통령선거의 후보자와 예비후보자까지 확대하여 현재에 이르고 있다.

---

9) 헌법재판소 2019. 12. 27. 선고 2018헌마301·430(병합) 결정

10) 헌법재판소 2019. 12. 27. 선고 2018헌마301·430(병합) 결정

대통령선거도 비례대표의원선거와 동일하게 정당이 주체가 되는 선거이므로, 해당 선거의 후보자나 예비후보자에게 후원회를 허용할 필요성이 크지 않아 늦게야 허용된 것으로 보인다. 그래서 모금한도액도 선거비용제한액의 5%에 불과하다(§12① 3.).

마. 당대표 · 최고위원 경선후보자

2004년 3월 정치자금법을 개정하여 중앙당 대표의 당내경선후보자도 후원회를 둘 수 있도록 하였고, 2016년 1월에는 중앙당 대표자 외에도 최고위원 등 중앙당 최고 집행기관의 구성원을[11] 선출하기 위한 당내경선후보자에게도 후원회를 허용한 바 있다.

바. 정당의 중앙당

정당후원회는 1980년 12월 정치자금법의 개정을 통하여 최초로 도입되어 시 · 도당과 지구당까지 확대한 바 있다. 그러나 2002년 대통령선거의 불법정치자금 문제로 촉발된 고비용 정치구조 해소를 위한 정치개혁 입법 과정에서 여야간 과도한 개혁경쟁을 벌이면서 정당후원회를 폐지한 바 있다.

이후 정당후원회는 2015년 12월 헌법불합치결정에 따라 2017년 6월 되살아났다.[12] 2002년 당시에도 불법대선자금은 정당후원회를 통하지 않아서 정치자금법에 위반되었기 때문에, 불법대선자금 조성과 인과관계가 없었던 중앙당후원회를 폐지한 것은 여론에 편승한 포퓰리즘 입법의 대표적 사례로 평가할 수 있을 것이다.

11) 법률적으로는 그 조직형태와 관계없이 당헌으로 정하는 중앙당 최고 집행기관을 말한다. 실무적으로는 최고의원 정도로 이해하면 적절할 듯하다.

12) 헌법재판소 2015. 12. 23. 선고 2013헌바168 결정

3. 원외 당협위원장은 어쩌나

가. 헌법재판소 결정

2018년 9월 정당의 당원협의회 위원장에게 후원회를 허용하지 않는 정치자금법 관련 규정에 대하여 20여 명의 원외 당협위원장들이 공동으로 헌법소원심판을 청구한 사건이 있었다.

해당 사건에서 청구인들은 지역구에서의 역할이 국회의원과 다르지 않음에도 불구하고 지역구 국회의원에게는 후원회 설립을 허용하면서 원외 당협위원장에게는 후원회 설립을 금지함에 따라 청구인들의 활동에 소요되는 비용들을 모두 사비(私費)로 충당할 수밖에 없어 심판대상 조항이 정치 신인과 경제적 약자가 국회에 진출하는 것을 차단하고 현직 국회의원들의 기득권만 강화시키는 것으로서 청구인들의 평등권 등을 침해한다고 주장하였다.

해당 심판을 청구한 후 3년이 지난 2022년 10월 헌법재판소는 지역구 국회의원과 원외 당협위원장은 구체적인 지위, 수행하는 정치활동의 대상과 범위에 커다란 차이가 있어 지역구 국회의원은 국민 전체를 대표하는 헌법상 기관에 해당하지만, 원외 당협위원장은 법률상 임의기구의 대표자에 불과하고, 그 활동내용도 자신이 속한 정당을 위한 지역 활동에 국한된다고 보았다. 아울러 정당법에 따라 당원협의회 사무소 설치가 금지된 점도 고려되었다(§37③).

헌법재판소는 원외 당협위원장에게 후원회를 허용할 경우 해당 당협위원장이 국회의원선거에서 당선될 것을 기대하는 사람들이나 지방의원선거에서 공천을 받으려는 사람들이 고액의 후원금을 기부하는 등의 방법으로 영향력을 행사함으로써 선거과정이나 공천과정이 과열되고 혼탁하게 될 우려가 있다고 보았다.

따라서 원외 당협위원장에 대한 대가성 후원을 통해 정치적 영향력을 행사하려는 사람들의 접근을 제한하여 그 직무수행의 염결성을 확보하기 위해서는 정치자금의 유입 통로를 차단할 필요가 있으므로, 후원회를 허용하지 않는 것이 정당하다고 결정하였다.[13]

아울러 헌법재판소는 원외 당협위원장의 후원회 지정이 가능해지면, 그 투명성을 담보하기 위한 관리감독에 소요되는 비용과 투입되는 인력이 늘어나는 등 사회적 비용이 증가될 수 있으며, 그 규모는 현재 지역구 국회의원들의 후원회에 대한 규율에 소요되는 비용을 훨씬 능가하여 효과적인 통제가 어려워질 수 있다는 점도 후원회 금지를 정당화할 수 있는 사유로 들었다.

결정문은 해당 심판의 청구자들인 원외 당협위원장들에게만 송달되었겠지만, 그 결정의 요지는 여의도에 크게 울려 퍼져서 아마도 못 들은 국회의원이 없었을 것이다.

나. 입법론적 대안

현행 공직선거법은 예비후보자 등록제도를 도입하였고, 정치자금법은 공직선거법에 따라 예비후보자로 등록한 사람은 후원회를 지정하여 정치자금을 조달할 수 있도록 허용한 바 있다.

그렇지만 아직 예비후보자의 지위를 취득하지 못한 국회의원선거의 입후보예정자에게는 후원회를 허용하지 않는다. 이에 관하여 헌법재판소는 후원회를 통한 정치자금 조달이 허용되는 대상자를 선정하는 때에 정치활동을 위한 경비의 지출이 객관적으로 명확하지 않은 공직선거의 입후보예정자를 제외한 것은 정치자금법의 입법목적을 실현하기 위한 불가피한 선택으로 보았다.[14]

헌법재판소의 이러한 결정과 정치관계법의 입법취지를 종합적으

13) 헌법재판소 2022. 10. 27. 선고 2018헌마972 결정

14) 헌법재판소 2005. 2. 3. 선고 2004헌마216 결정

로 고려하면, 원외 당협위원장의 지위에 관하여 공직선거법은 선거규제의 측면에서 그를 경계인으로, 정당법은 정당활동의 자유의 측면에서 그를 사생아(私生兒)로, 정치자금법은 후원회 지정권자의 측면에서 그를 이방인으로 취급하는 것처럼 보인다.

입법론적으로는 현재의 기형적인 당원협의회 대신 정치공동체인 기초자치단체의 층위에 대응하는 정당의 지방조직으로 구·시·군당을 허용하고 그 후원회를 둘 수 있도록 하되, 구·시·군당의 운영에 관해서는 당내민주주의를 구현하고 사당화(私黨化)를 방지할 수 있는 제도적 안전판을 함께 마련하는 것이 적절한 대안으로 보인다.

특히 지역주의 정치구조가 고착된 상황에서 기초자치단체에 대응하는 정당조직의 부재(不在)는 정치공동체의 현안에 대한 주민들의 정치적 의사를 적극적으로 형성하지 못하여 풀뿌리 민주주의가 고사(枯死)될 위험도 있다. 정당이 주민의 정치적 의사형성에 필요한 지방조직을 갖추지 못하여 풀뿌리 민주주의가 사라진 곳에서는 유력 정치인의 심기와 헛기침이 당내 민주주의를 대체한다.

4. 후원회 설립절차

가. 정관의 작성

헌법이 나라의 근간이듯, 법인이나 단체의 최고 규범이 바로 해당 법인·단체의 정관 또는 규약이다. 따라서 후원회 결성을 위하여 준비모임을 갖는 등 후원회를 설립하려는 사람들이 서로의 뜻을 확인하고 어느 정도의 의사가 합치되면 후원회 설립 준비기구를 출범시키고 후원회의 정관이나 규약부터 준비해야 한다.

창립총회에서 제정하는 정관에는 후원회의 조직형태, 운영방법에 관한 사항을 자유롭게 작성하되, 정치자금사무관리 규칙에 따라 다음 사항은 반드시 포함되어야 한다(§9).

① 명칭·목적 및 소재지
② 회원의 가입과 탈퇴 등 신분에 관한 사항
③ 후원금의 모금 및 기부에 관한 사항
④ 대표자·회계책임자의 선임 및 해임에 관한 사항
⑤ 대표자가 사고가 있을 때의 직무대리에 관한 사항
⑥ 해산에 관한 사항
⑦ 정관 또는 규약의 변경에 관한 사항
⑧ 후원회의 대의기관 또는 그 수임기관에 관한 사항
⑨ 후원회의 감사기관에 관한 사항
⑩ 그 밖에 후원회의 운영에 관한 사항

나. 창립총회 개최

후원회설립추진위원회 등 준비기구는 창립총회를 개최하여 정관과 규약을 제정하고, 대의기관 또는 그 수임기관과 대표자 등 후원회의 기관을 구성하는 등 정치자금법이 요구하는 후원회 조직으로서 외관과 실질을 갖추어야 한다.

후원회 등록신청을 하는 때에는 반드시 후원회 결성 회의록이 첨부되어야 하므로(규칙 §6②), 회의록은 최소한 아래의 내용을 포함하여 정확하게 작성해야 한다.

① 창립총회 개최일시·장소
② 정관에서 정한 의결정족수 충족 여부
③ 개회선언, 안건처리 등 회의 진행상황
④ 회의록 작성자와 확인자의 서명·날인

후원회 창립총회에 의례적인 범위의 내빈을 초청하는 것은 무방하나, 다수의 선거구민에게 초청장을 발송하는 것은 행위시기와 양태(樣態)에 따라 공직선거법 제93조에 따른 탈법방법에 의한 문서·도화 등 배부 금지규정 또는 제254조에 따른 사전선거운동 금지규정에 위반될 수 있으므로 유의해야 한다.

아울러 창립총회에서 축가 등 조출한 문화행사는 가능하나, 연예인 등 외부인을 초청하여 유료공연 수준에 이르는 행사를 하는 것은 공직선거법 제114조 또는 제115조에 따른 기부행위 제한규정에 위반될 수 있다. 적법한 창립총회 행사라도 그 행사에 지출한 비용은 후원금 모금에 직접 소요된 경비에 해당하지 않으므로 후원회가 나중에 기부받은 후원금으로 지출해서는 안 된다.[15] 정치자금을 사적경비 또는 부정한 용도로 지출하는 것이기 때문이다.

후원회 대표자는 공직선거의 후보자와 예비후보자, 국회의원과 지방의원 등 후원회지정권자의 정치자금 모금을 총괄·지휘하는 지위에 있으므로, 공직선거에서 중립의무가 부과된 지방자치단체의 장이나 국무위원 등이 후원회의 대표자를 맡는 것은 공직선거법 제9조 등에 위반될 수 있어 자제함이 마땅하다.[16]

다만, 다른 후원회의 대표자를 맡고 있는 사람도 새롭게 창설되는 후원회의 대표자가 될 수 있다. 유력 정치인이나 대중적 영향력이 있는 대학교수가 여러 후원회의 회장을 겸직하는 이유다.

다. 후원회 지정신청

후원회 창립총회를 마친 후원회 설립 준비기구는 국회의원과 지방의원 또는 공직선거의 후보자·예비후보자 등 후원회지정권자에게 자신을 후원회로 지정해 달라는 후원회 지정신청을 한다. 후원회 지정

15) 중앙선거관리위원회 2010. 3. 23. 회답

16) 중앙선거관리위원회 2008. 3. 10. 회답

신청은 격식을 갖추어 서류로 해도 되고 말로 해도 무방하다.

후원회 지정신청을 받은 해당 후원회지정권자가 그 신청을 수락하는 경우에는 해당 후원회 설립 준비기구에 후원회지정서를 교부한다.[17] 이제 선거관리위원회에 등록신청 절차가 남았다.

라. 후원회 등록신청

후원회지정서를 받은 후원회의 대표자는 14일 이내에 관할 선거관리위원회에 후원회 등록을 신청해야 한다. 후원회 등록을 신청하는 때에는 아래의 서류를 첨부한다(규칙 §6).

① 후원회 등록신청서

② 정관 또는 규약

③ 대표자의 취임동의서

④ 후원회 회인(會印)과 대표자의 직인의 인영(印影)신고서

⑤ 후원회 지정서

⑥ 후원회 결성 회의록 사본

⑦ 사무소의 소재지 약도

등록신청을 접수한 관할 선거관리위원회는 요건을 심사하여 7일 이내에 등록신청을 수리한 후 등록증을 내주고 등록사실을 공고한다. 이제 후원회는 회계책임자를 신고하면 정치자금영수증과 다양한 결재방법을 활용하여 후원금을 모금할 수 있다.

등록신청사항에 변경이 생기면 14일 이내에 변경등록신청을 하면 된다. 이를 게을리하면 100만 원 이하의 과태료가 부지런히 쫓아온다. 그 밖에 세부적이고 실무적인 사항은 관할 선거관리위원회에 문의하면 자세하게 안내해줄 것이다.

17) 해당 서식은 정치자금사무관리 규칙 별지 제3호로 정해져 있다.

마. 회계책임자 신고

원칙적으로 후원회 등록신청이 수리되어야 후원회 대표자에게 회계책임자 신고의무가 발생하지만, 실무적으로는 후원회 등록신청서를 제출하는 때에 회계책임자 선임신고서와 중앙선거관리위원회가 운영하는 정치후원금센터 이용신청서를 함께 제출해도 무방하다. 후원회 등록신청이 수리된 경우에는 후원회지정권자도 관할 선거관리위원회에 회계책임자를 신고해야 한다.

후원회는 기본적으로 해당 후원회지정권자와 명확하게 구분되는 별개의 단체이고, 후원회의 회계책임자에게 반드시 급여를 지급해야 하는 것은 아니지만, 급여를 지급하기로 한 경우에는 유급사무직원으로서 해당 후원회의 자금으로 지급해야 한다.

만일 후원회 외의 제3자가 회계책임자에게 급여를 지급하게 되면 이는 정치자금법이 정하지 않는 방법으로 정치자금을 수수한 경우에 해당하여 정치자금법에 위반될 수 있다는 점에 유의해야 한다.[18] 정치자금법은 공직선거법과 달리 공짜 점심이 없기 때문이다.

바. 겸임후원회 등록

후원회를 둔 후원회지정권자가 또 다른 후원회를 둘 수 있는 자격을 새로이 취득한 경우에는 기존의 후원회를 다른 후원회로 겸하여 지정할 수 있다. 대표적인 사례로 후원회를 둔 국회의원이 대통령선거의 후보자가 되거나, 후원회를 둔 지방의원이 해당 지방자치단체장선거에 예비후보자가 되는 경우를 들 수 있다.

이 경우 해당 후원회의 대표자는 후원회지정권자의 지정을 받은 날부터 14일 이내에 그 지정서와 후원회의 인영을 첨부하여 관할 선

18) 대법원 2015. 12. 24. 선고 2015도15250 판결

거관리위원회에 신고해야 한다(§7③). 해당 규정은 편의상 이미 등록되어 있는 후원회를 새로이 둘 수 있는 후원회로 활용하기 위한 취지이므로, 후원회지정권자의 신분별·후원회별로 각각 회계책임자를 따로 선임하고, 예금계좌를 별도로 개설해야 하며, 관할 선거관리위원회에 각각 독립적인 회계보고를 해야 한다.

다만, 회계책임자 선임에 관하여는 정치자금법상 회계책임자 겸직금지의 원칙을 완화하여 후원회 간 회계책임자와 후원회지정권자 간 회계책임자의 겸직이 허용된다(§34②, 규칙 §33 1.).

5. 후원회 운영방법

가. 사무소 설치

후원회는 그 사무를 처리하기 위하여 1개의 사무소를 설치할 수 있다. 다만, 국회의원후원회와 그 후보자후원회는 서울시와 그 지역구에 사무소 또는 연락소 각 1개소를 둘 수 있다. 국회가 서울에 소재하기 때문에 의정활동의 편의를 고려한 취지다(§9①).

지방의원후원회의 경우 해당 지방의회 청사의 소유·관리 주체가 해당 후원회와 약정을 체결하고 사용 정도에 따른 통상적인 임대료 등 제반 경비를 받고 사무공간을 제공하는 것은 무방하다. 지방의원 사무실을 후원회의 소재지로 신고하고 실제 후원회 사무소로 운영하는 않는 경우에는 정치자금의 기부가 아니므로 가능하다.

그러나 지방의회가 법적인 근거 없이 무상으로 지방의원 사무실 등을 후원회 사무소로 설치·운영하도록 제공하는 것은 행위 양태에 따라 정치자금법이 금지한 법인·단체의 정치자금 기부 금지규정 위반이나 정치자금 부정수수에 해당될 수 있다.[19]

그 밖에 후원회 사무소의 설치장소에 관해서는 아무런 제한이 없다. 다만, 국회의원의 지역사무소와 달리 후원회 사무소에 작은 도서관 또는 북카페를 설치·운영하는 것은 후원회의 설립목적 범위를 벗어난 행위로서 공직선거법과 정치자금법에 위반될 수 있다. 국회의원의 지역사무소는 의정활동 등 정치활동을 원활하게 수행하기 위한 포괄적 목적으로 설치하는 것이지만, 후원회의 사무소는 후원금을 모금·기부하기 위한 특별한 목적 달성을 위하여 설치하는 것이기 때문이다.[20]

나. 사무직원 고용

후원회의 사무소와 연락소에 두는 유급사무직원의 수는 모두 합하여 2인을 초과할 수 없다. 다만, 중앙당후원회, 대통령선거와 관련된 후원회의 경우에는 유급사무직원의 수에 제한이 없다(§9②).

실제 후원회의 업무량은 회계책임자 외에 따로 사무직원을 필요로 할 정도로 그리 많지가 않다. 정당후원회나 대통령선거와 관련한 후원회 등 큰 규모의 후원회를 제외한다면, 일반적인 후원회의 경우 후원회 사무실을 따로 두더라도 회계책임자가 혼자서 감당할 수 있을 정도이다. 이러한 이유로 국회의원후원회의 경우 통상적으로 보좌관이나 지역사무소의 직원이 해당 업무를 처리한다.

후원회 사무직원과 관련하여 특히 유의할 사항이 있는데, 사무직원을 자원봉사 등 무급으로 활용할 경우 정치자금의 기부로 간주되어 위법성 논란이 제기될 수 있는 점이다. 거듭 강조하지만, 공직선거법이 적용되는 선거운동과 달리 정치자금법이 적용되는 영역에서는 자원봉사자가 허용되지 않는다. 가급적 보좌직원에게 겸직시키거나 가족을 활용하는 것이 최선으로 보인다.

19) 중앙선거관리위원회 2024. 11. 18. 회답

20) 중앙선거관리위원회 2013. 6. 13. 회답

다. 선전물 설치

정치자금법에서는 후원회 사무소에 설치하는 간판이나 현판에 관해서 아무런 근거나 규제조항이 없다. 생뚱맞게도 공직선거법에서 후원회 사무소에는 중앙선거관리위원회 규칙으로 정하는 바에 따라 간판을 달 수 있도록 명시적으로 규정하고 있을 뿐이다(공직선거법 §145②). 게시할 수 있는 간판의 수량에는 제한이 없다.[21]

다만, 후원회 사무소의 간판은 게시방법의 측면에서 후원회가 입주한 건물이나 담장을 벗어나 설치하거나, 애드벌룬을 이용하는 방법으로 설치·게시할 수 없고, 게시내용의 측면에서는 해당 간판에 후보자나 후보자가 되려는 사람을 지지·추천·반대하는 내용을 게재할 수 없다(공직선거관리규칙 §66). 해당 규정을 위반한 경우에는 100만 원 이하의 과태료가 부과될 수 있다(공직선거법 §261⑧ 4. 사목). 그러나 과태료 부과조차 법적 근거가 희박해 보인다.

후원회 사무소의 간판에 관한 법령의 체계와 구조의 측면에서 해당 조항이 공직선거법 '제9장 선거와 관련있는 정당활동의 규제'에 편제되어 있으므로, 입법권자가 후원회의 활동을 정당활동에 준하여 보호하려 한다는 점을 넉넉히 추정할 수 있다.

또한 법령의 연혁적인 측면에서도 2010년 1월 해당 규정이 개정되어 후보자 등의 '성명·사진 또는 그 성명을 유추할 수 있는 내용'에 대한 게재 금지를 삭제하고, 사무소에 게시할 수 있는 간판의 수량을 1개로 한정하였던 종전의 규제를 폐지하였다는 점을 고려하면, 후원회 사무소에 게시할 수 있는 간판의 규격과 내용에 관해서는 광범위한 재량이 허용되는 것으로 보인다.

21) 공직선거법에서 후원회 사무소의 간판 등에 관하여 규율하는 것은 2004년 이전 시·도당은 물론 지구당에도 후원회를 허용하였던 시기에 그 후원회가 해당 정당의 당사 사무실을 공유하였던 현실을 고려하여 후원회의 간판 등을 당사 게시 선전물과 함께 통합하여 규제하였던 흔적이다.

실제 유권해석 선례도 가로 6m, 세로 7m의 커다란 규격에 후원회지정권자의 사진을 게재한 시설물을 후원회 간판으로 설치할 수 있는지에 관한 질의에 대하여, 중앙선관위는 다른 법률에 위반되는지는 별론으로 하고 공직선거법상 후원회 사무소에 이러한 규격과 내용의 간판을 제한하지 않는다고 회답한 바 있다.[22]

라. 회원 관리방법

대한민국 국민은 누구든지 자유의사로 하나 또는 둘 이상 후원회의 회원이 될 수 있다. 당연히 외국인과 법인·단체는 후원회의 회원이 될 수 없다. 대한민국 국민 중 후원회에 회원가입이 금지된 사람은 연령의 측면에서 16세 미만인 사람, 직업의 측면에서는 선거중립의무가 부과된 직업공무원과 사립학교 교원, 그리고 경력의 측면에서는 범죄전과로 선거권이 없는 사람뿐이다(§8①). 모두 정당에 가입할 수 없는 신분들이다(정당법 §22①).

정당법에서 특정 정당의 당원은 다른 정당에 가입할 수 없도록 이중당적을 금지하고 이를 위반하면 형사처벌의 대상으로 삼는다(§42②·§55). 그러나 정치자금법은 후원회의 회원에게 이러한 제한을 두지 않는다. 논리적으로는 특정 후원회의 회원이 여러 개의 다른 후원회에 중복하여 가입할 수도 있다. 후원회의 회원 수에는 최소한의 요건도 없으므로[23], 10여 명의 회원만으로도 후원회가 존속될 수 있다. 회원의 거주지역에 관한 제한도 없고, 후원하려는 정치인과 당적(黨籍)이 달라도 아무런 문제가 되지 않는다.

참고로 후원회의 회원은 연간 1만 원 또는 그에 상당하는 가액 이상의 후원금을 기부해야 한다(§11⑤). 참으로 소박한 금액이지만, 이

22) 중앙선거관리위원회 2023. 12. 11. 회답

23) 중앙선거관리위원회 2007. 5. 28. 회답

를 위반하더라도 정치자금법에 따른 제재는 없다.

후원회는 회원명부를 비치해야 하고, 그 회원명부는 법원이 재판상 요구하는 경우와 관할 선거관리위원회가 회원의 자격과 후원금 내역 등 필요한 사항을 확인하는 경우를 제외하고는 열람을 강요당하지 않는다(§8③). 국민의 정치활동의 자유를 보호하고, 특정 후원회의 회원이라는 사실이 밝혀질 경우 받을 수 있는 정치적 박해, 사회적 압력, 또는 경제적 불이익을 제도적으로 차단하여 정치자금의 원활한 조성을 도모하기 위한 취지이다.

이에 따라 범죄수사를 위한 회원명부의 조사에는 법관이 발부한 영장이 있어야 한다(§8④). 후원회 관계자도 영장을 제시하지 않는 검사 또는 사법경찰관에게 임의적으로 회원명부를 열람하게 해서는 안 된다는 의미로 읽혀진다.

마. 활동방법의 제한

후원회는 해당 후원회지정권자에게 정치자금 기부를 목적으로 설립·운영되는 단체이므로, 후원금 기부를 위한 설립목적의 범위에서 활동해야 한다. 예컨대, 농산물 판매대행, 바자회, 서화전 등 수익사업이나, 자율방범대 장비 기증, 양로원·고아원 등에 금품제공 등 공익사업, 자연보호, 교통질서 확립을 위한 캠페인 활동, 농가의 일손돕기 봉사활동 등은 후원회의 설립목적이라는 내재적 한계에 따라 제한 또는 금지되는 것으로 보아야 할 것이다.[24)]

다만, 후원회의 정관 또는 규약이 정하는 바에 따라 회원만을 대상으로 후원회의 소식지 또는 자료집을 발간하거나, 세미나 또는 강좌를 개최할 수 있다.[25)]

24) 중앙선거관리위원회 1994. 4. 30. 회답

25) 중앙선거관리위원회 1994. 4. 30. 회답

참고로 산악회, 동호인회 등 사적 모임은 물론이고, 정치인 팬클럽조차 사조직으로 정의되어 공직선거법상 선거운동이 금지되어 있다(§87). 그러나 정치자금법에 따른 후원회는 선거운동이 금지된 단체로 열거되지 않았으므로, 해당 후원회의 명의 또는 그 대표자의 명의로 선거운동을 할 수 있다.[26)]

이 경우 후원인이 기부한 후원금으로 그 경비를 지출하게 되면 정치자금의 사적경비 또는 부정한 용도의 지출이 되므로, 따로 회원들이 회비를 각출하여 해당 비용을 충당해야 한다.

26) 중앙선거관리위원회 2004. 11. 16. 회답

제 2 절
후원금 모금을 위한 홍보방법

1. 후원금 모금을 위한 홍보방법 개요

후원회는 후원금 모금 또는 회원 모집을 위하여 인쇄물·시설물 등을 이용하여 후원회명, 후원금 모금의 목적, 기부방법, 해당 후원회지정권자의 사진·학력·경력·업적·공약과 그 밖에 홍보에 필요한 사항을 알릴 수 있다(§15①). 이 경우 학력은 공직선거법에 따른 후보자의 학력 게재방법과 유사하게 정규학력과 이에 준하는 외국의 교육과정을 이수한 학력에 한정하여 게재할 수 있다.

특히 후원금 모금을 위한 홍보에는 다른 공직선거의 후보자 또는 후보자가 되려는 사람, 다른 경선후보자에 관한 사항을 포함할 수 없도록 하여 후보자 비방이나 허위사실 공표, 그리고 경쟁 후보자에 대한 낙선운동을 원천적으로 차단하고 있다(§15① 단서).

후원회지정권자도 후원금 모금을 홍보할 수 있는데, 가장 자연스럽고 효율적인 방법 중 하나가 바로 공직선거법에 따라 해당 후원회지정권자에게 허용된 선거운동을 후원금 모금을 위한 홍보방법으로 활용할 수 있다는 점이다. 아울러 후원회지정권자인 현역 국회의원 또는 지방의원이 후원회를 둔 경우에는 의정활동보고서를 활용하여 후원금 모금을 홍보할 수도 있다(규칙 §19① 3.).

그 밖에 후원회 관계자, 후원회지정권자와 그의 회계책임자, 후원회를 둔 국회의원의 보좌직원은 의례적으로 교부하는 자신의 명함을 활용하여 후원금 모금을 홍보할 수 있다(규칙 §19① 4.).

또한 누구든지 공직선거법에 위반되지 않는 방법으로 후원금 기부를 고지하거나 안내할 수 있다. 다행히 최근 공직선거법의 혁명적 진화에 따라 문자, 인터넷, SNS, 말(言)로 하는 선거운동이 상시 허용되었으므로, 선거운동의 자유확대에 따른 부수적 효과로서 후원금 모금을 위한 홍보활동의 방법에는 무한한 기회가 열려있다고 평가하더라도 무리가 없다.

다만, 법인이나 단체가 소속 구성원에게 후원금 기부를 안내하는 것은 무방하나, 단순한 안내의 범위를 넘어 특정 후원회에 대한 후원금 모금과 기부를 매개 또는 대행하거나, 부당하게 구성원의 의사를 억압하는 방법으로 후원금 기부를 알선하면 정치자금법에 위반될 수 있다.[27] 아래에서는 정치자금법에서 열거하여 허용하고 있는 후원금 모금을 위한 홍보방법에 관하여 살펴보고자 한다.

2. 안내장 발송 · 배부

가. 안내장의 규격

후원회는 후원금 모금 홍보를 위하여 안내장을 발송할 수 있고, 그 안내장에는 지로용지를 동봉하여 발송할 수 있다. 안내장의 규격은 길이 30cm 너비 21cm로 하고, 1매로 제작해야 한다. 안내장을 우편으로 발송하는 경우 그 발송용 봉투의 겉면에는 발송근거와 발송하는 후원회의 명칭을 적어야 한다.[28]

27) 중앙선거관리위원회 2012. 12. 5. 회답

나. 안내장 우편발송

안내장의 우편발송 수량에는 후원회지정권자에 따라 차등을 둔다. 예컨대, 국회의원후원회, 중앙당후원회, 대통령선거경선후보자후원회, 당대표경선후보자후원회는 발송통수를 제한하지 않는다. 다만, 후원회를 둔 국회의원이 국회의원선거의 후보자 또는 예비후보자로 등록한 경우에는 3천 통 이내로 제한된다(규칙 §19② 4.).

대통령선거와 관련한 후원회는 전국을 대상으로 총 발송통수를 규제하는 것이 아니라 시·도별 2만 통 이내로 제한한다. 지역구국회의원선거와 기초단체장선거 관련 후원회는 3천 통 이내로 제한되며, 시·도지사선거와 관련한 후원회는 2만 통 이내로 제한된다.

시·도의원 관련 후원회는 1천 통 이내로 하고, 기초의원 관련 후원회는 5백 통 이내로 제한된다. 다만, 후원회를 둔 지방의원이 해당 자치단체장선거의 후보자로 등록한 경우에는 선거일까지 지방의원 후원회의 안내장은 발송할 수 없다(규칙 §19② 4.).

참고로 안내장 발송 시 해당 후원회의 회원가입 신청서와 수신자 부담용 봉투를 동봉하여 발송하는 것도 무방하다.[29)]

다. 안내장 직접 배부

후원금 모금을 위한 안내장은 후원회별로 정해진 수량을 우편으로 발송하는 외에 제한된 장소에서 직접 배부할 수도 있다. 예컨대, 후원회 사무소와 후원회지정권자의 사무소에 비치하여 방문객에게 배부하거나, 해당 후원회지정권자의 의정활동보고회 또는 소속 정당의 당원집회에서 참석자에게 배부할 수 있다.

---

28) 발송근거는 "이 안내장은 정치자금법 제15조에 따라 정치자금 모금을 위하여 발송하는 것입니다"라고 적는다.

29) 중앙선거관리위원회 2008. 3. 14. 회답

다만, 안내장 배부가 허용된 공간적 범위를 벗어나 아파트의 세대별 우편함에 투입하는 방법으로 배부하는 것은 정치자금법 제45조 제2항에 따른 정치자금부정수수죄를 구성하게 된다.[30]

참고로 발송봉투를 사용하지 않고 지정권자의 사무소에서 안내장을 배부하는 경우에는 해당 안내장에 배부근거와 후원회의 명칭을 적어야 한다(규칙 §19② 5.).

3. 신문 · 잡지 광고

정치자금법에 따른 후원회는 신문과 정기간행물을 이용하여 분기별 4회 이내에서 후원금 모금과 회원 모집 등을 위한 지면(紙面)광고를 할 수 있다. 이 경우 후원회를 둘 수 있는 기간이 3월을 초과하지 않는 때에도 4회를 보장한다. 따라서 존속기간이 비교적 짧은 후보자후원회와 예비후보자후원회도 총 4회의 지면광고를 할 수 있다(§15②). 후원금 모금 홍보를 위한 후원회의 신문광고에는 광고 근거와 후원회의 명칭을 적어야 한다(규칙 §19③).

광고대상 매체는 신문 등의 진흥에 관한 법률에 따른 신문, 그리고 잡지 등 정기간행물의 진흥에 관한 법률에 따른 정기간행물로 제한된다. 지면(紙面)광고로 제한된다는 의미이다.[31] 광고의 규격은 길이 17cm 너비 18.5cm 이내로 하고, 정기간행물의 광고는 2면 이내로 한다(§15③). 지역신문이라면 광고료를 제법 감당할 수 있을 것이나,

30) 중앙선거관리위원회 2008. 1. 28. 회답

31) 신문 등의 진흥에 관한 법률 제2조제1호에서 "신문"을 정의하면서 일반일간신문을 포함하고 있고, 같은 조 제2호에서 "인터넷신문"을 별도로 정의하고 있으므로, 해당 법률의 규정형식 측면에서 정치자금법의 "신문" 개념에는 "인터넷신문"이 제외되는 것으로 해석함이 타당해 보인다.

다른 대안이 너무나도 많다.

정치자금법에서 아직 인터넷 광고를 수용하지 않는 것은 일종의 입법지둔성(立法遲鈍性)에 관한 문제로서 공직선거법과의 시차(Time lag)로 이해할 수 있다. 아마도 인터넷 광고를 허용할 경우 광고의 가로세로 크기를 측정하기 곤란한 이유만은 아닐 것이다. 이처럼 정치자금법에는 아직 아날로그 감성이 남아 있다.

그러나 후원금 모금을 홍보하기 위해서는 이미 광범위한 방법이 허용되어 있으므로, 홍보방법의 제약에 따른 후원금 모금활동이 위축될 우려는 없는 것으로 보인다.

제 3 절

후원회의 후원금 모금 · 기부방법

1. 후원회의 후원금 모금방법 개요

후원회는 우편 · 통신에 의한 모금,[32] 중앙선거관리위원회가 제작한 정치자금영수증과의 교환에 의한 모금, 신용카드 · 예금계좌 등에 의한 모금, 그 밖에 정당법과 공직선거법에 위반되지 않는 방법으로 후원금을 모금할 수 있다(정치자금법 §14①).

2010년 정치자금법의 개정으로 '후원회는 후원금 모금이나 회원모집의 기회를 이용하여 정당 또는 공직선거의 후보자 · 후보자가 되고자 하는 자를 지지 · 추천하거나 그 밖에 선거운동에 이르는 행위를 할 수 없다'는 규정이 삭제됨에 따라 이제 후원회는 과거보다 더 자유로운 방법으로 후원금을 모금할 수 있게 되었다.

다만, 어떠한 경우에도 집회에 의한 방법의 후원금 모금은 허용되지 않는다. 참고로 출판기념회에서 참석자가 제공하는 축하금이 저자(著者)인 정치인에게 귀속되더라도, 해당 금품은 법리적으로 정치활동을 위하여 제공하는 금전이 아니다. 당연히 정치자금법의 규제대상도 아니다. 출판기념회의 축하금 함(函) 앞에서는 의심만 가득할 뿐, 뇌물죄와 사전수뢰죄도 그 발걸음을 멈춘다.

32) 여기에서 통신의 개념에는 전화와 인터넷 전자결제시스템 등이 포함된다.

2. 정보통신망을 활용한 모금

가. 정치후원금센터 활용

중앙선거관리위원회는 10여년 전부터 정치후원금 기부를 위한 포털사이트인 정치후원금센터를 구축·운영하고 있다. 정치후원금센터를 활용하면 정치자금 모금 및 영수증 발행업무를 합리적이고 효율적인 방법으로 처리할 수 있다.

정치후원금센터를 통하여 후원인은 카카오페이, 페이코, 네이버페이 등 간편결제를 활용하거나, 신용카드 또는 신용카드 포인트로 정치자금을 기부할 수 있다. 이 경우 후원인에게는 전자정치자금영수증을 발급하여 영수증 관리의 편의를 도모할 수 있다(§17②).

나. 모바일 블로그 활용

후원회는 모바일 블로그를 활용하여 소액결제를 하는 방법으로 후원금을 모금할 수 있다. 이 경우 정치자금을 기부한 사람에게는 결제한 금액이 기재된 정치자금영수증을 교부하고, 통신사 등에 지급된 수수료는 후원금 모금경비로 처리한다.[33)]

다. 전화를 활용한 모금

후원회는 전화에 의한 후원금 모금방법의 일환으로 ARS시스템을 활용하여 후원금을 모금할 수 있고,[34)] 휴대전화 소액결제 방식으로도 후원금을 모금할 수 있다.[35)]

---

33) 중앙선거관리위원회 2006. 11. 22. 회답
34) 중앙선거관리위원회 1998. 4. 23. 회답
35) 중앙선거관리위원회 2013. 10. 29. 회답

3. 신용카드 · 예금계좌에 의한 모금

후원회로부터 공식적으로 정치자금 모금을 위임받은 사람이 후원회 수입계좌와 연결된 신용카드 단말기를 휴대하여 후원금을 모금하는 것도 정치자금법에 따른 적법한 모금방법이다.[36] 아울러 후원회가 정치자금을 기부할 수 있는 사람의 동의하에 신용카드 회사와 제휴하여 통상적인 카드를 발급하고, 후원인이 해당 카드로 사용한 금액의 일정분을 후원금으로 기부받을 수도 있다.[37]

한편, 후원회의 수입계좌로 후원금이 입금된 경우 후원회는 정치자금영수증 발행을 위하여 해당 금융기관에 입금의뢰인의 성명과 연락처를 알려줄 것을 서면으로 요청할 수 있다. 이 경우 인적사항 확인을 요청할 수 있는 입금의뢰인의 범위에는 신용카드 · 전화 또는 인터넷 전자결제시스템에 의한 입금자를 포함한다.

후원인의 인적사항 확인을 위하여 후원회로부터 요청을 받은 금융기관은 금융실명거래 및 비밀보장에 관한 법률에도 불구하고 지체 없이 해당 후원회에 그 내용을 알려주어야 한다(§17⑬).

4. 정치자금영수증에 의한 모금

후원회 또는 후원회로부터 위임을 받은 사람은 정치자금영수증을 후원금과 교환하는 방법으로 정치자금을 모금할 수 있다. 정치자금영수증이란 중앙선거관리위원회가 제작하는 정액영수증과 무정액영수증을 말한다. 정액영수증에 표시하는 금액은 1만 원 · 5만 원 · 10만 원 · 50만 원 · 100만 원 · 500만 원 등 총 6종으로 한다.

36) 중앙선거관리위원회 2018. 1. 24. 회답

37) 중앙선거관리위원회 2001. 3. 23. 회답

무정액영수증은 인터넷을 통하여 발행·교부할 수 있도록 전자적 형태로 제작할 수 있되, 해당 영수증에는 위조·변조를 방지할 수 있는 기술적 조치를 해야 한다. 이를 전자정치자금영수증이라 한다. 일반 무정액영수증은 10만 원 미만의 후원금이나 1회 10만 원을 초과하여 기부한 후원금이라도 10만 원 미만에 해당하는 자투리 금액에 한정하여 교부할 수 있다. 하지만 전자정치자금영수증에는 이러한 제한이 없다는 점이 특색이자 장점이다(§17③).

후원회가 정치자금영수증을 발급받으려면 관할 선거관리위원회에 정치자금영수증의 종류와 발급수량 등을 기재한 신청서를 제출하고 정치자금영수증 제작비용을 납부해야 한다.

후원회가 후원금을 기부받은 때에는 후원금을 기부받은 날부터 30일까지 후원인에게 정치자금영수증을 교부해야 한다(§17①). 후원회가 정치자금영수증과 교환에 의한 방법으로 후원금 모금을 위임하는 경우에는 정치자금영수증 위임 관리기록부에 따라 수임자의 인적사항과 정치자금영수증 교부내역을 기재하고, 수임자(受任者)에게는 위임장을 교부해야 한다(규칙 §20).

후원회로부터 위임받은 사람이 후원금을 모금한 때에는 30일 이내에 그 후원회의 회계책임자에게 후원금 인계·인수서에 따라 정치자금영수증 원부와 후원인의 성명·생년월일·주소·전화번호 및 후원금을 인계해야 한다(§16).

후원금 기부자에게 교부하는 정치자금영수증에는 후원회명을 기재하지 않는다(§17⑨). 어느 후원회에 후원금을 기부했는지 제3자가 모르게 하기 위함이다. 이를 위하여 정치자금법은 선거관리위원회와 후원회 그 밖에 정치자금영수증의 발급·발행·교부 등에 관계하는 사람은 법률에 의한 절차에 의하지 않고는 후원회에 발급한 정치자금영수증의 일련번호를 공개하거나 이를 다른 국가기관에 알리지 못하도록 금지하고 있다(§17⑫).

선거에서 특정 정당이나 후보자에게 투표한 사실이 공개될 경우 정치적 박해나 경제적 불이익을 받을 우려가 있어 공직선거에 헌법적 가치인 비밀선거의 원칙을 강력하게 적용하듯, 정치자금의 영역에서도 이와 유사한 이유로 후원인이 어느 후원회에 정치자금을 기부했는지 그 비밀을 철저히 보호한다.

정액영수증의 경우 어느 후원회에 정치자금을 기부하였는지 거의 완벽하게 그 비밀이 보장되지만, 무정액영수증의 경우에는 해당 영수증의 발급절차와 교부방법에 관한 고유한 특성으로 인하여 그 보호수준이 다소 완화되는 한계도 있다.

5. 후원금 모금 · 기부에 관한 유의사항

가. 등록 후에 활동개시

후원회는 관할 선거관리위원회에 등록을 마친 후에야 비로소 후원회 회원과 일반 국민, 즉 후원인으로부터 후원금을 모금하여 이를 후원회지정권자에게 기부할 수 있다. 따라서 후원회가 조직구성을 완료하고 창립총회에서 내부규범을 제정하여 정치적 결사로서 그 실질을 갖추었더라도 관할 선거관리위원회로부터 후원회 등록신청이 수리되지 않은 경우에는 아직 후원금을 모금할 수 없다.[38]

예컨대, 후원회 창립총회에서 후원금을 모금하면 주체의 측면에서는 권한이 없는 자의 정치자금 모금행위에 해당하고, 방법의 측면에서는 집회를 이용한 정치자금 모금에 해당하여 모두 정치자금법에 따른 정치자금부정수수죄를 구성하게 된다(§45).

---

38) 중앙선거관리위원회 2004. 11. 8. 회답

나. 지정권자의 모금활동

정치자금법은 후원인이 후원회지정권자에게 직접 후원금을 기부한 경우 해당 지정권자가 기부받은 날부터 30일 이내에 기부받은 후원금과 기부자의 인적사항을 후원회의 회계책임자에게 전달한 때에는 해당 후원회가 기부받은 것으로 의제한다. 다만, 후원인이 후원회지정권자의 정치활동에 소요되는 비용을 부담·지출하거나 금품·시설의 무상대여 또는 채무의 면제·경감의 방법으로 기부하는 경우는 정치자금법상 허용되지 않는다(§10③).

달리 말하자면, 정치자금법은 후원회제도의 설계의도를 일부 양보하여 후원회지정권자인 정치인이 직접 후원금을 받아 30일 이내에 기부받은 후원금과 기부자의 인적사항을 해당 후원회의 회계책임자에게 전달하면 후원회가 기부받은 것으로 의제함으로써 정치자금의 모금 편의를 도모하고 있는 것이다.

그럼에도 불구하고 금전 무상대여 등의 방법으로 기부한 경우에는 의제조항의 적용을 배제하고 정치자금부정수수죄로 처벌한다.

후원인이 정치인에게 직접 정치자금을 무상대여하는 경우, 유상대여와 달리 이자지급 약정이나 이자지급 사실이 존재하지 않아 외관상 정치자금의 기부와 구별하기 어렵고, 후원회에 대한 무상대여와 달리 후원회지정권자가 대여원금을 직접 사용할 수 있으므로, 후원금의 기부와 지출에 관한 각종 규제를 우회하거나 교묘하게 빠져나갈 가능성이 높기 때문이다.[39)]

후원인의 후원회지정권자에 대한 직접기부의 명시적 근거는 2010년 7월 정치자금법의 개정으로 신설되었다. 해당 규정이 입법되기 전 2009년의 대법원 판례는 국회의원이 후원회로부터 위임을 받아 정치자금을 모금하는 행위는 허용될 수 없고, 국회의원은 어떠한 경우

39) 헌법재판소 2017. 8. 31. 선고 2016헌바45 결정

에도 정치자금을 직접 기부받을 수 없으므로, 국회의원이 후원회를 통하지 않고 직접 정치자금을 받으면 그 자체로써 정치자금부정수수죄의 죄책(罪責)을 면할 수 없다고 보았다.[40]

당초 후원회제도의 도입취지가, 후원금이 궁극적으로 후원회 지정자인 국회의원에게 귀속되더라도 그 기부방식에서는 후원회라는 법률상 고도로 정형화된 단체를 매개로 하여 최종 귀속자인 국회의원과 기부하는 사람을 분리함으로써, 국회의원에 대한 직접적인 기부를 전면적으로 금지하는 데에 있었기 때문이다. 이는 정치부패를 방지하고 후원금 기부자가 후원회지정권자의 정치적 의사결정에 미치는 영향을 최소화하기 위하여 후원자와 후원회지정권자 사이에 일종의 '금품 비무장지대'를 형성한 것으로 평가할 수 있다.

한편, 2010년 7월 정치자금법의 개정에 따라 후원인이 후원회지정권자에게 직접 후원금을 기부할 수 있도록 허용하면서, 후원인이 후원회지정권자의 정치활동에 소요되는 비용을 부담·지출하거나 금품·시설의 무상대여 또는 채무의 면제·경감의 방법으로 기부하는 경우를 제외하였다. 이에 따라 후원인이 후원회지정권자에게 직접 기부할 수 있는 방법은 금전이나 환가성 높은 물품처럼 후원회에 대한 인수인계와 영수증 발행이 가능한 방법으로 한정된다.

계좌입금 등 후원회에 대한 다양한 기부방법을 인정하고 있는 상황에서 굳이 후원회지정권자에게 후원회에 기부할 정치자금의 전달을 부탁할 필요가 있는지 강한 의문이 든다. 기억력은 신뢰하기 어렵고, 보관이 허용된 30일은 쉽게 지나간다. 후원금 전달을 위임받은 기억은 선거가 끝나면 레테의 강물을[41] 마신 것처럼 망각의 강을 건널 수

40) 대법원 2009. 3. 12. 선고 2006도2612 판결

41) 레테(Lethe)는 그리스 신화에서 망각의 여신을 말한다. 레테의 강은 이 여신에게서 이름을 따온 강이다. 망자가 명계로 가면서 레테의 강물을 한 모금씩 마시면 과거의 기억을 지우게 된다고 한다.

있다. 이 경우 정치자금부정수수죄가 기다리고[42] 형사소추 과정에서 이를 소명하려면 참으로 구차할 것이다.

다. 불법후원금 처리방법

후원회의 회계책임자는 기부받은 후원금이 정치자금법 또는 다른 법률에 위반되는 청탁 또는 불법후원금이라는 사실을 안 날부터 30일 이내에 해당 후원인에게 반환하고 정치자금영수증을 회수해야 한다. 이 경우 후원인의 연락처를 알지 못하여 후원금을 반환할 수 없거나 해당 후원인이 수령을 거절하는 때에는 관할 선거관리위원회를 통하여 이를 국고에 귀속시켜야 한다(§18).

참고로 불법후원금으로 보기는 어려우나, 후원인이 후원금 기부의 의미나 결과 또는 효과에 대하여 합리적으로 판단할 수 있는 정신적 능력을 갖추지 못한 상태에서 후원금을 기부한 경우라면 해당 후원인에게 그 후원금을 반환할 수 있다.

그러나 특별한 하자 없이 후원회가 기부받은 후원금은 이제 정치자금의 성격을 취득하였으므로, 해당 후원금은 정치자금 지출의 일반원칙에 따라 사적용도 또는 부정한 용도로 지출할 수 없다. 따라서 후원회가 이를 후원인에게 반환하거나, 국회의원과 지방의원 또는 공직선거의 후보자 등 후원회지정권자가 이를 후원인에게 반환할 수 없다.[43] 이것이 바로 정치자금의 숙명이다.

불법후원금의 반환 절차와 방법에 관하여 자세한 내용은 제5장 '제5절 불법후원금 반환 절차와 방법'을 참고하기 바란다.

---

42) 대법원 2019. 11. 14. 선고 2019도11892 판결 참조. 해당 사안은 자치단체장선거의 후보자가 후원인으로부터 현금 2,000만 원이 들어있는 종이가방을 직접 건네받았으나, 선거에 당선되어 후원회를 둘 수 있는 자격을 상실할 때까지 후원회의 회계책임자에게 그 돈을 전달하지 않아 정치자금부정수수죄로 처벌된 사건이다.

43) 중앙선거관리위원회 2008. 3. 24. 회답

라. 모금비용 공제범위

후원회가 후원금을 모금한 때에는 모금에 직접 소요된 경비를 공제하고 지체 없이 이를 후원회지정권자에게 기부해야 한다(§10②). 여기에서 '모금에 직접 소요된 경비'란 후원회의 존립근거인 후원금의 모금과 기부라는 설립목적 달성을 위하여 필수불가결한 활동에 소요된 경비로 엄격하게 판단해야 한다. 따라서 후원회 수첩 제작비, 총회 개최경비 등은 후원금 모금에 직접 소요된 경비로 볼 수 없으므로 이를 후원금에서 공제할 수 없다.[44]

후원금은 후원인이 해당 후원회지정권자에게 제공할 의사로 기부한 것이므로, 후원회는 단지 해당 후원금에 대하여 전달자 내지 일시적 보관자에 불과하다. 따라서 후원금의 전부 또는 일부를 후원회의 운영경비로 지출하는 것은 사적경비 또는 부정한 용도의 지출에 해당하여 정치자금법에 위반된다. 후원회 수첩 제작, 회원 간 결속을 다지는 행사 등 일상적으로 후원회 운영에 필요한 경비는 회원들의 회비 납부를 통하여 해결하는 것이 적절할 것이다.

마. 차입금 기부 금지

후원회는 관할 선거관리위원회에 등록한 후 후원인으로부터 정치자금을 모금하여 후원회지정권자에게 기부할 수 있지만, 후원회가 모금한 후원금 외에 차입금은 기부할 수 없다(§10①). 후원회가 모금에 소요되는 경비를 조달하기 위하여 금융기관 등으로부터 금전을 차입하는 것은 무방할 것이나, 후원회지정권자에게 기부하기 위하여 금전을 차입해서는 안 된다.[45]

---

44) 중앙선거관리위원회 2007. 11. 1. 회답, 2010. 3. 23. 회답 등

45) 중앙선거관리위원회 2005. 6. 16. 회답

제 4 절

후원금 모금 · 기부 한도액

1. 후원금 모금 · 기부 한도액의 의의

정치자금법은 후원회제도가 부당하게 정치적 영향력을 행사하는 통로로 악용될 소지를 차단하기 위해 상세한 안전판을 두고 있다. 즉, 정치자금법은 정치자금 기부에 관한 포괄적 규제원칙을 두어 '누구든지 이 법에 의하지 아니하고는 정치자금을 기부하거나 받을 수 없다' 고 규정하여(§2①) 정치자금 조달에 있어서 해당 법률이 정하는 엄격한 절차와 방법에 따를 것을 요구한다.

아울러 정치자금법은 경제적으로 풍족한 국민의 의사가 그렇지 못한 국민의 의사보다 국가의 정책결정에 더 큰 영향을 미침에 따라 초래될 수 있는 대의민주주의 정치체제의 불평등을 방지하기 위하여 후원회에 기부할 수 있는 금액에 제한을 두고 있다(§11).

미국의 대표적 정치학자 로버트 달 교수의 평가처럼 민주주의 체제의 정당성이 정치적 평등의 원칙으로부터 도출된다는 점에 주목한다면,[46] 일반 국민에게 정치자금의 기부액에 일정한 제한을 두는 것은 민주주의 정치체제의 정당성을 확보하기 위한 맥락에서 논리필연적인 결론으로 보인다.

46) 로버트 달 『미국헌법과 민주주의』 후마니타스 2014. 9. 244쪽

2. 후원회의 모금 · 기부 한도액

정치자금법에서 후원회와 후원인에게 모금 · 기부할 수 있는 한도액은 '연간'을 기준으로 산정한다. 여기에서 '연간'이란 역법상의 한 해인 1월 1일부터 12월 31일까지의 1년간을 의미하므로, 연간 후원금 기부한도액은 각 연도별 1월 1일부터 12월 31일까지 기부한 후원금을 합산한 금액을 말한다.[47)]

정치자금법에 따라 1개의 후원회가 연간 모금할 수 있는 한도액은 다음과 같다. 이 경우 전년도 연간 모금한도액을 초과하여 모금한 금액을 포함한다(§12①).

첫째, 대통령선거의 후보자 · 예비후보자 · 당내경선후보자후원회는 각각 대통령선거 선거비용제한액의 5%에 해당하는 금액. 이 경우 후원회지정권자가 동일인인 때에는 합하여 선거비용제한액의 5%에 해당하는 금액을 말한다.

둘째, 국회의원후원회, 국회의원선거의 후보자 · 예비후보자후원회는 각각 1억 5천만 원. 이 경우 후원회지정권자가 동일인인 때에는 합하여 1억 5천만 원을 말한다.

셋째, 시 · 도의원후원회와 지역구 시 · 도의원선거의 후보자 · 예비후보자후원회는 각각 5천만 원, 기초의원후원회와 지역구 기초의원선거의 후보자 · 예비후보자후원회는 각각 3천만 원. 이 경우 후원회지정권자가 동일인인 때에도 모금한도액은 증액되지 않는다.

넷째, 지방자치단체장선거의 후보자 · 예비후보자후원회는 선거비용제한액의 50%에 해당하는 금액. 이 경우에도 후원회지정권자가 동일인이면 그 한도액은 증액되지 않는다.

참고로 중앙당후원회의 모금한도액은 50억 원이고, 중앙당의 당대표 · 최고위원 경선후원회의 모금한도액은 1억 5천만 원이다.

---

47) 대법원 2011. 6. 30. 선고 2010도10968 판결

후원회가 신용카드·예금계좌·전화 또는 인터넷전자결제시스템 등에 의한 모금으로 부득이하게 연간 모금한도액을 초과하게 된 때에는 연간 모금한도액의 20%의 범위까지는 허용하되, 20%를 초과한 이후에는 후원금을 모금할 수 없다(§12①). 적극적으로 후원금 모금을 위한 예금계좌 폐쇄 등의 조치를 하라는 의미다.

판례는 국회의원의 보좌관이 후원회 회계책임자를 겸직하면서 연간 모금한도액의 잔액이 얼마 남지 않은 상황에서 해당 지역구에서 공장설립과 관련한 민원을 갖고 있던 특정 회사의 임직원들이 매일 수십 명씩 이례적인 방법을 동원하여 후원금을 기부하고 있어 조만간 연간 모금한도액을 초과하게 될 것을 충분히 예상할 수 있는 상황에서도 후원금 계좌를 폐쇄하는 등의 적절한 조치를 취하지 않고 방치한 행위를 '연간 모금한도액 초과사실을 알면서도 후원금을 계속 모금한 경우'에 해당한다고 보았다.[48]

후원회가 해당 후원회지정권자에게 연간 기부할 수 있는 한도액은 연간 모금한도액과 같은 금액으로 하되(§12②), 후원회가 모금한 후원금이 연간 기부한도액을 초과하는 때에는 다음 연도에 이월하여 기부할 수 있다(§12③). 이를 다음 연도에 모금한 것처럼 사실과 다르게 회계처리해서는 안 된다.[49]

한편, 공직선거를 실시하는 때에 다음에 해당하는 후원회는 연간 모금·기부한도액의 2배를 모금·기부할 수 있다. 이 경우 정당이 대통령선거나 임기만료 선거에서 후보자를 추천한 때에는 해당 정당의 후원회에도 동일한 기준이 적용된다(§13①).

① 대통령선거를 실시하는 경우 지역구 국회의원후원회
② 임기만료에 따른 국회의원선거를 실시하는 경우 지역구에 후보자로 등록한 국회의원후원회

---

48) 대법원 2010. 7. 15. 선고 2007도7523 판결
49) 서울고등법원 2004. 11. 5. 선고 2004노1609 판결

③ 동시지방선거를 실시하는 경우 지역구 국회의원후원회와 지역구에 후보자로 등록한 지방의원후원회

후원회가 해산된 후 후원회지정권자가 같은 종류의 새로운 후원회를 두는 경우 그 새로운 후원회가 모금·기부할 수 있는 후원금은 해당 후원회의 연간 모금·기부한도액에서 종전의 후원회가 모금·기부한 후원금을 공제한 금액으로 한다(§12④).

3. 후원인의 기부 한도액

정치자금법은 1명의 후원인이 연간 모든 후원회에 기부할 수 있는 후원금 총액이 2,000만 원을 넘을 수 없도록 절대적 한도액을 규정하고 있다(§11①). 아울러 정치자금법은 1명의 후원인이 하나의 후원회에 연간 기부할 수 있는 후원금의 한계에 관하여 아래와 같이 후원회별로 각각 개별적 한도액을 정하고 있다(§11②).

첫째, 대통령선거의 예비후보자후원회와 후보자후원회는 합하여 1,000만 원. 이 경우 대통령선거의 당내경선후보자후원회에는 추가로 1,000만 원을 더 기부할 수 있다.

둘째, 국회의원후원회와 국회의원선거 및 자치단체장 선거의 예비후보자·후보자후원회는 500만 원. 이 경우 후원회지정권자가 동일인인 때에는 합하여 500만 원을 말한다.

셋째, 시·도의원후원회와 지역구 시·도의원선거 후보자·예비후보자후원회는 200만 원. 이 경우 후원회지정권자가 동일인인 지역구 시·도의원선거의 후보자·예비후보자후원회와 시·도의원후원회는 합하여 200만 원을 말한다.

넷째, 기초의원후원회와 지역구 기초의원선거의 후보자·예비후보자후원회는 100만 원. 이 경우 후원회지정권자가 동일인인 때에는

합하여 100만 원을 말한다.

다섯째, 중앙당후원회와 중앙당의 당대표경선후원회 · 최고위원경선후원회에는 각각 500만 원을 기부할 수 있다.

후원인이 후원회별로 기부할 수 있는 연간 기부한도액은 특수 이익을 위하여 후원회지정권자에게 영향을 미치려는 탐욕스러운 사람들에 의하여 종종 그 수위(水位)가 범람하여 왔다. 그 탐욕은 종종 집요한 방식으로 진면목을 드러낸다.

예컨대, 2017년 2월 후원인이 아내에게 현금 1,000만 원을 건네주며 △△△국회의원후원회에 아내와 사위 명의로 각각 500만 원씩 후원금을 기부하게 하고, 같은 해 9월 금융기관에서 다시 아내 명의의 계좌로 해당 후원회에 500만 원을 송금하였으나 해당 후원회가 아내의 후원한도액이 초과된 이유로 아내 명의의 계좌로 500만 원을 반환하자, 이번에는 3일 후 아들 명의의 계좌로 해당 후원회에 500만 원을 기부함에 따라 1개의 국회의원후원회에 대한 후원인 1인의 연간 기부한도액을 초과하고, 배우자, 사위, 아들 등 타인의 명의로 정치자금을 기부하여 처벌된 사례가 있다.[50)]

참고로 일부 후원회의 경우 공직선거가 있는 연도에는 연간 모금 · 기부 한도액의 2배를 모금 · 기부할 수 있으나, 후원인의 경우에는 공직선거의 실시 여부와 무관하게 후원금 기부의 절대적 한도액과 개별적 한도액을 지켜야 한다. 선거가 실시된다고 후원인의 지갑이 2배로 두꺼워지는 것은 아니기 때문이다.

50) 대구지방법원 2022. 3. 18. 선고 2021노1205 판결

제 5 절

후원금 기부자에 대한 조세감면

1. 정치자금 조세감면제도의 주요내용

정치자금법에 따라 정치자금을 기부한 사람과 기부받은 후원회지정권자 또는 정당에 대하여는 그 정치자금에 상당하는 금액에 대한 소득세 또는 증여세를 면제한다(조세특례제한법 §76②).

또한 개인이 기부한 정치자금에 대하여 해당 과세연도의 소득금액에서 10만 원까지는 그 기부금액의 110분의 100을, 10만 원을 초과한 금액에 대해서는 해당 금액의 100분의 15에 해당하는 금액을 종합소득산출세액에서 공제한다.[51] 이 경우 10만 원을 초과한 금액이 3,000만 원을 넘으면 그 넘는 부분에 대해서는 100분의 25에 해당하는 금액을 종합소득산출세액에서 공제한다(§59①).

개인이 기부한 정치자금에 대하여는 이처럼 종합소득산출세액에서 공제한 후 여기에 더하여 지방세특례제한법에 따라 그 공제금액의 100분의 10에 해당하는 금액을 지방소득세 산출세액에서 추가로 공제

51) 1인의 후원인이 여러 후원회에 연간 기부한도액 2,000만 원을 후원한 경우 10만 원에 대하여는 100/110의 감면율이 적용되어 90,909원이 감면되고, 나머지 1,990만 원에 대하여는 15/100의 감면율이 적용되어 2,985,000이 감면된다. 이를 합한 3,075,909원의 10%에 해당하는 307,591원을 지방소득세에서 다시 감면하면 총 세금감면액은 3,383,500원이 된다.

한다. 이에 따라 후원회에 기부한 10만 원 이하의 후원금이나 정당에 납부한 10만 원 이하의 당비는 사실상 전액 세액에서 공제된다.

정치자금에 대한 면세제도가 정치자금의 자발적인 기부와 원활한 조달을 위하여 고안된 것임에도 불구하고, 정치가 국민의 신뢰를 얻지 못하는 상황에서는 정치자금 기부에 대한 효능감을 확신하기 어렵다. 이 경우 정치자금 기부절차와 영수증 관리가 다소 성가시고, 세액공제로 환급을 받는 데에는 상당한 시간이 필요하므로 때로는 후원인의 인내심을 시험하기도 한다.

더욱이 세액공제제도로 후원금 기부나 당비납부를 유도하는 방식은 그 동기에 관한 도덕적 정당성의 문제는 별론으로 하더라도, 학생, 전업주부, 퇴직자 등 세금신고를 하지 않는 국민들에게는 그 혜택이 돌아가지 않는 불편한 진실도 내포하고 있다.

2. 조세감면이 제외되는 정치자금

후원인이 1회 10만 원 이하, 연간 120만 원 이하의 후원금을 익명으로 기부한 경우에는 기부자를 특정할 수 없어 조세감면이 적용되기 어렵다. 또한 후원회지정권자가 후원회로부터 기부받은 정치자금을 당비로 납부하거나 후원회에 기부하는 경우에도 조세감면이 적용되지 않는다(§59① 단서).

소속 정당으로부터 지원받은 정치자금을 당비로 납부하거나 후원회에 기부하는 경우도 마찬가지다. 해당 정치자금에 조세의 이중감면이 적용될 수 있기 때문이다. 반면에 국회의원이 자신의 세비로 당비를 납부하거나 후원금을 기부한 경우에는 조세감면의 세제혜택을 받을 수 있다.[52]

한편, 적법한 후원금이나 당비 외에 조세감면의 혜택을 받을 수 없는 정치자금에 대해서는 다른 세법의 규정에도 불구하고 그 기부받은 사람이 상속받거나 증여받은 것으로 보아 상속세 또는 증여세를 무겁게 부과한다(조세특례제한법 §76③). 주로 정치자금부정수수죄로 처벌받지 않는 친족 관계에서 수수된 정치자금이나 몰수가 곤란한 불법 정치자금이 이에 해당할 것이다.

3. 조세감면을 위한 영수증의 범위

후원회의 명의로 개설된 정치자금 계좌에 입금하는 방법으로 1회 10만 원, 연간 120만 원 이하의 정치자금을 기부한 사람은 해당 후원회의 명칭과 기부자의 성명·생년월일 등 인적 사항, 거래일자·거래금액 등 기부내역이 기재된 금융거래 입금증이나 위조·복사·변조를 방지하기 위한 장치가 된 전자결제영수증 원본을 세액공제를 위한 영수증으로 사용할 수 있다(§59②).

해당 금액의 후원금은 익명으로 기부할 수 있기 때문에(§11③) 후원자의 권리를 보호하기 위함이다. 아울러 후원회의 명칭과 기부자의 성명·생년월일 등 인적사항, 거래금액 등 기부내역이 적혀있는 지로 영수증도 세액공제를 위한 영수증으로 사용할 수 있다.[53] 해당 서류로 기부자를 특정할 수 있기 때문이다.

그 밖에 정치자금의 조세감면에 대해서는 더 이상의 설명을 생략하고 직장에서 연말정산을 담당하는 직원과 세무공무원에게 경의를 표하는 것으로 갈음하고자 한다.

52) 중앙선거관리위원회 1997. 2. 18. 회답
53) 중앙선거관리위원회 2012. 10. 17. 회답

제 4 장

후원금 외 정치자금 수수 금지

정치자금법은 누구든지 해당 법률에 따르지 않고는 정치자금을 기부하거나 기부받을 수 없도록 정치자금에 관한 포괄적 규제원칙을 선언하고 이를 위반하면 정치자금부정수수죄로 처벌한다.

정치자금부정수수죄가 성립하기 위해서는 우선 수수되는 금품이 정치자금이어야 한다. 금품에 정치자금의 속성이 부여되려면 정치활동을 하는 사람에게 정치활동을 위하여 제공되는 것이어야 한다.

이 장에서는 판례를 중심으로 정치자금의 속성을 구성하는 요소들을 살펴보고 정치자금부정수수죄의 쟁점에 관하여 알아본다.

제 1 절

후원금 외 정치자금 수수 금지 개요(§45①)

1. 포괄적 구성요건을 두고 규제하는 취지

정치자금에 대한 적정한 규제는 대의제 민주주의의 필연적 귀결이다.[1] 우리 현대 정치사에서 위법적인 정치자금 수수와 그에 따른 부당한 특혜 제공, 공직후보자 선출 과정에서 정치자금 수수에 따른 부패와 불공정은 심각한 정치사회적 문제로 부각되어 왔다. 이러한 문제점을 바로 잡고 대의제 민주주의가 올바르게 작동하기 위해서는 정치자금을 양성화하여 적정하게 제공되도록 하는 것이 긴요하다.

정치자금법은 총칙 부분에서 누구든지 해당 법률에 따르지 않고는 정치자금을 기부하거나 기부받을 수 없도록 정치자금에 관한 포괄적 규제를 기본원칙으로 천명하면서(§2①), 벌칙에서는 해당 내용을 그대로 구성요건으로 하여 정치자금부정수수죄를 두고 있다(§45①).

이처럼 정치자금부정수수죄의 구성요건을 포괄적으로 규정한 이유는 개별적 구성요건 위반과 포괄적 금지규정 위반에 대한 불법의 실질이 전혀 다르기 때문이다. 예컨대, 정치자금법에 정해진 개별적 금지규정의 위반보다는 아예 정치자금법의 규율영역 바깥에서 음성적인 정치자금을 수수함으로써 정치자금법의 목적과 원칙을 무시하는

1) 헌법재판소 2004. 6. 24. 선고 2004헌바16 결정

행위의 불법성이 더 큰 경우도 얼마든지 존재할 수 있다.

특히 정치자금법이 금지하려는 음성적인 정치자금 수수행위는 그 개별적 구체적 행위를 일일이 나열하는 방법으로는 규제가 불가능한 속성을 가지고 있다. 즉, 음성적 정치자금을 주는 사람과 받는 사람의 이해관계가 일치하는 것이어서, 정치자금법에 음성적 정치자금 수수방법을 자세하게 열거하더라도 그들은 새로운 방법으로 정치자금법의 법망을 몰래 빠져나가거나 교묘하게 회피할 수 있다.[2)]

따라서 포괄적으로 금지하는 규제형식이 아니라면 정치자금법의 입법목적 달성이 현저하게 곤란하거나 불가능할 것이기 때문에 이처럼 포괄적인 규제라는 소극적인 형식으로 정치자금부정수수죄의 구성요건을 정한 것은 불가피한 측면이 있다. 특히 정치자금법의 각 개별조항에 정치자금을 수수하는 방법이 상세하게 규정되어 있어 건전한 상식과 통상적인 법감정을 가진 사람이라면 정치자금법이 허용하는 정치자금의 수수방법을 능히 인식할 수 있고, 실제 정치자금을 주거나 받는 사람은 일반 국민보다는 정치자금의 수수방법에 대해 더 잘 알 수 있는 사회적 지위에 있다는 점도 고려할 필요가 있다.

정치자금법은 정치자금의 종류를 당비, 후원금, 기탁금, 보조금 등으로 열거하면서 그 제공 절차와 방법을 엄격히 규제한다. 특히 역사적·경험적으로 정치자금과 관련한 부정은 주로 특정 정치인에게 정치자금을 기부하는 과정에서 발생하였으므로, 정치자금법은 그러한 부정을 방지하기 위하여 후원회제도를 두고 있는 것이다.

따라서 특정 정치인에게 정치자금을 기부하려는 경우, 원칙적으로 후원회에 후원금을 내는 방법만이 가능하며, 후원회를 매개로 하지 않고 정치인에게 직접 정치자금을 제공하는 행위는 원칙적으로 정치자금부정수수죄를 구성한다(§45①).

---

2) 헌법재판소 2004. 6. 24. 선고 2004헌바16 결정

2. 정치자금부정수수죄 구성요건의 의미

가. 구성요건과 법정형

정치자금법에 정하지 않은 방법으로 정치자금을 기부하거나 기부받은 사람에게는 정치자금부정수수죄가 적용되어 5년 이하의 징역 또는 1,000만 원 이하의 벌금에 처한다(§45① 본문). 정치자금을 기부하거나 기부받은 주체가 정당·후원회 또는 법인·단체라면 그 구성원으로서 해당 행위를 한 사람이 처벌된다.

다만, 정치자금부정수수죄는 정치자금을 기부하거나 기부받은 사람의 관계가 민법 규정에 따른 친족인 경우에는 처벌하지 않도록 책임조각사유를 규정하고 있다(§45① 단서). 민법의 관련 규정에서는 친족의 범위를 8촌 이내의 혈족, 4촌 이내의 인척, 그리고 배우자로 열거하고 있다(민법 §777).

정치자금부정수수죄의 구성요건 중 '정치자금'이란 '정치활동을 하는 사람에게 정치활동을 위하여 제공되는 금전'으로 정의된다. 바로 이러한 정의가 정치자금법의 입법목적 실현과 불법 정치자금 규제에 관하여 아주 특별한 의미를 가진다. 정치자금부정수수죄는 1965년 정치자금법 제정 이래 가장 많은 정치인을 법정으로 초대하고 교도소로 소환한 죄목이기 때문이다.

나. 법에 정하지 않은 방법

정치자금법이 정하고 있는 합법적인 정치자금의 원천은 아래에서 설명하는 네 가지뿐이다.

첫째, 당비로서, 정당의 당헌·당규 등에 따라 정당의 당원이 부담하는 금전이나 유가증권 기타 물건이 있다(§3 3.).

둘째, 후원금으로서, 후원인이 후원회에 기부하는 금전이나 유가증권 기타 물건이 있다(§3 4.).

셋째, 기탁금으로서, 정당에 정치자금을 기부하려는 개인이 정치자금법에 따라 선거관리위원회에 기탁하는 금전이나 유가증권 기타 물건이 있다(§3 5.).

넷째, 보조금으로서, 정당의 보호·육성을 위하여 국가가 정당에 지급하는 금전이나 유가증권이 있다(§3 6.).

위의 네 가지 중 어느 하나에 해당하지 않는 모든 정치자금의 수수는 일단 정치자금부정수수죄를 구성한다.

헌법재판소는 '이 법에 정하지 아니한 방법'이 정치자금법에서 구체적으로 정하고 있는 방법 이외의 모든 방법이라는 의미로 충분히 이해될 수 있으므로, 여기에는 불확정 개념의 사용에서 오는 문언적 불명료성의 문제는 없다고 보아 해당 규정이 명확성의 원칙에 위배되지 않는다고 결정한 바 있다.

특히 특정인이 정치자금을 수수하는 때에 법적인 제한이 있다는 것을 몰랐다는 것은 단지 '법률의 부지(不知)'에 관한 문제일 뿐 '법률의 불명확성'에 따른 문제는 아니라고 보았다.[3)]

다. 기부받은 자의 의미

정치자금부정수수죄에서 정치자금을 '기부받은 자'란 정치인 본인이 정치활동을 위하여 직접 금품을 기부받거나, 자신이 속한 정당·후원회·법인 또는 그 밖의 단체에 금품을 전달할 목적으로 정치자금을 기부받은 사람을 말한다.[4)] 다만, 자신이 속한 정당·후원회 또는 법인·단체가 아니라 다른 정치활동을 하는 주체에게 제공하는 정치

3) 헌법재판소 2004. 6. 24. 선고 2004헌바16 결정

4) 서울중앙지방법원 2004. 5. 14. 선고 2004고합236 판결

자금을 전달하는 사람에 불과한 경우에는 정치자금을 '기부받은 자'에 해당하지 않는다.

예컨대, 2002년 대통령선거에서 유력 국회의원의 공보특보를 담당한 사람이 해당 국회의원에게 대선후보자의 지원유세를 부탁해 달라는 취지의 요청을 받고 박스 2개에 담긴 현금 5억 원을 받았으나, 해당 공보특보는 자신이 전달받은 금액이 5억 원이라는 사실을 국회의원이 정확히 알지 못할 것으로 보아 그중 절반만 해당 국회의원에게 전달하고 나머지 2억 5,000만 원은 자신의 은행 빚을 갚아 횡령한 사건에서, 판례는 해당 공보특보를 단순한 전달자로 판단하여 정치자금을 '기부받은 자'로 보지 않았다.5)

라. 구성원 처벌의 취지

정치자금부정수수죄뿐만 아니라 정치자금법의 다른 벌칙에서도 정치자금을 기부하거나 기부받은 사람에 관하여 정당·후원회 또는 법인·단체의 경우에는 '그 구성원으로서 해당 위반행위를 한 사람을 말한다'고 규정하여, 정당·후원회 또는 법인·단체의 의사에 따라 정치자금을 기부하거나 기부받은 경우 그 구성원을 처벌하는 근거를 두고 있다(§45①).

이러한 규정을 둔 취지는 정당·후원회 또는 법인·단체는 본래 일반적인 범죄능력이 없어 양벌규정과 같은 특별한 규정에 따라 벌금형을 과하는 것 외에는 따로 형사처벌을 할 수 없으므로, 정당·후원회 또는 법인·단체의 구성원으로서 정치자금의 수수행위에 실질적으로 관여한 행위자를 처벌함으로써 정치자금과 관련한 부정을 방지하기 위한 것이다.6)

---

5) 서울중앙지법 2004. 5. 14. 선고 2004고합236 판결

6) 대법원 2004. 12. 10. 선고 2004도5652 판결

판례는 '정당의 구성원'의 의미에 관하여, 정당은 정당법에 따라 중앙당이 중앙선거관리위원회에 등록함으로써 성립하고, 시·도당에는 당원명부를 비치해야 하며, 정당은 대의기관과 집행기관 또는 의원총회 등의 기구를 두어야 하는 한편, 정당의 중앙당과 시·도당에는 일정 수의 유급사무직원을 두고 정책연구소를 설치·운영할 수 있으므로, '정당의 구성원'이란 '정당의 당원이거나 정당의 기구에 소속해 있는 임직원'을 말하는 것으로 보았다.[7)]

정치자금법에 따른 후원회나 그 밖의 법인·단체도 그 구성원의 의미에 관해서는 이와 동일한 기준이 적용될 수 있을 것이다.

3. 친족 간 불법정치자금 수수 처벌 면제

정치자금법은 해당 법률에 따르지 않은 정치자금 수수행위를 정치자금부정수수죄로 처벌하면서, 기부하거나 기부받은 사람의 관계가 친족인 경우에는 이를 처벌하지 않는다(§45① 단서).

친족의 범위는 8촌 이내의 혈족, 4촌 이내의 인척 그리고 배우자를 말한다(민법 §777). 혈족의 범위를 정한 민법 규정에서 '형제자매'란 부계와 모계의 형제자매를 모두 포함하므로(민법 §768), 이복형제도 '친족'의 범위에 포함된다.[8)]

정치자금부정수수죄의 이러한 예외규정은 정치자금을 기부하는 사람과 기부받는 사람 사이에 친족관계가 있는 경우에는 친족 간의 정의(情誼)를 고려할 때, 정치자금법에서 정한 방법으로 돈을 주고받으리라 기대하기 어려운 점을 이유로 책임이 조각되는 사유를 정한 것이다. 해당 예외규정을 범죄의 구성요건해당성이 조각되는 사유를

7) 대법원 2004. 12. 10. 선고 2004도5652 판결

8) 대법원 2007. 11. 29. 선고 2007도7062 판결

정한 것으로 오인해서는 안 된다.[9)]

따라서 정치자금을 기부받는 사람과 친족관계에 있는 사람이 친족관계가 없는 사람과 공모하여 정치자금법에 정하지 않는 방법으로 정치자금을 기부한 경우 친족관계가 없는 사람만 처벌될 뿐, 친족관계에 있는 사람의 책임은 조각되어 처벌되지 않는다. 예컨대, 정치자금부정수수죄를 범한 공범 중 사실상 기부의 알선에 가까운 행위를 한 공동정범이라도 기부를 받은 사람과 친족관계에 있는 사람은 처벌되지 않는다는 의미다.

이처럼 금품수수에 관해서 친족관계는 정치자금과 공직선거법에 따른 처벌의 피난처이자 소도(蘇塗)가[10)] 된다. 공직선거법에 따른 기부행위 제한규정도 친족관계에 있는 사람에게 축·부의금품을 제공하는 것은 기부행위로 보지 않는다(§112② 2.). 다만, 정치자금법에 따른 적법한 정치자금과 달리 그 밖의 영역에서 수수되는 정치자금에 관하여는 상속세법과 증여세법에도 불구하고 기부받은 사람이 상속받거나 증여받은 것으로 보아 공제를 인정하지 않고 세금을 무겁게 부과한다(조세특례제한법 §76③).

가족제도에 관한 법률적·사회적 상황의 변화에 비추어 보면, 호주제(戶主制)가 유지되던 시절과 달리 최근에는 민법상 친족이라는 이유만으로 밀접한 신분적 이해관계를 가진다고 볼 만한 근거가 많이 약해졌지만,[11)] 정치자금법에서는 여전히 불법 정치자금 수수로 인하여 성립되는 정치자금부정수수죄에 대한 책임조각사유의 인적범위로 친족의 개념을 확고하게 유지하고 있다.

---

9) 대법원 2007. 11. 29. 선고 2007도7062 판결

10) 삼한시대에 읍(邑)을 세워 제사를 올리던 장소를 소도라 한다. 소도는 성역이었기 때문에 공권력이 미치지 못했으므로 범죄자들의 도피처로 악용되기도 하였다. 다국적 기업이 법인세나 소득세를 절감하기 위해 활용하는 조세 피난처(Tax Haven)도 이와 유사한 개념으로 볼 수 있을 것이다.

11) 대법원 2020. 6. 18. 선고 2015므8351 전원합의체 판결

4. 정치자금부정수수에 따른 형벌 외의 제재

가. 참정권 제한

정치자금부정수수죄를 범한 사람으로서 100만 원 이상의 벌금형이 확정된 후 5년, 형의 집행유예형이 확정된 후 10년, 징역형의 선고를 받고 그 형의 집행이 종료된 후 10년이 경과되지 않은 사람에게는 공직선거법에 따라 선거범죄와 동일하게 선거권과 피선거권이 인정되지 않는다(공직선거법 §18① · §19).

선거권이 제한되는 부수적 효과로서 정당의 당원이 될 수 없고, 공직에 취임할 수 없으며, 국민투표권 · 주민투표권은 물론 주민소환투표권도 제한되어 헌법상 기본권인 참정권이 포괄적으로 제한된다. 정치자금부정수수죄로 인한 참정권 제한의 자세한 내용은 제9장 '제1절 정치자금범죄로 인한 참정권 제한'을 참고하기 바란다.

참고로 정치자금부정수수죄로 벌금형 100만 원 이상의 형이 확정될 경우 가혹한 처벌과 이에 따른 형벌 외에 제재가 무서워 지방의원과 그 후보자 · 예비후보자에게 후원회가 허용되었음에도 후원회를 두지 않는다는 웃기고도 슬픈 이야기가 있다. 이것은 인과관계가 거꾸로 되었다. 후원회를 통하지 않고 정치자금을 수수한 경우에 정치자금부정수수죄가 성립하기 때문이다.

나. 보전비용 등 반환

선거사무장 · 선거사무소의 회계책임자 또는 후보자의 직계존비속과 배우자가 선거범죄 외에도 정치자금부정수수죄(§45①)를 범하여 징역형 또는 300만 원 이상의 벌금형의 선고를 받은 때에는 해당 후보자의 당선을 무효로 한다. 여기에서 후보자의 범위에는 후보자가 되려는 사람을 포함하되, 적용되는 선거의 범위에 대통령선거와 비례대표선거는 제외한다(공직선거법 §265). 해당 선거는 정당이 주체가 되는 선거이기 때문이다.

한편, 당선이 무효로 된 사람과 형벌 외의 제재에 형평을 기하기 위하여 정치자금부정수수죄로 기소된 후 확정판결 전에 사직한 사람, 낙선된 사람으로서 선거사무장·선거사무소의 회계책임자 또는 후보자의 직계존비속과 배우자가 정치자금부정수수죄를 범하여 당선무효에 해당하는 형이 확정된 사람도 돌려받은 기탁금과 보전받은 선거비용을 반환해야 한다(공직선거법 §265의2①).

보전비용의 규모는 서울시장선거에서는 35억 원, 경기도지사선거에서는 50억 원 정도로 추산되므로, 시·도지사선거나 교육감선거에서 정치자금부정수수죄로 당선무효에 해당하는 형이 확정되었다는 것은 해당 후보자의 경제적 파산을 의미한다. 정치적으로도 다시 일어선 사례를 찾아보기 어렵다. 상상만 하기에도 끔찍한 일이지만, 공직선거의 영역에서는 종종 현실이 되기도 한다.

다. 필요적 몰수·추징

정치자금법에서는 해당 법률을 위반하여 불법적으로 제공된 금품 그 밖에 재산상의 이익은 몰수하며, 이를 몰수할 수 없을 때에는 그 가액을 추징하도록 필요적 몰수·추징을 규정하고 있다(§45③). 이는 형법상 임의적 몰수·추징규정과(§48①) 달리 불법 정치자금에 대하여는 몰수 또는 추징을 의무화하여 불법 정치자금을 수수한 사람에게 제공된 금품 등 재산상의 이익을 반드시 박탈하여 부정한 이익을 향유할 수 없도록 하기 위함이다.

정치자금법에 의한 필요적 몰수 또는 추징은 제공된 해당 금품 기타 재산상 이익이 그 행위자에게 귀속되었음이 인정된 범위 내에서만 추징할 수 있다. 따라서 정당에게 제공된 정치자금의 경우 그 정당의 구성원 등이 교부받은 금품을 제공한 자의 뜻에 따라 정당에 전달한 경우에는 그 부분의 이익은 행위자에게 귀속된 것이 아니어서 그 가액을 행위자로부터 추징할 수는 없다[12].

그러나 이러한 금품수수자가 자신의 개인 예금계좌에 돈을 입금함으로써 그 특정성을 상실시켜서 소비 가능한 상태에 놓았다가 같은 금액 상당을 인출하여 당초의 금품제공자에게 반환하였다면, 그 가액 상당을 금품수수자로부터 추징함이 마땅하다.

예컨대, 군수선거에서 특정 정당의 추천을 받으려는 사람이 해당 정당에 제공하기 위하여 피고인에게 총 2억 5,000만 원의 전달을 맡겼으나, 전달을 맡은 피고인이 그중 해당 정당에 1억 1,700만 원만을 전달하고 나머지 1억 3,300만 원은 일단 자신의 개인 예금계좌에 입금하였다가 나중에 같은 금액을 해당 예금계좌에서 인출하여 이를 당초 제공자에게 돌려준 사건에서, 법원은 해당 피고인으로부터 그 가액 상당을 추징해야 한다고 보았다.[13]

불법 정치자금 수수에 관하여 심부름도 가당치 않거니와 돈의 유혹에 끌려 딴마음을 품으면 이처럼 곤경에 처할 수 있다.

한편, 금품의 무상대여를 통하여 위법한 정치자금을 기부받은 경우 그 부정한 이익은 무상 대여금에 대한 금융이익 상당액이므로, 몰수 또는 추징의 대상은 무상으로 대여받은 금품 그 자체가 아니라 금융이익 상당액으로 보아야 할 것이다.[14] 예컨대, 불법 정치자금으로 1년간 2,000만 원을 무상대여 받은 경우 몰수 또는 추징의 대상은 무상대여 받은 2,000만 원이 아니라 1년간 그 무상대여에 따른 금융이익 상당액인 47만 원 정도가 된다.

---

12) 대법원 2004. 4. 27. 선고 2004도482 판결
13) 대법원 2008. 1. 18. 선고 2007도7700 판결
14) 대법원 2007. 3. 30. 선고 2006도7241 판결

불법 정치자금에 대한 몰수와 추징은 여기에서 발걸음을 멈추지 않는다. 불법 정치자금에 대한 몰수와 추징에는 정치자금법의 관련 규정뿐만 아니라 불법정치자금 등의 몰수에 관한 특례법도 함께 적용되기 때문이다.[15)]

이에 따라 정치자금부정수수로 직접 얻은 불법정치자금뿐만 아니라 그 불법정치자금에서 유래한 재산까지 필요적으로 몰수할 수 있게 되었다. 여기에는 불법정치자금의 과실로 얻은 재산, 불법정치자금의 대가로 얻은 재산, 이들 재산의 대가로 얻은 재산 등 불법정치자금의 변형 또는 증식으로 형성된 재산이 모두 포함된다(불법정치자금 등의 몰수에 관한 특례법 §2 2.).

불법정치자금에 대한 필요적 몰수·추징에 관하여 자세한 내용은 제12장 '제4절 불법 정치자금에 대한 필요적 몰수·추징'을 참고하기 바란다.

---

15) 해당 법률은 불법정치자금의 몰수 등에 관한 특례를 정함으로써 불법정치자금의 조성을 막고, 정치자금의 투명성을 제고하기 위한 목적으로 제정되어 2005년 8월 4일 시행되었다. 우연하게도 그 시행일은 정치자금법 전부개정법률의 시행일과 같은 날이다.

제 2 절

누가 정치활동을 하는 사람인가

1. 정치활동을 하는 사람의 의미

정치자금법에 열거된 아래의 신분들은 정치자금의 수요가 객관적으로 명확하여 '정치활동을 하는 사람'이라는 점에 이견이 있을 수 없다. 따라서 이들에게 '정치활동을 위하여' 제공되는 금전은 정치자금에 해당되므로(§3 1. 바.), 정당에 당비를 납부하거나 후원회에 후원금을 기부하는 외에 이들에게 정치활동을 위하여 금품을 제공한다면 일단 정치자금부정수수죄를 구성하게 된다.

① 정당, 중앙당창당준비위원회

② 공직선거에 후보자가 되려는 사람, 후보자 또는 당선된 사람

③ 후원회·정당의 간부 또는 유급사무직원

또한 정치자금법은 이러한 정치활동의 주체로 열거되지 않았더라도 그 밖에 정치활동을 하는 사람에게 정치활동을 위하여 제공되는 금품을 정치자금으로 정의한다(§3 1. 바.). 여기에 해당하는 사람은 객관적으로 정치활동의 주체라는 점이 명확하지 않다. 따라서 그에게 '정치활동을 위하여' 금품이 제공되었더라도, 우선 그가 '정치활동을 하는 사람'에 해당하는지를 따로 평가하여 구체적 사안에 따라 제공된 금품의 성격을 개별적으로 판단해야 한다.

이처럼 정치자금법은 불법 정치자금의 합리적 규제를 위하여 정치자금에 관한 정의로서 '정치활동을 위하여'라는 제공의 목적과 '정치활동을 하는 사람'이라는 수령자 신분의 2가지 개념의 상호작용으로 파악하고 있다. 따라서 일정한 금품의 수수행위가 정치자금법의 규율대상이 되는 정치자금에 해당하기 위해서는 이 두 가지 요소가 반드시 충족되어야 한다.[16)]

이러한 구체적 기준에 따라 논리적으로 추론할 수 있는 정치활동을 하는 사람의 범위는 정당, 선거, 후원회와 관련된 사람 내지 단체로서 정당법·공직선거법·정치자금법 등 정치관계법에 따라 규율되는 당사자나 이와 직접 관련된 활동을 하는 사람으로 볼 수 있을 것이다. 특히 정치자금법의 입법목적과 정치활동을 하는 사람에 대한 예시적 열거규정의 취지 등을 고려하면, 정치활동을 하는 사람의 범위는 최소한 '정당이나 공직선거와 직접 관련된 활동을 주로 하는 사람이나 단체'를 의미하는 것으로 보아야 할 것이다.[17)]

따라서 당원으로서 외부적으로 소속 정당의 지지층을 확대하고 선거운동을 지원하는 활동을 하였더라도 그를 정치활동을 하는 사람으로 보기 어렵다.[18)] 후원회의 회원이나 공직선거의 자원봉사자도 정치활동을 하는 사람에 해당하지 않는다.[19)]

금품을 받는 사람의 신분이 정치활동을 하는 사람이 아니라면, 정치활동을 목적으로 금품이 제공되더라도 해당 금품에 정치자금의 속성이 부여되지 않으므로 정치자금법은 적용되지 않는다. 이 절에서는 정치자금법에서 정치활동의 주체로 열거되지 않은 사람 중 과연 누가 정치활동을 하는 사람인지를 살펴보기로 한다.

---

16) 대법원 1999. 3. 23. 선고 99도404 판결
17) 서울고등법원 2010. 1. 8. 선고 2009노2434 판결
18) 대법원 2013. 9. 26. 선고 2013도7876 판결
19) 헌법재판소 2014. 7. 24. 선고 2013헌바169 결정

2. 국회의원 보좌관은 정치활동을 하는 사람

1996년 7월부터 국회의원의 6급 상당 비서로 근무를 시작한 이후 2012년 1월까지 16년간 국회의원의 비서 또는 보좌관으로 근무하던 사람이 2009년 3월 자신의 선배이자 △△△주식회사를 경영하는 사람으로부터 '국회의원 보좌관을 하고 있으므로 기자 등 사람들을 만나면 술값이나 식사비 등 여러 곳에 돈 쓸 일이 많을 테니 매달 돈을 송금하여 주겠다'는 제의를 받고 이를 수락하였다.

이후 해당 보좌관은 △△△주식회사를 경영하는 선배로부터 2009년 3월부터 2010년 12월까지 차명계좌로 총 23회에 걸쳐 합계 1억 1,700만 원을 제공받아 정치자금부정수수죄로 기소되었다.

해당 사안에 대하여 법원은 국회의원 보좌관이 △△△주식회사를 경영하는 선배로부터 정치자금법에서 정하지 않은 방법으로 정치자금을 기부받은 것으로 판단하였다. 물론 법원이 해당 보좌관을 정치활동을 하는 사람으로 판단하였음은 당연하다.

법원이 정치자금부정수수죄의 성립을 인정한 이유로 첫째, 금품제공자가 수사기관에서 "국회의원 보좌관인 피고인에게 일종의 정치활동 후원금을 준 것이다"라고 진술한 점, 둘째, 국회의원 보좌관으로서 민원 업무를 수행하기 위해서 민원 관계자 혹은 기자 등을 만나는데 드는 비용은 정치활동을 위하여 소요되는 비용이라고 봄이 상당한 점, 셋째, 해당 보좌관의 대외활동 중 정치활동 부분과 사회활동 부분을 쉽게 구분하기 어려울 뿐만 아니라, 구분할 수 있더라도 정치활동 부분이 사회활동 부분보다 주된 부분을 차지할 것으로 보이는 점 등을 들었다.[20]

---

20) 서울고등법원 2013. 3. 22. 선고 2012노2688 판결, 대법원 2013. 7. 12. 선고 2013도3940 판결로 원심 확정

3. 공천을 미끼로 투자를 유치한 정당의 당원

2012년 4월 실시한 제19대 총선에서 △△△△당에 네티즌 몫 비례대표 자리가 따로 존재하지 않았음에도, 인터넷 언론 매체의 운영자인 해당 정당의 당원이 소속 정당의 국회의원을 사칭하여 선거홍보사업에 12억 원을 투자하면 당선 가능한 △△△△당 비례대표 순번을 얻을 수 있을 것이라고 속이고 공천을 희망하는 사람들로부터 투자를 유치하여 기소된 사건이 있었다.

법원은 투자금 명목으로 수수된 돈은 △△△△당 비례대표 국회의원 후보자로 추천받기 위한 명목으로 수수된 것으로서, 피고인이 선거에서 정당의 공천을 받게 하여 줄 의사나 능력이 없음에도 이를 해줄 수 있는 것처럼 기망하여 공천과 관련하여 금품을 받아 공직선거법상 공천 관련 금품 수수죄와 사기죄가 모두 성립하고 양자는 상상적 경합의 관계에 있다고 보았다.[21] 반면에 해당 사안에 대하여 법원은 공직선거에서 특정인을 후보자로 추천하는 행위와 관련하여 금전이 수수되었더라도 그것이 정치활동을 위하여 제공된 것이 아니라면, 정치자금부정수수죄가 성립될 수 없다고 판단하였다.

아울러 법원은 피고인이 외부적으로 소속 정당의 지지층 확대에 기여하고 해당 정당의 선거운동을 지원하였지만, 피고인을 '정당이나 공직선거와 직접 관련된 활동을 주로 하는 사람'에 해당한다고 보기 어렵고, 자신의 선거홍보사업에 대한 투자금을 받았으나, 그 투자금을 정당 또는 선거와 관련한 활동에 사용할 의사로 받았다고 볼 수도 없으므로, 해당 투자금을 정치자금에 해당하는 것으로 볼 수도 없다고 판시한 바 있다.[22]

---

21) 대법원 2013. 9. 26. 선고 2013도7876 판결

22) 대법원 2013. 9. 26. 선고 2013도7876 판결

4. 피선거권은 없으나 왕성하게 활동하는 명망가

청와대 국정상황실장과 지역구 재선 국회의원을 역임한 사람이 2010년 6월 2일 실시된 도지사선거에 당선되었으나, 선거전에 범한 정치자금범죄로 2010년 6월 11일 서울고등법원에서 징역 6월에 집행유예 1년 형을 선고받자 항소하였고, 2011년 1월 대법원에서 해당 판결이 확정되면서 도지사직을 상실하게 되었다.

이에 해당 인사는 중국 유학을 결심하였으나, 2011년 3월 식당에서 만난 지인(知人)이 '이제는 도지사도 아니고 중국으로 간다면서 받아도 되지 않느냐 내가 아버지뻘이다' 말하며 그가 건넨 1천만 원을 제공받아 기소된 사건이 있었다.

해당 사건에서 법원은 '정치활동을 하는 사람'에 해당하기 위해서는 선거 또는 정당과 관련한 활동이 있어야 하는데, 피고인은 이미 정치자금범죄로 10년간 선거권과 피선거권을 상실하였으므로, 금전을 수수할 당시에는 정당이나 공직선거와 직접 관련된 활동을 주로 하는 사람인 '정치활동을 하는 사람'으로 보기 어렵다고 판시하였다. 아울러 식당에서 수수한 돈도 정치활동을 위하여 제공받은 것이 아니므로, 해당 금전은 정치자금법의 규제대상이 되는 정치자금으로 볼 수 없다고 판단하였다.[23)]

또한 당시 피고인은 보궐선거 후보자의 사무소 방문, 정당행사 참석, 정치인 출판기념회 참석 등의 활동을 하였으나, 이는 청와대 국정상황실장, 국회의원, 도지사 등을 역임한 피고인이 지역유지에 해당하는 일반인으로서 활동한 것에 불과하고, 이러한 활동만으로 정치활동을 하는 사람으로 볼 수 없다고 판단하였다.

---

23) 서울고법 2013. 3. 22. 선고 2012노3320 판결, 대법원 2015. 4. 23. 선고 2013도3790 판결로 원심 확정

5. 정계 은퇴 후 당직을 맡은 전직 국회의장

1981년 제11대 총선에서 국회의원으로 당선된 후 2000년 제16대 총선까지 총 6회 당선되어 1981년부터 2004년 5월 말까지 국회의원으로 재직한 사람이 제16대 국회 후반기인 2002년 7월부터 2004년 5월 말까지 국회의장을 역임한 다음,[24] 국회의장 퇴임 후에는 정계 은퇴를 선언하고 2004년 6월부터 사단법인 21세기국가발전연구원 이사장으로 재임하였다.

해당 전직 국회의장은 2006년 4월 서울역 앞 택시 정차장에서 △△실업 회장 박◭◭의 지시를 받은 ▽▽주식회사의 재무팀 차장으로부터 정치활동에 사용하도록 제공된 현금 2억 원을 자신의 아들을 통하여 건네받고, 2006년 7월 말 부산 해운대에 있는 ▼▼호텔 안 주점에서 박◭◭으로부터 정치활동에 사용하도록 제공된 미화 1만 달러를 직접 제공받아 정치자금법 위반으로 기소되었다.

해당 사안에서 법원은 택시 정차장에서 2억 원의 현금을 수령한 2006년 4월에는 피고인이 정계 은퇴 선언 후 2년이 경과된 시점으로 당시에는 당적(黨籍)을 보유하거나 선거에 의한 공직을 맡지 않아 '정치활동을 하는 사람'으로 보지 않았다. 반면에 미화 1만 달러를 받은 2006년 7월에는 ▲▲▲당에 복당하여 상임고문과 경선관리위원장을 역임하였고, 상임고문은 정당의 주요 의사결정에 관여할 수 있는 정당의 공식기관으로서 정치자금법에 따른 '정당의 간부'에 해당한다며, 해당 시점에서는 '정치활동을 하는 사람'으로 보아 정치자금부정수수죄의 성립을 인정하였다.

---

24) 해당 국회의장은 우리 헌정사상 최초로 대통령탄핵 표결의 진행을 맡았다. 탄핵안이 가결된 후 신발짝과 종이뭉치가 단상으로 날아오는 순간에 "대한민국은 어떤 경우에도 계속 전진해야 합니다"라는 말을 남겼다.

6. 출마 포기 대가로 금전을 받은 입후보예정자

2012년 4월 실시된 제19대 총선을 앞두고 입후보예정자가 같은 해 3월경 출마가 예상되는 경쟁 입후보예정자에게 야권연대를 위하여 총선 출마를 포기하면 그 대가로 일자리와 선거비용 보전 명목으로 2,000만 원을 제공하기로 약속하고, 실제 935만 원을 송금하여 정치자금부정수수죄로 기소된 사건이 있었다.

해당 사안에 대하여 법원은 출마 포기의 대가로 수수된 금전은 정치자금에 해당하지 않는다고 판단하였다.[25] 법원은 그 이유로 정치활동은 '권력의 획득 및 유지'를 의미하는바, 출마 포기 자체는 그와 반대되는 의사에 기초한 것으로 권력의 획득이나 유지가 의미하는 범위에 포함되지 않음이 명백하다고 보았다.

아울러 법원은 출마 포기를 대가로 지급된 금전이 선거비용 보전 명목을 포함하고 있더라도 해당 금전은 출마를 포기한 측의 선거비용에 사용되는 것이 아니므로 이를 정치활동에 제공되는 것이라 할 수 없다고 보았다. 또한 이미 지출한 선거비용을 보전해 주는 행위 자체는 경제적 지원에 불과하여 해당 금전은 정치자금이 아니라 사적경비의 범위를 벗어나지 않는다고 판단하였다.

정치자금법은 일반적·사전적 의미의 정치활동을 하는 사람 모두를 그 규율대상으로 하는 것이 아니라, 정당 또는 대의민주주의 실현을 위한 공직선거와 관련하여 활동하는 사람을 규율대상으로 하고, 그 가운데에서도 그 활동을 위하여 적정한 자금을 공급할 필요성이 있는 사람으로 제한된다.[26] 비록 하급심 판결이지만, 정치자금에 관하여 명확한 기준을 제시하였기에 여기에 싣는다.

25) 서울북부지방법원 2020. 2. 14. 선고 2019노1545 판결
26) 헌법재판소 2014. 7. 24. 선고 2013헌바169 결정

7. 도지사선거 후보자의 선거대책본부장

2006년 5월 31일 실시된 제4회 동시지방선거에서 중앙당 최고의원의 도지사선거 출마를 돕기 위하여 해당 도지사선거 후보자의 선거대책본부장을 맡아 선거 관련 실무를 총괄하던 사람이 △△일보 기자로부터 '케이블TV 방송 인수를 도와달라'는 부탁을 받자, 그 대가로 도지사선거의 선거자금 명목으로 10억 원을 지원해 달라고 요구하여 2006년 3월부터 4월 중순까지 합계 7억 원을 건네받아 정치자금법 위반으로 기소된 사건이 있었다.

해당 사안에 대하여 법원은 도지사선거 후보자의 선거대책본부장이 7억 원 중 3억 원을 해당 도지사선거 후보자의 회계책임자에게 교부하여 법정선거자금으로 사용하였고, 나머지 4억 원은 도지사선거 후보자의 선거특보에게 교부하여 보관하게 하였던 점 등을 종합하여, 해당 사건의 금전이 후보자 선거대책본부장의 정치활동을 위하여 제공한 정치자금으로 판단하였다.[27)]

아울러 법원은 정치자금법에서 정치자금을 받는 당사자를 정당이나 선거에 출마한 후보자 등으로 한정하지 않고 누구라도 정치활동을 하는 사람에게 해당 법률이 정하지 않은 방법으로 정치자금이 제공된 경우에는 이를 처벌하고 있고, 선거대책본부장으로서 해당 도지사선거 후보자의 당선을 위하여 선거운동을 수행하는 사람에게 선거자금으로 금전을 제공하고 실제 그중 일부를 선거운동 경비에 소비하였으므로, 선거대책본부장에게 금전을 제공한 행위는 정치자금법이 정하지 않은 방법으로 정치자금을 기부한 것으로서 정치자금부정수수죄가 성립되는 것으로 보았다.[28)]

27) 울산지방법원 2008. 10. 24. 선고 2008노101 판결

28) 대법원 2009. 2. 26. 선고 2008도10422 판결

8. 정치운동이 금지된 도지사 비서실장

현직 국회의원이 제6회 동시지방선거의 도지사선거에 출마하려 하자, 종전에도 선거사무장을 맡아 선거를 도왔던 해당 국회의원의 보좌관이 2014년 2월부터 미리 해당 지역에 내려와 선거사무소를 물색하고 지역의 정치상황과 여론을 파악하는 등 도지사선거 후보자의 선거사무장을 맡아 선거사무소 업무를 총괄하였다. 선거 후 해당 선거사무장은 도지사 비서실장으로[29] 임명되어 근무하던 중 △△△으로부터 금품을 받아 정치자금법 위반으로 기소된 사건이 있었다.

해당 사건에서 피고인은 도지사 비서실장이 지방 별정직공무원으로서 지방공무원법에 따라 정치운동이 금지되므로, 자신은 정치자금법상 정치활동을 하는 사람이 아니라고 항변하였다.

이러한 피고인의 주장에 대하여 법원은, 비서실장이라는 직책이 정치운동이 허용되는 도지사를 지근거리에서 보좌하는 지위에 있는 이상 그 임면과 활동의 내용이 다분히 정치적인 성격을 가질 수밖에 없으므로, 비록 도지사 비서실장으로 정치운동이 금지되는 별정직 공무원이라는 이유만으로 피고인이 정치자금 수수행위의 주체가 되는 '정치활동을 하는 사람'에서 배제될 수 없다고 판결하였다.[30]

또한 법원은 피고인의 이력, 피고인이 해당 선거사무소에서 수행한 역할과 그 이후의 활동내역, 도지사 비서실장의 지위와 권한 등을 고려하여 피고인이 도지사의 정치활동을 보좌하는 역할을 수행하는 사람으로서 '정치활동을 하는 사람'에 해당한다고 보았다.

---

29) 당시 △△도지사 비서실장은 도정운영에 관한 사항, 비서실 운영에 관한 사항 등을 총괄하는 직책이었다. 해당 도의 평화공원에는 '비설'이라는 작품명으로 세상에서 가장 슬프고 애처로운 조각상이 비밀스럽게 전시되어 있다.

30) 광주고등법원 2019. 5. 8. 선고 2019노4 판결, 대법원 2019. 9. 25. 선고 2019도7177 판결로 원심 확정

9. 시장선거 입후보예정자를 위한 포럼

2012년 4월 실시한 제19대 총선에서 낙선한 전직 국회의원이 자신의 보좌관을 지낸 사람과 지역경제를 위한 정책개발이라는 명목을 표방하며 포럼을 설립하였으나, 해당 포럼의 실제 활동은 주로 낙선한 국회의원으로 하여금 불특정 다수의 유권자와 지속적으로 접촉할 수 있는 여러 행사를 개최하는 데 집중되었다.

또한 이들은 공모하여 해당 포럼의 활동과 운영에 필요한 비용으로 사용하기 위하여 2012년 8월부터 2013년 12월 말까지 총 67명으로부터 특별회비 등의 명목으로 합계 1억 6천여만 원을 기부받음으로써 정치자금법에서 정하지 않은 방법으로 정치자금을 제공받아 정치자금부정수수죄로 기소되었다.[31)]

해당 사건에서 피고인들은 이 사건 포럼의 각종 활동들이 선거운동에 해당하지 않는 이상, 이 사건 포럼이 공직선거를 위하여 설립되었거나 그와 관련한 활동을 하였다고 보아 정치자금법의 규제를 적용하는 것은 부당하다고 항변하였다.

이에 대하여 법원은, 포럼이 실질적으로 △△광역시장선거에서 전직 국회의원의 당선에 필요하거나 유리한 활동을 하는 데 이용되었으므로, 해당 포럼은 광역시장선거를 대비해 후보자가 되려는 사람의 정치적 기반을 다지기 위한 목적으로 설립되어 활동한 단체로 평가되고, 공직선거에 입후보하려는 특정 정치인의 정치적 기반을 다지기 위한 포럼의 각종 행사는 해당 포럼의 정치활동으로 보았다.

법원은 해당 포럼을 정치자금법에서 열거된 사람 또는 단체에 준

---

31) 이들은 유사기관 설치와 사전선거운동에 따른 선거범죄로도 기소되었으나, 법원은 선거운동 목적으로 이 사건 포럼을 설립하였다고 보기 어렵고, 포럼의 활동이 특정인의 인지도와 긍정적 이미지를 높이는 결과를 가져왔더라도 이를 사전선거운동으로 볼 수 없다며 무죄로 판단하였다.

하여 '그 밖에 정치활동을 하는 자'에 해당한다고 평가한 것이다.[32)]

이에 따라 피고인들이 공모하여 자신들이 속한 해당 포럼의 활동과 운영에 필요한 비용으로 사용하기 위해 불특정 다수의 사람들로부터 특별회비 명목의 금품을 받은 행위에 대하여, 법원은 이를 해당 포럼의 정치활동을 위하여 제공된 금품이나 그 정치활동에 소요되는 비용, 즉 정치자금을 기부받은 것이며, 특별회비를 제공한 사람들이 그 회비가 정치자금에 해당함을 인식하지 못하였더라도 달리 볼 것은 아니라고 판단하여 정치자금부정수수죄의 성립을 인정하였다.

아울러 법원은 정치자금을 기부한 사람과 기부받은 사람을 이른바 대향범(對向犯)인[33)] 필요적 공범관계로 파악하면서, 이러한 공범관계는 각자의 행위가 범죄의 구성요건에 해당하면 그에 따른 처벌을 받을 뿐이고, 반드시 협력자 전부에게 범죄가 성립해야 하는 것은 아니라고 보았다. 예컨대, 정치자금을 기부하는 사람에게 범죄가 성립하지 않더라도 정치자금을 기부받는 사람이 정치자금법이 정하지 않은 방법으로 정치자금을 제공받는다는 의사를 가지고 있으면 정치자금부정수수죄가 성립될 수 있다는 의미다.

특히 법원은 정치자금의 수수 단계에서 엄격한 규제가 이루어지지 않는다면 음성적인 정치자금의 유입과 그로 인해 파생되는 부정부패를 방지하기 어려우므로, 사법부가 정치활동의 자유를 보장하기 위해 선거운동의 범위를 축소해석하면서도 정치자금의 투명성을 보장할 별다른 입법조치가 없는 상황에서 정치자금에 대한 판단을 쉽게 완화할 수 없는 이유가 바로 여기에 있다고 밝혔다.

---

32) 대법원 2017. 11. 14. 선고 2017도3449 판결

33) 대향범이란 두 사람 이상의 참여자가 서로 다른 방향에서 동일한 목표를 실현함으로써 성립하는 범죄로 상대방이 있어야만 이루어지는 범죄를 말한다. 형법에서 대향범의 예로 뇌물죄, 수뢰죄(受賂罪) 등을 들 수 있다.

제 3 절
무엇이 정치활동을 위한 금품인가

1. 정치활동을 위하여 제공하는 금품의 의미

정치자금법은 정치자금의 종류를 당비, 후원금, 기탁금, 보조금 등으로 열거하면서 그 제공 절차와 방법 등을 엄격히 규제하고 있다. 만일 특정 정치인에게 정치자금을 제공하려는 경우, 원칙적으로 후원회에 후원금을 기부하는 방법만 가능하고, 특정 정당에 당비를 납부하려면 해당 정당의 당원으로 가입해야만 한다. 그 밖의 정치자금 수수행위는 원칙적으로 정치자금부정수수죄를 구성한다(§45①).

한편, 정치자금법에 열거된 공직선거에 후보자가 되려는 사람, 후보자 또는 당선된 사람, 후원회·정당의 간부 또는 유급사무직원은 이미 정치자금의 수요가 객관적으로 명확한 사람으로서 모두 '정치활동을 하는 사람'이므로, 그들에게 '정치활동을 위하여' 제공되는 금전이라면 일단 정치자금으로 간주된다(§3 1. 바.).

그러나 정치자금법에서 정치활동을 하는 사람으로 열거된 신분이라 하여 그들에게 제공되는 금전이 모두 정치자금으로 의제되는 것은 아니다. 따라서 열거된 신분에게 금전이 제공되더라도 반드시 '정치활동을 위하여' 제공되어야만 비로소 정치자금의 속성을 취득하게 되고, 바로 그 때부터 정치자금법의 규제가 적용되기 시작한다.

정치자금법에 열거되지 않은 신분인 '그 밖에 정치활동을 하는 자'에게 제공되는 금전도 마찬가지다. 그에게 제공되는 금전에 '정치활동을 위하여'라는 목적이 없으면 해당 법률은 관심을 두지 않는다.

이 절에서는 금품 등의 제공을 받은 사람이 정치자금법에 따라 '정치활동을 하는 사람'으로 인정되는 것을 전제로, 그를 위하여 부담하거나 지출하는 비용, 금품이나 시설의 무상대여, 채무의 면제·경감 그 밖의 이익을 제공하는 행위가 과연 '정치활동을 위하여' 제공되는 것인지, 즉 정치자금에 해당하는지를 살펴보기로 한다.

2. 법인카드도 정치자금이 될 수 있다

2004년 5월부터 국회의원 지역구 사무실에서 '실장'이라는 호칭으로 사무실 업무를 총괄하던 사람이 2006년 5월부터는 국회의원의 7급 비서로 정치활동을 보좌하면서 해당 국회의원의 지역구 사무실이 입주한 건물주이자 △△건영 주식회사의 대표자 ▲▲▲와 자주 만나면서 해당 지역구 사무실이 입주한 빌딩의 다른 공간을 개인 사무실로 무상 제공받는 등 두터운 친분관계를 유지하여 왔다.

해당 국회의원의 비서는 2007년 3월 지역구 사무실에서 △△건영 주식회사의 대표자가 해당 국회의원의 지역구 사무실 운영이나 대통령선거의 경선활동에 사용하라면서 △△건영 주식회사 명의의 BC카드를 건네자, 2007년 11월까지 신용카드 3장을 차례로 교부받아 사무용품, 가구, 의류 등 물품을 구입하거나, 교통비, 유류대금, 식비를 결제하는 등 총 142회에 걸쳐 2,935만 원 상당의 물품을 구입하고 용역을 제공받았다. 그 밖에도 해당 국회의원의 비서는 현금, 승용차, 계좌송금 등의 방법으로 금품을 제공받음에 따라, 해당 비서가 정치자금법 위반으로 기소된 사건이 있었다.

해당 사건에서 피고인은 △△건영 주식회사의 법인카드를 해당 국회의원의 대통령선거 당내경선과 무관하게 개인적으로 사용한 내역도 많이 있는 점, 승용차도 대통령선거의 당내경선과 무관하게 개인적으로 사용한 점, △△건영 주식회사의 대표자 ▲▲▲가 송금해준 돈은 해당 국회의원이 대통령선거의 경선참여를 포기한 2007년 9월 이후 인출하여 개인적으로 사용한 점 등에 비추어 피고인이 제공받은 금품은 정치자금이 아니라고 항변한 바 있다.

해당 주장에 대하여 하급심 법원은 정치자금법에 정하지 않은 방법으로 정치자금을 기부받음으로써 정치자금부정수수죄가 기수에 이른 이후에 정치자금을 기부받은 사람이 실제로 그 자금을 정치활동을 위하여 사용하였는지는 범죄의 성립에 영향을 미치지 않는다는 대법원의 판결을[34] 원용한 바 있다.

또한 피고인은 국회의원의 비서로서 △△건영 주식회사의 대표자로부터 자신의 정치활동을 위하여 법인카드, 승용차를 제공받고 계좌로 돈을 송금받은 것이 아니므로, 정치자금법에 따른 소정의 '정치자금'을 기부받은 사람에 해당하지 않는다고 주장하였다.

이에 대하여 법원은 정치자금법 제3조제1호에 따라 공직선거에 의하여 당선된 사람, 공직선거의 후보자 또는 후보자가 되려는 사람뿐만 아니라 후원회나 정당의 유급사무직원 그 밖에 정치활동을 하는 사람에게 제공되는 금전 등도 정치자금으로 보고 있으므로, 국회의원의 7급 비서인 피고인에게 제공된 법인카드, 승용차, 계좌송금도 정치자금으로 볼 수 있다고 판단하였다.[35]

참고로 해당 사건에서 △△건영 주식회사의 직원들이 국회의원의 출판기념회에 참석하도록 해당 회사의 대표자가 제공한 회사버스에 대하여는 정치자금으로 보기 어렵다고 판단한 바 있다.

---

34) 대법원 2011. 6. 9. 선고 2010도17886 판결 등

35) 서울중앙지방법원 2011. 10. 31. 선고 2010고합1046 판결

3. 여론조사보고서도 정치자금에 해당하나

한국△△리서치라는 여론조사 회사의 대표자가 현직 국회의원이 △△광역시장선거에 출마를 고려한다는 기사를 보고 2010년 2월 해당 국회의원 측의 의뢰가 없었음에도 임의적으로 200만 원을 들여 △△지역 선거구민 1,300여 명을 대상으로 ARS 여론조사를 실시하고 △△광역시장선거에 출마할 의사가 있는 해당 국회의원의 인지도, 현직 시장의 인지도, 지지 정당 등에 관한 정보를 취득한 후 이를 정리한 보고서를 해당 국회의원의 보좌관에게 무상으로 제공함에 따라 정치자금부정수수죄로 기소된 사건이 있었다.

해당 사안에 대하여 법원은, △△광역시장선거에 출마하려는 국회의원이나 그 보좌관 측이 피고인에게 여론조사를 요구하거나 여론조사결과보고서의 교부를 요청하지 않았음에도 피고인이 향후 국회의원 측으로부터 여론조사를 수주하기 위하여 이 사건 여론조사를 실시하고 그 보고서를 제공한 사실, 그 후 실제로 피고인은 해당 국회의원 측으로부터 2010년 3월 3회에 걸쳐 ARS 여론조사를 의뢰받았고, 그로 인하여 실시한 여론조사에 대하여는 국회의원 측으로부터 대가를 모두 수령한 사실을 인정하였다.

사실관계가 이와 같다면, 피고인은 향후 여론조사를 수주하기 위한 영업활동의 일환으로 국회의원 측과 사전 접촉 없이 일방적으로 이 사건 여론조사를 실시한 다음 해당 국회의원 측에 그 결과보고서를 제공한 것에 불과하다. 이에 따라 법원은 피고인이 이 사건 여론조사를 실시하거나 그 결과보고서를 국회의원 측에 제공할 당시 정치자금법에서 금지하는 정치자금의 기부를 하려는 범의(犯意)가 있었다고 단정하기 어려운 것으로 판단하였다.[36)]

---

36) 대법원 2011. 9. 29. 선고 2011도6213 판결

다만, 법원은 해당 사건에서 여론조사 회사의 대표자인 피고인이 전기통신인 전화를 통하여 이용자인 선거구민의 지지 정당, 지지 후보와 같은 정보를 통계 처리하여 의뢰자에게 전달하는 등의 매개행위를 한 정보통신서비스 제공자이고, 피고인이 제공한 정보는 전화번호, 주소 등에 의하여 특정할 수 있는 전화 응답 상대방의 개인정보에 해당한다는 이유로 정보통신망법 위반에 관해서는 유죄로 판결하였다.

4. 선거홍보물을 정치자금으로 판단한 사례

2014년 6월 실시된 제6회 동시지방선거에서 ▲▲광역시 구의원 선거의 후보자가 되려는 사람이 2014년 3월 14일부터 같은 해 5월 20일까지 예비후보자의 회계책임자를 겸한 후 구의원선거에서 당선되었다. 그러나 해당 구의원은 2014년 5월 선거운동용 홍보 동영상 제작업체를 운영하는 사람으로부터 선거운동에 사용하라는 명목으로 150만 원 상당의 46초 분량 홍보영상을 무상으로 제공받음에 따라 정치자금부정수수죄로 기소되었다.

이에 대하여 법원은 정치자금법에 따라 수수가 금지되는 정치자금은 정치활동을 위하여 정치활동을 하는 사람에게 제공되는 금전 등 일체를 의미하는 바, 후보자의 선거운동을 위한 홍보용 동영상도 수수가 금지되는 정치자금에 해당한다고 판시하였다.[37)]

참고로 후보자의 선거운동을 위하여 제공되는 금품은 선거비용제한액으로 통제되어야 하므로, 회계책임자가 선거비용의 수입·지출을 은닉하기 위하여 해당 홍보영상 제작비용을 회계보고에 누락하였다면 정치자금법에 따른 선거비용 관련 벌칙도 적용된다.

37) 광주지방법원 2014. 11. 25. 선고 2014고약 15150 판결

5. 기업의 고문료가 정치자금이 되는 경우

2004년 제17대 총선 이후 2016년 제20대 총선까지 지역구 선거에 출마하였고, 2010년에는 정당의 부대변인 직책을 보유하면서 2010년 6월 실시한 제5회 동시지방선거에서 ▽▽시 야권연대를 위한 공동추진위원회의 상임위원장으로 활동하는 등 정치활동을 하던 사람이, 골프장업체를 운영하던 사람으로부터 해당 업체의 고문으로 채용하여 매월 급여를 지급하는 방식으로 자금을 지원해 주겠다는 제의를 받고 2010년 8월부터 2017년 5월까지 급여, 차량유지비, 퇴직금 등의 명목으로 총 2억 9,200여만 원을 제공받아 정치자금부정수수죄로 기소된 사건이 있었다.[38]

해당 사안에 대하여 법원은 이 사건 고문료가 지급된 기간동안 피고인은 정치자금법에서 정치활동의 주체로 열거되어 있는 '공직선거의 후보자, 정당의 간부'의 위치 또는 적어도 이에 준하는 위치에 있다고 보아야 하므로, 피고인의 사회적 활동은 직·간접적으로 피고인의 정치활동과 관련된 사항이 대부분이고 그 활동을 정치활동과 구별하는 것도 현실적으로 어렵다고 보았다.

따라서 법원은 피고인에게 제공된 고문료는 특별한 사정이 없는 한 그 명목 여하에 불구하고 '정치활동을 위하여' 제공된 것으로 평가하는 것이 타당하다고 보았다.[39] 특히 피고인이 계속적으로 지급받은 고문료는 급여 지급의 형식을 이용하였을 뿐 그 실질은 피고인의 정치활동을 위하여 지급된 정치자금이라 판단하였다.

38) 해당 피고인은 정치자금부정수수죄가 명확성의 원칙에 위반되고, 원외 당협위원장을 후원회지정권자에서 제외하여 정치자금 모금을 금지한 것은 평등 원칙에 위반된다며 헌법소원을 청구하였으나 모두 기각되었다. 헌법재판소 2022. 12. 22. 선고 2020헌바254 결정 참조.

39) 대법원 2020. 3. 12. 선고 2019도17691 판결

6. 후원회 회계책임자 인건비 대납의 위험성

주식회사의 대표이사, 광역시 정무부시장, 외교통상부 경제통상대사, 제18대·제19대 총선에서 당선된 국회의원이 2010년부터 2012년까지 본인이 이사장을 맡은 ▽▽연구원으로부터 자신을 위하여 설립된 후원회 회계책임자의 급여 6,250만 원을 대납(代納)받아 정치자금부정수수죄로 기소된 사건이 있었다.

해당 사안에서 피고인은 후원회가 후원회지정권자인 국회의원이 운영하는 것이 아니어서 국회의원이 후원회 직원의 급여를 지급할 의무가 없으므로, 후원회의 회계책임자가 대납받은 급여는 피고인에 대한 정치자금의 기부라 할 수 없다고 항변하였다.

이에 대하여 법원은, 국회의원이 지정한 후원회는 정치자금을 모아 해당 국회의원에게 전달하는 데 그 존립 목적이 있어 정치자금의 최종 귀속자 내지 독립된 제3자라기보다는 국회의원에 대한 정치자금을 관리하여 전달하는 역할을 하는 것에 불과하므로, 후원회가 법이 정한 실질을 갖추고 정상적인 활동을 하는 경우에도 국회의원이 후원회로부터 기부받은 후원금은 원래의 기부자로부터 직접 기부받은 것과 동일하게 보아야 한다고 판단하였다.[40)]

결론적으로 후원회 회계책임자에게 반드시 급여를 지급해야 하는 것은 아니지만, 급여를 지급하기로 한 경우에는 유급사무직원으로서 해당 후원회의 경비로 지급해야 하고, 후원회 이외의 타인이 후원회 회계책임자에게 급여를 지급하게 되면, 이는 정치자금법이 정하지 않은 방법으로 정치자금을 수수한 경우에 해당하여 정치자금부정수수죄가 성립되는 것으로 보아야 할 것이다.

---

40) 대법원 2015. 12. 24. 선고 2015도15250 판결

7. 국회의원 배우자 운전기사 임금의 성격

2004년 4월 실시된 제17대 총선에서 서울시 강남구을 지역구에서 국회의원으로 당선되고, ▼▼▼당 서울시당 위원장 및 같은 당 제1정책조정위원장을 역임하였으며, 2008년 4월 실시된 제18대 총선에 재선되어 당시 국회정무위원회에서 상임위원회 활동을 하고 있었고, 2008년 7월에는 ▼▼▼당 전당대회에서 최고위원으로 선출되어 활동하던 국회의원이 있었다.

해당 국회의원은 2007년 11월경 자신의 배우자를 수행하여 2007년 대선, 2008년 총선, 2008년 ▼▼▼당의 최고위원 경선 때 전국을 돌면서 선거유세 현장이나 바자회 등 각종 행사장을 다녔던 △△△을 ★★주식회사 영업사장에게 직원으로 채용하여 달라고 부탁하였고, 해당 ★★주식회사 영업사장은 △△△을 직원으로 등재하여 급여명목으로 합계 2,938만 원을 지급함에 따라 해당 국회의원이 정치자금부정수수죄로 기소된 사건이 있었다.

해당 사안에서 피고인은 △△△이 ★★주식회사에 취업하기 전에는 자신의 배우자로부터 보수를 받았고 자투리 시간에 자신의 후원회 일을 도와주었기 때문에, ★★주식회사가 △△△에게 급여를 지급하였더라도 그 기부를 받은 상대방은 국회의원 자신이 아니라 자신의 배우자 또는 자신의 후원회라고 항변하였다.

특히 피고인은 ★★주식회사로 하여금 △△△의 급여를 대납하게 함으로써 자신의 배우자가 이익을 제공받도록 한 것으로 보더라도 정치자금법에는 제3자에 대한 공여를 처벌하는 규정이 없으므로 자신은 처벌대상이 될 수 없다고 주장한 바 있다.[41)]

이에 관하여 법원은 ★★주식회사에서 지급한 △△△의 급여는

41) 서울고등법원 2010. 12. 20. 선고 2010노1706 판결

피고인의 배우자나 피고인이 지정한 후원회가 기부받은 것이 아니라 국회의원인 피고인이 지급하여야 할 급여를 대신 지출한 것이므로, 해당 급여가 국회의원의 정치활동을 위하여 제공된 정치자금에 해당한다고 판단하였다.

그 판단 이유로 법원은 △△△이 국회의원 배우자의 사적 용무를 도와주기 위하여 운전기사로 일한 것이 아니라 △△△의 대부분의 업무가 국회의원인 피고인의 정치활동과 관련하여 해당 국회의원의 배우자를 수행하였다는 점을 근거로 들었다.

제 4 절

기타 정치자금부정수수에 관한 쟁점

1. 제공자와 수령자의 주장이 다른 경우

정치자금법에서 정하지 않은 방법으로 정치자금을 기부받음으로써 정치자금부정수수죄가 기수에 이른 이후라면, 기부받은 사람이 실제로 그 자금을 정치활동을 위하여 사용하였는지는 범죄의 성립에 영향을 미치지 않는다.

그러나 돈을 주고받은 당사자 중 돈을 제공한 일방은 정치자금이라 주장하고, 돈을 제공받은 정치인 등은 정치자금 명목으로 받은 것이 아니라고 주장하는 경우, 기부된 돈 중 상당한 금액이 실제 정치활동을 위하여 사용되었다면 수수된 돈을 정치자금이라 인정할 수 있는 유력한 증거가 된다.

따라서 당사자 사이에 정치자금 명목의 금품수수에 대한 양해가 있었음이 명백하게 인정되지 않는 경우, 제공된 금품이 정치활동을 위한 경비 등으로 지출될 것이라 객관적으로 명확하게 확정하기 위해서는 제공한 금품이 구체적으로 어떤 흐름으로 인출되었고, 그 인출된 금품이 종국적으로 어떠한 형태의 정치자금으로 사용되었는지 그 연결관계가 증명되어야 한다.[42]

42) 대법원 2021. 1. 14. 선고 2020도12100 판결

2. 정치자금과 형법상 뇌물죄의 관계

가. 뇌물죄의 개념

뇌물죄는 공무원 또는 중재인이 직무행위에 대한 대가로 법이 인정하지 않는 이익을 취득하거나(受賂罪) 공무원 또는 중재인에게 이를 지급하는 것을(贈賂罪) 내용으로 하는 범죄이다. 여기에서 뇌물이란 직무에 관한 부정한 보수로서의 모든 이익을 말한다.

뇌물죄에서 말하는 '직무'에는 법령에 정하여진 직무뿐만 아니라 그와 관련 있는 직무, 과거에 담당하였거나 장래에 담당할 직무 외에 사무분장에 따라 현실적으로 담당하지 않는 직무라도 법령상 일반적인 직무권한에 속하는 직무 등 공무원이 그 직위에 따라 공무로 담당할 일체의 직무를 포함한다.[43]

'부정한 보수'로서 뇌물에 해당하는지는 해당 공무원의 직무의 내용, 직무와 이익제공자와의 관계, 쌍방 간에 특수한 사적인 친분관계가 존재하는지 여부, 이익의 다과, 이익을 수수한 경위와 시기 등의 제반 사정을 참작하여 결정한다.

뇌물은 직무에 관하여 수수된 것이므로, 개개의 직무행위와 대가적 관계에 있을 필요가 없고 그 직무행위가 특정될 필요도 없다.[44] 예컨대, 국회의원이 의정활동과 전체적 · 포괄적으로 대가관계가 있는 금전을 교부받았다면, 해당 금전수수가 어느 직무행위와 대가관계에 있는 것인지 특정할 수 없더라도 이를 국회의원의 직무에 관련된 것으로 본다.[45] 이것이 소위 포괄적 뇌물죄다.

---

43) 대법원 2003. 6. 13. 선고 2003도1060 판결
44) 대법원 1997. 4. 17. 선고 96도3378 판결
45) 대법원 1997. 12. 26. 선고 97도2609 판결

나. 정치자금과 뇌물성

정치자금의 기부는 정치활동에 대한 재정적 지원행위이고, 뇌물은 공무원의 직무행위에 대한 위법한 대가로서 수수되는 것이다. 판례는 특정 금품이 정치자금으로 수수되었더라도 그 실질에 있어 정치자금과 뇌물로서의 성격을 아울러 갖게 되는 것이 반드시 불가능한 것은 아니라고 보았다.[46]

또한 판례는 정치자금·선거자금 등의 명목으로 이루어진 금품의 수수라도 그것이 정치인인 공무원의 직무행위에 대한 대가로서의 실체를 가지는 한 뇌물로서의 성격을 잃지 않고, 설령 수수된 금품 중 순수한 정치자금의 성격이 일부 포함되어 있는 경우에도 이를 뇌물로 보는 데에는 지장이 없다고 판시하였다.[47]

이처럼 판례에서 제시한 기준에 따르면, 수수한 금품 중 일부에 순수한 정치자금의 성격이 포함되어 있더라도 동시에 공무원의 직무와 대가관계도 인정되고 양자가 불가분적으로 결합되어 있다면 이를 전체적으로 보아 뇌물로 평가할 수밖에 없다.

다. 뇌물성 인정요건

본래 정치자금 기부행위와 공무원의 직무행위에 대한 뇌물은 별개의 개념이다. 따라서 제공된 금품이 정치자금법에서 정한 절차를 밟았더라도, 상대방의 지위와 직무권한, 양자 사이의 관계, 금품의 액수와 기부의 동기 등으로 뇌물 여부를 판단할 수 있다.

예컨대, 제공된 금품이 특정 정치인의 정치활동 전반에 대한 지원의 성격을 갖는 것이 아니라 공무원으로서 특정한 구체적 직무행위

46) 대법원 2012. 1. 12. 선고 2011도12642 판결

47) 대법원 1997. 12. 26. 선고 97도2609 판결

와 관련하여 제공자에게 유리한 행위를 기대하거나, 혹은 그에 대한 사례로서 정치인인 공무원의 직무행위에 대한 대가의 실체를 가진다면 뇌물성이 인정된다.[48)]

실제 국회의원이 국회에서 법안을 처리한 후 해당 법안의 이해관계자로부터 정치자금법이 정한 절차에 따라 후원회를 통하여 5천만 원의[49)] 정치자금을 수수하고 적법하게 영수증을 발급하였음에도 불구하고, 법원은 해당 후원금이 국회의원의 직무행위에 대한 대가로서 뇌물에 해당한다고 보았다.

라. 판례변경의 필요성

2004년 3월 정치자금법의 개정으로 후원회에 대한 기부한도액이 대폭 축소되었고, 이미 정치자금법에서는 공무원의 직무에 관하여 청탁 또는 알선하는 행위와 관련한 후원금 기부를 금지하며, 해당 규정 위반시 정치자금부정수수죄로 처벌하고 있다(§45②).

따라서 적법한 절차를 거친 후원금 기부행위를 뇌물죄와 상상적 경합으로 공소를 유지하는 것은 소액 다수의 투명한 정치자금 조성에 지장을 초래할 위험성이 있으므로, 판례를 변경하여 뇌물죄의 적용을 배제할 필요가 있다. 중세의 수도원이나 두메산골의 암자(庵子)에서 후원금을 모금하지 않는 한 완벽하게 오염되지 않은 후원금을 기대하는 것은 일반론적 개연성이 없기 때문이다.

다만, 정치자금법이 정한 절차와 방법의 범위 밖에서 이루어지는 불법 정치자금 수수행위에는 당연히 뇌물죄와 정치자금부정수수죄의 상상적 경합범으로 엄중하게 처벌해야 한다고 본다.

48) 대법원 2008. 6. 12. 선고 2006도8568 판결

49) 2004년 3월 정치자금법이 개정되기 전까지는 연간 하나의 국회의원후원회에 개인은 2,000만 원, 법인은 5,000만 원까지 기부가 허용되었다. 구 정치자금에관한법률 제6조의2제2항제3호 참조.

3. 정치자금을 받은 사람만 처벌되는 요건

정치자금을 기부한 사람과 받은 사람은 이른바 대향범(對向犯)으로서 필요적 공범관계에 있다. 이러한 공범관계는 각자의 행위가 범죄의 구성요건에 해당하면 그에 따른 처벌을 받을 뿐이고, 반드시 가담자 전부에게 범죄가 성립해야 하는 것은 아니다. 따라서 정치자금을 기부하는 사람의 범죄가 성립하지 않더라도 기부받는 사람이 정치자금법에 정하지 않은 방법으로 정치자금을 제공받는다는 의사를 가지고 있으면 정치자금부정수수죄가 성립한다.[50)]

실제 시장선거에서 특정 후보자의 당선을 위하여 여러명의 지지자들이 포럼을 설립한 후, 해당 후보자의 인지도를 높이고 이미지 향상을 위한 활동을 하며 이에 소요되는 비용을 마련하고자 불특정 다수의 사람들로부터 포럼의 특별회비 등 명목으로 돈을 기부받아 정치자금부정수수죄로 기소된 사건이 있었다.

법원은, 해당 포럼이 시장후보자의 당선에 필요하거나 유리한 활동에 이용되었으므로, 포럼의 각종 행사는 정치활동으로 볼 수 있어 해당 포럼이 '그 밖에 정치활동을 하는 자'에 해당하는 것으로 보았다. 이에 따라 법원은 포럼 운영자들이 포럼의 활동과 운영에 필요한 용도로 사용하기 위해 특별회비 명목의 금품을 받은 행위는 해당 포럼의 정치활동을 위하여 제공된 금품이나 그 정치활동에 드는 비용, 즉 정치자금을 기부받은 것으로 판단하였다.

이 경우 특별회비가 정치자금에 해당함을 인식하지 못하여 해당 회비를 제공한 사람에게 범죄가 성립되지 않더라도, 특별회비를 제공받은 사람에게는 정치자금부정수수죄가 성립된다.

---

50) 대법원 2017. 11. 14. 선고 2017도3449 판결

4. 정치자금으로 받아 다른 용도로 사용한 경우

정치자금법은 정치활동을 하는 사람에게 제공되는 모든 금품의 수수행위를 금지하고 처벌하는 것이 아니라, 정치활동을 위하여 제공되는 금품으로서 정치활동을 위한 경비로 지출될 것임이 객관적으로 명확히 예상되는 금품 등의 수수행위에 한정하여 처벌한다. 이 경우 정치자금법에 정하지 않은 방법으로 정치자금을 기부받음으로써 정치자금부정수수죄가 기수에 이른 이후에 정치자금을 기부받은 사람이 실제로 그 자금을 정치활동을 위하여 사용하였는지는 범죄의 성립에 영향을 미치지 않는다.[51)]

실제 제20대 총선에 출마하려는 사람에게 은박지로 싼 현금 500만 원을 건네준 행위를 정치자금부정수수죄로 처벌한 사례가 있다. 후보자가 되려는 사람이 그 은박지에 쌓인 돈을 정치활동을 위하여 사용하든, 생계비로 지출하든, 개인적 취미생활에 사용하든 이미 성립된 정치자금부정수수죄에는 지장이 없다는 의미다.

또한 국회의원이 자신이 지정한 사람을 통하여 비밀번호와 함께 돈이 입금된 예금계좌에 연결된 현금카드를 교부받아 정치자금부정수수죄로 기소된 사안에서, 법원은 비밀번호와 함께 현금카드를 제공한 것은 정치자금의 기부에 해당하고, 해당 현금카드의 교부행위로써 정치자금법이 정하지 않은 방법의 정치자금 수수에 해당하여 정치자금부정수수죄가 성립된다고 보았다.[52)]

이 경우에도 예금계좌에 연결된 현금카드를 어떤 용도로 사용할지 기부자가 예상하기 어렵고, 현금카드를 제공받은 국회의원도 당초 의도와 달리 다른 용도로 사용할 수 있기 때문이다.

---

51) 대법원 2018. 5. 11. 선고 2018도4075 판결
52) 대법원 2011. 6. 9. 선고 2010도17886 판결

5. 형사재판 변호사비용이 정치자금이 되는 경우

정치활동을 하는 사람이 형사소추를 당하여 피고인이 된 경우, 그 형사소추는 검사에 의해 이루어진 것이므로 해당 형사재판에서 범죄혐의를 벗거나 유리한 양형(量刑)을 받기 위해 피고인이 소극적으로 대응하는 방어와 변호활동을 일반적인 정치활동이라 평가하기 어렵다. 따라서 법원은 정치활동을 하는 사람이 형사재판에서 소요될 변호사 선임비용을 제공받았더라도 원칙적으로 이를 정치자금 수수라 볼 수는 없다고 판단한 바 있다.

다만, 형사재판에서 소요될 변호사 선임비용 명목으로 금전이 수수된 경우라도 해당 형사재판이 피고인의 정치활동과 관련된 범죄로 인한 것으로서 변호사 선임비용의 수수가 그의 정치활동 유지를 목적으로 한 것이라면 해당 비용도 정치자금이 될 수 있다. 이때 수수된 변호사 선임비용이 정치자금에 해당하는지는 형사소추와 해당 피고인의 정치활동과 관련성, 재판결과가 정치활동의 유지에 미치는 영향, 피고인과 자금제공자의 관계, 수수된 자금의 규모 등 여러 사정을 종합적으로 고려하여 판단해야 한다.[53)]

실제 2006년 5월 실시된 제4회 지방선거에서 ▲▲시장으로 당선된 사람이 공직선거법 위반으로 기소되어 2007년 1월 1심 법원에서 당선무효에 해당하는 벌금 250만 원을 선고받아 시장직 상실위기에 놓이자, 그 사정을 알게 된 지인들과 종중에서 항소심재판에 변호사비용으로 사용하도록 1억 4,800만 원을 모아 시장에게 제공한 사안에 대하여, 법원은 이를 '정치활동을 위하여' 제공한 것으로 판단하고 정치자금부정수수죄로 처벌하였다.

---

53) 대법원 2014. 3. 13. 선고 2011도8330 판결

6. 선거사무소 개소식 축하금의 위험성

후보자 또는 예비후보자는 제한된 범위의 내빈을 초청하여 선거사무소 개소식을 개최할 수 있다. 개소식에 참석한 내빈은 마이크를 잡고 의례적인 덕담이나 격려의 인사말을 하거나, 후보자 또는 예비후보자를 응원하는 지인들은 당선을 기원하고 개소식을 축하하는 의미로 화분이나 화환 또는 축하금을 제공하기도 한다.

가혹하지만, 선거사무소 개소식에 참석한 내빈이 해당 후보자의 당선을 응원하면서 사무소 운영에 필요한 경비에 충당될 것을 예상하고 축하금 30만 원을 제공하여 기소된 사건이 있었다.

해당 사안에 대하여 법원은 화환이나 화분의 경우 의례적인 축하의 수단으로 널리 활용되고 그 용도가 고정된 반면, 축하의 수단으로 제공된 현금은 당초 제공하는 사람이 축하의 목적으로 교부하는 측면이 있더라도 정치활동을 위하여 현금을 제공받은 사람의 입장에서는 정치자금으로 보아야 한다고 판단하였다.[54)]

축하금을 제공하는 사람의 순수한 의도와 소액이라는 이유로 선거사무소의 개소식 축하금 명목으로 현금을 제공받는 행위를 사회상규에 반하지 않는다고 볼 경우, 이는 정치자금의 수입·지출 내역을 공개하여 투명성을 확보하려는 정치자금법의 입법목적에 반하게 된다. 특히 선거사무소 개소식 축하금은 후보자와 예비후보자들이 후원회를 통해서만 정치자금을 제공받을 수 있도록 허용한 정치자금법의 관련 규정을 교묘하게 회피할 우려도 있다.

이제 모든 선거에서 후원회가 허용된 만큼, 선거사무소 개소식 축하금도 후원회를 통하여 후원금으로 처리해야 할 것이다.

---

54) 부산고등법원 2021. 4. 14. 선고 2020노609 판결, 대법원 2021. 8. 19. 선고 2021도5008 판결로 원심 확정

7. 정치자금 유상대여로 인정받기 위한 요건

정치활동을 하는 사람에게 통상적인 이자를 지급하는 유상대여는 정치자금의 기부가 아니므로 정치자금법상 제한되지 않는다. 반면에 정치인에게 정치자금 무상대여를 허용하면, 유상대여와 달리 이자 지급 약정이나 이자 지급 사실이 존재하지 않으므로 외관상 기부와 구별하기 어렵고, 후원금에 대한 각종 법적 규제를 교묘하게 빠져나갈 가능성이 높아 정치자금법은 이를 금지한다.[55)]

한편, 금품이 정치자금으로 제공된 사실은 시인하면서도 이를 빌린 것이라고 주장하는 경우, 그것이 실제로 빌린 것인지는 제공받은 사람이 제공한 사람으로부터 금품을 수수한 동기, 전달 경위와 방법, 양자 사이의 관계, 제공받은 사람의 차용 필요성, 제공한 사람 외의 사람으로부터 차용 가능성, 차용금의 액수와 용처, 담보 제공 여부, 변제기일과 이자 약정 여부, 제공받은 사람의 원리금 변제 여부, 채무불이행 시 제공한 사람의 독촉 및 강제집행의 가능성 등 객관적인 사정을 모두 종합하여 판단해야 한다.[56)]

제공된 정치자금에 대한 차용증을 작성한 때에도 그 기재내용을 그대로 믿기 어려운 경우에는 해당 금품수수의 법률관계를 진정한 의미의 소비대차라 인정할 수 없다. 이는 대여의 외관을 갖추긴 하였지만, 대여자에게 반환받을 의사가 없었거나, 반환받을 의사를 일부 가지고 있었더라도 반환받지 못할 수 있다는 점을 인식하였으면서도 금품을 제공한 경우에 해당하므로, 결국 금품을 무상으로 제공하거나 기부한 것으로 보아야 할 것이다.

55) 헌법재판소 2017. 8. 31. 선고 2016헌바45 결정

56) 서울고등법원 2008. 11. 12. 선고 2008노2194 판결, 대법원 2009. 5. 14. 선고 2008도11040 판결로 원심 확정

8. 신분 변동에 따라 동일인에게 다른 판단

2007년 1월부터 2007년 12월 19일까지 ▲▲▲당 중앙선거대책위원회 메시지 팀장, 2007년 12월 20일부터 2008년 1월 9일까지 제17대 대통령 당선자 비서실 정무기획1팀장, 이후 문화체육관광부 차관을 역임한 사람이 2007년 1월 10일부터 2008년 1월 9일까지 1년간 ◭◭◭가 임차한 승용차를 제공받아 무상으로 이용하고 ◭◭◭로 하여금 그 임차료 1,357여만 원을 대납하게 하여 정치자금부정수수죄로 기소된 사건이 있었다.

해당 사안에 대하여 하급심 법원은 피고인이 2007년 1월부터 2007년 12월 19일까지 ▲▲▲당 중앙선거대책위원회 메시지 팀장을 맡고 있던 동안에는 정치활동을 하는 사람에 해당하고, 피고인이 해당기간 ◭◭◭로부터 제공받은 이 사건의 승용차는 피고인의 정치활동을 위하여 제공된 것으로 봄이 상당하다고 판단하여 정치자금법 위반의 공소사실에 대하여 유죄로 판결하였다.

다만, 피고인이 2007년 12월 20일부터 2008년 1월 9일까지 대통령직 인수위원회의 당선인 비서실 정무기획1팀장으로 근무하는 동안은 대통령직 인수에 관한 업무를 수행할 뿐이고 피고인이 정당이나 공직선거와 관련한 활동을 하는 사람이라 볼 수 없으므로, 해당 기간에 승용차를 제공받은 부분은 정치자금법에 위반되는 것으로 볼 수 없다고 판시하였다.[57)]

이후 대법원도 대통령직 인수위 활동기간을 제외한 2007년 1월 10일부터 같은 해 12월 19일까지 피고인에게 제공된 승용차 임차료만 정치자금부정수수죄가 성립된다고 확인하였다.[58)]

57) 서울고법 2012. 12. 14. 선고 2012노1871 판결

58) 대법원 2013. 4. 11. 선고 2012도16277 판결

9. 유튜브 등 소셜미디어의 수익활동

가. 소셜미디어 수익구조

유튜브, 아프리카TV 등 소셜미디어에서 콘텐츠 제작자의 수익구조는 크게 광고료 수입과 시청자가 영상 등 제작자에게 직접 기부하는 후원금 수익으로 구분할 수 있다. 그중 광고에 관해서는 구성의 형식과 계약의 당사자에 따라 애드센스(Adsense)와[59] PPL(Product Placement) 방식으로[60] 구분할 수 있다.

시청자가 영상 등의 제작자에게 직접 기부하는 후원금 수입의 경우에는 소셜미디어에 따라 유튜브는 슈퍼챗, 아프리카TV는 별풍선, 팝콘TV는 팝콘, 카카오TV는 쿠키, 스푼라디오는 스푼 등의 명칭으로 각각 다르게 불리워지고 있다.

나. 광고수입의 적법성

정치활동을 하는 사람이 소셜미디어에 전문분야의 콘텐츠를 제작·게시하면서 광고료를 받는 경우 급부와 반대급부가 균형을 이루고 있다면, 비록 해당 광고료에 정치활동을 위하여 제공한다는 목적이 일부 가미되어 있더라도 이는 역무제공에 대한 대가일 뿐이다. 따라서 광고료가 통상적인 수준을 벗어나지 않는다면 이를 기부로 볼 수 없으므로 특별한 사정이 없는 한 일종의 영리활동 내지 영업활동의 자유로서 보장함이 마땅할 것이다.

---

59) 애드센스(Adsense)는 콘텐츠 제작자가 유튜브 등 소셜미디어의 플랫폼사업자와 계약하여 영상 전후에 개별 상품이나 브랜드 광고를 게재하고 플랫폼사업자로부터 광고비를 받는 형식을 말한다.

60) PPL(Product Placement)은 콘텐츠 제작자가 광고주와 직접 계약하여 해당 콘텐츠에 상품이나 브랜드를 홍보하고 광고료를 받는 방식을 말한다.

아울러 언론인이나 시사프로그램의 패널 등 소셜미디어 운영자가 정치활동을 하는 사람을 손님으로 초청하여 대담 또는 토론하는 컨텐츠를 제작·게시하면서 광고를 하고 수입을 얻는 행위는 해당 광고료의 귀속 주체가 정치활동을 하는 사람이 아니므로 이 또한 정치자금법상 무방한 것으로 보아야 한다.

그러나 정치활동을 하는 사람이 소셜미디어를 운영하면서 통상적인 수준을 벗어나는 고액의 광고료를 수수하거나, 제3자가 운영하는 소셜미디어에 출연한 정치인에게 고액의 출연료를 지급하는 행위는 법의 규제를 교묘하게 빠져나가는 행위로서 정치자금법에 위반될 소지가 크다.

특히 정치활동을 하는 사람이 광고수익을 목적으로 콘텐츠를 제작하며 그 비용을 정치자금으로 지출하는 경우에는 사적경비(私的經費) 또는 부정한 용도의 지출에 해당하여 정치자금법에 위반될 수 있다(§2③·§47① 1.).

중앙선관위는 정당이 PPL 방식으로 정치활동 콘텐츠를 제작·게시하고 광고료를 받는 행위가 정치자금법에 위반된다고 유권해석을 내린 바 있다.[61] 애드센스 방식의 광고와 달리 PPL 방식의 광고는 해당 정당이 주도적으로 상업광고를 제작하여 영리활동을 하는 것이므로, 국민의 정치적 의사형성을 목적으로 하는 정당 본연의 기능과 역할에(정당법 §1) 부합되지 않는다고 판단하였기 때문에 중앙선관위가 이같이 결정한 것으로 보인다.

다. 슈퍼챗 등의 쟁점

누구든지 정치자금법이 정한 절차와 방법에 의하지 않고는 정치자금을 기부하거나 받을 수 없다. 따라서 정치인이 개설·운영하는 소

61) 중앙선거관리위원회 2019. 1. 21. 회답

셜미디어의 슈퍼챗·별풍선 등을 활용하여 금품을 제공하는 것은 대가관계에 따른 출연(出捐)이 아니므로 정치자금의 기부가 되어 정치자금부정수수죄를 구성하게 된다.

외관상 소셜미디어의 운영 주체가 정치활동을 하는 사람이 아니더라도 운영목적과 방법, 역할분담 등을 종합적으로 고려하여 실질적으로 정치활동을 하는 사람이 운영하는 것으로 평가될 수 있는 경우에도 마찬가지다. 특히 유튜브 슈퍼챗을 통하여 정치활동을 하는 사람에게 제공되는 금전이 기업의 수익금 중 일부인 경우에는 법인·단체 또는 법인·단체와 관련된 자금의 정치자금 기부를 금지하는 규정에도 위반될 수 있다(§31·§45②).

다만, 언론인이나 시사프로그램의 패널 등이 진행하는 소셜미디어에 정치활동을 하는 사람을 손님으로 초청하여 대담하는 영상을 제작·게시하면서 시청자로부터 슈퍼챗 등의 방법으로 후원을 받는 것은 정치자금법상 제한되지 않는다.

이 경우에는 슈퍼챗 등 후원금이 프로그램의 제작·운영자에게 귀속될 뿐, 해당 프로그램에 출연한 정치인에게 배분되는 것이 아니기 때문이다. 따라서 정치인이 출연료를 받고 소셜미디어의 프로그램에 출연하더라도 그 출연료가 통상적인 금액 수준이고, 출연한 프로그램의 방송으로 얻게 된 슈퍼챗을 배분받지 않는다면 정치자금법의 위법 논란으로부터 자유롭게 된다.

라. 소셜미디어 수용방안

최근에는 IT 기술의 발달과 정보통신망의 광범위한 보급에 따라 온라인상에서 후원서비스가 활성화된 현실을 감안하여 정치자금법에서도 소셜미디어의 시청자 후원서비스를 통한 후원금 모금방법을 수용할 필요가 있다고 본다.

이미 정치자금법에서 정보통신망에 의한 후원금 모금방법이 제도적으로 허용되어 있으므로(§14①), 기술적으로 소셜미디어의 시청자 후원서비스 시스템을 중앙선관위가 운영하는 정치후원금센터와 연동하는 조치로 구현이 가능할 것으로 보인다.[62)]

기술구조는 단순해 보여도 실제 시스템 구축에는 예측하지 못한 기술적 난관은 물론이고, 소셜미디어 플랫폼 업체들의 협조, 많은 시간과 노력, 그리고 인력과 예산이 소요될 수 있다. 아울러 시스템이 구축되더라도 국회의원과 지방의원, 공직선거의 후보자와 예비후보자만이 후원회를 둘 수 있으므로, 정치후원금센터의 이용 대상자가 제한적인 문제점도 있다.

62) 중앙선관위는 2021. 5. 국회에 제출한 정치자금법 개정의견에서 후원회 지정권자가 소셜미디어의 후원서비스를 통하여 후원금을 모금할 수 있도록 제안한 바 있다. 이 경우 소셜미디어 업체는 약관에 규정된 수수료를 제외한 후원금과 후원인의 인적사항을 지정권자에게 송부하고, 지정권자는 30일 이내에 이를 후원회 회계책임자에게 전달하는 안을 제시하였다.

제 5 장

오염된 후원금 기부 금지와 반환

정치자금법이 정한 절차와 방법에 따라 허용된 정치자금이라도 법인·단체·외국인 등 정치자금을 제공하는 신분에 하자가 있거나, 정치자금을 제공하는 목적이나 동기에 흠결이 있으면 기부가 금지된다.

이러한 법리는 후원회에 기부하는 후원금뿐만 아니라 정당에 납부하는 당비에도 동일한 기준이 적용된다. 정치자금은 물과 같아서 소가 품으면 우유가 되고, 뱀이 품으면 독이 되기 때문이다.

이 장에서는 기부가 금지된 후원금의 유형과 불법적으로 기부된 후원금의 반환 절차에 관하여 살펴보고자 한다.

제 1 절

오염된 후원금 기부 금지 개요

1. 오염된 후원금 기부 금지의 의미

정치자금의 종류는 후원회의 회원 또는 회원이 아닌 사람이 후원회에 기부하는 후원금, 정당의 당원이 소속 정당에 납부하는 당비, 정당에 정치자금을 기부하려는 사람이 선거관리위원회에 내는 기탁금, 그리고 정당의 보호·육성을 위하여 국가가 예산으로 편성하여 각 정당에 지급하는 보조금 등으로 구분할 수 있다.

그중 정치자금을 제공하려는 개인이 본인의 자유로운 의사에 따라 제공하는 정치자금은 후원금과 당비뿐이다. 국고보조금은 그 성격상 국가의 예산으로 편성하여 정치자금법이 정한 비율에 따라 각 정당에 배분하고, 기탁금도 선거관리위원회에 납부하여 국고보조금 배분비율에 따라 각 정당에 지급하므로, 정치자금을 제공하는 개인의 의사와 독립하여 배분되기 때문이다.

예컨대, 국고보조금은 해당 정치자금의 성격상 납세자의 의사와 무관하게 정치자금법에 규정된 금액과 배분비율에 따라 각 정당에 지급되고, 기탁금도 그 금액만 기탁하려는 개인의 자유의사에 의존할 뿐, 각 정당에 배분하는 비율과 시기는 해당 정치자금을 제공하는 사람의 의사로부터 독립하여 각 정당에 지급된다.

반면에 당비의 경우 그 제공의 상대방이 소속 정당이라는 제약만 있을 뿐, 언제 그리고 얼마를 제공할지는 전적으로 당비를 납부하는 당원의 의사에 의존하고, 후원금의 경우에도 기부하거나 기부받는 사람의 당적(黨籍)과 무관하게 언제 어떤 후원회에 얼마를 제공할지는 후원금을 기부하는 후원인의 자유의사에 따른다.

바로 여기에서 정치자금을 제공하려는 사람이 정치권력에 영향력을 행사할 수 있는 공간이 열린다. 정치자금을 제공하려는 사람의 경제적 또는 정치적 이해관계에 따라 제공하는 정치자금이 오염될 가능성이 있기 때문이다. 이러한 문제를 방지하기 위하여 정치자금법은 허용된 정치자금조차 제공의 주체에 흠이 있거나 제공의 목적 또는 동기가 순수하지 않은 경우에는 그 기부를 금지한다.

구체적으로 말하자면, 정치자금의 수수가 정치자금법에 따른 절차와 방법 그리고 한도에 따른 것이라도 그 제공자의 신분에 하자가 있어 정경유착의 위험성이 있거나, 공직선거에서 후보자 추천과 관련되어 선거의 공정을 위협하거나, 공무에 대한 청탁이나 알선과 관련되어 공직을 타락시키거나, 국가·공공단체 법인과의 계약으로 재산상의 권리·이익을 취득하는 행위와 관련되어 정치자금을 기부하거나, 업무·고용 그 밖의 관계를 이용하여 부당하게 타인의 의사를 억압하는 방법으로 기부를 알선하는 행위를 금지하는 것이다.[1]

이 장에서는 정치자금 제공자의 신분에 하자가 있거나, 정치자금의 기부가 특정한 행위와 관련되거나, 부당하게 정치자금 기부를 알선하는 행위에 관하여 살펴본다. 이 부분은 정치자금법에 따르지 않은 정치자금 수수를 금지하는 규정과 더불어 정치자금 규제의 핵심을 이루고 있다. 다만, 독자들의 이해를 돕기 위하여 정치자금 중 가장 오염되기 쉬운 후원금을 중심으로 설명하기로 한다.

---

1) 대법원 2008. 9. 11. 선고 2007도7204 판결

2. 오염된 후원금의 대표적 유형

후원금은 정치자금법에서 허용된 대표적인 정치자금이지만, 기부의 한도액 외에 기부의 요건에도 일정한 제한이 따른다. 기부를 제한하는 사례로는 후원금을 제공하려는 주체에 대한 제한, 후원금을 제공하려는 목적이나 동기에 따른 제한, 그리고 후원금 기부를 알선하는 방법에 관한 제한이 있다.

첫째, 후원금 기부의 주체에 관한 제한으로, 외국인은 어떠한 경우에도 후원금을 기부할 수 없다. 이는 정당법에 따른 외국인의 당적 취득 금지와 마찬가지로 대한민국의 정체성을 보호하기 위한 필요불가결한 입법조치로 파악할 수 있다.

후원금 기부 주체에 관한 또 다른 제한으로서 법인과 단체는 후원금을 기부할 수 없다. 정경유착과 그로 인한 정치권력의 타락이라는 역사적 경험으로 인하여 법인과 단체의 후원금 기부는 물론이고, 법인 또는 단체와 관련된 자금으로도 정치자금을 기부할 수 없다. 기탁금의 경우 국고보조금 배분비율에 따라 분배되므로 부작용의 우려가 거의 없어 중앙선관위가 여러 차례에 걸쳐 조심스럽게 법인·단체의 정치자금 기탁 허용을 제안하였지만, 2002년 대선의 차떼기에 놀란 정치권은 아직도 꿈적하지 않는다.

둘째, 후원금 기부의 목적과 동기의 제한으로, 공직선거에서 특정인을 후보자로 추천하는 일과 관련하여 후원금을 기부하거나 기부받을 수 없다. 이는 당내민주주의를 보호하고, 공천의 투명성을 담보하며, 선거의 공정을 확보하기 위한 조치다.

아울러 공무원이 담당하거나 처리하는 업무에 관하여 청탁 또는 알선하는 일과 관련되거나, 국가·지방자치단체 또는 공공단체와 계약이나 그 처분에 의하여 재산상의 권리 또는 이익을 취득하거나 이를 알선하는 일과 관련하여 후원금을 기부하거나 기부받을 수 없다. 즉,

사익추구를 위한 정치자금의 기부를 금지한다.

셋째, 기부를 알선하는 방법에 대한 제한으로, 업무 또는 고용관계 등을 악용하여 다른 사람의 의사를 억압하는 방법으로는 후원금 기부를 알선할 수 없다. 후원금 기부는 국민의 기본권인 정치활동의 자유의 일환이므로, 당연히 그 권리를 억압하는 것은 헌법적으로나 법률적으로 허용될 수 없다.

3. 오염된 후원금 수수에 따른 형벌과 제재

후원금 기부의 주체 또는 후원금 기부의 목적이나 동기에 흠이 있거나, 부당하게 다른 사람의 의사를 억압하는 방법으로 후원금 기부를 알선하면 정치자금부정수수죄가 적용된다. 법정형은 5년 이하의 징역 또는 1천만 원 이하의 벌금이다(§45② 5.·6.).

누구든지 해당 규정의 정치자금부정수수죄로 100만 원 이상의 벌금형이 확정되면, 공직선거법에 따라 5년간 선거권과 피선거권이 제한되고(§18·§19), 정당법에 따라 정당가입이 금지되어 정치활동의 자유가 제약되며(§22①), 정치자금법에 따라 공직에 취임할 수 없어 공무담임권도 제한된다(§57).

다만, 정치자금법에서 허용하지 않는 정치자금 수수를 처벌하는 정치자금부정수수죄(§45①)와 달리 선거사무장·회계책임자 또는 후보자의 가족이 해당 선거에서 오염된 후원금을 수수하여 300만 원 이상의 벌금형이 확정되더라도 후보자의 당선을 무효로 하지 않는다는 점에 큰 차이가 있다(공직선거법 §265).

제 2 절

법인 · 단체 · 외국인의 후원금 기부 금지(§31)

1. 외국인의 후원금 기부 금지

외국인은 명목 여하를 불문하고 또 어떠한 경우에도 후원금 등 정치자금을 기부할 수 없다(§31①). 지방선거에서 선거운동이 허용되는 외국인조차 후원금 기부에 관해서는 예외가 없다.

다만, 국적법은 출생이나 그 밖의 법률에 따라 대한민국 국적과 외국 국적을 함께 가지게 된 복수국적자(複數國籍者)에게[2] 법령을 적용하는 때에 대한민국 국민으로 처우하므로(국적법 §11의2①), 복수국적자는 정당의 당원이 되어 소속 정당에 당비를 납부하고 후원회에 정치자금을 기부할 수 있다.

대한민국 국민이라면 후원금 기부에 관하여 연령이나 선거권 보유 여부를 묻지 않는다. 미성년자도 후원금 기부가 가능하다. 2002년 대통령선거에서 고사리손으로 마련한 희망돼지 저금통을 후원금으로 기부했던 추억을 떠올리는 것만으로도 충분하다. 이러한 측면에서 후원금 기부는 국민의 정치참여에 가장 차별이 없는 영역이다.

2) 복수국적자는 부모 중 한 명이 우리 국민이고 그 자녀가 미국, 캐나다 등 출생지주의 국가에서 태어난 경우 또는 부모 중 한 명이 외국인인 경우 선천적으로 복수국적을 가질 수 있다. 이들은 만 22세 전까지 외국국적 불행사 서약을 통해 대한민국 국적을 유지할 수 있다. 국적법 제12조·제13조 참조.

참고로 16세 이상의 국민이라도 선거범죄 또는 중요 정치자금범죄로 선거권이 없는 사람은 정치공동체의 영역에서 유배된 사람이므로, 정당법에 따라 정당가입이 금지되어(§22①) 당비를 납부할 수 없고, 정치자금법에 따라 후원회의 회원이 될 수 없다(§8①). 다만, 비회원이라도 후원금을 기부하는 행위는 제한되지 않는다.

결론적으로 대한민국 국민이라면 누구든지 남녀노소와 선거권 보유 여부를 불문하고 연간 후원금 기부한도액의 범위에서 자유롭게 후원회에 정치자금을 기부할 수 있다. 다만, 직업공무원의 경우 헌법상 국민 전체에 대한 봉사자의 지위에서 유래하는 정치적 중립의무와 국가공무원법 등 관계 법령의 해석상[3] 후원회에 대한 정치자금의 기부는 금지되는 것으로 보아야 할 것이다.

2. 법인·단체의 후원금 기부 금지

국내법인·외국법인 또는 영리법인·비영리법인을 가리지 않고 모든 법인과 단체는 후원금을 기부할 수 없다(§31①).

법인은 법률에 따라 권리능력이 인정된 사람의 결합체 또는 재산의 결합체를 말한다. 일정한 목적과 조직하에 결합한 사람의 단체에 법인격이 부여된 것을 사단법인이라 하고, 일정한 목적에 바쳐진 재산에 대하여 법인격이 부여된 것을 재단법인이라 한다. 영리를 목적으로 하는 사단법인의 대표적 사례는 각종 회사를 들 수 있고, 비영리법인으로는 학술·자선·사교·종교 등 이익추구가 주된 목적이 아닌 사업을 하는 사단법인 또는 재단법인이 있다.

---

3) 법제처는 2005. 11. 7. 직업공무원이 정치적 목적을 가지고 후원회에 후원금을 기부하는 것은 국가공무원 복무규정 제27조제1항 및 같은 조 제2항제4호에 위반되는 것으로 해석한 바 있다.

법인은 주된 사무소의 소재지에서 설립등기를 마침으로써 성립되고, 그 등기부등본의 존재여부에 따라 일반 단체와 구분된다. 등기부등본이 있으면 법인으로 인정되지만, 해당 등본이 없다면 일반적인 단체로서 법인격 없는 사단이 된다.

한편, 기부가 금지되는 '단체'란 '공동의 목적 내지 이해관계를 가지고 조직적인 의사형성 및 결정이 가능한 다수인의 지속성 있는 모임'을 말하며, 공공단체 또는 사적단체 여부를 불문한다. 단체의 정치자금 기부를 금지하는 것은 단체의 정치자금 기부를 통한 정치활동이 민주적 의사형성과정을 왜곡하거나, 단체 구성원의 의사에 반하는 정치자금 기부로 인하여 소속 구성원의 정치적 의사표현의 자유가 침해되는 것을 방지하기 위한 것이다.

헌법재판소는 단체의 정치적 의사표현은 그 방법에 따라 정당·정치인이나 유권자에게 심대한 영향을 미친다는 점에서 그 방법적 제한의 필요성이 매우 크고, 단체의 정치자금 기부 금지조항은 단체의 정치적 의사표현 자체를 금지하거나 그 내용에 따라 규제하는 것이 아니라, 개인과의 관계에서 불균형적으로 주어지기 쉬운 '자금'을 사용한 방법과 관련하여 규제하는 것이므로, 해당 조항이 정치적 표현의 자유를 침해하지 않는다고 보았다.[4)]

나아가 헌법재판소는 단체의 정치자금 기부 금지조항에 따른 단체의 정치적 표현의 자유 제한은 내용중립적인 방법 제한으로서 참기 어려울 정도로 큰 것이 아닌 반면, 해당 조항에 의하여 달성되는 금권정치와 정경유착의 차단, 단체와의 관계에서 개인의 정치적 기본권 보호 등의 공익은 대의민주제를 채택하고 있는 민주국가에서 매우 크고 중요하다는 점에서 해당 규정이 정치활동의 자유 등을 침해하는 것이라 볼 수 없다고 판단하였다.

4) 헌법재판소 2010. 12. 28. 선고 2008헌바89 결정

3. 법인·단체 관련 자금으로 기부 금지

가. 관련 자금의 의미

누구든지 국내·외의 법인 또는 단체와 관련된 자금으로 후원금을 기부할 수 없다(§31②). 해당 규정은 법인·단체의 후원금 기부를 원천적으로 금지하는 규정을 회피하기 위하여 법인이나 단체가 소속 임원이나 직원 등 개인의 명의를 이용하여 탈법적인 방법으로 정치자금을 기부하는 행위를 방지하기 위해 신설되었다.

법인 또는 단체의 탈법적인 정치자금 기부를 방지하기 위한 취지에 비추어 보면, '법인 또는 단체와 관련된 자금'이란, 법인 또는 단체의 명의로 해당 법인 또는 단체의 의사결정에 따라 기부가 가능한 자금으로서 법인 또는 단체의 존립과 활동의 기초를 이루는 자산은 물론이고, 법인 또는 단체가 자신의 이름을 사용하여 주도적으로 모집·조성한 자금도 포함된다.[5] 다만, 해당 자금이 개인의 소유로 적법하게 귀속된 경우에는 이에 해당하지 않는다.

결론적으로 법인 또는 단체와 관련된 자금이란, 개인의 자금이 아닌 것으로서 정치자금법의 규제대상이 되는 자금을 지칭한다. 따라서 정치자금법은 법인 또는 단체가 개인 명의의 계좌를 이용하여 기부하는 경우나, 법인 또는 단체의 자금을 개인 자금으로 꾸미기 위하여 이를 개인에게 교부한 후 해당 개인의 명의로 그 자금을 후원금으로 기부하는 경우처럼 형식적으로는 개인이 기부하는 것으로 보이지만 실제로는 법인 또는 단체의 자금을 후원금으로 기부하는 행위를 규제하는 것이다.[6]

---

5) 헌법재판소 2010. 12. 28. 선고 2008헌바89 결정

6) 부산고등법원 2010. 1. 21. 선고 2009노690 판결

나. 관련 자금 기부사례

정치자금법에서 법인 또는 단체와 관련된 자금으로 후원금 등 정치자금을 기부하는 것을 금지한다 하여 법인 또는 단체가 기부를 위한 자금 마련에 어떤 형태로든 관련되기만 하면 모두 정치자금법에서 기부를 금지하는 '법인 또는 단체와 관련된 자금'에 해당한다고 보아서는 안 될 것이다.

그러나 법인 또는 단체가 기부를 위한 자금의 모집·조성에 주도적·적극적으로 관여함으로써 모집·조성된 자금을 법인 또는 단체가 처분할 수 있거나, 적어도 그와 동일시할 수 있는 정도의 자금인 경우에는 '법인 또는 단체와 관련된 자금'에 해당하는 것으로 보아야 한다. 나아가 구체적 사안에서 자금이 법인 또는 단체와 그와 같은 관련이 있는지는 자금 모집과 기부가 이루어진 일련의 과정을 전체적으로 파악하여 판단해야 할 것이다.[7)]

단체의 임원들이 공모하여 청원경찰법 개정과정에서 입법로비를 위하여 단체 내에서 모금된 특별회비 자금을 회원 개인 명의를 활용하여 30여 명의 국회의원들에게 후원금으로 기부한 사안에서, 법원은 해당 특별회비가 단체의 이름을 사용하여 주도적으로 모집·조성하였고 해당 단체의 의사결정에 따라 기부할 수 있는 돈으로서 '단체와 관련된 자금'에 해당한다고 보았다.[8)]

반면에 유치원연합회의 경우 71명의 회원들이 2명의 국회의원에게 각각 10만 원씩 후원금을 송금한 사건에서, 법원은 자금 모집과 조성행위의 태양(態樣), 조성된 자금 규모, 모금과 기부의 경위 등 일련의 과정을 전체적으로 평가하여 해당 후원금은 연합회가 기부자금의

7) 대법원 2013. 10. 31. 선고 2011도8649 판결. 해당 판례는 전국청원경찰친목협의회가 청원경찰의 정년 연장과 처우개선을 위한 입법로비를 위하여 30여 명의 여야 국회의원에게 2억 7,000여만 원의 후원금을 제공한 사건이다.

8) 대법원 2013. 10. 31. 선고 2011도8649 판결

모집·조성에 주도적·적극적으로 관여함으로써 모집·조성된 자금을 법인 또는 단체가 처분할 수 있거나 적어도 그와 동일시할 수 있는 정도의 자금에 해당하지 않는다고 보아 '단체와 관련된 자금'이 아니라고 판결하였다.[9)]

이러한 판단의 핵심적 근거로서 법원은, 정치자금을 기부한 유치원연합회 회원 71명은 모두 자신들 소유의 자금으로 정치자금을 기부하였을 뿐, 연합회 소유의 자금으로 정치자금을 기부한 것은 아니고, 또한 해당 자금이 연합회에 어느 한 때라도 귀속되었다가 다시 회원들 개인에게 배분된 것도 아닌 점 등을 들었다.

이와 같은 판례를 종합적으로 분석하여 볼 때, 후원금으로 기부가 금지된 '법인·단체와 관련된 자금'이란 다음 중 어느 하나에 해당하는 자금으로 평가할 수 있을 것이다.

① 법인 또는 단체의 존립과 활동의 기초를 이루는 자금

② 법인 또는 단체가 자신의 이름을 사용하여 주도적으로 모집하거나 조성한 자금

③ 자금이 일시적으로 또는 상당한 기간 해당 법인 또는 단체에 귀속되었다가 후원금 기부를 위하여 다시 구성원들에게 배분된 자금

---

9) 대법원 2013. 3. 14. 선고 2011도15418 판결

제 3 절

의도가 오염된 후원금 기부 금지(§32)

1. 후보자 추천 관련 후원금 금지

누구든지 공직선거에서 특정인을 후보자로 추천하는 일과 관련하여 정치자금을 기부하거나 기부받을 수 없다(§32 1.).

정치자금법의 해당 조항은 공직선거에서 정당의 후보자 추천 단계부터 거액의 당비나 후원금의 영향력을 봉쇄함으로써 정당활동의 자유를 보장하고, 당내 민주주의를 보호하며, 궁극적으로는 공정한 선거를 담보하기 위한 것이다.

해당 규정들의 내용과 입법취지를 고려할 때 '후보자로 추천하는 일과 관련하여'란, 정치자금의 제공이 후보자 추천의 대가 또는 그 사례에 해당하거나, 그렇지는 않더라도 후보자 추천에 어떠한 형태로든 영향을 미칠 수 있는 경우에는 이를 후보자로 추천하는 일과 관련한 정치자금의 기부에 해당하는 것으로 보아야 할 것이다.[10)]

이와 같은 후보자 추천 관련성에 대한 판단은 후보자 공천과 정치자금 수수를 전후한 당사자들의 언행, 정치자금을 주고받은 시기와 장소, 동기와 경위, 그 액수의 다과와 수수 명목, 후보자를 결정하게 된 경위와 그 결과 등을 종합하여 판단해야 한다.

10) 대법원 2009. 10. 22. 선고 2009도7436 전원합의체 판결

정치자금이 적법한 절차에 따라 제공되었더라도 그것이 후보자 추천과 관련하여 제공된 이상 본 조항에 저촉되어 처벌된다.[11)]

정당활동의 자유와 당내 민주주의 관점에서 정당의 후보자 추천과 관련한 금품의 수수행위는 후보자 추천 단계부터 정당을 금권의 영향력에 노출시켜 민주적 절차와 구성원들의 자유롭고 합리적인 의사결정에 따른 후보자 추천을 어렵게 하므로 해당 정당의 후보자 추천에 공정성과 투명성을 훼손한다.

아울러 대의민주주의 관점에서 이러한 금전의 수수행위는 공직선거에서 정당의 후보로 추천될 수 있는 기회가 금권을 가진 특정 기득권자들에게 집중됨으로써 다양한 사회적 계층의 구성원들이 정당의 후보로 추천될 수 있는 기회를 박탈당하는 결과를 초래한다. 이는 국민의 의사를 대변하는 진정한 대의제 민주주의의 발전을 저해하는 것이므로 엄격히 규제할 필요가 있다.[12)]

참고로 공직선거법도 누구든지 정당이 특정인을 후보자로 추천하는 일과 관련하여 금품이나 재산상의 이익 또는 공사의 직을 제공하거나 그 제공의 의사를 표시하거나 그 제공을 받을 수 없도록 정치자금법과 유사한 금지규정을 두고 있다(공직선거법 §47의2①).

2008년 2월 공직선거법에 해당 규정이 신설됨에 따라 정당의 공직선거 후보자 추천과 관련하여 금품을 수수한 경우, 금품을 제공받은 사람이 정치활동을 하는 사람인지, 아니면 정치활동을 위하여 제공되는 금품인지를 전혀 따져볼 필요가 없어졌다. 공직선거법에 따른 후보자추천매수죄는 금품제공의 상대방이 정당의 간부, 국회의원, 당원협의회 대표자 등 정치활동을 하는 사람에 한정되지 않고 누구든지 특정인을 후보자로 추천하는 일과 관련하여 금품을 수수하면 성립되는 범죄이기 때문이다.

---

11) 서울고등법원 2008. 11. 12. 선고 2008노2194 판결

12) 대법원 2009. 5. 14. 선고 2008도11040 판결

아울러 공직선거법은 후보자가 되려는 사람과 그 배우자, 그들의 직계비속과 형제자매가 선거일 전 150일부터 선거일 후 60일까지 정치자금법에 따라 후원금을 기부하거나 당비를 납부하는 외에 정당, 국회의원, 당원협의회 대표자,[13] 그들의 가족과 형제자매에게 채무의 변제, 대여 등 명목 여하를 불문하고 금품을 제공하는 행위를 금지한다. 해당기간 중에는 그들과의 금품거래가 아무리 정상적인 경우라도 정당이 특정인을 후보자로 추천하는 일과 관련하여 금품 등을 제공한 것으로 간주한다(공직선거법 §47의2① 후단).

2. 지방의회 의장단선거 관련 후원금 금지

누구든지 지방의회의 의장·부의장 선거와 관련하여 후원금을 기부하거나 기부받을 수 없다(§32 2.). 정치자금법의 해당 규정은 지방의회 의장단에 선출되었으나, 의사봉을 몇 번 잡아보지 못한 의장과 부의장을 법원과 수사기관으로 초대하는 조문이다.

2024년 7월 정치자금법의 개정에 따라 모든 지방의원에게 후원회가 허용됨에 따라 상황은 한층 더 복잡해졌다. 자신이 의장으로 선출되기 위하여 정치자금법이 정한 한도 내에서 동료의원 후원회에 후원금을 기부하고 적법하게 영수증 처리를 했더라도 지방의회 의장이나 부의장 선출과 관련하여 후원금이 수수된 것이라면 정치자금법에 따른 처벌대상이 되기 때문이다.

국회와 지방의회의 의장단 선출방식을 호선(互選)이라 한다. 별도의 후보자 등록절차 없이 구성원 모두를 후보자로 간주하여 그 대

13) 정당은 국회의원 지역구 또는 기초자치단체에 당원협의회를 둘 수 있다. 그 대표자를 흔히 당협위원장이라 한다. 현행 정당법상 당원협의회는 그 사무실을 둘 수 없다. 정당법 제37조제3항 참조.

표자를 뽑는 선출방식이다. 가장 유서 깊은 호선방식은 교황을 선출하는 콘클라베(Conclave)를 들 수 있다. 콘클라베에 참여하는 추기경들에게 후원금은 신성모독이다. 이미 시대정신은 지방의회 의장단선거에서도 콘클라베의 도덕성을 요구하고 있다.

참고로 해당 조문에서는 "교육위원회 의장·부의장, 교육감·교육위원을 선출하는 일"과 관련하여 정치자금을 기부하거나 받는 행위도 금지하고 있는데, 해당 규정은 2010년 전 교육감과 교육위원을 학교운영위원회 위원들이 간선제로 선출하던 시절의 유산이다. 지금은 규범력을 잃은지 오래지만, 아직 적절한 상속자를 구하지 못하여 법전 위에서 떠돌고 있다.[14)]

특히 교육감과 그 후보자의 정치자금법상 지위에 관해서는 법리적으로 복잡한 문제가 있다. 헌법재판소가 교육감과 교육감선거의 후보자는 '정치활동을 하는 사람'이 아니라고 결정하였기 때문이다.[15)]

헌법재판소는 그 논거로서, 우리 헌법이 '교육의 정치적 중립성은 법률이 정하는 바에 의하여 보장된다'고 천명하고 있고(§31④), 이에 따라 교육기본법은 교육의 정치적 중립성을 선언하고 있으며(§6①), 지방교육 자치에 관한 법률에서는 교육감선거의 후보자가 되려고 하는 사람은 과거 1년 동안 정당의 당원이 아니어야 하고(§24①), 교육감선거에 정당의 개입 내지 관여를 일체 금지하는(§46) 등 철저하게 정치적 중립을 요구하며 정치활동을 절대적으로 금지되는 교육감 지위의 특수성을 들었다.[16)]

14) 제주도의 경우 2022년에 마지막으로 교육의원선거를 실시한 바 있다.

15) 헌법재판소 2014. 7. 24. 선고 2013헌바169 결정

16) 해당 사건의 청구인은 2010년 6월 실시한 ▲▲도교육감선거에 당선되어 재임 중 2인으로부터 그들 명의의 신용카드를 받아 생활비 등으로 사용함에 따라 정치자금부정수수죄로 기소되었으나, 헌법소원을 통하여 구제받았다. 헌법재판소 2014. 7. 24. 선고 2013헌바169 결정 참조.

3. 공무원에 대한 청탁 · 알선 관련 후원금 금지

가. 오염된 후원금지

누구든지 공무원이 담당 · 처리하는 사무에 관하여 청탁 또는 알선하는 일과 관련하여 후원금을 기부하거나 기부받을 수 없다(§32 3.). 정치자금법의 해당 규정은 비록 후원금의 수수가 정치자금법이 정한 절차와 한도에 따른 것이라도 그것이 '공무원이 담당 · 처리하는 사무에 관하여 청탁하는 일'과 관련하여 이루어지는 경우에는 공무원이 담당 · 처리하는 사무의 공정성과 중립성이 훼손되거나, 부정부패를 야기할 위험이 있다고 보아 이를 방지하기 위하여 그러한 후원금의 수수를 금지하는 것이다.[17]

이 경우 공무원이 담당 · 처리하는 사무에 관하여 청탁 또는 알선하는 행위가 해당 후원금을 받은 사람의 직무활동 범위에 속하지 않는다거나, 그 청탁 또는 알선의 내용이 위법 또는 부당한 것이 아니라거나, 그 청탁 또는 알선하는 일과 관련한 후원금 기부행위가 정치자금법이 정한 절차와 한도의 범위에서 이루어졌다는 사정만으로는 그 죄책을 면하지 못한다.[18]

나. 금지규정의 의미

청탁 · 알선과 관련한 후원금 금지조항 중 '공무원'이란 국가공무원법과 지방공무원법에 따른 공무원을 의미한다. 국가공무원법상 특수경력직공무원 중 선거로 취임하는 정무직공무원인 국회의원도 공무원에 포함된다. 지방의원도 당연히 공무원이다.

17) 대법원 2008. 9. 11. 선고 2007도7204 판결
18) 대법원 2008. 9. 11. 선고 2007도7204 판결

'공무원이 담당·처리하는 사무'란 형법상 뇌물죄에서 '공무원의 직무'와 같은 개념으로 이해된다. 공무원의 직무란, 공무원이 법령상 관장하는 직무 그 자체뿐만 아니라, 그 직무와 밀접한 관계가 있는 행위 또는 관례상이나 사실상 소관하는 직무행위는 물론이고 결정권자를 보좌하거나 영향을 줄 수 있는 직무행위도 공무원의 직무범위에 포함된다.[19]

'청탁'이란 '공무원에게 일정한 직무행위를 할 것을 의뢰하는 것'을 말한다. 부정한 청탁일 것을 요하지 않으므로, 청탁의 내용이나 그 직무행위가 부정한 것인지는 따지지 않는다.

또한 청탁의 대상에 관하여 '다른 공무원이 담당·처리하는 사무'가 아닌 '공무원이 담당·처리하는 사무'라는 용어를 사용하고 있으므로, 다른 공무원뿐만 아니라 해당 공무원이 직접 담당·처리하는 사무에 관하여 청탁하는 일과 관련하여 후원금을 기부받는 행위도 정치자금법에 위반된다.

과연 어떠한 행위가 '공무원이 담당·처리하는 사무에 관하여 청탁하는 일'과 관련한 후원금 수수행위에 해당하는 것인지는 담당 공무원의 직위와 직무의 내용, 청탁행위와 후원금 수수행위의 동기, 경위 및 내용, 행위자들 사이의 관계 등 제반사정을 종합하여 합리적으로 판단할 수 있다.[20]

한편, '알선'이란 '일정한 사항에 관하여 특정인과 그 상대방 사이에서 중개하거나 편의를 도모하는 행위'를 말한다. 어떤 사람이 청탁한 취지를 상대방에게 전하거나 그 사람을 대신하여 스스로 상대방에게 청탁을 하는 행위도 알선에 해당하고, 그 알선이 정당한 직무행위를 대상으로 하는 경우에도 알선에 포함된다.[21]

---

19) 대법원 1998. 2. 27. 선고 96도582 판결

20) 헌법재판소 2014. 4. 24. 선고 2011헌바254 결정

21) 대법원 2010. 9. 30. 선고 2010도6490 판결

다. 청탁 · 알선 후원사례

◭◭주식회사의 회장이 서산시에 제2공장을 신설하기 위하여 해당 지역 국회의원의 주선으로 서산시장 등과의 간담회를 가지고 해당 국회의원에게 도시계획 변경 및 일반 지방산업단지 지정에 관하여도 서산시장의 협조를 구해 달라고 부탁하였다. 실제 해당 국회의원은 ◭◭주식회사 회장과 서산시장 사이에 제2공장 유치와 관련한 간담회를 주선하고 공장건립 예정부지에 대하여 조속한 용도변경이 필요하다는 의견을 제시하기도 하였다.

한편, ◭◭주식회사의 회장은 해당 국회의원에게 정치자금을 제공하기 위하여 ◭◭회사의 경영진과 조직을 통하여 전국에 산재한 지점과 영업소 직원들에게 해당 국회의원에 대한 후원금 기부를 권고하여, 전국 각지의 직원들 중 542명으로 하여금 불과 14일 동안 10만 원씩 합계 5,420만 원의 후원금을 국회의원의 후원회 계좌로 입금하도록 함으로써 기소된 사건이 있었다.

법원은 해당 사안에 대하여, 비록 형식적으로는 후원금이 후원회에 기부된 것이라고 하더라도 실질적으로는 후원회의 회계를 사실상 지배 · 장악하고 있던 국회의원 본인이 바로 후원금을 기부받은 것으로 볼 수 있어 정치자금법이 금지하는 공무원이 담당 · 처리하는 사무에 관하여 청탁 또는 알선하는 일과 관련하여 정치자금을 수수한 것이라 판단하였다.[22]

법원은 위법 판단의 논거로서 해당 후원회의 계좌가 국회의원 명의로 개설되어 있었고, 그 통장과 도장을 국회의원의 정치자금 회계책임자가 관리하여 왔으며, 해당 국회의원은 자신의 보좌관 겸 후원회 회계책임자로부터 후원금 계좌의 입 · 출금 내역 등 후원금 관리상황을 수시로 보고받아 왔다는 점을 지적하였다.

---

22) 대법원 2008. 9. 11. 선고 2007도7204 판결

△△주식회사의 회장은 비록 해당 국회의원에 대한 후원금 기부 과정에서 타인의 의사를 부당하게 억압한 것은 아니었지만, 공무원이 담당·처리하는 사무에 관하여 청탁 또는 알선하는 일과 관련하여 후원금이 제공된다는 자세한 내막을 알지 못하여 정치자금부정수수죄를 구성하지 않는 직원들의 후원금 기부행위를 유발하고 이를 이용하여 자신의 범죄를 실현한 것이어서 정치자금부정수수죄의 간접정범[23]으로 처벌을 받았다.

라. 뇌물죄와의 관계

후원금의 기부는 정치활동에 대한 재정적 지원행위이고, 뇌물은 공무원의 직무행위에 대한 위법한 대가로서 양자는 별개의 개념이다. 그러나 금품이 후원금의 명목으로 수수되었고 또한 정치자금법에 정한 절차를 밟았더라도 정치인의 정치활동 전반에 대한 지원의 성격을 갖는 것이 아니라, 공무원으로서의 정치인의 특정한 구체적 직무행위와 관련하여 제공자에게 유리한 행위를 기대하거나 혹은 그에 대한 사례로 제공됨으로써 정치인인 공무원의 직무행위에 대한 대가의 실체를 가진다면 뇌물성이 인정된다.[24]

이 경우 뇌물성의 여부는 상대방의 지위와 직무권한, 해당 기부자와 상대방의 종래 교제상황, 기부의 유무나 시기, 상대방, 금액, 빈도 등의 상황과 함께 해당 금품의 액수 및 기부하기에 이른 동기와 경위 등에 비추어 판단한다.

한편, 정치자금법은 공무원이 담당·처리하는 사무에 관하여 청탁 또는 알선하는 일과 관련하여 정치자금을 기부하거나 받는 것을

23) 간접정범은 타인을 도구로 악용하여 범죄를 실행하는 정범을 말한다. 범죄의 실행을 실질적으로 지배한다는 점에서 교사범과 차이가 있다.

24) 대법원 2008. 6. 12. 선고 2006도8568 판결

금지하여 정치자금과 관련한 부정을 방지하기 위한 것이 목적이므로, 뇌물죄의 한 태양으로서 직무집행의 공정과 이에 대한 사회의 신뢰 및 직무행위의 불가매수성을 그 직접적 보호법익으로 하는 알선수뢰죄와는 그 보호법익을 달리하고 있다.

특히 알선수뢰죄는 공무원이 그 지위를 이용하는 것을 구성요건으로 하고 뇌물을 요구·약속한 경우도 포함하므로 구체적인 구성요건에서 정치자금범죄와 많은 차이가 있다. 따라서 정치자금부정수수죄의 구성요건이 알선수뢰죄의 모든 구성요건 요소를 포함하는 외에 다른 요소를 구비하는 것도 아니므로, 정치자금부정수수죄가 알선수뢰죄에 대하여 특별관계에 있는 것이 아니다.[25]

4. 공법인과의 계약 · 처분과 관련한 후원금 금지

누구든지 다음 중 어느 하나에 해당하는 법인과의 계약이나 그 처분에 의하여 재산상의 권리·이익 또는 직위를 취득하거나 이를 알선하는 일과 관련하여 후원금을 기부하거나 기부받을 수 없다(§32 4.). 이를 위반한 경우 당연히 정치자금부정수수죄가 적용되어 처벌대상이 된다(§45② 5.).

① 국가·공공단체 또는 특별법의 규정에 의하여 설립된 법인
② 국가나 지방자치단체가 주식 또는 지분의 과반수를 소유하는 법인
③ 국가나 공공단체로부터 직접 또는 간접으로 보조금을 받는 법인
④ 정부가 지급보증 또는 투자한 법인

본 조항은 1980년 12월 신군부의 쿠데타로 국회를 해산하고 설치

25) 대법원 2005. 2. 17. 선고 2004도6940 판결

한 비상입법기구였던 국가보위입법회의에서 정치자금법을 전부개정하면서 신설되었다. 어찌된 영문인지 해당 조항과 관련해서는 주무관청인 중앙선거관리위원회의 유권해석도 없고 판례도 아직 형성되지 않았다. 아마도 객관적 구성요건이 너무 복잡하여 공소유지가 까다로운 것이 그 주요 원인이 아닐까 추정해 본다.

정확한 입법의도를 파악하기 어렵지만, 해당 조항은 '입법자는 철학자처럼 고민하고 농부처럼 말해야 한다'는 독일 법학자의[26] 경구(警句)를 오독(誤讀)하여 농부처럼 고민하고 철학자처럼 말한 조문으로 평가하기에 부족함이 없어 보인다.

26) 인류에게 법학의 불을 가져다준 프로메테우스라 평가받는 루돌프 폰 예링을 말한다. 국내에서는 『권리를 위한 투쟁』의 저자로 많이 알려져 있다.

제 4 절

억압적 방법의 후원금 기부 알선 금지(§33)

1. 억압적 방법의 후원금 기부 알선 금지의 취지

누구든지 업무·고용 그 밖의 관계를 이용하여 부당하게 타인의 의사를 억압하는 방법으로 후원금 기부를 알선할 수 없다(§33).

후원금의 기부는 주권자들의 자유로운 정치참여의 적극적인 모습이다. 따라서 후원금 기부는 전적으로 개인의 자유의사에 맡겨져야 하고, 그 선택은 존중되어야 한다.

정치자금법의 해당 규정은 고용자 등 우월한 지위에 있는 사람이 피고용자 같이 종속관계에 있는 사람으로 하여금 제3자인 정치인에게 후원금을 기부하도록 하는 행위를 규제하는 조항이다. 이는 기부를 알선하는 사람, 피고용자 등 종속관계에 있는 사람, 기부를 받는 정치인이라는 3자 관계를 전제하여, 행위자가 부당하게 의사를 억압하는 방법으로 종속관계에 있는 사람으로 하여금 정치인에게 기부하도록 하는 행위를 처벌하려는 것이다.

여기에서 '알선'의 의미는 행위자가 후원금의 수령자와 의사연락이 없이 고용, 업무 등의 관계에서 종속적 위치에 있는 기부자에게 후원금을 입금할 정치인을 지정하고, 후원금 계좌를 알려주는 방법으로 정치자금을 입금하도록 한 행위도 포함된다.[27)]

2. 타인의 의사를 억압하는 방법의 의미

정치자금법 제33조에서 '업무, 고용, 기타의 관계를 이용하여 부당하게 타인의 의사를 억압하는 방법'으로 후원금 기부를 알선한다는 의미는, 상대방에게 후원금을 기부할 의사가 없는데도 알선하는 사람과의 업무, 고용 기타의 관계로 불이익을 받을 것을 염려하여 상대방이 자유로운 의사결정을 하지 못한 채 마지못해 후원금을 기부하게 된다는 인식을 하면서도 부당하게 후원금을 기부하도록 알선하는 것을 의미한다.[28)]

여기에서 의사를 억압하는 방법이나 정도는 업무, 고용 등의 관계로 상대방의 자유로운 의사결정을 침해하는 정도면 족하므로, 협박죄와 같이 명시적으로 해악을 고지하거나, 공갈죄와 같이 상대방을 외포시킬 정도의 억압이 필요한 것은 아니다.

예컨대, 국세청 조사국장 등이 그들의 조세부과·징수권 및 세무조사권을 의식하지 않을 수 없는 기업 관계자들에게 은근히 압력을 행사하는 방법으로 ▲▲▲당에 대한 대선자금 지원을 요청하자, 해당 기업의 관계자들도 국세청 고위 공무원들이 기업에 대하여 가지는 막강한 권한 때문에 당시는 이른바 IMF 사태를 전후한 시기로서 경제사정이 매우 어려운 가운데에서도 마지못해 그들이 요구하는 대선자금을 지원하여 기소된 사건이 있었다.

해당 사안에 대하여 법원은 국세청 간부들이 기업들로부터 정치자금을 모금한 행위는 '타인의 의사를 억압하는 방법'으로 정치자금의 기부를 알선한 것으로 판단한 바 있다.[29)]

---

27) 헌법재판소 2014. 3. 27. 선고 2011헌바126 결정

28) 대법원 2004. 4. 27. 선고 2004도482 판결

29) 대법원 2004. 4. 27. 선고 2004도482 판결

3. 기부를 알선한다는 의미

정치자금법 제33조는 업무·고용 그 밖의 관계를 이용하여 부당하게 타인의 의사를 억압하는 방법으로 기부를 알선하는 행위를 금지하고 있다(§33).

해당 조항은 다른 기부 금지규정이 기부하는 사람과 기부받는 사람이라는 양자관계를 염두에 두고 규제하는 것과는 달리, 행위자가 피고용자와 같이 종속관계에 있는 사람으로 하여금 제3자인 정치인에게 기부하게 하는 행위를 처벌하는 규정이다. 여기에서 '알선'의 법률적 의미는 '일정한 사항에 관하여 어떤 사람과 그 상대방 사이에 서서 중개하거나 편의를 도모하는 것'을 말한다.

참고로 공직선거법의 기부행위의 금지제한 등 위반죄는 기부행위에 관하여 지시, 권유, 요구, 알선으로 세분하여 규정하고 있는데(§257②), 해당 조항의 지시행위는 '기부행위를 하도록 일방적으로 시키는 것'을, 권유행위는 '기부행위를 할 것을 권하여 결의를 촉구하거나 기존의 기부의사를 더욱 확고하게 하는 것'을 각각 의미하고, 알선행위는 '양자의 의사가 합치되도록 조정·유도하는 것으로서 권유의 단계를 넘어선 적극적인 중개행위'를 말한다.

그러나 정치자금법에서는 공직선거법과는 달리 구성요건을 지시, 권유, 알선으로 세분화하지 않고 있는데, 정치자금법에 따른 기부 알선 금지조항의 '알선'은 행위자의 상대방에 대한 지위의 우월성을 기본적인 요건으로 하는 만큼, 지시나 권유의 형식으로 상대방으로 하여금 정치인에게 정치자금을 기부하도록 하는 행위 역시 '알선'의 개념에 포함된다고 보아야 할 것이다.[30]

30) 헌법재판소 2014. 3. 27. 선고 2011헌바126 결정

4. 실제 처벌된 사례

2010년 8월 농협중앙회의 기획실 대외협력팀 주도로 해당 중앙회에서 숙원사항 관련 업무와 국회·정당 업무를 담당하는 직원이 국회의 국정감사를 수월하게 받고 농업협동조합법 개정과정에서 국회의원들에게 농협의 입장을 설득하는 데 도움이 되게 할 목적으로 국회 농림수산식품위원회 소속 의원 18명에 대하여 직원 3,600여 명을 동원하여 소위 '10만 원 쪼개기 기부' 방식으로 국회의원 1인당 2,000만 원의 후원금을 지원하기로 했다.

농협중앙회 담당직원은 '국회의원 후원 현황보고' 등의 문서를 작성하여 중앙회 각 부서 및 지역본부 담당자에게 전달하고 지정된 국회의원에게 후원금을 기부하도록 하여 부당하게 타인의 의사를 억압하는 방법으로 각 국회의원 후원회에 총 2억 원의 후원금을 기부하도록 알선하여 처벌된 사례가 있다.[31)]

한편, 2009년 3월 여당 국회의원 후원회의 부회장으로부터 후원금을 내달라는 부탁을 받은 경기북부의 축협조합장이 상임이사 및 경영혁신실장과 공모하여 자신들의 대출비리와 관련된 농협중앙회의[32)] 징계를 감면받기 위하여 해당 국회의원의 도움을 받을 목적으로 소속 직원들에게 10만 원씩 쪼개기 후원방식으로 후원금을 내도록 하여 부당하게 타인의 의사를 억압하는 방법으로 총 1,500여만 원의 후원금을 제공하여 처벌된 사례도 있다.

해당 사건에서 피고인들은 해당 축협 직원들이 자발적 의사에 따라 후원금을 기부한 것일 뿐, 자신들이 부당하게 직원의 의사를 억압하는 방법으로 후원금 기부를 알선한 사실이 없다고 항변하였으나, 법

---

31) 대법원 2016. 1. 14. 선고 2015도4858 판결

32) 축협도 농협중앙회에 소속되어 있다. 농협중앙회는 지역농협, 지역축협, 품목농협, 품목축협, 인삼조합 등으로 구성되어 있다.

원에서 그 주장이 배척되었다.

해당 사안에서 법원이 '부당하게 타인의 의사를 억압하는 방법으로 정치자금 기부를 알선'한 행위라 판단한 이유는 축협 조합장과 상임이사가 직원들의 인사권자라는 점, 경영혁신실에서 후원금을 기부한 직원과 기부하지 않는 직원들의 명단을 따로 작성하여 관리한 점, 일부 간부들은 간부회의를 통하여 후원금 기부를 지시하거나 각 지사에 직원 개인별로 국회의원의 후원계좌에 송금하고 그 내역서를 전송하라는 공문을 보낸 점, 후원금을 기부한 직원 중 일부는 종합소득세액이 적어 세액공제를 받지 못한 사람도 있는 점 등이다.[33]

33) 대법원 2012. 5. 24. 선고 2012도2142 판결

제 5 절

불법후원금 반환 절차와 방법(§18)

1. 반환 또는 국고귀속 불법후원금의 유형

불법후원금은 해당 후원금 기부자에게 반환을 원칙으로 하되, 반환이 불가능한 경우에는 국고에 귀속시킨다(§18). 후원회가 기부받은 후원금도 정치자금법이나 다른 법률에 위반되는 불법후원금이라는 사실이 확인되면 이를 후원인에게 반환하거나 국고에 귀속시켜야 한다. 정치자금법에 따라 반환 또는 국고귀속 대상이 되는 불법후원금의 대표적 유형은 다음 4가지가 있다.

첫째, 불법후원금의 가장 대표적 유형으로서 정당의 후보자 추천이나 지방의회 의장단 선출, 그리고 공무원에 대한 청탁 또는 알선과 관련한 후원금이다. 이 부분은 후원금을 주고받는 당사자들이 양심의 영역에서 해당 후원금이 오염되었다는 사실을 잘 알고 있을 것이므로 굳이 자세하게 설명할 필요가 없다.

둘째, 최근 들어 쟁점이 되는 대표적 사례로서 쪼개기 후원금을 들 수 있다. 법인과 단체의 후원금 기부는 엄격하게 금지되어 있지만, 그 구성원들이 자유의사에 따라 자신의 비용부담으로 특정 후원회에 정치자금을 기부하는 행위는 규제대상이 아니다.

이를 악용하여 특정 기업이나 이익집단에서 해당 기업 또는 단체에서 조성한 자금을 구성원들의 명의로 유력 정치인의 후원회에 후원금으로 기부하는 사례가 많았다. 후원회의 입장에서는 후원금을 기부받을 때 후원인의 직업이 특정 기업 또는 단체에 집중되어 있다면 그 후원의 진정성을 확인할 필요가 있다.

셋째, 후원인이 개별 후원회에 대한 기부한도액은 준수하였지만, 연간 모든 후원회에 기부할 수 있는 한도액, 즉 2,000만 원을 초과하여 후원금을 기부하는 사례이다. 이러한 행위는 정치자금 기부자가 거액의 후원금 기부를 통하여 과도한 정치적 영향력을 행사하려 한다는 측면에서 그 가벌성이 낮지 않지만, 개별 후원회가 이를 확인하여 걸러내는 것은 사실상 불가능하다.

이 경우에는 해당 후원회가 그 사정을 알면서 후원금 기부자와 공모하는 등 특별한 사정이 없다면, 해당 후원회의 법적 책임은 면제되는 것으로 보아야 할 것이다. 후원회에 연간 기부한도액 초과의 고의가 없고, 이를 처벌하는 경우 자기책임의 원리에도 반하므로 정치자금부정수수죄가 성립되는 것으로 볼 수 없기 때문이다.

넷째, 불법후원금의 마지막 유형으로 익명기부한도액을 초과하거나 타인의 명의 또는 가명으로 후원금을 기부한 사례이다. 이러한 후원금은 정치자금 실명기부의 원칙에 위반되는 불법후원금이다. 이 경우 후원금 기부자의 인적사항을 확인할 수 없으므로, 해당 후원금은 반환하는 것이 아니라 국고에 귀속시켜야 한다.

불법후원금으로 확인되어 후원회가 그 사실을 알게 된 때에는 그 날부터 30일 이내에 반환해야 한다. 정치자금법이 정한 절차에 따라 불법후원금을 반환하거나 국고에 귀속시키면 면책되어 처벌받지 않을 것이다. 그러나 후원회가 후원금 기부 당시부터 불법후원금이라는 사실을 인식하고 기부받았으나 기한 내에 반환하지 않았다면, 당사자에게는 정치자금법의 벌칙이 적용되어 처벌되고 해당 후원금은 몰수 또는 추징대상이 된다.

2. 불법후원금 반환과 국고귀속 절차

가. 후원인에게 반환

후원인으로부터 기부받은 후원금이 정치자금법이나 다른 법률에 위반되는 불법후원금이라는 사실을 알게 되면, 그 날부터 30일 이내에 해당 후원인에게 반환해야 한다(§18).

이 경우에는 후원금의 반환이 정치자금의 지출로 보기 어려우므로 정치자금 실명지출의 원칙이 적용되지 않는 것으로 볼 여지도 있으나, 불법후원금 반환에 대한 입증을 명확하게 하는 한편, 후원금 업무처리의 위법성을 제거하기 위한 알리바이로서의 의미가 적지 않으므로 가급적 계좌입금 등 실명이 확인되는 방법으로 반환하는 것이 적절한 것으로 보인다.

참고로 법적 하자가 없는 적법한 후원금의 경우 정치자금법에 따른 사적경비 또는 부정한 용도 지출 금지의 원칙이 적용되어 후원회가 기부받은 후원금은 정치활동을 위하여 소요되는 경비로만 지출되어야 하므로, 특별한 사정이 없는 한 적법한 후원금을 해당 후원인에게 반환하는 것은 정치자금법에 위반된다.

다만, 적법한 후원금이라도 후원인이 기부 당시 자신이 행하는 후원금 기부행위의 의미나 결과·효과 등을 합리적으로 판단할 수 있는 정신적 능력을 갖추지 못한 상태에서 후원금을 기부한 것이라면, 후원회 또는 그 후원회 지정권자가 해당 후원금을 반환할 수 있다.[34] 아울러 후원인의 의사에 반하여 착오로 후원금이 입금된 경우에도 해당 후원인에게 반환하는 것이 적절할 것이다.[35]

---

34) 중앙선거관리위원회 2009. 1. 28. 회답

35) 중앙선거관리위원회 2020. 2. 2. 회답

나. 국고귀속 방법

기부받은 후원금이 정치자금법이나 다른 법률에 위반되는 불법 후원금이라는 사실을 알게 되었으나, 후원인의 연락처를 알지 못하여 반환할 수 없거나 후원인이 수령을 거절하는 때에는 선거관리위원회를 통하여 이를 국고에 귀속시켜야 한다(§18).

아울러 후원회의 회계책임자는 정치자금 실명기부의 원칙을 위반하여 익명기부한도액을 초과한[36] 금품을 기부받은 경우 그 한도액의 초과분, 그리고 타인의 명의 또는 가명으로 후원금을 기부받은 경우에는 그 전액을 국고에 귀속시켜야 한다(§11④).

불법후원금의 국고 귀속절차는 정치자금 실명기부의 원칙을 위반하여 납부된 당비의 국고 귀속절차에 따른다. 이에 따라 불법 후원금은 관할 선거관리위원회가 납부받아 이를 국가에 납입하되, 납부하지 않을 경우에는 관할 세무서장에게 징수를 위탁하고, 관할 세무서장이 국세체납처분의 예에 따라 이를 징수한다(§4③).

후원회의 회계책임자는 국고 귀속대상 불법후원금이 있음을 안 때에는 그 날부터 10일 이내에 관할 선거관리위원회에 그 내역을 보고하고 해당 후원금을 납부해야 한다(규칙 §3①). 관할 선거관리위원회가 후원회로부터 보고되지 않은 국고 귀속대상 불법후원금이 있음을 확인한 때에도 10일간의 납부기한을 정하여 후원회의 회계책임자에게 납부를 명해야 한다(규칙 §3②).

납부기한까지 국고 귀속대상 불법후원금을 납부하지 않은 경우 관할 선거관리위원회는 10일간의 기한을 정하여 독촉장을 발부해야 한다. 독촉장을 받은 후원회의 회계책임자가 지정된 납부기한까지 납부하지 않으면 관할 선거관리위원회는 지체 없이 관할 세무서장에게 징수를 위탁해야 한다(규칙 §3④).

---

36) 후원금의 익명기부한도액은 1회 10만 원 이하, 연간 120만 원 이하이다.

3. 정치자금영수증 회수

후원회의 회계책임자가 불법후원금을 기부자에게 반환한 때에는 반드시 이미 발행한 정치자금영수증을 회수해야 한다. 정치자금영수증을 부정하게 활용하여 정치자금 기부에 따른 면세혜택을 받는 것을 방지하기 위함이다.

정치자금영수증의 회수가 불가능한 경우 후원회의 회계책임자는 관할 선거관리위원회에 대한 회계보고시 그 사유에 관하여 소명서를 첨부해야 한다. 실무적으로는 후원인이 세액공제를 받기 위해 정치자금영수증을 제출한 경우에도 정치자금영수증의 회수가 불가능한 사유로 인정하지 않는다.

다만, 전자정치자금영수증처럼 정치자금영수증을 파일 형태로 교부한 경우에는 정치자금영수증의 회수가 의미가 없으므로, 후원인에게 연말정산 시 해당 영수증을 사용하지 않도록 안내한다.

제 6 장

회계책임자 선임과 정치자금 회계처리

정당 · 후원회, 공직선거의 후보자 · 예비후보자, 후원회를 둔 국회의원과 지방의원, 대통령선거의 경선후보자, 당대표 · 최고의원 경선후보자는 정치자금법에 따라 반드시 회계책임자를 두어야 한다.

회계책임자는 회계장부를 비치한 후 모든 정치자금의 수입과 지출을 기재하고, 영수증 등 증비서류를 구비해야 하며, 관할 선거관리위원회에 회계보고를 해야 한다. 그 회계보고 내역은 공개된다.

이 장에서는 회계책임자 선임과 회계책임자에 의한 정치자금 수입 · 지출, 그리고 회계보고와 그 공개 등에 관하여 살펴본다.

제 1 절
회계책임자 선임과 그 겸직의 요건

1. 정치자금 회계책임자 선임제도의 의의

정치자금 공개의 원칙에 따라 후원회를 둔 국회의원과 지방의원처럼 공적으로 조성된 정치자금을 지출하거나, 공직선거의 후보자 또는 예비후보자처럼 선거비용제한액을 적용하여 선거의 공정을 담보하거나, 그 밖에 정치자금 수입·지출의 투명성을 확보할 필요가 있는 정당·후원회 등 주요 정치활동 주체들은 자신의 정치자금 수입·지출 내역을 국민에게 공개해야 한다.

이를 위하여 정치자금법은 이러한 정치활동의 주체에게 회계책임자를 선임하여 관할 선거관리위원회에 자신의 정치자금 수입·지출 내역을 보고하도록 의무화하고 있다. 회계책임자는 정치자금 수입·지출에 관하여 배타적인 권한과 책임이 있다. 회계책임자는 회계장부를 비치하고 자신을 선임한 정치활동 주체의 정치자금에 수입·지출이 있을 때마다 그 내역을 회계장부에 기재한 후 그 내역을 관할 선거관리위원회에 보고해야 하는 법적 책임을 진다.

이는 정치자금의 집행을 회계책임자의 일원적인 통제하에 두어 정치자금 수입·지출의 투명성을 확보하고, 정치자금법과 공직선거법 위반을 방지하며, 책임소재를 명확하게 하기 위함이다.

2. 회계책임자를 선임해야 하는 정치인

정치자금법에 따라 다음에 해당하는 정치활동의 주체(이하 "선임권자"라 한다)는 공직선거의 선거운동을 할 수 있는 사람 중에서 정치자금의 수입과 지출을 담당하는 회계책임자 1인을 선임하여 지체 없이 관할 선거관리위원회에 신고해야 한다(§34①).

① 정당의 대표자

② 후원회의 대표자

③ 후원회를 둔 국회의원과 지방의회의원

④ 대통령선거경선후보자, 당대표 · 최고위원 경선후보자

⑤ 공직선거의 후보자 · 예비후보자

⑥ 선거연락소장

여기에서 '정당'의 범위에는 후원회를 둔 중앙당창당준비위원회, 중앙당의 정책연구소, 선거가 임박한 시기부터 선거일 후 30일까지 공직선거법에 따라 구 · 시 · 군 또는 국회의원 지역구마다 설치하는 정당선거사무소를 포함한다.

또한 '공직선거의 후보자 · 예비후보자'의 의미는 해당 후보자 또는 예비후보자가 후원회를 두었는지를 불문하고 자신의 선거사무소와 선거연락소에 회계책임자를 선임하는 경우를 말한다. 이 경우 대통령선거의 정당추천후보자와 비례대표선거에서는 그 후보자를 추천한 정당이 선임권자가 되며, 선거사무소 또는 선거연락소의 회계책임자는 각각 해당 정당의 회계책임자가 겸한다.

누구든지 2 이상의 회계책임자가 될 수 없다. 다만, 후원회를 둔 국회의원이 대통령선거 관련 후원회를 두거나, 후원회를 둔 지방의원이 자치단체장선거 관련 후원회를 두거나, 선임권자 또는 후원회지정권자가 동일한 경우 등에는 예외로 한다(§34②).

3. 회계책임자로 선임될 수 있는 사람

회계책임자는 선거운동을 할 수 있는 사람 중에서 선임해야 한다(§34①). 회계책임자는 자원봉사자와 달리 후보자의 선거운동을 위하여 어깨띠 · 윗옷(上衣) · 표찰(標札) · 마스코트 그 밖에 소품을 붙이거나 입거나 지니고 선거운동을 할 수 있으므로(공직선거법 §68①), 정치자금법에서 이러한 제한을 둔 것으로 보인다.

18세 이상의 대한민국 국민임에도 선거범죄 등을 범한 후 일정한 기간이 경과되지 않아 선거권이 없는 사람은 공직선거법에 따라 선거운동을 할 수 없다. 아울러 선거권을 가지고 있더라도 공무원처럼 선거중립의무가 부과되었거나, 공공기관의 임직원처럼 공적인 직책을 유지한 채 선거운동을 허용하면 자신들의 지위와 권한을 특정인의 당선을 위하여 남용할 우려가 있는 신분에게는 선거운동을 금지하고 있다. 이들은 당연히 회계책임자로 선임될 수 없다.

2005년 전까지는 정당의 당원이 될 수 있는 사람만이 회계책임자가 될 수 있도록 일관되고 명확한 기준을 적용하여 왔으나, 2005년 8월 정치자금법을 개정하여 공직선거법에 따른 선거사무소 · 선거연락소 등의 회계책임자에 관한 사항을 정치자금법으로 이관하면서 그 자격기준을 선거운동을 할 수 있는 사람으로 변경하였다.

이후 공직선거법의 개정으로 공무원 등이 후보자 또는 예비후보자의 배우자인 경우에는 그의 선거운동을 허용하였고, 지방선거에서 일부 외국인에게도 선거운동을 허용함에 따라 그들이 회계책임자로 선임될 수 있는지 논란이 제기될 수 있다.[1] 소모적인 논란을 회피하기 위해서라도 과거의 기준으로 돌아가는 것이 적절해 보인다.

1) 예컨대, 직업공무원은 선거운동이 금지된 신분이나, 그의 배우자가 국회의원선거 또는 지방선거에 출마한 경우에는 선거운동이 허용되기 때문이다.

4. 회계책임자 간 겸직이 가능한 요건

정치자금법은 누구든지 2 이상의 회계책임자가 될 수 없도록 회계책임자 겸직금지의 원칙을 규정하고 있지만(§34②), 후원회지정권자 또는 선임권자가 동일하여 정치자금 수입·지출의 투명성을 해칠 우려가 없는 때에는 예외적으로 회계책임자의 겸직을 허용하고 있다. 그 구체적 유형을 살펴보면 다음과 같다(규칙 §33).

첫째, 동일한 후원회지정권자가 또 다른 후원회를 두는 경우 기존의 후원회 회계책임자는 새로이 설립되는 후원회의 회계책임자를 겸직할 수 있다. 예컨대, 후원회를 둔 지방의원이 지방자치단체의 장 선거에 후보자 또는 예비후보자로 등록하여 그 후원회를 추가로 두는 경우가 이에 해당할 것이다.

아울러 후원회를 둔 국회의원이 대통령선거의 후보자 또는 예비후보자로 등록하여 후원회를 두거나, 대통령선거의 경선후보자로 등록하여 후원회를 따로 두는 경우에도 해당 국회의원 후원회의 회계책임자는 새로운 후원회의 회계책임자를 겸직할 수 있다.

둘째, 동일한 선임권자가 추가로 회계책임자를 선임해야 하는 경우 종전의 회계책임자는 새로운 회계책임자를 겸직할 수 있다. 예컨대, 후원회를 둔 국회의원과 지방의원이 공직선거의 후보자·예비후보자, 대통령선거의 경선후보자, 정당의 당대표·최고위원 경선후보자가 되는 경우 해당 국회의원과 지방의원의 회계책임자는 새로이 취득한 신분의 회계책임자를 겸직할 수 있다.

아울러 대통령선거예비후보자가 대통령선거경선후보자가 되거나 대통령선거경선후보자가 대통령선거예비후보자가 되는 경우 대통령선거예비후보자의 회계책임자와 대통령선거경선후보자의 회계책임자 상호간에도 겸직이 가능하다.

셋째, 정당의 대통령선거후보자로 선출된 예비후보자의 회계책임자와 해당 정당의 회계책임자도 겸직이 가능하다. 대통령선거에서는 정당이 선거운동의 주체이기 때문이다. 이러한 상황은 대통령선거에서 정당의 당내경선이 완전히 종료되어 특정 예비후보자가 해당 정당의 후보자로 확정된 경우에 발생할 수 있다.

참고로 정치자금법에서 지방의원, 공직선거의 후보자·예비후보자 또는 그 선거사무장이나 선거연락소장은 회계책임자를 겸할 수 있도록 규정하고 있다(§34③). 그 밖에 후원회지정권자 또는 선임권자가 그들의 회계책임자를 겸임하거나, 그들의 회계책임자 간 겸직할 수 있는 예는 없다.

예컨대, 후원회의 회계책임자가 후원회지정권자의 회계책임자를 겸직하는 것은 정치자금 수입·지출의 투명성을 담보할 수 없으므로 허용되지 않는다(§34②). 회계책임자의 선임권자가 동일하지 않으므로 회계책임자 겸직금지의 원칙에 위반되기 때문이다. 이에 따라 국회의원후원회의 회계책임자는 해당 국회의원의 회계책임자가 될 수 없고, 지방의원후원회의 회계책임자는 해당 지방의원의 회계책임자가 될 수 없다.

5. 회계책임자 선임·변경 신고방법

공직선거의 후보자·예비후보자의 경우 그 등록신청을 하는 때에 회계책임자를 선임·신고해야 한다. 다만, 예비후보자가 후보자등록을 신청하는 때에 따로 후보자의 회계책임자 선임신고를 하지 않은 경우에는 이미 신고된 예비후보자의 회계책임자를 해당 후보자의 회계책임자로 본다(규칙 §32①).

정당과 후원회의 경우에는 그 등록신청을 하는 때에 회계책임자를 신고해야 하고, 후원회를 둔 국회의원과 지방의원의 경우에는 자신이 지정한 후원회가 등록신청을 하는 때에 회계책임자를 함께 신고한다. 그 밖에 정당선거사무소나 선거연락소의 경우 정당이 해당 시설에 대한 설치 신고를 하는 때에 회계책임자를 신고하면 된다.

선임권자가 관할 선거관리위원회에 회계책임자를 신고하는 때에는 다음의 서류를 첨부해야 한다(§34④).

① 정치자금의 수입 및 지출을 위한 예금계좌

② 선거사무소 회계책임자의 경우 선거비용제한액 내에서 회계책임자가 지출할 수 있는 금액의 최고액을 정하고 회계책임자와 선임권자가 함께 서명·날인한 약정서

여기에서 예금계좌의 신고는 예금통장 사본을 첨부하는 것으로 갈음할 수 있다. 회계책임자 신고서, 후보자 또는 예비후보자와 회계책임자 간 약정서, 예금계좌의 신고서 등의 서식은 정치자금사무관리규칙의 별지 서식으로 정해져 있다.

선임권자가 회계책임자를 변경하려면 14일 이내에 관할 선거관리위원회에 서면으로 변경신고를 해야 한다. 다만, 공직선거의 후보자 또는 예비후보자가 회계책임자를 변경하는 경우에는 지체 없이 신고해야 한다. 선거비용제한액으로 규제되는 선거비용과 정치자금 수입·지출에 관한 책임소재를 명확히 하기 위함이다.

회계책임자의 변경이 있으면 인계자와 인수자가 지체 없이 인계·인수서를 작성하여 서명·날인한 후 재산, 정치자금의 잔액과 회계장부, 예금통장·신용카드 및 후원회인(後援會印)·그 대표자 직인, 그 밖의 관계 서류를 인계·인수해야 한다. 해당 인계·인수서는 회계책임자의 변경신고를 하는 때에 함께 제출한다.

회계책임자가 변경된 경우 인계·인수에 관한 의무규정을 둔 취지는 과거 회계책임자가 정치자금범죄를 은폐하기 위하여 회계 관련 서류를 폐기하는 등 관리를 소홀히 하거나, 관련 서류를 인계하지 않고 잠적하는 사례가 빈번하여 정치자금 사무처리에 지장을 초래함에

따라 후임자들의 원활한 업무처리와 정치자금 수입·지출에 대한 책임소재를 명확히 하기 위한 것이다.

전임 회계책임자가 인계의무를 올바르게 이행하지 않으면, 정치자금법에 따른 벌칙이 적용되어 2년 이하의 징역 또는 400만 원 이하의 벌금으로 처벌될 수 있다(§47①).

제 2 절
회계책임자와 예금계좌에 의한 수입 · 지출

1. 회계책임자에 의한 수입 · 지출의 원칙과 예외

가. 수입 · 지출의 원칙

정당, 후원회, 후원회를 둔 국회의원과 지방의원, 대통령선거의 경선후보자, 정당의 당대표 · 최고위원 경선후보자, 공직선거의 후보자와 예비후보자의 정치자금은 그 회계책임자만이 수입 · 지출을 할 수 있다. 후보자 또는 선거사무장이라도 해당 회계책임자를 겸직하지 않았다면 정치자금을 수입 · 지출해서는 안 된다.[2] 다만, 회계사무보조자와 선임권자 등에게는 엄격한 요건을 두어 회계책임자에 의한 수입 · 지출 원칙의 예외를 인정한다(§36①).

한편, 후원회를 둔 국회의원과 지방의원이 예비후보자로 등록하지 않은 경우 예비후보자등록신청개시일부터 자신의 재산으로 정치자금을 지출하는 때에는 회계책임자를 통하여 지출해야 한다(§36③). 공직선거의 후보자 · 예비후보자, 대통령선거의 경선후보자, 정당의 당대표 · 최고위원 경선후보자가 자신의 재산으로 정치자금을 지출하는 경우에도 회계책임자를 통하여 지출한다.

2) 대법원 1999. 5. 25. 선고 99도983 판결

참고로 대통령선거에서 예비후보자가 정당추천후보자로 확정된 경우, 그 예비후보자의 회계책임자는 선거비용 지출내역을 지체 없이 후보자의 회계책임자에게 통지하여 선거비용 지출에 지장이 없도록 해야 한다(§36⑥). 대통령선거에서 예비후보자의 회계책임자는 개별적으로 선임할 수 있지만, 후보자의 회계책임자는 정당의 회계책임자가 담당하도록 강행규정을 두고 있기 때문이다(§34① 5.). 이를 통하여 대통령선거에서 정당추천 후보자의 선거비용 집행을 정당 회계책임자의 일원적인 통제하에 둘 수 있다.

나. 보조자의 수입 · 지출

회계책임자로부터 지출의 대강을 알 수 있는 정도로 지출의 목적과 금액의 범위를 정하여 서면으로 위임받은 회계사무보조자는 정치자금을 지출할 수 있다(§36① 1.).

여기에서 공직선거 후보자 또는 예비후보자 등의 회계사무보조자가 회계책임자로부터 정치자금의 지출에 관하여 서면에 의한 위임을 받아야 하는 경우란, 회계사무보조자에게 정치자금의 지출에 관한 어느 정도의 재량이나 의사결정권이 부여되는 경우를 말한다. 따라서 회계사무보조자가 회계책임자의 완전한 의사관여 아래 그의 지시에 따른 도구로서 단순하게 정치자금의 지출이라는 사실상의 행위를 하는데 불과한 경우는 명목상의 보조자일뿐 정치자금법에 따른 회계사무보조자에 해당하지 않는다.

예컨대, 공직선거의 후보자가 회계책임자를 겸하여 선거운동을 하면서 직접 지출원인행위를 한 다음 그에 따른 영수증 등 증빙서류를 보조자에게 주어 인터넷뱅킹을 통한 계좌이체 방식으로 증빙서류에 기재된 대로 송금하게 한 사안에 대하여, 판례는 해당 정치자금 지출행위는 보조자가 회계책임자의 지시를 단순히 따른 것에 불과하므

로 이를 회계책임자 본인의 행위로 보았다.[3)]

한편, 정치자금법에서는 회계사무보조자의 인원수나 그들 간 겸임에 관해서는 아무런 제한규정을 두지 않는다. 회계책임자는 2인 이상의 회계사무보조자를 둘 수 있고, 특정 회계책임자의 회계사무보조자는 다른 회계책임자의 회계사무보조자도 될 수 있다.

예컨대, 국회의원이 단체로 해외 출장을 가는 경우, 국회의원 1명이 동행한 국회의원 모두의 공동 회계사무보조자로 위임되어 각 국회의원의 회계책임자가 공동의 회계사무보조자로 위임된 국회의원 명의의 계좌에 활동경비를 입금하고, 해당 국회의원이 해외에서 각 국회의원의 정치자금을 지출할 수 있다.[4)]

다만, 회계사무보조자도 회계책임자의 자격요건과 동일하게 공직선거에서 선거운동을 할 수 있는 사람으로 한정한다(§36① 1.). 군대의 족구경기에서 미술대학 출신만이 경기장에 금을 그리고, 수학과 출신만이 점수를 매길 수 있는 이치와 같다.

다. 선임권자 등에 의한 수입·지출

회계책임자의 관리·통제 아래 관할 선거관리위원회에 신고된 정치자금 지출을 위한 예금계좌를 결제계좌로 하는 신용카드·체크카드, 그 밖에 이에 준하는 것으로 지출하는 경우에도 회계책임자에 의한 수입·지출 원칙의 예외로 허용한다.

이러한 지출방식은 후보자 또는 예비후보자가 선거 관할구역을 방문하는 때에 수행원 경비를 집행하는 경우 합리적으로 활용할 수 있다. 예컨대, 회계책임자가 직접 후보자나 예비후보자를 수행하여 경비를 집행할 필요가 없이 그들의 수행원 중 1명에게 신고된 계좌를

3) 대법원 2007. 11. 15. 선고 2007도6937 판결

4) 중앙선거관리위원회 2009. 4. 29. 회답

결제계좌로 하는 신용카드를 맡기면 되기 때문이다.

참고로 공직선거법에서 선거운동을 위하여 후보자와 함께 다니는 사람이나, 국회의원 · 후보자 · 예비후보자가 관할구역의 지역을 방문하는 때에 함께 다니는 사람에게 통상적인 범위에서 식사류의 음식물을 제공하는 것은 기부행위로 보지 않는다(§112② 2. 사.). 정해진 인원수[5] 이내라야 기부행위로 보지 않지만, 후보자 또는 예비후보자의 선거비용에는 산입한다(공직선거법 §120. 8.).

공직선거법에서 통상적인 범위에서 제공할 수 있는 식사류의 단가는 1만 원 이내로 규정하고 있다. 회계책임자가 선거지역을 방문하는 후보자 · 예비후보자 또는 그 수행원에게 정치자금 지출을 위한 신용카드를 맡기는 경우 식사를 제공할 수 있는 인원수와 식사단가의 제한에 관하여 귀에 딱지가 앉도록 주지시켜야 한다.

그 범위를 넘으면 우선 공직선거법에 따른 기부행위위반죄가 성립되고, 선거범죄에 소요된 경비는 부정한 용도의 지출에 해당하여 정치자금부정지출죄를 구성하게 된다. 이쯤에서 회계책임자는 선임권자의 정치활동에 대한 '준법감시인'이 된다.

회계책임자가 선임권자 등 제3자로 하여금 정치자금을 지출하게 하는 경우 신고된 정치자금 지출용 예금계좌를 결제계좌로 하는 복수의 신용카드를 사용할 수 있다.

예컨대, 후원회를 둔 국회의원이나 지방의원이 정책개발 등 정치활동을 목적으로 해외에 나갈 경우 회계책임자의 관리 · 통제 아래 해당 국회의원이나 지방의원이 지출용 예금계좌를 결제계좌로 하는 신용카드로 정치자금을 지출할 수 있다.[6]

---

5) 함께 다니는 사람의 수는 시 · 도지사선거 15인, 국회의원과 지역구 국회의원선거 및 기초단체장선거는 10인, 지역구 지방의원선거에서는 5인으로 제한되어 있다. 공직선거관리규칙 제50조제2항 참조.

6) 중앙선거관리위원회 2009. 4. 22. 회답

2. 예금계좌를 통한 정치자금 수입 · 지출

가. 예금계좌에 의한 수입 · 지출 방법

회계책임자가 정치자금을 수입 · 지출하는 경우에는 관할 선거관리위원회에 신고한 예금계좌를 통해서 해야 한다. 예금계좌는 회계책임자 선임신고를 하는 때에 함께 신고한다. 정치자금 수입용 계좌는 여러 개를 활용해도 무방하지만, 정치자금 지출계좌는 1개만 사용해야 한다(§36②). 정치자금의 지출이 투명하게 드러나도록 하여 음성적 정치자금 지출을 차단하기 위함이다.

아울러 후보자 또는 예비후보자의 선거사무장, 선거사무원, 회계책임자에 대한 수당과 실비는 해당 선거사무장 등이 지정한 금융기관의 계좌에 입금하는 방법으로 지급해야 한다(§36④).

회계책임자에 의한 수입 · 지출의 적용 시기를 해당 회계책임자와 정치자금 예금계좌의 신고 후에 발생한 정치자금으로 한정하고 있지 않은 점에 비추어, 판례는 회계책임자와 정치자금 예금계좌를 신고한 후 지출되는 정치자금의 경우에는 그 지출사유의 발생시기에 관계없이 회계책임자에 의하여, 그리고 신고된 예금계좌를 통하여 지출되어야 한다고 판시하였다.[7)]

참고로 선거관리위원회에 후보자 또는 예비후보자로 등록하기 전에는 회계책임자는 물론이고 예금계좌도 신고할 수 없으므로, 후보자가 되려는 사람이 후보자 · 예비후보자로 등록하기 전에 선거사무소 임차 또는 선거홍보물 제작 계약 등 불가피하게 정치자금을 지출하는 경우에는 자신의 명의로 예금계좌를 개설하여 자산이나 차입금을 수입처리한 후 지출하면 무방하다.

7) 대법원 2007. 11. 15. 선고 2007도4721 판결

나. 미신고계좌 보관자금의 수입시점

후보자 또는 예비후보자가 차입금 등 개인 자산을 신고한 예금계좌를 통하지 않고 정치활동을 위한 금전으로 수입·지출한 경우에는 해당 자금을 지출한 당시를 기준으로 정치자금의 수입과 지출이 동시에 이루어진 것으로 본다.

예컨대, 후보자가 자신의 재산을 정치활동을 위하여 사용할 목적으로 회계책임자가 아닌 선거사무원 등 제3자에게 맡기거나 제3자의 계좌에 입금시켰더라도 실제 지출하지 않은 이상 아직 정치자금을 수입한 것이 아니다.[8)]

실제 후보자와 선거사무원이 공모하여 선거자금을 차용하면서, 선거사무원이 3,000만 원을 현금으로 직접 교부받고 5,400만 원은 제3자의 계좌로 입금하는 등 총 8,400만 원을 교부 받은 후, 1,100만 원을 선거자금으로 지출한 사실은 확인되었으나, 나머지 7,300만 원의 용처는 미확인 상태에서 기소된 사건이 있었다.

해당 사안에 대하여 대법원은, 정치자금의 수입으로 볼 수 있으려면 해당 후보자가 8,400만 원을 실제 정치자금으로 지출할 당시를 기준으로 이를 따져 봐야 한다고 판시하고, 불법 선거운동 자금으로 집행한 1,100만 원에 대한 정치자금 수입행위가 처벌될 수 있음은 별론으로 하면서, 차용금 8,400만 원을 교부받을 당시 해당 금액 전부가 선거비용으로 수입되었음을 전제로 선거비용 관련 위반행위를 유죄로 인정한 원심판결을 파기한 바 있다.[9)]

후보자가 자신의 재산을 정치활동에 활용할 목적으로 제3자의 계좌에 입금시켜 보관하는 행위는 정치자금 지출의 준비행위에 불과할 뿐, 정치자금의 수입으로 보기에는 곤란하기 때문이다.

---

8) 이용복 『정치자금법강의』 2022. 1. 박영사 187쪽 참조

9) 대법원 2012. 12. 27. 선고. 2012도12152 판결

3. 회계장부 비치와 수입·지출 기재

가. 회계장부 비치

회계책임자는 회계장부를 비치하고 모든 정치자금의 수입과 지출에 관한 사항을 기재해야 한다. 이 경우 보조금과 보조금 외의 정치자금, 선거비용과 선거비용 외의 정치자금은 각각 별도의 계정을 설정하고 구분·경리해야 한다(§37①).

판례는 문방구에서 금전출납부를 구입하여 메모하는 수준으로 정치자금의 수입·지출 상황을 기재하였다면, 이는 정치자금의 수입과 지출을 기재한 회계장부가 비치되었다고 보기 어려울 뿐만 아니라, 설령 회계장부가 있었다 치더라도 그 종류나 서식 및 기재방법 등에 비추어 보면 이를 정치자금법에서 비치·기재를 의무화한 회계장부로 인정할 수 없다고 보았다.[10)]

나. 회계장부 기재사항

후원회의 회계책임자는 수입항목으로 후원금 등 수입의 상세내역을 기재해야 한다. 다만, 정치자금법에서 허용되는 범위의 익명기부의 경우에는 기부자의 인적사항을 특정할 수 없으므로 후원 일자·금액 및 기부방법에 관한 내역을 기재한다. 지출항목에는 후원회 지정권자에 대한 기부 일자·금액과 후원금 모금에 소요된 경비 등 지출의 상세내역을 적어야 한다.

후원회를 둔 국회의원과 지방의원의 회계책임자는 수입항목으로 소속 정당의 지원금과 후원회로부터 기부받은 후원금의 기부일자·금액 및 후원금에서 공제하려는 선임권자의 재산 등 수입의 상세내역을

10) 서울고등법원 2007. 10. 30. 선고 2007노2525 판결

기재한다. 이 경우 선임권자의 재산에는 차입금을 포함한다. 한편, 지출항목에는 지출의 상세내역을 기재한다.

공직선거의 후보자 또는 예비후보자의 회계책임자, 대통령선거의 경선후보자의 회계책임자, 그리고 정당의 당대표 · 최고의원 경선후보자의 회계책임자는 수입항목으로 소속 정당의 지원금과 후원회로부터 기부받은 후원금의 기부일자와 금액, 차입금을 포함한 선임권자의 재산 등 수입의 상세내역을 기재해야 한다. 이 경우 지출항목에는 지출의 상세내역을 기재한다.

대통령선거, 국회의원선거 및 자치단체장선거에서 선거연락소의 회계책임자는 수입항목으로 선거사무소 회계책임자의 지원금을 적고, 지출항목으로는 지출의 상세내역을 적어야 한다.

한편, 정당의 회계책임자는[11] 수입항목으로 당비, 후원회로부터 기부받은 후원금, 기탁금, 보조금, 차입금, 지원금 및 기관지의 발행 그 밖에 부대수입 등 수입의 상세내역을 적고, 지출항목으로는 지출의 상세내역을 적어야 한다. 이 경우 지출에는 대통령선거 및 비례대표 국회의원과 지방의원 선거에서 해당 정당이 추천한 후보자의 정치자금 지출을 포함한다.

다. 수입 · 지출 상세내역의 의미

회계장부에 기재가 의무화된 '수입의 상세내역'이란 수입의 일자 · 금액과 제공한 사람의 성명 · 생년월일 · 주소 · 직업 및 전화번호 그 밖의 명세를 말한다. 공직선거의 후보자 또는 예비후보자가 금융기관이나 개인으로부터 정치활동을 위한 용도로 지출하기 위하여 차용한 금원을 신고된 예금계좌에 입금한 경우 '수입을 제공한 사람'은 해당 후

11) 정당 회계책임자의 범위에는 대통령선거와 비례대표선거에서 선거사무소와 선거연락소의 회계책임자를 포함한다.

보자 또는 예비후보자를 말한다.[12)]

참고로 현행 정치자금법에서는 '수입의 상세내역'에 관한 정의에서 기부자, 채권자 등을 언급하지 않은 체 단순히 '수입을 제공한 사람'만을 언급하고 있고, 회계장부 기재 시 공직선거 후보자 등의 자산에 '차입금을 포함한다'는 취지로 규정하고 있을 뿐(§37①), 그 차입금을 후보자의 자산과 분리하여 그것이 차입금임을 밝히거나 채권자의 인적사항을 기재하라는 명시적 규정이 없다.

따라서 공직선거의 후보자 또는 예비후보자 등이 개인으로부터 차용한 금전을 정치자금으로 지출하는 경우 회계장부에 그 사실을 기재하지 않거나, 회계보고를 하는 때에 차입금인지를 기재하지 않거나, 대여자의 인적사항을 기재하지 않거나, 또는 대여사실을 입증할 증빙서류를 첨부하지 않았더라도 이를 처벌할 수는 없다.[13)] 차용 사실을 기재할 의무를 인정하여 형벌을 과하는 것은 죄형법정주의 원칙상 허용될 수 없기 때문이다.

다만, 정치자금 수입의 투명성 확보를 위하여 수입의 상세내역이 기재되어야 하므로, 후원금 등 정치자금을 제공하려는 사람은 일정부분 개인정보 자기결정권을 양보할 각오가 되어 있어야 한다. 개인정보보호법도 정치자금 기부사실을 감추지 못한다.

한편, '지출의 상세내역'이란 지출의 일자·금액·목적과 지출을 받은 사람의 성명·생년월일·주소·직업 및 전화번호를 말한다. 여기서는 정치자금 지출의 투명성을 확보하기 위하여 영업활동의 자유와 그 비밀은 제한적으로나마 포기해야 한다.

선거운동을 위한 인쇄물 또는 시설물 그 밖에 물품이나 장비 등을 시중의 통상적인 거래가격보다 현저히 싼 값 또는 무상으로 사용한 경우에는 중앙선거관리위원회의 규칙으로 정하는 시중의 통상적인

12) 대법원 2007. 10. 25. 선고 2007도3533 판결

13) 대법원 2007. 10. 25. 선고 2007도3533 판결

거래가격 또는 임차가격에 상당하는 가액으로 계상한 금액을 지출액으로 처리한다.

회계책임자는 정치자금의 수입·지출이 있는 때마다 회계장부에 이를 기재해야 한다. 이 경우 수입·지출이 금전 외의 재산상의 이익인 경우에는 그 품명 및 가액을, 수표인 경우에는 발행금융기관명·금액과 수표번호를 적는다(규칙 §36②).

라. 현물에 대한 회계처리 방법

후보자 또는 예비후보자 등이 소속 정당이나 제3자로부터 선거운동이나 정치활동을 위하여 홍보 물품이나 장비 등 현물을 지원받은 경우, 회계책임자는 해당 현물에 대한 시중의 통상적인 임차가격이나 거래가격을 해당 과목에서 수입으로 처리해야 한다.

예컨대, 중앙당이나 시·도당이 소속 후보자의 선거운동을 위하여 일괄 제작하거나 임차하여 지원하는 물품이나 차량을 제공받은 경우에는 중앙당 또는 시·도당에서 지원한 날짜에 그 가액을 수입 처리한 후 동시에 지출로 처리하면 된다.

공직선거의 후보자 또는 예비후보자가 자신이 소유한 자동차를 공개장소에서의 연설·대담 등 선거운동을 위하여 활용하는 경우에는 해당 자동차의 사용일수에 따른 시중의 통상적인 임차료를 선거비용 항목에 수입과 동시에 지출로 처리한다. 이를 누락하면 선거비용 허위보고죄가 적용되어 당선무효가 될 수 있다(§49①).

아울러 공직선거의 후보자 또는 예비후보자가 정치자금법에 따라 처벌받지 않는 친족으로부터 선거운동용 물품이나 정치활동에 필요한 현물을 지원받거나 후원회로부터 시설이나 장비를 기부받은 경우에도 위와 동일한 방식으로 처리하면 된다.

한편, 후원회가 후원인으로부터 기부한도액의 범위에서 시설이나 장비를 후원금으로[14] 기부받은 경우에는 통상적인 거래가격 또는 가액을 후원금 수입계정에 기재하고, 해당 시설이나 장비를 후원회 지정권자인 공직선거의 후보자 또는 예비후보자에게 기부한 날에 그 가액을 기부금 지출계정에 기재하면 된다.

특히 후보자 또는 예비후보자의 선거사무소를 방문하는 손님이 음료수 등을 제공한 때에는 이를 회계장부에 기재하고 수입과 동시에 지출로 처리한다. 선거사무소 내방객에게 제공하는 다과와 음료는 선거비용에 산입되기 때문이다(공직선거법 §120 8.).

정치자금법을 엄격하게 적용하면, 음료수 한 병이라도 후원회를 통하지 않고 후보자 등에게 제공하는 행위는 정치자금부정수수죄를 구성할 수 있겠지만, 이러한 행위는 소위 사람이 살아가는 도리로서 행하는 의례적 행위로서 역사적으로 형성된 건전한 사회질서의 범위 안에 있어 사회상규에 반하지 않기 때문에 일종의 위법성 조각사유를 인정하여 관행적으로 허용하고 있다(형법 §20).

4. 영수증 등 증빙서류 구비

가. 영수증 구비의무

정치자금을 지출하는 때에는 회계책임자가 정당한 채권자에게 지출하고 영수증 그 밖의 증빙서류를 구비해야 한다(§39). 다만, 공직선거의 후보자 또는 예비후보자가 선거운동을 하는 때에 회계책임자가 해당 비용을 직접 정당한 채권자에게 지출할 수 없는 부득이한 사유가 있는 경우 그 선거운동에 필요한 경비를 교부하는 때에는 예금계

14) 정치자금법 제3조제4호에서는 후원금을 '정치자금법에 따라 후원회에 기부하는 금전이나 유가증권 그 밖의 물건'으로 정의하고 있다.

좌를 통하여 교부해야 한다(규칙 §39⑤). 이 경우 회계책임자로부터 선거비용을 교부받은 후보자 또는 예비후보자가 해당 비용을 지출한 때에는 영수증 그 밖의 증빙서류를 회계책임자에게 제출하고 정산해야 한다(규칙 §39⑥).

나. 구비대상 영수증

정치자금법에 따라 회계책임자가 구비해야 하는 영수증과 그 밖의 증빙서류는 다음과 같다(규칙 §39①).

첫째, 부가가치세법에 따라 세금계산서를 교부해야 하는 사업자, 소득세법에 따라 계산서 또는 영수증을 교부해야 하는 사업자 또는 법인세법에 따라 계산서를 교부해야 하는 사업자로부터 재화 또는 용역을 공급받고 그 대가를 지출하는 경우에는 해당 사업자가 발급하는 세금계산서·계산서 또는 영수증을 구비해야 한다.

참고로 세금계산서 등을 첨부하지 않고 무통장입금증만 제출하는 경우 실무적으로는 증빙서류를 제출하지 않은 것으로 간주하므로, 반드시 세금계산서 등 영수증을 구비해야 한다.

둘째, 그 밖의 사람에게 지출하는 경우에는 해당 경비의 수령인이 금액과 그 내역, 영수일자, 수령인의 성명·생년월일·주소 등을 기재하고 날인한 영수증을 구비해야 한다. 이 경우 물품인 경우에는 금액 대신에 그 가액과 수량을 적는다.

셋째, 회계사무보조자 또는 신용카드 등으로 정치자금을 지출하거나, 회계책임자에게 직접 선거비용을 지출할 수 없는 부득이한 사유가 있어 공직선거의 후보자 또는 예비후보자가 선거비용을 지출한 경우에는 그들로부터 제출받은 정산서와 영수증 그 밖의 증빙서류를 구비해야 한다.

다. 영수증 생략의 조건

원칙적으로 모든 정치자금의 지출은 영수증 기타 증빙서류를 첨부해야 하지만, 다음에 해당하는 경우에는 증빙서류를 구비하지 않을 수 있다(규칙 §39③). 증빙서류를 구비하지 않고 정치자금을 지출하는 때에는 회계책임자가 1차 수령인의 수령증을 받고 그 명세와 사유를 회계장부에 기재해야 한다(규칙 §39④).

① 지출 총액이 20만 원 이하로서 봉사료 등 사회통념상 영수증을 받을 수 없는 경우

② 택시 · 버스 등 대중교통수단이나 무인판매기를 이용하는 등 법령에 따라 영수증을 발행하지 않는 경우

③ 영수증 그 밖의 증빙서류를 구비할 수 없는 불가피한 사유가 있는 경우

해당 규정의 취지는 봉사료나 격려금을 지출하는 등 사회통념상 영수증을 받기가 곤란하거나 받을 수 없는 불가피한 사유가 있는 경우에는 영수증 기타 증빙서류를 첨부하지 않아도 된다는 것일 뿐, 무조건 20만 원의 범위 내에서는 봉사료 등의 명목으로 정치자금을 지출할 수 있다는 의미가 아니다.

예컨대, 후보자가 총 34회에 걸쳐 개인연설회를 개최한 후 각 연설회마다 청소비 명목으로 10만 원씩 일률적으로 제공하여 기소된 사건이 있었다. 해당 사안에 대하여 법원은 10만 원씩 제공을 받은 사람이 실제로 청소를 한 사람이 아니라 마을의 대표들로서 연설회 장소의 청소를 하였는지 또는 청소비용이 얼마인지에 관계없이 일률적으로 일정한 액수의 금전을 제공한 것이고, 이는 명목만 청소비를 지출하는 것처럼 가장하였을 뿐 사실은 무상으로 금품을 제공하는 기부행위를 한 것이라 판단하였다.[15]

---

15) 대법원 1996. 12. 10. 선고 96도1768 판결

라. 영수증 생략의 범위

회계책임자가 관할 선거관리위원회에 일반 정치자금에 관한 회계보고를 하는 때에 영수증 그 밖의 증빙서류를 제출하는 경우 1건의 지출총액이 아래의 금액을 초과하지 않는 경우 이를 제출하지 않을 수 있다. 이러한 예외는 단지 회계보고 시 영수증 제출을 생략할 수 있다는 의미일 뿐, 회계책임자가 해당 영수증을 구비하지 않아도 무방하다는 취지가 아니다.

① 후원회를 둔 국회의원과 지방의원, 정당선거사무소, 공직선거의 후보자·예비후보자 및 후원회의 경우에는 5만 원

② 중앙당·정책연구소, 시·도당, 대통령선거경선후보자 및 정당의 당대표·최고위원 경선후보자의 경우에는 20만 원

여기에서 특히 유의할 점은 선거비용에 관한 회계보고에서는 이러한 예외를 전혀 인정하지 않는다는 점이다(규칙 §39⑦ 단서). 선거비용 지출에 관해서는 아무리 소액이라도 반드시 영수증 그 밖에 증빙서류를 제출해야 한다.

참고로 회계책임자가 정치자금을 수입·지출하는 때에 영수증 그 밖의 증빙서류를 구비하지 않으면 각종 의무규정위반죄가 적용되어 2년 이하의 징역 또는 400만 원 이하의 벌금에 처하고(§47① 10.), 회계보고를 하는 때에 영수증 그 밖에 증빙서류를 제출하지 않으면 각종 제한규정위반죄가 적용되어 3년 이하의 징역 또는 600만 원 이하의 벌금에 처한다(§46 5.).

선거비용에 관한 영수증을 구비하지 않은 경우에도 100만 원 이상의 벌금형으로 선거권과 피선거권이 제한되는 정치자금법 제49조에 따른 선거비용 벌칙이 적용되지 않는 것이 천만다행이다.[16)]

16) 제49조제2항제6호에서 선거비용에 관한 영수증 그 밖의 증빙서류를 허위로 기재하거나 위조·변조하는 행위를 처벌하고 있을 뿐, 영수증을 아예 구비하지 않은 행위에 대하여는 제49조에서 따로 벌칙을 두지 않고 있다.

제 3 절

정치자금 회계보고와 그 내용의 공개

1. 정치자금 회계보고와 공개제도의 의의

정치자금은 국민의 의혹을 사는 일이 없도록 공명정대하게 운용되어야 하고, 그 회계는 공개되어야 한다(§2②). 이러한 정치자금 공개의 원칙을 담보하기 위한 가장 핵심적인 부분이 바로 정치자금 수입·지출에 대한 회계보고제도이다. 물론 수입·지출 내역에 대한 회계책임자의 정확한 기재가 정치자금 공개제도의 기초이자 버팀목이 된다는 점에 관해서는 따로 강조할 필요가 없다.

회계책임자가 관할 선거관리위원회에 보고한 정치자금의 수입·지출 내역은 일반 국민에게 공개되고, 그 내용에 이의가 있는 사람은 누구든지 이의신청을 할 수 있다. 정치자금 수입내역의 공개를 통하여 국민들은 누가 얼마의 정치자금 제공을 통하여 어떤 정치세력에 영향을 미치려 하는지 알 수 있고, 또 정치자금을 제공한 사람과 경제적 이익간의 연계도 추정해 볼 수 있다.

정치자금의 지출내역을 통해서는 후원회지정권자 등 정치활동의 주체들이 국민과 주민의 정치적 의사형성을 위하여 활동한 내역을 확인할 수 있고, 정치활동 주체의 정책방향이 자신이 추구하는 가치와 일치하는지 검토할 수 있으며, 정치자금을 사적경비 혹은 부정한 용도로 지출했는지도 검증할 수 있다.

이를 위하여 정치자금법은 공직선거를 실시하거나, 후원회지정권자 등 정치활동의 주체가 그 지위를 상실하는 등 특정한 사유가 발생하거나, 일정한 기간의 도래에 따라 회계책임자에게 정치자금의 수입·지출에 관한 회계보고를 의무화하고 있다.

2. 회계보고 시기와 보고사항

가. 정기 회계보고

정치자금법에 따라 각 정치활동 주체의 회계책임자는 아래에서 정하는 기한까지 관할 선거관리위원회에 정치자금의 수입과 지출에 관하여 회계보고를 해야 한다(§40①).

첫째, 후원회를 둔 국회의원과 지방의원의 회계책임자는 공직선거에 참여하지 않은 연도에는 매년 1월 1일부터 12월 31일 현재로 다음 연도 1월 31일까지 연간 회계보고를 하고, 공직선거에 참여한 연도에는 매년 1월 1일부터 선거일 후 20일 현재로 선거일 후 30일까지, 선거일 후 21일부터 12월 31일 현재로 다음 연도 1월 31일까지 각각 회계보고를 해야 한다.

둘째, 국회의원과 지방의원후원회 및 중앙당후원회의 회계책임자는 평년도에는 매년 1월 1일부터 6월 30일 현재로 7월 31일까지, 7월 1일부터 12월 31일 현재로 다음 연도 1월 31일까지 반년 단위로 정기 회계보고를 하고, 연간 모금한도액의 2배를 모금할 수 있는 연도에는 매년 1월 1일부터 선거일 후 20일 현재로 선거일 후 30일까지, 선거일 후 21일부터 12월 31일 현재로 다음 연도 1월 31일까지 각각 회계보고를 해야 한다.

셋째, 공직선거의 후보자·예비후보자 및 그 후원회의 회계책임자는 선거일 후 20일 현재로 선거일 후 30일까지 회계보고를 해야 한다. 후보자 또는 예비후보자의 등록이 무효로 된 경우에도 그 회계책임자는 회계보고를 해야 한다.[17]

참고로 대통령선거에서 예비후보자가 정당의 후보자로 선출된 경우 해당 예비후보자의 회계책임자는 후보자등록일 전일 현재를 기준으로 회계보고를 해야 한다. 그 밖에 대통령선거의 정당추천 후보자와 비례대표선거의 선거사무소·선거연락소 회계책임자의 경우에는 정당의 회계보고 기준에 따른다.

넷째, 대통령선거경선후보자, 정당의 당대표·최고위원 경선후보자 및 그 후원회의 회계책임자는 해당 정당의 경선일 후 20일 현재로 경선일 후 30일까지 회계보고를 해야 한다. 이 경우 후원회를 둔 국회의원과 지방의원이 경선에 참여한 경우 그 회계책임자는 다른 규정에도 불구하고 매년 1월 1일부터 경선일 후 20일 현재로 경선일 후 30일까지, 경선일 후 21일부터 12월 31일 현재로 다음 연도 1월 31일까지 회계보고를 해야 한다.

여섯째, 정당의 회계책임자는 공직선거에 참여하지 않은 연도에는 매년 1월 1일부터 12월 31일 현재로 다음 연도 2월 15일까지, 전국을 단위로 실시하는 공직선거에 참여한 연도에는 매년 1월 1일부터 선거일 후 20일 현재로 해당 선거일 후 30일까지, 선거일 후 21일부터 12월 31일 현재로 다음 연도 2월 15일까지 회계보고를 해야 한다.

이 경우 시·도당의 회계보고 기한은 중앙당의 회계보고 집계를 위하여 1월 31일까지로 앞당기고, 대통령선거와 비례대표국회의원선거의 회계보고 기한은 선거일 후 40일까지로 연장된다.

한편, 정당선거사무소의 경우 회계보고의 기준일과 보고기한은

---

17) 중앙선거관리위원회 2000. 4. 18. 회답

정당선거사무소 설치일과 그 폐쇄일을 기준으로 하고, 보궐선거 등에 참여한 연도에 해당 시·도당과 정당선거사무소는 전국을 단위로 공직선거를 실시하는 연도의 회계보고 예에 따른다.

나. 수시 회계보고

정기 회계보고 외에도 정치활동의 주체에게 다음에 해당하는 사유가 발생한 때에는 해당 회계책임자가 그 날부터 14일 이내에 관할 선거관리위원회에 회계보고를 해야 한다(§40②).

① 정당의 등록이 취소되거나 해산한 때
② 후원회를 둔 중앙당창당준비위원회가 소멸한 때
③ 후원회가 자진하여 해산한 때
④ 후원회를 둔 국회의원과 지방의원, 대통령선거경선후보자 또는 정당의 당대표·최고의원 경선후보자가 후원회 지정을 철회하거나 후원회를 둘 수 있는 자격을 상실한 때
⑤ 공직선거의 예비후보자 또는 그 후원회가 선거기간개시일 30일 전에 그 자격을 상실하거나 해산한 때

다. 회계보고 사항

정당과 후원회의 회계책임자는 관할 선거관리위원회에 재산상황, 정치자금의 수입내역, 그리고 회계장부에 기재하는 지출의 상세내역에 관한 회계를 보고해야 한다(§40③).

이 경우 정치자금의 수입내역은 1회 30만 원 초과 또는 연간 300만 원을 초과하여 수입을 제공한 고액기부자의 성명·생년월일·주소·직업·전화번호와 수입일자 및 그 금액을, 그 이하 금액의 수입을 제공한 사람의 경우에는 일자별로 그 건수와 총금액을 보고해야 한다.

다만, 대통령선거의 후보자·예비후보자·경선후보자후원회의 경우에는 고액기부의 기준을 500만 원으로 한다.

후원회지정권자, 대통령선거경선후보자, 정당의 당대표·최고위원 경선후보자, 공직선거의 후보자·예비후보자의 회계책임자는 후원금 또는 소속 정당의 지원금으로 구입하거나 취득한 재산상황과 회계장부에 기재하는 수입·지출의 상세내역에 관한 회계를 보고해야 한다. 이 경우 대통령선거의 정당추천 후보자와 비례대표선거에서는 정당의 회계보고에 따른다.

라. 회계보고 첨부서류

회계책임자가 회계보고를 하는 때에는 수입·지출부, 재산명세서, 수입·지출 총괄표 등 정치활동 주체의 재산상황과 정치자금의 수입과 지출 상세내역에 다음 서류를 첨부해야 한다(§40④).

① 정치자금의 수입과 지출명세서

② 영수증 그 밖의 증빙서류 사본

③ 정치자금을 수입·지출한 예금통장 사본

④ 후원회와 정당의 경우 자체 감사기관의 감사의견서와 대의기관·예산결산위원회의 심사의결서 사본

⑤ 중앙당의 경우 공인회계사의 감사의견서

⑥ 잔여재산 인계의무자의 경우 잔여재산의 인계·인수서. 이 경우 반환·보전비용의 인계·인수서는 반환·보전받은 날부터 30일까지 제출한다.

⑦ 대통령선거에서 정당추천후보자의 선거사무소 회계책임자와 그 예비후보자의 회계책임자의 경우 예비후보자의 선거비용 지출내역서 사본

3. 후원금 고액기부자 인적사항 보고

후원회의 회계책임자가 회계보고를 하는 때에는 1회 30만 원을 초과하거나 연간 300만 원을 초과하여 후원금을 제공한 사람의 성명·생년월일·주소·직업·전화번호, 기부일자 및 기부금액 등을 보고해야 한다. 다만, 대통령선거의 후보자·예비후보자 및 경선후보자 후원회의 회계책임자가 보고해야 하는 연간 기부액의 기준은 500만 원 초과로 한다(규칙 §40③).

참고로 당비의 경우에는 아무리 고액을 납부하더라도 관할 선거관리위원회에 보고대상이 아니다. 당연히 공개도 되지 않는다. 당비의 경우에는 오직 소속 당원만이 납부할 수 있으므로, 그 신원을 비밀에 부쳐 정당활동의 자유를 두텁게 보호하기 위한 취지로 보인다. 이에 따라 공직선거에서 정당의 후보자 추천과 관련된 특별당비의 불편한 문제도 함께 봉인되어 법관의 영장으로도 열기 어려운 판도라의 상자 안에서 보호되고 있다.

이러한 문제점 때문에 중앙선거관리위원회는 2000년대 중반부터 고액당비의 납부를 금지하거나, 월 1천만 원을 초과하여 당비를 납부한 당원의 명단을 공개하자는 제안을 하였으나, 주요 정당이 반대를 하니 제도개선에 반영되었을 리가 없다.

일부 언론보도에 따르면 동시지방선거를 실시하는 연도의 당비 수입액이 전국 단위의 선거가 없는 연도에 비하여 3배 내지 5배 정도 많은 것으로 분석되었다.

예컨대, 전국적인 선거가 실시되지 않았던 2019년도 2분기 주요 정당별 당비 수입액은 더불어민주당의 경우 33억 6,200만 원, 국민의힘의 경우 20억 4,600만 원에 불과했으나, 전국동시지방선거를 실시한 2022년 2분기의 주요 정당별 당비 수입액은 더불어민주당의 경우 111억 1,300만 원, 국민의힘의 경우 99억 7,300만 원으로 폭증한 것이다. 2022년도 2분기의 경우 1억 원이 넘는 고액의 당비를 납부받은 경우가 48건이나 되었고, 심지어 한번에 15억 원의 당비를 납부한 사례도 있었다고 한다.[18]

유권자의 정당지지에 대한 지역편중 현상이 고착화된 정치현실에서 국민주권의 원리가 지역주의에 터 잡은 정당의 공천주권으로 대체될 위기에 처해 있으므로, 누가 고액의 당비납부를 통하여 정당의 의사결정에 영향을 미치려 하는지 이제는 정치자금 공개의 원칙에 따라 일반 국민도 그 실체를 알아야 할 때가 되었다.

4. 회계보고서 연대서명과 내부통제

후보자 선거사무소의 회계책임자가 회계보고를 하는 때에는 해당 후보자와 선거사무장의 연대 서명·날인을 받아야 한다. 또한 정당이 설치하는 대통령선거와 비례대표선거의 선거사무소·선거연락소의 회계책임자가 회계보고를 하는 때에는 해당 정당 대표자의 연대 서명·날인을 받아야 한다. 다만, 선거연락소의 경우에는 선거연락소장의 서명·날인을 받는다(§40⑤).

후원회와 정당의 회계책임자가 회계보고를 하는 때에는 대의기관 또는 예산결산위원회의 심사·의결을 거쳐야 하며, 그 의결서 사본과 자체 감사기관의 감사의견서를 각각 첨부해야 한다. 후원회와 정당의 대의기관에는 그 수임기관을 포함한다.

아울러 중앙당과 그 후원회의 회계책임자가 회계보고를 하는 때에는 해당 정당의 당원이 아닌 사람 중에서 공인회계사를 선임하고 감사를 의뢰하여 그 의견서를 함께 첨부해야 한다(§40④).

18) https://www.sisajournal.com/news/articleView.html?idxno=245102

본 조항은 공공성이 강한 정치자금의 수입·지출에 관하여 해당 정치자금의 집행주체가 자율적으로 내부통제를 강화함으로써 그 집행의 투명성과 진실성을 확보하기 위한 것이다.

5. 회계보고서 열람·공람 및 사본 교부

회계책임자로부터 회계보고를 받은 선거관리위원회는 회계보고 마감일부터 7일 이내에 그 사실과 열람·사본교부의 기간 및 사본교부에 필요한 비용 등을 공고하고, 회계책임자가 보고한 재산상황, 정치자금의 수입·지출내역 및 첨부서류를 그 사무소에 비치한 후 6개월간 누구든지 볼 수 있도록 해야 한다.

이후에도 정보공개법에 터 잡아 회계보고서의 열람이나 사본교부를 청구할 수 있다.[19] 정치자금 수입·지출의 투명성은 선거관리위원회 등 국가기관뿐만 아니라 국민 모두가 적극적인 감시자로 나섰을 때 비로소 확보될 수 있기 때문이다. 다만, 선거비용에 관해서는 6개월이 지나면 공개하지 않는다(§42②). 선거범죄에 관한 공소시효를 6개월로 정한 것처럼 선거결과와 당선의 효력을 조속히 확정하여 법적 안정성을 확보하기 위한 취지다.

과거 정치자금법에서 회계보고서의 열람기간을 3개월로 제한하였으나, 2021년 5월 관련 규정에 대한 헌법재판소의 위헌결정에 따라 2024년 2월 보완입법을 통하여 그 기간이 연장되었다. 해당 사건에서 헌법재판소는 열람기간을 3월간으로 제한하였던 당시의 규정이 정치자금을 둘러싼 법률관계 또는 분쟁을 조기에 안정시키고, 선거관리위원회가 방대한 양의 자료를 보관하면서 열람을 허용하는 데 따르는

19) 서울행정법원 2001. 12. 18. 선고 2001구29533 판결

업무부담을 줄이기 위한 것으로 입법목적을 달성하기 위한 측면에서는 적합한 수단으로 평가하였다.

그러나 헌법재판소는 정치자금 자료에 대한 국민의 자유로운 접근을 허용하고 국민 스스로 정치자금의 투명성을 살필 수 있도록 하는 것은 정치자금법의 입법목적과 기본원칙에 부합하고, 이는 정치자금의 투명성 강화와 부정부패 근절이 시대정신이 된 지금에 와서는 더욱 그 필요성이 인정된다고 보았다. 아울러 정치자금의 지출내역 등은 정치인이 어떻게 활동하는지 보여주는 핵심적 지표로서 유력한 평가자료가 되므로, 국민의 정치자금 자료에 대한 접근 제한은 필요 최소한으로 이루어져야 한다고 강조하였다.

또한, 열람기간이 공직선거법상의 단기 공소시효조차 완성되지 않은 공고일부터 3개월 후에 만료된다는 점에서 지나치게 짧은 반면, 선거관리위원회가 데이터 생성·저장 기술의 발전을 이용해 자료 보관·열람 등의 업무부담을 상당 부분 줄여온 점 등을 고려하면, 열람기간을 3개월로 제한하고 있는 조항은 과잉금지원칙에 위배되어 청구인의 알권리를 침해한다고 결정한 바 있다.[20]

한편, 누구든지 관할 선거관리위원회에 서면으로 회계보고서, 정치자금의 수입·지출내역과 첨부서류에 대한 사본교부를 신청할 수 있다. 이 경우 영수증과 그 밖의 증빙서류 사본, 정치자금을 수입·지출한 예금통장 사본은 교부대상에서 제외하고, 사본교부에 필요한 비용은 그 교부를 신청한 사람이 부담한다(§42③).

참고로 후원회에 연간 300만 원 이하를 기부한 사람의 인적 사항과 금액은 공개하지 않는다. 이 경우 대통령선거와 관련된 후원회의 연간 후원금 공개기준은 500만 원으로 한다(§42④).

---

20) 헌법재판소 2021. 5. 27. 선고 2018헌마1168 결정

6. 회계보고에 대한 이의신청과 검증

선거관리위원회에 보고된 재산상황, 정치자금의 수입·지출내역 및 첨부서류에 관하여 이의가 있는 사람은 그 이의에 대한 증빙서류를 첨부하여 열람기간 중 관할 선거관리위원회에 서면으로 이의신청을 할 수 있다(§42⑥).

이의신청을 받은 관할 선거관리위원회는 이의신청을 받은 날부터 60일 이내에 이의신청 사항을 조사·확인하고 그 결과를 신청인에게 통보해야 한다. 다만, 다음 중 어느 하나에 해당하는 경우에는 선거관리위원회의 조사·확인 대상에서 제외한다(§42⑦). 법은 사소한 것에 관심을 두지 않기 때문이다.

① 지출금액이 20만 원 이하로서 봉사료 등 사회통념상 영수증을 받을 수 없는 경우

② 택시·버스 등 대중교통수단이나 무인판매기 등 법령에 따라 영수증을 발행하지 않는 경우

③ 영수증 그 밖의 증빙서류를 구비할 수 없는 불가피한 사유가 있는 경우

한편, 선거비용에 관하여 이의신청을 받은 관할 선거관리위원회는 회계책임자 등에게 이의사실에 대한 소명자료를 제출하도록 통지해야 하고, 회계책임자 등은 그 날부터 7일 이내에 소명자료를 제출해야 한다. 이 경우 관할 선거관리위원회가 그 소명자료를 제출받은 경우에는 그 이의신청 내용과 소명내용을 공고하고, 그 사실을 해당 이의신청인에게 통지해야 한다(§42⑧).

선거관리위원회가 회계장부 또는 회계보고서의 내용 중 정치자금법에 위반되는 사실을 발견하면 관할 수사기관에 고발 또는 수사의뢰 그 밖에 필요한 조치를 해야 한다(§43③).

7. 회계장부의 인계 · 보존

회계책임자가 회계보고를 마친 후에는 해당 선임권자에게 정치자금영수증 원부, 당비영수증 원부, 회계장부, 정치자금의 수입 · 지출에 관한 명세서, 영수증 그 밖의 증빙서류, 예금통장, 지출결의서 및 구입 · 지급품의서를 인계해야 한다(§44①). 다만, 회계책임자는 선임권자의 동의를 얻어 관할 선거관리위원회에 회계장부 등의 보존을 위탁할 수 있다(§44②).

해당 서류를 인수받은 선임권자는 회계책임자가 회계보고를 마친 날부터 3년간 보존해야 한다. 보존의무를 위반하면 일반 정치자금의 경우에는 각종 제한규정위반죄가 적용되어 3년 이하의 징역 또는 600만 원 이하의 벌금에 처하고(§46 6.), 선거비용의 경우 선거비용 관련 위반행위에 관한 벌칙이 적용되어 2년 이하의 징역 또는 400만 원 이하의 벌금에 처한다(§49② 9.).

이러한 회계장부 보존의무에 대하여 헌법재판소는 해당 조항이 규정하고 있는 회계장부 · 명세서 · 영수증을 보존하는 행위는 진술거부권의 보호대상이 되는 '진술' 즉 언어적 표출의 등가물로 볼 수 없어 헌법에 따른 진술거부권을 침해하지 않는다고 보았다.[21)]

아울러 판례는 '영수증 그 밖의 증빙서류'는 영수증에 준하여 금전지급 사실을 증명하는 문서에 한정되는 것으로 보아 선거사무원의 출석일수에 따른 수당을 지급하기 위하여 작성한 선거사무원 출석부는 이에 해당하지 않으므로, 회계책임자가 선임권자에게 인계해야 하는 서류에 포함되지 않는다고 판시하였다.[22)]

---

21) 헌법재판소 2005. 12. 22. 선고 2004헌바25 결정

22) 대전고등법원 2012. 7. 4. 선고 2012노157 판결

제 4 절

정치자금 회계제도를 둘러싼 쟁점

1. 미지급 선거사무원 수당의 지급책임자

2004년 4월 실시한 제17대 총선에서 서울 구로갑 선거구에 출마한 △△△△연합 위원장이 후보자로서 선거사무소를 운영하면서 사무장에 대한 지시를 통하여 특정인을 선거기간 중 유세차량의 운전기사로 고용하였으나 선거사무원 수당을 지급하지 않아 해당 후보자가 근로기준법 위반으로 기소된 사건이 있었다.

해당 사안에서 피고인은 선거사무소가 근로기준법에 따른 사업장에 해당하지 않고, 선거사무원은 근로기준법에 따른 근로자로 볼 수 없으며, 관계 법령에 따라 회계책임자가 아니면 선거비용을 지출할 수 없는 관련 조항의 제한 때문에 회계책임자가 아닌 자신은 미지급한 수당을 지급할 권한이 없으므로, 근로기준법 위반에 대한 고의 또는 책임이 없다는 취지로 항변한 바 있다.

이에 대하여 법원은, 후보자가 선거운동을 위하여 일정한 장소에서 선거사무소를 설치하고, 사람을 고용하여 자신의 지휘·감독하에 선거홍보를 하게 하면서 일정기간 계속해서 운영한 선거사무소를 근로기준법에서 정한 사업장에 해당한다고 보았다.

아울러 법원은 후보자의 선거사무소에 선임되어 관할 선거관리위원회에 신고를 마친 선거사무원이라도 후보자와 사이에 일급제로 금전을 지급받기로 약정하고 후보자의 지시·감독을 받아 소정의 근로를 제공하였을 경우 해당 선거사무원은 근로기준법에 따른 근로자에 해당한다고 인정하였다.

특히 법원은 회계책임자가 선임·신고된 후에는 회계책임자가 아니면 선거비용을 지출할 수 없다고 규정하고 있는 관련 조항의 취지는 모든 선거비용을 단일하고 공식적인 창구의 역할을 하는 회계책임자에 의하여 지출하게 함으로써 선거비용의 지출에 투명성을 보장하기 위한 것으로, 선거와 관련하여 부담하게 되는 모든 비용에 대한 종국적인 지급책임이 회계책임자에게 있다는 취지는 아니라고 그 책임의 한계를 명확하게 밝혔다.

따라서 후보자로서 선거사무소의 운영에 대한 총책임자인 피고인에게 선거사무원에 대한 미지급 수당의 최종적인 지급책임이 있고, 그럼에도 불구하고 피고인이 이를 지급하지 않았으므로 근로기준법 위반에 따른 처벌이 정당하다고 보았다.[23)]

한편, 선거홍보물의 잔금을 지급하지 않은 경우에도 법리적으로 중대한 함의(含意)가 있다. 잔금을 지급하면 선거비용제한액의 0.5%를 초과하여 선거비용부정지출죄가(공직선거법 §258) 성립될 가능성이 있는 경우 이를 회피하기 위하여 의도적으로 채무를 변제하지 않는 사례도 발생하기 때문이다. 해당 범죄로 회계책임자에게 300만 원 이상의 벌금형이 확정되면 후보자의 당선이 무효로 된다.

그러나 공직선거법에서 지출이란 '선거비용의 제공·교부 또는 그 약속'을 말한다(§119③). 따라서 선거비용제한액 초과지출 여부를 판단할 때에는 변제의무가 있는 채무를 지출액에 포함하여 산정하므로, 채무를 변제하지 않는 것은 법적으로 그 실익이 없다.

---

23) 대법원 2007. 10. 26. 선고 2005도9218 판결

2. 후보자 · 예비후보자 후원금의 소급지출 범위

후원회를 둔 후보자·예비후보자의 회계책임자는 후원회로부터 기부받은 후원금을 후원회 등록 전에 지출원인이 발생한 용도로 지출할 수 없다. 다만, 공직선거법에서 허용하는 선거운동을 위하여 지출한 경우에는 후원회 등록 전에 지출원인이 발생하였더라도 지출할 수 있되, 인터넷 홈페이지를 이용한 선거운동과 예비후보자공약집은 여기에서 제외한다(§36⑤ 본문).

인터넷 홈페이지를 활용한 선거운동은 시기에 제한이 없이 언제든지 가능한 선거운동방법이므로 그 비용을 정확하게 추산하기 어렵고, 예비후보자공약집은 통상적인 방법으로 판매해야 하기 때문에 후원금 지출과 어울리지 않는다(공직선거법 §60의4①).

참고로 선거에 관한 여론조사는 법리상 선거운동이 아니므로 후원회 등록 전에 그 조사계약이 이루어졌다면, 해당 여론조사비용은 후원회로부터 기부받은 후원금으로 지출할 수 없다.[24] 비록 4회를 초과한 여론조사 비용은 선거비용에 산입하지만, 여론조사가 본질적으로 선거운동이 아닌 한 결론은 달라지지 않는다.

후원금 소급지출 금지의 원칙이 적용되는 신분은 공직선거의 후보자와 예비후보자뿐이므로, 국회의원에게는 이러한 제한이 적용되지 않는다. 따라서 후원회를 두지 않은 국회의원이 의정활동 등 정치활동을 위하여 지출원인행위를 한 후, 해당 국회의원후원회가 등록되어 그 후원회로부터 기부받은 후원금을 후원회 등록 전의 지출원인이 발생한 용도로 지출할 수 있다.[25] 이러한 법리는 지방의원에게도 동일하게 적용되는 것으로 보인다.

24) 중앙선거관리위원회 2010. 2. 25. 회답
25) 중앙선거관리위원회 2009. 11. 20. 회답

3. 선거비용 관련 정치자금범죄의 공소시효

2010년 6월 실시된 제5회 동시지방선거에서 군수선거에 출마하여 당선된 사람이 선거기간 중인 2010년 5월 하순경 건설회사 운영자로부터 불법 선거운동 자금으로 1억 7,000만 원을 제공받아 사용하는 등 회계책임자에 의하지 않고 선거비용을 수입 · 지출하였다는 범죄사실로 기소된 사건이 있었다.

피고인은 정치자금법 제49조가 회계책임자에 의하지 않고 선거비용을 수입 · 지출한 행위에 대한 처벌을 규정하면서, 그 내용의 실질은 선거범죄임에도 공직선거법과 달리 단기의 공소시효 특칙을 함께 규정하지 않음으로써 자신의 평등권과 공무담임권을 침해한다고 주장하며 재판부에 해당 규정에 대한 위헌법률심판 제청신청을 하였으나 기각되자 헌법소원심판을 청구하였다.

청구인은 심판대상 조항이 2005년 8월 정치자금법의 전부개정에 따라 구 공직선거법에 규정된 내용을 그대로 옮겨 온 것인데, 정치자금법에 해당 조항을 신설하면서 단기의 공소시효에 관한 특칙을 두지 않은 부진정입법부작위로[26] 인하여 공소시효가 5년으로 늘어나 공직선거법의 적용을 받는 다른 선거범죄와 합리적 이유 없이 차별하여 청구인의 평등권을 침해하고, 공직의 임기인 4년보다도 더 장기인 5년의 공소시효의 적용을 받게 함으로써 청구인의 공무담임권을 과도하게 침해한다고 주장하였다.

이러한 청구인의 주장에 대하여 헌법재판소는 선거 때마다 금권선거가 끊이지 않았던 우리 선거풍토의 현실에 비추어 볼 때, 불법 선거자금의 수입·지출을 규제하는 심판대상 조항에 일반 형사소송법상 5

---

26) 부진정입법부작위란, 입법권자가 법률을 제정하였지만 내용이 불충분하거나 불완전해 입법자의 헌법적 책무를 다하지 못한 경우를 말한다. 참고로 입법권자가 입법 자체를 하지 않은 경우는 진정입법부작위라 한다.

년의 공소시효를 적용한 것은 선거가 끝난 이후에도 형사처벌이 가능하도록 함으로써 금권선거를 억제하고 선거의 공정을 기해야 할 필요성에 따른 입법자의 결단으로 판단하였다.

아울러 정치자금법은 선거비용 이외의 정치자금에 대해서도 회계책임자에 의하지 않은 수입·지출행위를 처벌하고 있는데, 유독 선거비용에 관한 범죄에 대해서만 단기 공소시효의 특칙을 규정한다면 이는 정치자금법 전체의 법체계에도 맞지 않을 뿐만 아니라 정치자금 중에서도 선거비용이냐 아니냐에 따라 공소시효가 달라지는 불합리한 결과를 가져올 수 있다고 보았다.

특히 선거비용에 관한 범죄 중 선거비용제한액을 초과지출한 경우에 적용되는 공직선거법 제258조의 '선거비용 부정지출죄'는 공직선거법상 단기 공소시효 특칙을 적용받도록 하여, 일반 형사소송법상의 공소시효를 적용받는 정치자금 범죄와 구별하는 것에는 나름 합리적인 이유가 있고, 심판대상 조항으로 인하여 청구인의 임기 4년보다 더 장기인 5년의 공소시효를 적용받는다 하여 청구인의 공무담임권이 침해될 여지는 없다고 판단하였다.[27)]

4. 정당후원회 허용의 잊힌 조건

2002년 불법 대선자금의 여파로 정당후원회제도가 폐지되어 정당이 개인으로부터 후원금을 기부받을 수 없게 되자 2009년 12월 ▼▼신당 사무총장과 노동조합 조합원들이 당원으로서 권리·의무가 없는 '후원당원' 제도를 이용하여 1억 8,000여만 원의 불법 정치자금을 수수함에 따라 2012년 10월 기소된 사건이 있었다.

27) 헌법재판소 2015. 2. 26. 선고 2013헌바176 결정

피고인들은 재판부에 정당후원회를 금지하고 정치자금법에 따르지 않는 정치자금 수수행위를 처벌하는 조항에 대하여 위헌법률심판제청신청을 하였으나 기각되자, 2013년 헌법재판소에 헌법소원심판을 청구하였다.

헌법재판소는 정당이 국민 속에 뿌리를 내려 국민의 의사와 이익을 대변하고, 이를 국가와 연결하는 중개자로서의 역할을 수행하기 위해서는 정치적으로 뿐만 아니라 재정적으로도 국민의 동의와 지지에 의존해야 하며, 정당 스스로 국민들로부터 그 재정을 충당하기 위해 노력해야 한다고 보았다.

이러한 의미에서 헌법재판소는 정당이 당원과 후원자로부터 정당의 목적에 따른 활동에 필요한 정치자금을 모금하는 것은 정당의 조직과 기능을 원활하게 수행하는 필수적인 요소이자 정당활동의 자유를 보장하기 위한 필수불가결한 전제로 판단하였다.

실제 정당후원회가 폐지되기 전인 2005년 주요 정당의 수입구조를 살펴보면, 정당의 재정에서 국고보조금이 차지하는 비중은 한나라당 65.5%(115억 원), 열린우리당 54.6%(119억 원)였으나, 정당후원회제도가 폐지된 이후에는 국고보조금의 비중이 점차 확대되어, 2012년에는 새누리당 65.6%(518억 원), 민주통합당이 68.2%(431억 원)로 상승하여 국고보조금 의존도가 심화되었다.

이러한 점들을 감안하여 헌법재판소는 정당후원회를 허용하지 않은 조항이 정당활동의 자유와 국민의 정치적 표현의 자유를 과도하게 침해한다며 헌법불합치결정을 하면서, 정당후원회를 허용할 경우 정치자금을 더욱 투명하게 운영할 수 있도록 후원금과 국고보조금제도의 개선도 병행되어야 한다는 점을 밝혔다.

예컨대, 헌법재판소는 1회 10만 원 이하, 연간 120만 원 이하의 후원금은 익명으로 기부할 수 있고, 1회 30만 원 또는 연간 300만 원을 초과하여 후원금을 기부한 사람의 경우에는 성명·생년월일·주소·

직업·전화번호와 수입일자 및 그 금액을, 그 이하의 후원금을 기부한 사람의 경우에는 일자별로 그 건수와 총금액만을 보고하도록 규정하고 있어, 일반 국민들에게 정치자금의 상세한 기부내역이 공개되지 않고 있다는 점을 문제점으로 지적하였다.

이에 대한 대안으로 헌법재판소는 외국의 입법례와 같이 익명 기부를 전면 금지하고, 모든 기부내역에 대하여 기부자의 직업을 포함한 상세한 인적사항과 자금 출처를 완전하게 상시적으로 공개하여 투명성을 높이는 방안 등을 세심하게 마련할 필요가 있다며 정치자금 공개에 관한 개선방안을 밝힌 바 있다.[28]

정치자금제도에 대한 깊은 통찰을 기초로 헌법재판소는 정당후원회를 되살리는 조건으로 정치자금 수입의 투명성을 강화하기 위한 제도적 보완책을 제시하였으나, 아직 그 목소리에 주의를 기울이는 입법권자를 찾아보기 어렵다. 입법권자에게는 잊힌 약속일지언정 주권자만은 이를 헌법적 언약으로 인식하여 제도적 보완책이 입법에 반영될 수 있도록 지속적으로 요구할 필요가 있다.

28) 헌법재판소 2015. 12. 23. 선고 2013헌바168 결정

제 7 장

보전비용 · 후원금 등 잔여재산 처분

우리 헌법은 선거에 관한 경비는 법률이 정하는 경우를 제외하고 정당 또는 후보자에게 부담시킬 수 없도록 선거비용 공영제를 선언하고 있고, 공직선거법은 이를 선거비용보전제도로 구체화하고 있다.

그러나 선거비용보전제도가 후원회제도와 중층적으로 적용되거나, 정당의 지원금까지 더해지게 된다면 선거가 후보자의 재산증식 수단으로 악용되어 제도 도입의 취지가 몰각(沒却)될 우려가 있다.

이 장에서는 이를 방지하기 위한 제도로서 보전비용 · 후원금 등 잔여재산에 대한 후보자와 후원회의 처분방법에 관하여 살펴본다.

제 1 절

보전비용 등 후보자의 잔여재산 처리

1. 낙선자와 단체장선거 당선자는 잔여재산 인계

공직선거에서 낙선한 후보자와 자치단체장선거에서 당선된 후보자가 후원회의 후원금 또는 정당의 지원금으로 기탁금이나 선거비용을 지출한 후, 개표 결과 10% 또는 15% 이상을 득표하여 관할 선거관리위원회로부터 기탁금을 반환받고 선거비용을 보전받으면 정치자금이 남게 될 가능성이 높다. 이처럼 정치자금이 남게 되면, 반환된 기탁금과 보전받은 선거비용은 반환 또는 보전받은 날부터 20일 이내에 정당추천 후보자는 소속 정당에, 무소속 후보자는 공익법인 또는 사회복지시설에 인계해야 한다.

이 경우 기탁금을 반환받거나 선거비용을 보전받기 전 후보자의 정치활동이나 선거운동을 위하여 해당 후보자의 차입금이나 자신의 재산으로 지출한 비용을 모두 공제하고 남은 잔액을 인계한다(§58①). 즉, 선거를 치루고 남은 잔여 정치자금만이 소속 정당이나 공익법인 또는 사회복지시설에 인계대상인 것이다.

여기에서 '자신의 재산으로 지출한 비용'이란 정치자금법에 따라 회계처리된 것으로서 지출시기를 불문하고 해당 선거에서 후보자 본인의 재산으로 지출한 정치자금을 말한다.[1] 당연히 해당 정치자금에는 선거비용은 물론이고 선거사무실 임차비용 등 선거비용으로 보지 않는 정치자금을 포함한다.

참고로 낙선한 국회의원과 지방의원의 경우 반환받은 기탁금과 보전받은 선거비용을 임기만료 전까지 자신의 정치자금으로 사용할 수 있고, 그 사용금액은 인계대상 비용에서 공제할 수 있다.

정당추천 후보자가 반환 기탁금과 보전받은 선거비용을 소속 정당에 인계할 당시 후보자의 정치활동에 소요된 경비를 공제하지 않은 것이 중대한 착오에 의한 것이라면, 정당이 해당 비용을 당사자에게 반환할 수 있고, 당사자가 정당으로부터 비용을 반환받아 이를 지출한 때에는 그 내역을 추가로 회계처리하고 관할 선거관리위원회에 보고해야 한다.[2)]

예컨대, 후원회로부터 기부받아 사용하고 남은 잔여재산을 정당에 인계할 당시 중대한 착오로 사무실 임대료의 일부를 지급하지 않고 소속 정당에 인계하였다면, 정당이 해당 비용을 당사자에게 반환하더라도 공직선거법에 따른 기부행위 위반이나 정치자금법에 따른 사적경비 또는 부정한 용도의 지출이 아닌 것이다.[3)]

한편, 후보자가 기탁금을 반환받고 선거비용을 보전받았으나, 소속 정당의 등록이 취소된 경우에는 일단 소속 정당에 인계한 후 해산된 정당의 잔여재산 처분절차에 따라 처분해야 한다.

2005년 8월 정치자금법이 개정되기 전에는 정당으로부터 선거비용을 지원받은 후보자가 후원회를 두어 후원금을 모금하고 선거 후에는 다시 선거비용을 보전받아 선거를 치르고 나면 오히려 재산이 증가하는 사례도 다수 발생하였다. 선거비용 공영제가 후원회제도와 중층적으로 적용됨에 따라 발생한 부작용이다.

1) 중앙선거관리위원회 2010. 6. 4. 회답
2) 중앙선거관리위원회 2008. 7. 29. 회답
3) 중앙선거관리위원회 2009. 6. 30. 회답

다행히 2005년 8월 정치자금법이 현행의 내용으로 보완되면서 선거가 후보자들의 재테크로 활용되는 희극은 더 이상 연출되지 않는다. 2005년 한때 우리는 입법자의 양심을 보았다.

참고로 정당이 소속 후보자에게 정치자금을 지원하는 것은 그 자금의 원천이 당비이든 국고보조금이든 정치자금법과 공직선거법에 따른 적법한 행위이다. 무소속 후보자가 잔여 정치자금을 공익법인 또는 사회복지시설에 인계하는 행위도 일종의 구호적·자선적 행위로서 공직선거법상 기부행위가 아니다.[4]

2. 의원선거 당선자는 정치자금으로 계속 사용

국회의원선거 또는 지방의원선거의 당선자는 반환받은 기탁금과 보전받은 선거비용에서 차입금을 포함한 자신의 재산으로 지출한 비용을 공제한 후 남은 정치자금이 있더라도 이를 소속 정당이나 사회복지시설 등에 인계할 필요가 없이 자신의 정치활동에 소요되는 비용으로 계속 사용할 수 있다.

이 경우 해당 자금을 불투명하게 현금화하여 사용해서는 안 된다. 만일 후원회를 둔 국회의원 또는 지방의원이 선거에서 다시 당선되었다면, 보전비용 등을 후원회로부터 후원금을 기부받는 계좌에 입금하여 정치자금으로 지출할 수 있고, 후원회를 두지 않고 당선된 국회의원이나 지방의원이라면 자신의 명의로 개설한 예금계좌에 입금하여 정치자금으로 지출해야 한다(§58②).

후보자·예비후보자·선거사무장 또는 회계책임자가 해당 선거와 관련하여 공직선거법에 따른 선거범죄 또는 정치자금법에 따른 선거

4) 공직선거법 제112조제2항제3호 마목 참조.

비용 관련 범죄를 저질러 유죄의 판결이 확정되거나 선거비용제한액을 초과하여 지출한 경우에는 보전할 비용 중 그 위법행위에 소요된 비용 또는 선거비용제한액을 초과하여 지출한 비용의 2배에 해당하는 금액은 이를 보전하지 않는다(공직선거법 §135의2②). 이 경우 이미 선거비용을 보전받은 경우라면 후원회로부터 기부받은 정치자금으로 반환할 수 있다.[5)]

후원회를 두지 않은 국회의원과 지방의회의원이 자신의 명의로 개설한 예금계좌에 입금한 자금을 모두 지출한 때에는 관할 선거관리위원회에 반환 기탁금 및 보전비용의 처리결과를 보고해야 한다(§58③). 후원회를 둔 국회의원이나 지방의원의 경우에는 정기 회계보고에 해당 내용을 포함하여 보고하면 된다.

반환 기탁금과 보전받은 선거비용의 처리결과를 보고하는 신고서에는 당초 납부한 기탁금과 선거비용으로 지출한 비용의 조달 재원을 적고, 보전비용 등의 지출내역에는 정치자금을 지출하는 때의 회계처리 예와 같이 지출을 받은 사람의 성명, 주소, 직업, 전화번호 등 자세한 내용을 적어야 한다.[6)]

3. 인계하지 않은 잔여재산의 국고 귀속

후보자가 인계해야 하는 기탁금과 선거비용을 반환 또는 보전받은 날부터 20일 이내에 소속 정당이나 사회복지시설 등에 인계하지 않은 경우에는 이를 국고에 귀속시켜야 한다(§58④). 이를 위반하여 국고에 귀속시키지 않은 경우에는 정치자금법에 따라 200만 원 이하의 벌금에 처해질 수 있다(§48 4.).

5) 중앙선거관리위원회 2005. 11. 9. 회답
6) 정치자금사무관리 규칙 별지 제50호서식 참조.

관할 선거관리위원회는 국고 귀속대상 잔여 정치자금이 있는 것을 확인한 때에는 10일간의 납부기한을 정하여 해당 후보자의 회계책임자에게 납부를 명해야 한다. 납부기한까지 해당 후보자의 회계책임자가 납부하지 않은 경우 관할 선거관리위원회는 10일간의 기한을 정하여 독촉장을 발부한다.

독촉장을 받은 회계책임자가 지정된 납부기한까지 잔여 정치자금을 납부하지 않으면 관할 선거관리위원회가 지체 없이 관할 세무서장에게 징수를 위탁하고, 관할 세무서장이 국세체납처분의 예에 따라 이를 징수한다.

참고로 후보자가 선거비용을 보전받은 날부터 20일 이내에 잔여재산을 소속 정당이나 공익법인 또는 사회복지시설에 인계하지 않으면 100만 원 이하의 과태료에 처한다(§51③ 5.). 과태료 통지를 받은 날부터 60일 안에 해당 과태료를 납부하지 않으면 관할 선거관리위원회는 10일간의 기한을 정한 독촉장을 발부하고, 그 기한까지 과태료를 납부하지 않은 때에는 관할 세무서장에게 징수를 위탁한다.

과태료가 부과 · 징수되었다고 보전비용 등 잔여재산에 대한 국고귀속 의무가 소멸되는 것은 아니다.

제 2 절

후보자에 대한 정당 지원금 잔액 반환

1. 후보자에 대한 정당의 정치자금 지원

정당이 소속 국회의원이나 공직선거의 후보자 또는 예비후보자에게 정치자금을 지원하는 행위는 통상적인 정당활동과 관련한 행위로서 공직선거법에 따른 기부행위로 보지 않는다.[7)]

2010년 1월 공직선거법의 관련 규정이 개정되기 전에는 선거비용제한액의 범위에서 정당이 소속 후보자에게 선거비용을 지원하는 행위만이 허용되었으나, 2010년 1월 해당 법률의 개정에 따라 그 지원의 범위가 확장되었다. 따라서 지방의원에 대한 소속 정당의 정치자금 지원은 여전히 근거가 없지만, 해당 선거의 후보자 또는 예비후보자에게 정당의 정치자금 지원은 가능하다.

한편, 국고보조금 중 경상보조금은 10% 이상을 여성정치발전을 위하여 사용하도록 용도가 제한되어 있고(§28②), 여성정치발전을 위한 경상보조금의 구체적인 사용 용도로써 여성 국회의원과 지방의원의 정치활동 지원 관련 경비가 있으므로, 남성 지방의원과 달리 여성 지방의원에게는 소속 정당이 정치자금법에 근거하여 정치자금을 지원할 수 있다.

---

7) 공직선거법 제112조제2항제1호 다목 참조.

정당의 회계책임자가 정책연구소, 시 · 도당, 정당선거사무소, 소속 국회의원과 지방의원, 공직선거의 후보자 또는 예비후보자에게 정치자금을 지원하는 때에는 관할 선거관리위원회에 신고된 예금계좌에 입금하는 방법으로 지급해야 한다(규칙 §35④). 이 경우 후원회를 두지 않은 국회의원과 지방의원은 그 명의로 별도 개설한 예금계좌에 입금한다.

2. 후보자의 정당 지원금 집행잔액 반환

정당의 회계책임자로부터 정치자금을 지원받은 정당선거사무소, 국회의원과 지방의원, 공직선거의 후보자 또는 예비후보자의 회계책임자는 정치자금을 지출하고 남은 잔액이 있는 때에는 그 잔액을 해당 정당의 회계책임자에게 반납해야 한다(규칙 §35④).

해당 규정의 취지는 정당이 정치자금의 종류를 불문하고 정당선거사무소, 국회의원과 지방의원, 공직선거의 후보자 또는 예비후보자에게 지원금을 교부한 경우 그 잔액을 정당의 회계책임자에게 반환하도록 함으로써 해당 정치자금이 사적경비 또는 부정한 용도로 지출되지 않도록 방지하기 위한 것으로 보인다.

정당이 지원한 정치자금 잔액을 정당의 회계책임자에게 반납하는 경우 후원회를 두지 않은 국회의원과 지방의원은 영수증 그 밖의 증빙서류를 정당의 회계책임자에게 제출하여 정산해야 한다. 국회의원이나 지방의원이 후원회를 두지 않은 경우에는 회계보고 의무가 없기 때문에 정당의 회계책임자로 하여금 관할 선거관리위원회에 회계보고를 하는 때에 정당 지원금에 대한 영수증 등 증빙서류를 제출하게 하기 위함이다.

제 3 절

지정권자의 신분변화에 따른 후원회 처리

1. 예비후보자후원회는 후보자후원회로 간주

후원회는 해당 후원회지정권자가 후원회를 둘 수 있는 자격을 상실하거나 후원회의 지정을 철회한 때 또는 정관 등에 정한 해산사유가 발생한 때에 해산하는 것이 원칙이다(§19① 본문). 그러나 공직선거법에 따른 선거가 진행되면서 후원회지정권자의 신분이 예비후보자, 후보자, 당선인으로 변화되더라도 그 신분이 여전히 후원회를 둘 수 있는 자격을 가지고 있다면, 정치자금법은 기존의 후원회를 변화된 신분의 후원회로 인정한다.

예컨대, 후원회를 둔 대통령선거 · 국회의원선거 · 지방의원선거 · 지방자치단체장선거의 예비후보자가 해당 선거의 후보자로 등록한 때에는 그가 지정하였던 예비후보자후원회는 각각 해당 선거의 후보자후원회로 본다(§19① 단서). 이 경우 정치자금법에 따라 예비후보자 후원회를 해당 후보자의 후원회로 간주하므로 별도로 관할 선거관리위원회에 신고할 필요가 없다.

참고로 후원회가 해산된 경우 관할 선거관리위원회에 신고해야 하지만, 국회의원과 지방의원의 임기만료, 후보자 또는 예비후보자의 신분상실로 후원회가 해산된 경우에는 그렇지 않다(§19③).

2. 당선인의 후보자후원회는 의원후원회로 존속

후원회를 둔 국회의원후보자 또는 지방의원후보자가 각각 국회의원 또는 지방의원으로 당선된 경우 그 후원회는 대의기관이나 수임기관의 존속결의로써 당선된 국회의원 또는 지방의원의 후원회로 존속할 수 있다. 이 경우 국회의원과 지방의원의 당선인 후원회는 각각 국회의원후원회와 지방의원후원회로 본다(§19①).

국회의원 후보자후원회와 지방의원 후보자후원회가 각각 국회의원 또는 지방의원의 당선인후원회로 존속하기 위한 결의가 있으면, 해당 후보자후원회의 대표자는 그 존속결의가 있은 날부터 각각 14일 이내에 관할 선거관리위원회에 후원회의 명칭과 회인(會印) 등에 대한 변경등록을 신청해야 한다. 이 경우 당선인후원회는 후보자후원회의 권리 · 의무를 승계한다(§19②).

예컨대, 당선된 국회의원이 후보자후원회를 국회의원후원회로 존속시키려는 때에 후보자후원회에도 후원금 잔액이 남아 있고, 후원회 지정권자인 후보자의 정치자금 계좌에도 후원회로부터 기부받은 후원금이 남아 있는 경우 해당 잔여재산은 당선된 국회의원의 정치활동에 사용할 수 있다.[8)]

참고로 후원회 존속결의에 따른 변경등록 신청을 게을리하면 100만 원 이하의 과태료에 처해질 수 있다(§51③). 후원회는 지정권자의 당선된 기쁨이 가시기 전에 정치자금법이 요구하는 변경등록 절차를 밟아야 한다. 이 경우 후원회 대표자에게 부과된 과태료를 후원금으로 납부하면 정치자금의 부정한 용도 지출에 해당하여 또 정치자금법에 위반되므로 유의해야 한다.

8) 중앙선거관리위원회 2009. 12. 1. 회답

3. 해산된 후원회의 신고와 처리

후원회가 해산한 경우 해당 후원회의 대표자는 14일 이내에 그 사실을 관할 선거관리위원회에 신고해야 한다. 후원회가 정해진 기한까지 해산신고를 하지 않은 경우 관할 선거관리위원회는 해당 후원회의 등록을 직권으로 말소할 수 있다(§19④).

후원회의 해산신고서에는 해산사유와 해산 연월일을 명시하고, 자진해산의 경우에는 해산에 관한 회의록 사본을 첨부해야 한다. 관할 선거관리위원회는 후원회의 해산신고를 받거나, 해산에 관한 신고의무가 없는 후원회가 해산된 때에는 후원회등록대장을 말소하고 그 사실을 공고해야 한다(규칙 §22③). 관할 선거관리위원회가 후원회의 해산에 따라 해당 후원회의 등록을 직권으로 말소하는 경우에도 이에 준하여 처리한다.

자발적으로 해산을 신고하거나 직권으로 등록이 말소된 후원회는 더 이상 존재하지 않는다. 후원금 모금활동도 할 수 없다. 후원회가 해산된 후에 해당 후원회에 기부된 후원금은 지체 없이 후원인에게 반환해야 한다. 후원회 해산에 따른 회계보고 전까지 반환하지 않은 경우에는 이를 국고에 귀속시킨다(§21⑤).

참고로 해산한 후원회의 회계책임자는 정치자금법에 따라 14일 이내에 회계보고를 해야 한다. 다만, 선거 또는 경선의 종료로 후원회지정권자가 후원회를 둘 수 있는 자격을 상실하여 후원회가 해산된 때에는 일반적인 회계보고 일정에 따른다(§40② 3.).

제 4 절

해산된 후원회와 지정권자의 잔여재산 처분

1. 후원회의 잔여재산 처분

후원회지정권자가 후원회를 둘 수 있는 자격을 상실하거나, 후원회의 지정을 철회한 때 또는 정관 등에서 정한 해산사유가 발생하여 후원회가 해산한 경우, 그 지정권자가 당원인지 여부에 따라 후원회 잔여재산의 처분방법이 달라진다.

우선 후원회지정권자가 정당의 당원인 경우 후원회가 해산하면, 그 잔여재산은 후원회 해산 당시 지정권자의 소속 정당에 인계해야 한다. 다만, 다음 중 어느 하나의 후원회가 해산된 경우 잔여재산은 해산되지 않은 후원회에 그 후원회의 연간 모금·기부한도액 범위에서 후원금으로 기부할 수 있다(§21①).

① 후원회를 둔 국회의원이 정당의 대통령선거 경선 또는 당대표·최고위원 경선의 후보자후원회를 둔 경우

② 후원회를 둔 대통령선거의 예비후보자가 대통령선거경선후보자후원회를 둔 경우

③ 후원회를 둔 지방의원이 지방자치단체장선거의 후보자·예비후보자후원회를 두거나, 대통령선거경선후보자후원회 또는 당대표·최고위원 경선의 후보자후원회를 둔 경우

반면, 후원회지정권자가 당원이 아닌 경우 후원회가 해산한 때에는 공익법인의 설립·운영에 관한 법률에 따라 등록된 공익법인 또는 사회복지시설에 인계한다. 여기에서 공익법인의 범위에는 학교법인을 포함한다. 해산된 후원회의 잔여재산을 후원회지정권자의 소속 정당이나 공익법인 또는 사회복지시설에 인계하지 않은 경우에는 타인의 명의나 가명으로 납부된 당비의 국고 귀속절차에 따라 국고에 귀속시켜야 한다(§21④·⑥).

2. 후원회지정권자의 잔여재산 처분

국회의원·지방의원, 공직선거의 후보자·예비후보자 등 후원회지정권자가 후원회를 둘 수 있는 자격을 상실한 경우 후원회로부터 기부받아 사용하고 남은 잔여재산은 회계보고 전까지 해산된 후원회의 잔여재산 처분 예에 준하여 소속 정당이나 공익법인 또는 사회복지시설에 인계해야 한다(§21②).

이 경우 후원회를 둔 후보자·예비후보자의 회계책임자가 후원회로부터 기부받은 후원금을 후원회 등록 전에 지출원인이 발생한 용도로 지출하였다면, 해당 비용은 정치자금법에 위반된 지출이므로 이를 잔여재산에 포함하여 처분해야 한다. 다만, 공직선거법에 따른 적법한 선거운동을 위하여 지출한 경우에는 잔여재산에서 공제할 수 있되, 인터넷 홈페이지를 이용한 선거운동과 예비후보자공약집을 활용한 선거운동의 경우에는 그렇지 않다(§36⑤).

후원회 지정권자가 후원회로부터 기부받은 후원금을 소속 정당이나 공익법인 또는 사회복지시설에 인계하지 않은 경우에도 타인의 명의나 가명으로 납부된 당비의 국고 귀속절차에 따라 국고에 귀속시켜야 한다(§21④·⑥).

3. 중도포기 · 자격상실자 잔여재산 국고 귀속

후원회가 해산한 경우 후원회와 그 후원회지정권자의 일반적인 잔여재산 처리방법과 달리 공직선거의 예비후보자[9] 또는 정당의 대통령선거 경선이나 당대표 · 최고위원 경선의 후보자가 후원회를 둘 수 있는 자격을 상실한 경우 그 후원회와 후원회지정권자는 잔여재산을 국고에 귀속시켜야 한다(§21③). 이 경우에는 정당의 당원이라도 소속 정당이나 공익법인에 인계할 수 없다.

공직선거의 예비후보자가 후원회를 둘 수 있는 자격을 상실하는 사례로는 해당 예비후보자가 중도에 사퇴하거나, 피선거권 상실로 인하여 관할 선거관리위원회로부터 등록이 무효로 되거나, 당내경선에 낙선함에 따라 경선불복이 적용되어 후보자로 등록할 수 없거나, 사망하거나, 본인의 자발적 의사로 후보자 등록을 포기한 경우가 있다.

한편, 정당의 대통령선거 경선이나 당대표 · 최고위원 경선의 후보자가 후원회를 둘 수 있는 자격을 상실한 경우로는 당내경선에서 중도에 후보직을 사퇴하거나, 경선관리기관에 의하여 경선후보자의 등록이 무효로 된 사례를 들 수 있다.

다만, 정당의 공직선거 후보자 선출을 위한 당내경선 또는 당대표경선에 참여하여 당선 또는 낙선한 때에는 일반적인 잔여재산의 처리절차와 방법에 따른다. 즉 예비후보자나 당대표경선후보자가 당내경선에 참여하여 경선을 완주한 경우에는 후원회나 그 지정권자의 잔여재산을 해당 정당에 인계할 수 있다.

이처럼 공직선거의 예비후보자 또는 당내경선의 후보자로서 후원회를 지정하고 후원금을 기부받은 사람이 본인에게 책임을 돌릴 사유

9) 해당 조항이 적용되는 신분이 예비후보자로 한정되므로, 후원회를 둔 후보자가 사퇴, 등록무효 등 후원회를 둘 수 있는 자격을 상실한 경우에는 그 후원회와 해당 후보자의 잔여재산은 국고에 귀속되지 않는다.

로 그 자격을 상실하거나, 자발적으로 중도에 포기하는 것은 후원회제도와 정치자금 모금질서를 어지럽히는 행위이다. 이 경우 잔여재산을 후원회지정권자가 전유(專有)할 수 없도록 금지함은 물론, 소속 정당이나 공익법인에 인계하는 것조차 차단하여 국고에 귀속시킴으로써 일종의 불이익을 주는 것이다.

이는 해당 규정의 연혁적 측면에서 살펴보면 더욱 명징(明澄)하게 드러난다. 2004년 3월 공직선거법의 개정으로 국회의원선거에서 최초로 예비후보자제도가 도입되었고, 정치자금법은 이에 호응하여 국회의원선거의 예비후보자도 후원회를 둘 수 있도록 하였으나, 예비후보자가 후원회를 둘 수 있는 자격을 상실한 때에는 후원회로부터 기부받은 금품 총액을 국고에 귀속하도록 하였다.

다만, 당내경선에서 낙선한 경우에는 후원회로부터 기부받아 사용하고 남은 잔액만을 국고에 귀속하도록 하였다. 정치후원금을 사적(私的)으로 전유(專有)하는 행위를 방지하기 위한 안전판으로서 일종의 먹튀 방지조항을 신설하였던 것이다.

해당 규정에 대하여 헌법재판소는 공직선거법이 정당의 공직선거후보자 추천을 위한 당내경선을 강제하고 있는 것은 아니라는 점을 전제로, 정당 소속 예비후보자가 선거운동을 하면서 후원금을 정치자금으로 지출하였으나, 나중에 소속 정당이 당내경선을 실시하지 않기로 결정함에 따라 예비후보자의 당내경선 참여가 불가능한 경우에도 이미 선거비용으로 지출한 후원금까지 내놓으라고 요구하는 것은 불합리한 차별이라 보았다.

특히 무소속 예비후보자는 소속 정당이 없어 당내경선을 거칠 가능성이 아예 없으므로, 해당 규정은 무소속 예비후보자를 후원금의 사용에 관하여 불합리하게 차별한다고 보았다.[10)]

---

10) 당시 헌법소원은 2008년 4월 실시한 제18대 총선에서 예비후보자로 등록하고 후원회를 두었으나, 소속 정당이 전략공천이나 여론조사 방식으로 후보자를 선출

이에 헌법재판소는 정치자금법의 해당 조항이 국회의원선거의 예비후보자가 후보자로 되지 못한 경우에 당내경선을 거친 경우와 그렇지 않은 경우를 구별하여 이미 사용한 후원금의 반환 범위를 다르게 정한 것은 평등권을 침해한다고 판단하였다.

또한 헌법재판소는 예비후보자가 후원회로부터 후원금을 기부받아 선거비용으로 사용한 경우에 나중에 당선 가능성이 낮다고 판단하거나 기타 일신상의 사유로 경선에 참여하지 않거나 후보자로 등록하지 않았다고 하여 이미 적법하게 사용한 후원금을 내놓으라고 요구하는 것은 예비후보자에게 후원회와 선거운동을 허용한 제도의 취지를 무너뜨리는 것이고, 예비후보자의 선거운동의 자유를 근본적으로 부정하는 것이며, 예비후보자에게 후원금을 기부한 국민들의 의사에도 부합되지 않는다고 보았다.

이에 따라 헌법재판소는 정치자금법의 해당 규정이 정당한 사유도 없이 후원금을 선거비용으로 사용하는 것을 제한하는 것이고, 그로 인하여 예비후보자의 선거운동의 자유, 선거과정에서 탈퇴할 자유 등 선거의 자유를 침해하여 헌법에 위반된다는 결정을 하였고,[11] 이후 2010년 7월 국회의 정치자금법 개정에 따라 현행의 내용으로 보완되었다.

함에 따라 당내경선의 기회를 부여받지 못하고, 공천도 받지 못함에 따라 후원회로부터 기부받은 후원금 총액을 국고에 귀속시켜야 하는 예비후보자 3인에 의하여 청구되었다.

11) 헌법재판소 2009. 12. 29. 선고 2008헌마141 · 417 · 441(병합) 결정

제 8 장

당선이 무효되는 회계책임자의 범죄

정치자금법에서는 정당, 후원회, 공직선거의 후보자와 예비후보자 등 정치활동의 주체들에게 그들의 정치자금 수입·지출에 대한 회계처리를 전담하도록 회계책임자 선임을 의무화하고 있다.

특히 선거비용 회계책임자는 후보자와 운명공동체를 형성하므로, 선거에서 중요 정치자금범죄 또는 선거범죄로 회계책임자에게 300만 원 이상의 벌금형이 확정되면 해당 후보자의 당선을 무효로 한다.

이 장에서는 선거비용 회계책임자의 범죄로 인한 당선무효 요건과 보전비용 반환 등에 관하여 살펴보고자 한다.

제 1 절

회계책임자의 범죄로 인한 당선무효 개요

1. 당선무효가 적용되는 회계책임자의 신분 범위

정치활동의 주체별로 선임해야 하는 정치자금 회계책임자는 총 3가지 신분으로 구분할 수 있다. 첫째, 정당·후원회의 회계책임자, 둘째, 후원회를 둔 국회의원과 지방의원의 회계책임자, 셋째, 공직선거의 후보자·예비후보자가 선거사무소·선거연락소에 선임하는 회계책임자가 바로 그것이다. 대통령선거에서 정당추천 후보자와 비례대표 국회의원 및 지방의원 선거에서 선거사무소·선거연락소의 회계책임자는 해당 정당의 회계책임자가 겸한다.

이러한 회계책임자 중 오로지 공직선거의 후보자 또는 예비후보자가 선임한 선거사무소 회계책임자에게 중요 정치자금범죄나 일반 선거범죄로 징역형 또는 300만 원 이상의 벌금형이 확정되어야만 해당 후보자의 당선을 무효로 한다. 이 경우 보전된 선거비용과 돌려받은 기탁금을 반환하고, 당선무효로 실시되는 재선거 또는 기소 후 자진사퇴로 인한 보궐선거의 후보자가 될 수 없다.

낙선한 후보자도 자신의 선거사무소 회계책임자에게 당선무효에 해당하는 정치자금범죄 또는 선거범죄가 확정되면 당선이 무효로 된 사람과 동일한 제재가 적용된다(공직선거법 §266②).

다만, 선거사무소의 회계책임자가 공직선거법에 따른 매수죄, 기부행위위반죄 중 기부행위를 한 죄, 선거비용 초과지출죄 등 당선무효에 해당하는 죄를 범하였더라도, 해당 범죄가 제3자의 유도 또는 도발에 의해 후보자의 당선을 무효로 하기 위하여 행해진 때에는 그 당선을 무효로 하지 않는다(공직선거법 §263①·§265 단서).

자기 측의 회계책임자가 상대방 후보자와 결탁하여 자신의 당선을 무효로 하기 위한 목적으로 매수죄 등을 범한 경우까지 해당 후보자에게 책임을 지울 수 없기 때문이다.

그럼에도 불구하고 자기 측의 회계책임자가 상대방 후보자 등 제3자의 유도 또는 도발이 없음에도 자신의 후보자를 배반하여 당선을 무효로 하기 위하여 스스로 매수죄 등을 범한 경우에는 해당 회계책임자를 매수죄 등으로 처벌할 수 있음은 별론으로 하고,[1] 후보자의 당선을 무효로 할 수 밖에 없을 것이다. 선거사무소의 회계책임자를 특별히 보호하며 업고 다녀야 하는 이유다.

참고로 일본의 공직선거법에서는 우리나라처럼 회계책임자의 매수죄 등 중요 선거범죄로 인한 당선무효제도를 두면서 회계책임자의 중요 선거범죄로 당선무효 위기에 몰린 후보자는 그 판결의 통지를 받은 날부터 30일 이내에 고등재판소에 검찰관을 피고로 해당 회계책임자의 범죄가 상대방 후보자 측의 유도 또는 도발에 의하여 이루어졌다는 점을 주장하며 당선의 효력에 관한 소송을 제기할 수 있도록 허용하고 있다.[2]

그 밖에 후원회, 국회의원, 지방의원 또는 경선후보자의 회계책임자에게는 죄명을 불문하고 아무리 무거운 형이 확정되더라도 해당 회계책임자의 선임권자에게 당선무효의 연대책임을 지우지 않는다.

1) 대법원 1999. 5. 28. 선고 99도732 판결

2) 일본 공직선거법 제210조제1항 총괄주재자·출납책임자 등의 선거범죄로 인한 공직선거 후보자였던 자의 당선의 효력에 관한 소송 등 참조.

2. 당선무효가 적용되는 범죄와 형량

가. 정치자금부정수수죄

선거사무소의 회계책임자가 해당 선거에서 정치자금부정수수죄(§45①)를 범하여 징역형 또는 300만 원 이상의 벌금형이 확정된 때에는 해당 후보자의 당선을 무효로 한다(공직선거법 §265). 여기에서 선거사무소의 회계책임자는 선임되기 전의 행위를 포함하고, 비록 선거사무소의 회계책임자로 신고되지 않았더라도 후보자와 통모(通謀)하여 선거비용제한액의 3분의 1 이상을 선거비용으로 지출한 사람, 즉 사실상의 회계책임자를 포함한다.

정치자금부정수수죄로 당선무효가 적용되는 범위는 정치자금법이 정하지 않은 방법으로 정치자금을 수수한 행위를 처벌하는 제45조제1항에 따른 정치자금범죄만 적용될 뿐, 오염된 후원금 수수 또는 후원금 기부한도액 초과 등을 처벌하는 제45조제2항에 따른 정치자금범죄에는 적용되지 않는다.

참고로 정치자금부정수수죄로 인한 당선무효의 경우에는 선거사무소의 회계책임자뿐만 아니라 선거사무장은 물론, 후보자 또는 후보자가 되려는 사람의 직계존비속과 배우자에게도 적용된다. 해당 신분이 공직선거법에 따른 매수죄를 범하거나 기부행위위반죄 중 기부를 한 죄로 징역형 또는 300만 원 이상의 벌금형을 선고받은 경우에도 정치자금부정수수죄를 범한 경우와 같다.

이 또한 다른 사람의 유도 또는 도발에 의하여 후보자의 당선을 무효로 하기 위하여 해당 범죄를 저지른 경우에는 예외로 하고, 대통령선거와 비례대표선거에서는 선거비용 초과지출로 회계책임자가 당선무효에 해당하는 형을 선고받은 경우에만 적용한다.

나. 선거비용 범죄

선거사무소의 회계책임자가 공직선거법 또는 정치자금법에 따라 선거비용과 관련된 범죄를 저질러 후보자의 당선이 무효로 되는 사례로는 아래 3가지의 경우가 있다.

첫째, 선거관리위원회가 공고한 선거비용제한액의 0.5% 이상을 초과 지출한 죄로 선거사무소의 회계책임자에게 징역형 또는 300만 원 이상의 벌금형이 확정된 경우이다(공직선거법 §263①).

선거비용 초과지출은 선거비용의 총량규제를 위반함에 따라 후보자 간 무기대등의 원칙이 무너지고 선거의 공정을 침해한 것이기 때문에 그 당선을 무효로 하는 것이다. 참고로 해당 선거범죄의 법정형도 정치자금부정수수죄와 동일하게 5년 이하의 징역 또는 2,000만 원 이하의 벌금으로 규정되어 있다(공직선거법 §258①).

둘째, 선거사무소의 회계책임자가 정당한 사유없이 선거비용에 관하여 관할 선거관리위원회에 회계보고를 하지 않거나, 회계보고서에 허위의 내용을 기재하거나, 회계보고서를 위조 또는 변조하거나, 선거비용의 수입·지출을 은닉하기 위하여 누락함에 따라 해당 회계책임자에게 정치자금법 제49조제1항에 따른 선거비용 관련 범죄가 적용되어 징역형 또는 300만 원 이상의 벌금형이 확정된 경우이다(공직선거법 §263②).

해당 범죄는 정치자금 공개의 원칙을 위반하여 선거에서 후보자의 선거운동을 위하여 도대체 얼마의 비용을 지출하였는지 알 수 없게 하는 행위이므로, 법익침해와 가벌성의 정도가 선거비용 초과지출과 다를 바가 없어 후보자의 당선을 무효로 한다.

셋째, 선거사무소의 회계책임자가 선거비용을 수입·지출하는 때에 영수증 그 밖에 증빙서류를 허위로 기재하거나 위조하거나 변조하여 해당 회계책임자에게 정치자금법 제49조제2항제6호에 따른 선거비용 관련 벌칙이 적용되어 징역형 또는 300만 원 이상의 벌금형이 확정된 경우이다(공직선거법 §263②).

해당 범죄는 선거비용 수입·지출에 관한 보고의 진실성을 담보할 수 있는 영수증 등 증빙서류를 위조 또는 변조함에 따라 선거비용 수입·지출에 관한 실체적 진실을 알 수 없게 하는 행위이므로, 선거비용제한액 초과지출이나 회계보고서 미제출에 준하여 해당 후보자의 당선을 무효로 하는 것이다.

참고로 선거비용과 관련된 범죄에서 회계책임자의 범위에는 후보자의 회계책임자뿐만 아니라 예비후보자의 회계책임자가 포함된다.[3] 억울한 당선무효를 면하려면 회계책임자의 선임과 감독에 특별한 주의를 기울여야 하는 이유이다. 다만, 대통령선거와 비례대표 국회의원 및 지방의원 선거에서는 회계책임자가 이러한 선거비용 관련 범죄를 저지르더라도 후보자의 당선이 무효로 되지 않는다.

다. 매수죄 · 기부행위위반죄

선거사무소의 회계책임자가 해당 선거에서 공직선거법에 따른 매수죄나 기부행위위반죄 중 기부를 한 죄를 범하여 징역형 또는 300만 원 이상의 벌금형이 확정된 때에는 해당 후보자의 당선을 무효로 한다(§265). 여기에서 선거사무소의 회계책임자는 선임되기 전의 행위를 포함하고, 선거사무소의 회계책임자로 신고되지 않았더라도 후보자와 통모(通謀)하여 선거비용제한액의 3분의 1 이상을 선거비용으로 지출한 사람, 즉 사실상의 회계책임자를 포함한다.

아울러 당선을 무효로 하는 매수죄의 범위에는 공직선거법 제230조에 따른 선거인 매수죄뿐만 아니라 제232조에 따른 후보자 매수죄와 제233조의 당선인에 대한 매수죄가 포함된다.

3) 중앙선거관리위원회 2005. 7. 18. 의결 참조

여기에서 유의할 사항은, 당선을 무효로 하는 매수죄는 기부행위위반죄와 달리 회계책임자가 선거인이나 해당 후보자 측의 선거운동관계자에 대한 매수를 하는 경우는 물론이고, 다른 후보자 측으로부터 회계책임자가 금품을 제공받거나 공사의 직의 제공을 약속받는 등 매수를 당한 경우에도 적용되는 점이다.

회계책임자의 도덕성과 윤리적 기준은 물론이고 해당 후보자에 대한 충성심과 신의가 중요한 이유다. 반면에 기부행위위반죄의 경우에는 선거인에 대한 이익을 제공하는 행위만 적용될 뿐, 다른 후보자 측으로부터 기부를 받는 경우는 적용이 배제된다.[4)]

결론적으로 선거사무소의 회계책임자가 저지른 매수와 기부행위는 전적으로 후보자의 당선을 위한 행위로서 총체적으로는 후보자의 의사지배하에서 이루어진 것으로 보기 때문에 해당 후보자의 당선을 무효로 하는 것이다. 다만, 다른 사람의 유도 또는 도발에 의한 경우 예외로 하는 점은 앞서 살펴본 바와 같다.

3. 회계책임자의 정치범죄로 인한 효과

가. 후보자의 당선무효

선거사무소의 회계책임자가 정치자금법에 따른 정치자금부정수수죄 또는 선거비용 관련 범죄를 범하거나, 공직선거법에 따른 매수죄 또는 기부행위위반죄를 범하여 그에게 징역형 또는 300만 원 이상의 벌금형이 확정되면 해당 후보자의 당선은 무효가 된다. 당선무효는 확

4) 후보자 등으로부터 선거에 관하여 소액의 금품이나 음식물을 제공받은 경우 50배 과태료가 부과되기 때문에 형벌이 적용될 수 없어 기부받는 행위를 제외한 것으로 보인다. 공직선거법 제261조제9항 참조.

정판결서 등본이 관할 선거관리위원회에 도달되면 공직선거법이 정한 바에 따라 그 효력이 발생할 뿐, 이에 관하여 다툴 수 있는 절차와 방법은 현행법상 존재하지 않는다.

선거사무소의 회계책임자가 당선무효에 해당하는 죄를 범하여 기소된 경우에는 변호인을 선임하여 적극적으로 대응할 필요가 있다. 다만, 기소된 회계책임자를 위하여 후보자가 소송비용을 지원하면 공직선거법에 따른 기부행위위반죄가 성립될 수 있고, 기부받은 후원금으로 지원하게 되면 정치자금법에 따른 부정한 용도의 정치자금 지출에 해당할 수 있으므로 유의해야 한다.

나. 보전비용 등 반환

선거사무소 회계책임자의 범죄로 당선이 무효로 되거나, 낙선한 후보자도 당선무효에 해당하는 범죄로 자신의 회계책임자에게 징역형 또는 300만 원 이상의 벌금형이 확정된 경우 보전받은 선거비용과 돌려받은 기탁금을 반환해야 한다(공직선거법 §265의2). 적법한 선거참여를 하였다면 선거비용 보전이나 기탁금 반환요건에 해당하는 득표를 하지 못하였을 것으로 간주하기 때문이다.

낙선자라도 선거사무소의 회계책임자가 당선무효 해당 범죄로 기소된 경우에는 특단의 주의가 필요한 이유다. 시·도지사선거와 교육감선거에서 수십억 원에 달하는 보전비용의 규모를 감안하면, 선거사무소의 회계책임자에게 당선무효 범죄로 300만 원의 벌금형 선고는 경제적 측면만 고려해도 수십억 원의 가치를 가진다.

다. 재선거·보궐선거 출마 금지

선거사무소 회계책임자의 당선무효에 해당하는 범죄로 인하여 당선이 무효로 된 사람은 그로 인해 실시되는 재선거에 출마할 수 없다.

이 경우 당선무효를 면하기 위해 꼼수로 회계책임자가 기소된 후 판결이 확정되기 전에 미리 사직하여 실시되는 보궐선거에도 그 사직자는 출마할 수 없다(공직선거법 §266②).

당선되지 못한 사람도 선거사무소의 회계책임자에게 당선무효에 해당하는 범죄로 징역형 또는 300만 원 이상의 벌금형이 확정된 경우에는 당선자의 당선무효로 인한 재선거는 물론, 당선자의 사직에 따른 보궐선거에도 출마하지 못한다. 당선이 무효로 된 사람과 형평을 기하기 위해서다.

참고로 당선무효의 효과를 확정시키는 회계책임자에 관한 확정판결서 등본이 당선인의 사퇴서보다 먼저 관할 선거관리위원회에 접수되면 재선거가 되고, 당선인의 사퇴서가 확정판결서 등본보다 먼저 접수되면 보궐선거가 된다(공직선거법 §35⑤).[5]

5) 보궐선거는 지방의원 정수의 1/4 이상이 궐원되지 않으면 실시하지 않을 수 있으나, 재선거의 경우 해당 선거일부터 임기만료일까지의 기간이 1년 이상인 경우에는 반드시 선거를 실시해야 한다는 점에 양자를 구별하는 실익이 있다. 공직선거법 제201조제1항 참조.

제 2 절

정치자금부정수수죄로 인한 당선무효

1. 정치자금부정수수죄의 유형

정치자금법 제45조에 규정된 정치자금부정수수죄는 크게 3가지 유형으로 구분할 수 있다. 다만, 법정형은 모두 5년 이하의 징역 또는 1,000만 원 이하의 벌금으로 같다.

첫째, 제45조제1항에 따른 정치자금부정수수죄로 정치자금법이 정하지 않은 방법의 정치자금 수수행위를 처벌하는 규정이다.

둘째, 제45조제2항제1호부터 제4호까지의 규정에 따른 정치자금부정수수죄로, 후원회지정권자가 아닌 사람이 후원회와 유사한 기구를 설치·운영하거나, 후원금 모금 또는 기부한도액을 초과하여 모금·기부하거나, 후원금 모금방법을 위반하여 고지·광고 또는 모금하는 행위를 처벌하는 규정이 있다.

셋째, 제45조제2항제5호·제6호에 따른 정치자금부정수수죄로, 정치자금을 기부할 수 없는 법인·단체와 관련된 자금을 기부하거나, 공무원이 담당·처리하는 사무에 관하여 청탁과 관련되는 등 정치자금 기부의 동기나 목적이 오염되었거나, 업무·고용 등 특수관계를 이용하여 부당하게 타인의 의사를 억압하는 방법으로 기부를 알선하는 행위를 처벌하는 규정이 있다.

2. 정치자금부정수수죄 중 당선무효 범죄

정치자금부정수수죄의 3가지 유형 중 선거사무소의 회계책임자가 징역형 또는 300만 원 이상의 벌금형으로 당선이 무효로 되는 범죄는 오직 첫째 유형뿐이다, 즉, 회계책임자의 정치자금부정수수죄로 인한 당선무효는 정치자금 수수에 관한 포괄적 금지규정을 위반한 경우로 한정되는 것이다(공직선거법 §265).

다른 유형의 정치자금부정수수죄로는 선거사무소의 회계책임자에게 징역형 등 아무리 무거운 형이 확정되어도 당선의 효력이나 보전비용 반환에는 아무런 영향을 미치지 않는다.

정치자금법에서는 정치자금의 종류를 정의하고, 각 개별 조항에서 정치자금의 유형에 따라 해당 정치자금을 기부하거나 기부받는 절차와 방법을 자세하게 규정하고 있다. 이에 따라 정치자금법에 따른 합법적인 정치자금의 원천은 정당의 당원이 부담하는 금전이나 유가증권 등 당비, 후원인이 후원회에 기부하는 금전이나 유가증권 등 후원금, 정당에 정치자금을 기부하려는 개인이 선거관리위원회에 기탁하는 금전이나 유가증권 등 기탁금, 정당의 보호·육성을 위하여 국가가 정당에 지급하는 보조금뿐이다.

따라서 일반 국민이 특정 정치인에게 정치자금을 기부하려는 경우 오로지 해당 후원회에 후원금을 기부하는 방법만 가능하고, 해당 정치인의 입장에서도 후원회를 통해서만 정치자금을 기부받을 수 있으므로, 후원회를 매개로 하지 않고 정치인에게 직접 정치자금을 주거나 받는 모든 금품 수수행위는 원칙적으로 정치자금법 제45조제1항에 따른 정치자금부정수수죄를 구성한다.

예컨대, 선거사무소의 회계책임자가 후원회를 통하지 않고 해당 후보자의 선거비용을 직접 수수하거나, 선거사무소 유지를 위한 사무용 집기 등을 지지자로부터 무상으로 지원받거나, 선거운동을 위한 용품이나 용구 또는 홍보콘텐츠를 제3자로부터 직접 제공받거나, 선거사무소 개소식에 참석한 사람으로부터 축하금을 받은 행위 등이 모두 여기에 해당할 것이다.

이 경우 그 행위 주체가 회계책임자이거나, 다른 사람의 행위에 회계책임자가 가담한 경우에도 정치자금부정수수죄로 처벌될 수 있다. 해당 범죄로 회계책임자에게 징역형 또는 300만 원 이상의 벌금형이 확정되면, 후보자의 당선무효는 물론이고 보전비용과 기탁금의 반환까지 맞물려 당선자의 삶은 지옥이 된다.

낙선자도 선거사무소의 회계책임자에게 당선무효에 해당하는 형이 확정된 경우에는 보전비용과 기탁금을 반환해야 하니, 당선이 무효로 된 후보자의 삶보다 크게 나아지지 않는다.

제 3 절

선거비용 초과지출로 인한 당선무효

1. 선거비용과 선거비용제한액 개요

가. 선거비용의 개념

정치활동을 하는 사람의 정치활동에 소요되는 금전이나 물품을 정치자금이라 하고, 정치자금 중 특히 선거에서 특정 후보자의 당선이나 낙선을 위한 활동, 즉 선거운동을 위하여 지출한 비용을 선거비용이라 한다. 따라서 선거비용은 선거운동을 위하여 소요되는 금품과 채무 그 밖에 모든 재산상의 가치가 있는 것으로서 정당 또는 후보자가 부담하는 비용을 말한다.

이 경우 후보자의 가족, 선거사무장·선거연락소장·회계책임자가 해당 후보자의 선거운동을 위하여 지출한 비용, 이들이 제3자와 통모하여 해당 후보자의 선거운동을 위하여 지출한 비용은 모두 선거비용으로 본다. 또한 공직선거법은 기부행위 제한규정을 위반하여 지출한 비용(§119① 1.), 국민참여 방식의 당내경선에서 경선운동 방법을 위반하여 지출한 비용은 물론(§57의3③), 예비후보자등록신청개시일부터 선거일까지 총 4회를 초과하여 실시한 선거에 관한 여론조사 비용도 선거비용으로 본다(§120 10.).

나. 선거비용제한액의 의미

정치자금법은 일상적인 정치활동에 소요되는 정치자금에 관해서는 그 수입과 지출의 투명성에 관해서만 통제할 뿐 그 지출의 한도액을 제한하지 않는다. 그러나 선거비용에 관해서는 선거별로 그 한도액을 정하고 있다. 후보자 간 선거운동에 균등한 기회가 보장되어야 한다는 헌법상 원칙을 공직선거법은 비용의 측면에서 선거비용 제한액 제도로 구체화한 것이다(공직선거법 §121①).

관할 선거관리위원회는 선거별로 예비후보자 등록신청개시일 전 10일까지 선거비용제한액을 공고한다(공직선거관리규칙 §51). 이 경우 예비후보자등록신청개시일 전 10일 후에 실시사유가 확정된 재선거·보궐선거에서는 그때부터 10일 이내에 공고한다.

2. 선거비용제한액 초과지출로 인한 당선무효

가. 당선무효의 요건

공직선거법은 관할 선거관리위원회가 공고한 선거비용제한액의 0.5% 이상을 초과하여 선거비용을 지출한 때에는 5년 이하의 징역 또는 2,000만 원 이하의 벌금에 처하도록 선거비용부정지출등 죄를 규정하고 있다(§258①).

선거비용제한액의 5% 이상을 초과지출한 이유로 선거사무장, 선거사무소의 회계책임자에게 징역형 또는 300만 원 이상의 벌금형이 확정된 때에는 후보자의 당선을 무효로 한다. 다만, 다른 사람의 유도 또는 도발에 따라 해당 후보자의 당선을 무효로 되게 하기 위하여 지출한 때에는 그렇지 않다(공직선거법 §263①).

나. 초과지출 처벌사례

2018년 6월 실시된 제7회 동시지방선거의 기초의원선거에서 아산시선거관리위원회가 해당 지역구의 선거비용제한액을 4,500만 원으로 공고하였고, 선거 후 특정 후보자가 4,295만 원의 선거비용을 지출한 것으로 보고한 사례가 있었다.

해당 보고서를 접수한 아산시선거관리위원회는 당초 보고된 4,295만 원을 기초로 선거비용이 아닌 비용으로 보고된 내용에서 직권으로 266만 원을 선거비용에 더하고, 선거비용으로 보고되었으나 선거비용에 해당하지 않는 비용 68만 원을 감한 후, 회계보고에서 누락된 선거비용 118만 원을 확인하고 이를 합산한 결과 실제 선거비용 지출액은 4,610만 원에 이르게 되었다.

이는 당초 선거관리위원회가 공고한 선거비용제한액 4,500만 원의 2.4%에 해당하는 110만 원을 초과하여 지출한 것이므로, 해당 회계책임자는 선거비용부정지출등 죄로 처벌되었다.[6)]

3. 선거비용의 적절한 지출 규모

정치자금법 비전문가의 입장에서는 선거비용과 선거비용이 아닌 비용을 쉽게 구분하기 어렵다. 따라서 선거사무소의 회계책임자가 선거비용을 지출하는 때에 선거비용제한액의 상한을 꽉 채워서는 안 된다. 일반 정치자금으로 계상한 비용 중 선거비용에 해당하는 비용이 있으면 선거비용제한액을 초과할 우려가 있기 때문이다. 이러한 이유로 선거비용제한액을 넘겨 지출하더라도 0.5% 이상을 초과한 경우에 한정하여 형벌을 적용하는 것이다.

6) 대전지방법원 천안지원 2019. 1. 30. 선고 2018고합267 판결

더구나 선거비용에는 위법한 선거운동을 위하여 지출한 비용과 기부행위 제한규정을 위반하여 지출한 비용이 산입되고, 제3자가 지출하였더라도 후보자 측과 통모하여 지출한 비용은 선거비용에 포함되는 점에도 특별히 유념해야 한다.

예컨대, 불법 현수막을 게시하였거나, 선거운동과 관련하여 금품을 제공하였거나, 금품이나 음식물을 제공하여 기부행위 제한규정을 위반함에 따라 선거관리위원회의 조사 또는 경찰의 수사가 진행 중인 경우, 회계책임자는 해당 위법행위에 소요된 비용을 추산하여 선거비용제한액에 추가적인 여유를 두어야 한다.7)

선거비용제한액의 0.5% 이상을 초과지출하고 그 사실을 감추기 위하여 축소보고한 때에는 선거비용부정지출등 죄와 정치자금법에 따른 선거비용 허위보고죄의 실체적 경합범이 성립될 수 있다(§49①). 모두 공직선거법 제263조제2항에 규정된 당선무효 대상 범죄이다. 이처럼 정치자금법과 공직선거법의 규제는 얼핏 성긴 듯 보여도 천라지망(天羅地網)처럼 빠져나가기 쉽지 않다.

이런 비극을 피하기 위해서는 선거비용 지출에 그 한계를 넘지 않도록 특별히 유념해야 한다. 선거비용에 추가로 산입해야 하는 위법비용이 없는 경우에도 선거비용은 통상 선거비용제한액의 95%를 넘지 않는 선에서 지출하는 것이 적절해 보인다.

경험칙에 따르면, 법리적 무지로 선거비용이 아닌 비용을 선거비용에 산입하여 선거비용제한액을 넘기거나, 그 반대로 선거비용을 일반 정치자금으로 분류하여 회계보고를 하는 경우가 많다. 후자의 경우에는 관할 선거관리위원회가 직권으로 해당 비용을 선거비용에 포함하여 제한액 초과 여부를 판단하게 된다.

7) 선거비용제한액을 초과 지출하여 회계책임자에게 300만 원 이상의 벌금형이 선고되면 선택의 여지가 없이 후보자의 당선이 무효로 되지만, 해당 범죄가 아니라면 당선의 효력을 유지할 수 있는 가능성이 있다.

제 4 절

선거비용 미보고 · 허위보고로 인한 당선무효

1. 회계보고 불이행에 따른 당선무효

가. 회계보고 불이행죄

공직선거에서 선거사무소 · 선거연락소의 회계책임자가 정당한 사유 없이 선거일 후 30일까지 해당 후보자의 선거비용 수입 · 지출보고서를 제출하지 않으면 정치자금법에 따라 5년 이하의 징역 또는 2천만 원 이하의 벌금에 처해진다(§49①).

여기에서 '정당한 사유'란 비난가능성이 없는 경우를 말한다. 예컨대, 화재나 물난리 등 천재지변으로 선거비용 수입과 지출보고서 작성에 필요한 자료가 모두 멸실(滅失)된 경우가 바로 여기에 해당할 것이다. 이 경우에는 본 죄가 성립되지 않는다.[8)]

선거사무소의 회계책임자에게 정치자금법에 따른 회계보고 불이행죄로 징역형 또는 300만 원 이상의 벌금형이 확정되면 후보자의 당선이 무효로 된다. 다만, 다른 사람의 유도 또는 도발에 따라 해당 후보자의 당선을 무효로 되게 하기 위하여 회계보고를 하지 않은 경우에는 예외로 한다(공직선거법 §263②).

8) 대검찰청 『공직선거법 벌칙해설』 2020. 3. 제10개정판 882 · 883쪽

나. 보고 불이행 사례

2004년 4월 실시한 제17대 국회의원선거에서 초등학교를 중퇴한 사람이 목수로 생활하면서 애당초 선거에 관한 회계관리나 장부정리를 할 만한 능력이 전혀 없는 사람이 어쩌다가 전임 회계책임자의 부탁으로 형식상 후보자의 회계책임자로 선임·신고되었다. 그러나 선거 후에 해당 회계책임자가 관할 선거관리위원회에 회계보고를 하지 않아 기소된 사건이 있었다.

해당 사안에 대하여 법원은, 회계책임자인 피고인이 관할 선거관리위원회에 회계보고서를 제출하는 것이 사실상 불가능하였던 점, 회계책임자로서 아무런 대가나 보수를 받지 않은 점 등을 이유로 들어 형의 선고유예를 판결하였다.[9]

비록 피고인이 형식적으로 후보자의 회계책임자로 선임·신고되긴 하였으나, 전임 회계책임자로부터 회계 관련 장부 등을 인수받지 못하였고, 해당 국회의원선거의 후보자는 병원에 입원하였으며, 전임 회계책임자가 무책임하게 피고인을 만나주지도 않는 등 딱한 사정이 인정되었기 때문이다.

선고유예란 범정(犯情)이 경미한 범인에게 그 정상을 참작하여 일정기간 형의 선고를 유예하고 그 유예기간을 경과하면 면소(免訴)된 것으로 간주하는 제도를 말하므로,[10] 선고유예는 어디까지나 유죄 취지의 판결이다. 따라서 위와 같은 사정이 있는 회계책임자가 회계보고 의무를 이행하지 못한 경우에도 법원은 정당한 사유를 인정하지 않은 것으로 보인다.

회계보고 의무는 선거관리위원회에 신고된 회계책임자의 숙명이므로, 그로부터 함부로 벗어나거나 타인에게 양도할 수 없다.

9) 대전고등법원 2005. 1. 7. 선고 2004노561 판결

10) 임웅 『刑法總論)』 2018. 8. 법문사 683쪽 참조

2. 선거비용 허위보고에 따른 당선무효

가. 회계보고의 의미

공직선거에 참여한 후보자의 선거사무소 회계책임자는 선거일 후 20일을 기준으로 선거일 후 30일까지 관할 선거관리위원회에 회계보고를 해야 한다(§40① 5.). 해당 회계보고에는 크게 세 가지의 중요한 의미가 담긴다.

첫째, 선거운동 기회균등 원칙에 따라 비용의 측면에서 해당 후보자가 선거비용제한액을 준수하여 다른 후보자와 공정한 경쟁을 하였는지를 확인할 수 있다.

둘째, 선거비용 국고부담의 원칙에 따라 후보자가 일정 비율 이상 득표한 경우에는 지출한 선거비용을 보전하는데, 해당 회계보고서에 보고된 내용이 그 보전의 기준이 된다.

셋째, 회계보고서는 선거운동의 적법성과 정치자금 수입·지출의 투명성을 검증할 수 있는 핵심 기초자료가 된다.

살피건대, 선거에 참여한 후보자가 선거비용제한액을 준수하면서 적법한 선거운동으로 공정하게 경쟁하였다면, 선거비용 회계보고서는 선거비용을 보전받기 위한 청구서로 기능한다.

그러나 후보자가 위법한 선거운동을 하거나 기부행위 제한규정을 위반하였다면, 해당 회계보고서는 불법행위에 대한 후보자의 자술서가 되어 관할 선거관리위원회의 조사활동에 방향을 제시하고, 수사기관에 영감을 주는 한편, 공소유지를 위한 증거물의 종합선물세트가 되어 자신의 범죄사실을 스스로 증명하게 된다. 선거비용 회계마감 후 관할 선거관리위원회에 보고하기 전에 전문가의 도움을 받아 면밀한 검토가 필요한 이유다.

나. 허위보고죄 개요

선거사무소·선거연락소의 회계책임자가 정당한 사유 없이 선거비용에 대하여 관할 선거관리위원회에 허위로 기재한 내용을 보고한 때에는 정치자금법에 따라 5년 이하의 징역 또는 2천만 원 이하의 벌금에 처해진다(§49①). 선거사무소의 회계책임자가 본 죄로 징역형 또는 300만 원 이상의 벌금형이 확정된 경우 해당 후보자의 당선이 무효로 된다(공직선거법 §263②).

다만, 허위보고죄는 정치자금법에 따라 관할 선거관리위원회에 신고된 회계책임자만이 범죄의 주체가 될 수 있는 진정신분범 규정이므로, 회계책임자가 아닌 사람은 범죄 가담형태에 따라 선거비용 허위보고에 따른 공범으로만 처벌할 수 있을 뿐, 그를 독자적인 선거비용 허위보고의 정범(正犯)으로 처벌할 수는 없다.

예컨대, 2014년 6월 실시한 제6회 동시지방선거의 기초의원선거에서 후보자의 배우자가 자신이 고용한 21세 아르바이트 청년에게 '모든 업무는 내가 알아서 할 테니 회계책임자로 신고만 하게 해 달라'는 부탁을 하고 해당 아르바이트 청년이 이를 수락하자, 이후 실질적인 회계책임자 업무는 후보자의 배우자가 직접 수행하고 선거비용제한액을 초과하지 않기 위하여 선거관리위원회에 회계보고를 하면서 총 787만 원을 누락함에 따라 후보자의 배우자가 아르바이트 청년과 함께 기소된 사건이 있었다.

해당 사안에 대하여 법원은 회계책임자로 신고된 아르바이트 청년에게 무죄를 선고하였다. 무죄 선고의 이유로 법원은 해당 아르바이트 청년이 선거비용 지출에 대하여 전혀 관여하지 않았고, 선거일 2일 후에는 군 대체복무 등을 준비하기 위하여 선거지역인 여수시를 떠나 부산으로 이동하였으므로, 선거비용 허위보고에 관여할 여지가 전혀 없었던 점 등을 제시하였다.

아울러 후보자의 배우자는 실질적으로 회계책임자의 업무를 수행하였지만, 그는 관할 선거관리위원회에 신고된 회계책임자가 아니므로 그 또한 허위보고죄로 처벌받지 않았다.[11] 이 경우 그에게 회계책임자가 아닌 사람의 정치자금 수입·지출에 대한 죄책(罪責)을 물을 수 있겠지만, 해당 죄목으로는 아무리 무거운 형을 선고받아도 당선의 효력에는 아무런 영향을 미치지 않는다.

다. 허위보고의 의미

선거비용 수입·지출보고서를 허위로 제출할 경우 이를 처벌하는 이유는 선거비용의 과소계상을 방지하여 법정 선거비용의 범위에서 공정하게 선거운동을 하도록 유도하는 한편, 선거비용에 관하여 정직하고 성실하게 신고하도록 하는 취지도 포함되어 있다.

따라서 선거비용 관련 허위보고죄는 회계책임자가 수입과 지출보고서를 사실과 다르게 작성하여 관할 선거관리위원회에 제출함으로써 성립되므로, 보고서에 지출한 것으로 기재된 선거비용이 실제 지급액보다 많거나 적거나를 묻지 않는다.[12]

아울러 선거비용을 부풀려 회계보고서에 허위로 기재한 경우 설령 부풀린 거래대금이 통상적인 거래가격과 비교하여 현저한 차이가 없더라도, 견적서나 계약서를 실제와 다르게 허위로 기재한 이상 선거비용 허위보고죄가 성립하는 데 아무런 지장이 없다.[13] 예컨대, 선거비용제한액 초과사실을 감추거나 보전비용을 부풀릴 목적이 없더라도 사실과 다르게 보고하면 해당 범죄가 성립한다.

---

11) 대법원 2015. 8. 13. 선고 2015도5885 판결

12) 대법원 1996. 7. 12. 선고 96도1242 판결 참조. 당시 선거비용 허위보고는 공직선거법 제258조제1항제2호에 따라 처벌되었으나, 2005. 8. 4. 정치자금법의 전부개정에 따라 관련 규정이 정치자금법으로 이관되었다.

13) 대전고등법원 2015. 6. 1. 선고 2015노200 판결

라. 불법지출 보고의무

앞서 제2장 제5절 '2. 회계장부 비치와 수입 · 지출내역 기재'에서 살펴보았듯, 불법 정치자금이라도 회계책임자는 그 수수내역을 있는 그대로 회계장부에 기재해야 한다. 헌법재판소는 이러한 의무규정이 없다면 정치자금의 투명성 확보라는 정치자금법 본연의 목적을 달성할 수 없게 된다는 점에서 해당 조항들이 정치자금법의 입법목적을 달성하기 위한 필수불가결한 조치로 보았다.

특히 헌법재판소는 회계책임자에게 불법 정치자금이라도 그 수수내역을 회계장부에 기재하고 이를 관할 선거관리위원회에 신고할 의무가 있다는 점을 확인하면서, 해당 조항들은 헌법이 보장하는 진술거부권을 침해하지 않는다고 판단하였다.14)

이와 균형을 이루어 정치자금의 지출에서도 아무리 불법적인 용도의 지출이라도 회계책임자는 그 내역을 회계장부에 진실되게 기재하고 이를 선거관리위원회에 보고할 의무가 있는 것으로 보아야 할 것이다. 정치자금의 수입 · 지출에 관하여 형성된 법원의 판례가 가르키는 방향도 그렇다.

대법원은 정치자금법에서 선거비용 수입 · 지출보고서의 허위보고죄를 규정하고 있는 것은 선거비용의 투명성을 확보하려는 것으로 그 보고의 대상이 선거비용의 수입과 지출이라는 객관적 사항에 그치고 그 지출과 관련한 회계책임자의 형사적 책임에 관한 사항까지 보고의 대상으로 삼고 있는 것이 아니므로, 해당 조항이 헌법에서 규정한 형사상 자기에게 불리한 진술을 강요당하지 않을 권리를 침해하는 것은 아니라고 보았다.15)

이처럼 입법권자는 물론이고, 대법원이나 헌법재판소도 정치자금

14) 헌법재판소 2005. 12. 22. 선고 2004헌바25 결정

15) 대법원 1999. 4. 9. 선고 98도1432 판결

수입 · 지출의 투명성 확보를 위하여 회계책임자에게 왕조의 실록을 기록하는 사관(史官)에게나 요구되는 엄정하고 객관적인 자세와 사명감을 요구하고 있다.

적법한 정치자금이든 위법한 정치자금이든 회계책임자에게 부여된 정치자금의 수입 · 지출에 대한 진실한 보고의무와 그 법적 책임을 평가하는 사법부의 시선은 이처럼 냉정하고 의무위반에 따른 처벌은 가혹하기 이를 데 없다.

마. 허위보고 처벌사례

후보자가 자원봉사자로부터 인터넷 홈페이지를 무상으로 제공받아 사용한 경우 그에 대한 통상적인 거래가액을 선거비용으로 계상(計上)해야 함에도, 회계책임자가 정당한 사유 없이 고의로 선거비용 회계보고서에 해당 비용을 누락한 행위에 대하여 판례는 이를 선거비용 허위보고죄에 해당한다고 보았다.[16]

한편, 2008년 4월 실시한 제18대 국회의원선거에서 후보자가 경영하는 회사의 직원이 해당 후보자의 선거사무소 회계책임자로 선임되어 선거운동기간 전에 ▲▲전자통신 대표자에게 공개장소 연설 · 대담을 위한 차량제작을 의뢰하고 그 비용으로 913만 원을 지급하기로 약정한 사례가 있었다.

선거 후 해당 회계책임자는 ▲▲전자통신 대표자에게 자신이 모든 책임을 지겠으니 공개장소 연설 · 대담을 위한 차량 제작비를 1,488만 원으로 기재한 허위 세금계산서를 작성해달라고 수차례 요구하고, 4월 18일경 1,488만 원을 ▲▲전자통신 대표자에게 송금한 다음, 그로부터 1시간이 지난 후 실제 연설 · 대담용 차량 제작비용 계약금액과의 차액인 575만 원에 대한 세액 52만 3,000원과 유세차량의 확성

16) 대법원 2004. 4. 27. 선고 2003도6653 판결

장치 수리비 93만 3,000원을 공제한 429만 7,000원을 후보자 장모 명의의 예금계좌로 돌려받았다.

그럼에도 불구하고 해당 회계책임자는 2008년 5월 9일 관할 선거관리위원회에 회계보고를 하면서 연설·대담차량 제작비를 1,488만 3,000원으로 허위기재하여 제출함에 따라 처벌되었다. 해당 사안은 약식기소로 가볍게 처벌되었지만,[17] 만일 300만 원 이상의 벌금형이 확정되었다면 해당 후보자의 당선이 무효로 되고, 돌려받은 기탁금과 보전받은 선거비용을 반환해야 하는 무거운 사안이다. 하마터면 끔찍한 사건이 될뻔했다.

또한 2014년 6월 실시된 제6회 동시지방선거에서 교육감선거에 출마한 후보자의 선거사무소 회계책임자가 해당 교육감선거 후보자의 선거연락소장 2명으로 하여금 식사 562만 원을 제공하게 하고, 다른 선거연락소 회계책임자 5명으로 하여금 전화홍보원 11명에게 862만 원의 수당을 제공하게 한 사안이 있었다.

그럼에도 불구하고 해당 회계책임자는 같은 해 6월 말 관할 선거관리위원회에 정치자금 수입·지출보고서를 제출하면서 이러한 선거비용 1,388만 원을 선거연락소 회계책임자 잔무처리에 따른 인건비 항목으로 지출하여 마치 선거비용이 아닌 것처럼 허위로 기재하는 한편, 자원봉사자에게 수당 명목으로 지출한 250만 원을 누락하여 허위보고죄로 처벌된 사례도 있다.[18]

참고로 선거비용 회계보고서의 여러 항목에 허위사실을 기재한 경우 기재 항목에 따라 각각 별개의 범죄가 성립하는 것이 아니라 전체로서 허위보고죄라는 하나의 정치자금범죄가 성립된다.[19] 실체적 경합범이 아니라 일종의 포괄일죄로 보는 것이다.

17) 부산지방법원 2008. 10. 29. 선고 2008고약49202 약식명령

18) 대법원 2015. 11. 17. 선고 2015도12912 판결

19) 대법원 2017. 5. 30. 선고 2016도21713 판결

한편, 2020년 4월 실시한 제21대 국회의원선거에서 경기도 ▲▲시·▽▽군 지역구에 출마하여 당선되었으나, 선거사무소의 회계책임자가 해당 선거에서 불법으로 모금한 후원금을 선거비용으로 집행하면서 선거비용제한액을 초과하자 선거비용 지출을 은닉하기 위하여 해당 비용을 누락하여 보고함에 따라 정치자금법과 공직선거법의 실체적 경합범으로 기소된 사건이 있었다.

해당 사안에 대하여 2023년 5월 대법원은 회계책임자와 함께 공범으로 기소된 국회의원에게는 정치자금법 위반을 공모한 것으로 인정하기 어렵다며 다행히도 무죄를 확정하였다.

그러나 해당 국회의원의 선거사무소 회계책임자에게는 정치자금법 제49조제1항에 따른 허위 회계보고죄 내지 선거비용을 은닉할 목적의 누락보고죄가 인정되어 벌금 1,000만 원이 선고된 원심이 확정됨으로써 공직선거법 제263조제2항에 따라 해당 국회의원의 당선이 무효로 되었다.[20]

물론 해당 국회의원은 돌려받은 기탁금과 보전받은 선거비용을 모두 반환해야 했다. 이후 당선무효된 그 국회의원은 2024년 4월 실시한 제22대 국회의원선거에서 집권당의 공천을 받아 다시 출마하여 당선되었다.[21]

본래 당선이 무효로 된 사람은 공직선거법에 따라 그로 인하여 실시되는 재선거에 출마할 수 없다(§266②). 그러나 국회의원과 지방의원의 재·보궐선거는 단체장선거와 달리 매년 4월에만 실시되므로, 공교롭게도 2023년도 상반기 보궐선거 이후에 해당 사건에 대한 법원의 확정판결이 내려짐에 따라 재선거가 실시되지 못함으로써 당선무효에 따른 출마금지의 족쇄가 풀렸다.

20) 대법원 2023. 5. 18. 선고 2023도2724 판결

21) 해당 국회의원은 서울과 자신의 지역구를 연결하는 고속도로의 노선이 신비롭게 휘어져 종점이 변경된 사건에 연루되어 고초를 겪기도 하였다.

3. 선거비용 위변조 · 누락보고에 따른 당선무효

가. 위변조 · 누락보고죄

공직선거에서 선거사무소 · 선거연락소의 회계책임자가 후보자의 선거비용에 관한 회계보고를 위조 · 변조 또는 누락한 때에는 정치자금법에 따라 5년 이하의 징역 또는 2,000만 원 이하의 벌금에 처한다(§49①). 이 경우 누락이란, 선거비용의 수입 · 지출을 은닉하기 위한 목적으로 누락한 경우를 말한다.

선거사무소의 회계책임자가 정치자금법의 해당 범죄로 징역형 또는 300만 원 이상의 벌금형이 확정된 경우 해당 후보자의 당선이 무효로 된다. 다만, 다른 사람의 유도 또는 도발에 의한 경우에는 예외로 한다(공직선거법 §263②).

선거비용 회계보고의 위조 · 변조는 허위보고와 마찬가지로 주로 실제 지출한 선거비용보다 많은 금액을 보전받기 위하여 부풀리는 사례가 일반적이고, 누락보고는 주로 선거비용제한액을 초과하여 지출한 경우 이를 감추기 위한 수단으로 악용된다.

나. 은닉목적 판단기준

정치자금법은 회계책임자가 선거비용 회계보고를 누락한 경우 5년 이하의 징역 또는 2,000만 원 이하의 벌금에 처하도록 규정하면서, 그 '누락'에는 선거비용의 수입 · 지출을 은닉하기 위한 목적을 요구하고 있다(§49①).

해당 조항은 다른 선거비용과 관련한 위반행위를 처벌하는 규정(§49②)에 비하여 법정형이 무겁고, 선거사무소의 회계책임자가 해당 규정을 위반하여 징역형 또는 300만 원 이상의 벌금형이 확정되면 후보자의 당선을 무효로 하는 점에 비추어 보면, 은닉하기 위한 목적은 엄격하게 판단해야 한다.

따라서 선거비용의 수입·지출을 은닉하기 위하여 누락하였다는 범죄사실을 인정하기 위해서는 고의로 선거비용을 누락한 범위를 넘어 초과주관적 요소로서 선거비용의 수입·지출을 은닉한다는 목적이 합리적 의심 없이 명확하게 입증되어야 할 것이다.

예컨대, 후보자에게 선거인쇄물의 기획·도안이 무상으로 제공되었으나, 회계책임자가 이를 회계보고에 적극적으로 누락한 것이 아니라 해당 비용을 통상적인 거래가격으로 선거비용에 계상(計上)하지 않아 누락보고죄로 기소된 사건이 있었다.

해당 사안에 대하여 판례는 종전에 실시된 지방선거에서도 기획·도안료를 보고하지 않았음에도 별다른 지적이 없었던 점 등을 이유로 들어 선거인쇄물의 기획·도안료를 누락한 행위에 대하여 새삼스럽게 선거비용의 지출을 은닉하기 위한 목적이 있었다고 단정하기 어렵다고 보았다. 아울러 피고인이 미필적이나마 선거비용 수입·지출을 은닉할 목적을 가지고 있었음을 추단할 만한 특별한 사정이 존재하는지에 대하여는 검사의 증명이 없다고 보았다.[22)]

다. 위변조·누락보고 처벌사례

2010년 6월 실시된 제5회 동시지방선거에서 도의원선거 후보자의 회계책임자가 관할 선거관리위원회에 회계보고를 하면서 2010년 2월부터 같은 해 5월까지 선거사무소 전기사용료 중 2009년 11월부터 2010년 1월까지의 평균 전기사용료 105,210원을 초과한 137,260원을 누락하였다.[23)] 이에 더하여 해당 회계책임자는 선거운동 목적으로

22) 의정부지방법원 2020. 6. 5. 선고 2019노687 판결, 대법원 2020. 10. 15. 선고 2020도9367 판결로 원심 확정

2010년 3월 발송한 문자메시지 전송비 11만 원, 해당 도의원선거 후보자의 선거 관련 인터넷 홈페이지 제작비용 100만 원, 선거사무소 전화기 10대 임차료 10만 원을 회계보고에서 누락함에 따라 처벌되었다.[24)]

한편, 2010년 6월 실시된 제5회 동시지방선거의 시장선거에서 무소속으로 출마한 후보자의 회계책임자가 2010년 6월 1일 선거사무소 홍보부장에게 선거사무원들을 운송하는 차량 임차비용 650만 원을 현금으로 지출하였음에도 그 선거비용을 회계보고서에 누락하여 처벌된 사례도 있다.[25)]

4. 선거비용 보전청구 시 유의사항

가. 선거비용 보전대상

선거비용 공영제에 따라 지역구 의원선거나 단체장선거에서 후보자의 득표율이 10% 이상이면 지출한 선거비용의 절반을 보전하고, 후보자의 득표율이 15% 이상이면 지출한 선거비용의 전액을 보전한다. 다만, 선거비용 보전요건을 충족하더라도 예비후보자의 선거비용, 회계보고서에 포함되지 않은 비용, 위법선거운동 비용, 기부행위제한 위반비용, 통상가격보다 현저하게 비싼 경우 그 초과비용 등은 보전하지 않는다(공직선거법 §122의2②).

선거비용 보전을 위해서는 후보자가 선거일 후 10일까지 관할 선

---

23) 선거사무소의 전화료 · 전기료 및 수도료 기타 유지비로서 선거기간 전부터 정당 또는 후보자가 지출하여 온 경비는 선거비용으로 보지 않는다. 공직선거법 제120조제4호 참조.

24) 대구지방법원 김천지원 2010. 12. 7. 선고 2010고합130 판결

25) 수원지방법원 2011. 5. 11. 선고 2010고합537 판결

거관리위원회에 보전청구를 하고, 해당 선거관리위원회가 심사를 거쳐 선거일 후 60일까지 보전한다. 다만, 대통령선거에서는 선거일 후 20일까지 청구하고 선거일 후 70일까지 보전한다.

문제는 선거비용 회계보고서에 보고되지 않은 비용은 보전하지 않는다는 점이다(공직선거법 §122의2② 2.). 이 경우 득표율이 10% 미만인 후보자는 아예 보전대상이 아니어서 선거비용제한액을 초과할 위험성만 없다면 선거비용과 선거비용이 아닌 비용을 엄격하게 구분할 실익이 없다. 단지 2 종류의 정치자금을 구분하여 경리해야 하는 법률적 의무를 따를 뿐이다(§37①).

그러나 10% 이상을 득표하여 선거비용 보전대상 후보자라면 적법한 선거운동에 소요되는 경비는 최대한 회계보고서에 그 사실을 기재하여 보전받는 것이 적절할 것이다.

경험칙상 선거비용임에도 불구하고 회계책임자가 선거비용이 아닌 비용으로 보고함에 따라 전체 선거비용 지출액의 5%~10% 정도를 보전받지 못하는 것으로 추산된다. 기초의원선거에서도 수백만 원에 해당하니 결코 적은 금액이 아니다. 정당한 권리행사를 위해서는 이 또한 전문가의 도움을 받는 것이 현명하다.

나. 선거운동 부담비용

시각장애 유권자를 위한 점자형 선거공보와 그 저장매체 작성비용, 대통령선거와 자치단체장선거에 한정하여 선거운동 방법으로 인정되는 점자형 선거공약서 작성비용은 득표율과 무관하게 모두 국가 또는 지방자치단체가 부담하여 선거일 후 해당 후보자에게 지급한다(공직선거법 §122의2③).

사회적 약자에 대한 배려는 국가의 윤리적 수준과 도덕성을 평가하는 잣대가 된다. 모름지기 국민 또는 주민의 대표자가 되려는 사람이라면 모든 선거인의 주권행사에 필요한 적정한 판단자료를 제공해야 할 정치적 책임이 있다고 본다.

시각장애 유권자가 소수에 불과하더라도 점자형 홍보물과 그 저장매체를 배부하는 것은 득표전략에 유리할 뿐만 아니라 경제적 측면에서도 득표율과 무관하게 해당 비용을 국가 또는 지방자치단체가 부담하므로 그 제작을 마다할 이유가 없다. 다만, 해당 홍보물과 매체의 제작비용은 선거비용에 산입된다는 점에 유의해야 한다.

다. 허위 보전청구로 성립되는 범죄들

회계책임자가 보전대상 선거비용을 부풀려 허위로 회계보고를 한 경우에는 정치자금법에 따른 허위보고죄와 국고편취로 인한 사기죄(詐欺罪)가 모두 성립한다.[26] 선거비용에 대한 허위보고죄는 선거비용 집행의 투명성 확보를 보호법익으로 하는 반면, 사기죄는 타인을 기망(欺罔)하여 재물을 편취하는 행위를 처벌함으로써 재산권을 보호법익으로 하는 서로 다른 범죄이기 때문이다.

법리적으로 정치자금법에 따른 허위보고죄와 형법상 사기죄는 그 구성요건적 행위의 태양과 보호법익이 서로 다를 뿐 아니라, 어느 한 구성요건이 다른 구성요건의 적용을 배제하지 않으므로, 선거비용에 관한 허위보고를 통하여 선거비용을 부당하게 보전받으려 한 경우에는 법조경합(法條競合)에 따라 하나의 범죄만 성립하는 것이 아니라 정치자금법에 따른 허위보고죄와 형법상 사기죄가 실체적 경합범으로서[27] 각각 별개로 성립하는 것이다.

회계책임자가 보전대상 선거비용을 부풀려 허위로 회계보고를 함

26) 대법원 2015. 8. 27. 선고 2015도8815 판결

27) 실체적 경합범은 각 죄에 대하여 같은 종류의 형인 경우에는 가장 무거운 죄에 대하여 정한 형의 장기 또는 다액(多額)에 그 2분의 1까지 가중하여 처벌한다. 형법 제38조제1항제2호 참조.

으로써 정치자금법에 따른 허위보고죄와 형법상 사기죄가 실체적 경합범으로 공소가 제기된 경우에는 공직선거법 제18조제3항에 따라 정치자금 범죄와 사기죄를 분리하여 선고한다. 형법의 일반 원칙에 따라 양 죄를 병합하여 심리하고 하나의 형을 선고할 경우 사기죄의 양형이 회계책임자에 대한 선고형에 영향을 미쳐 해당 후보자의 당선이 무효로 될 우려가 있기 때문이다.

당선된 후보자든 낙선된 후보자든 누구든지 선거비용 보전에 욕심을 부려 거짓으로 선거비용 회계보고의 지출을 부풀리는 방법으로 보전비용을 청구해서는 안 된다. 허위 보전청구로 회계책임자에게 300만 원 이상의 벌금형이 선고되면 당선이 무효로 되고 보전비용을 반환해야 한다. 선거비용 공영제에 인쇄되지 않은 마지막 문장이 바로 '보전비용을 탐하지 말라'이다.

제 5 절

증빙서류 허위기재 · 위변조에 따른 당선무효

1. 증빙서류 허위기재 · 위변조로 인한 당선무효

가. 구성요건과 법정형

정치자금법에서는 회계책임자가 정치자금을 수입·지출하는 경우 영수증 그 밖의 증빙서류를 구비하도록 의무를 규정하면서(§39), 선거비용과 관련하여 영수증 그 밖의 증빙서류를 허위로 기재하거나 위조·변조한 사람은 2년 이하의 징역 또는 400만 원 이하의 벌금에 처하도록 규정하고 있다(§49② 6.).[28]

선거사무소의 회계책임자가 정치자금법의 해당 범죄로 징역형 또는 300만 원 이상의 벌금형이 확정된 경우 공직선거법에 따라 해당 후보자의 당선이 무효로 된다. 거듭 강조하지만, 낙선한 후보자라도 선거사무소의 회계책임자에게 이와 동일한 형이 확정되면 당선자와 마찬가지로 돌려받은 기탁금과 보전받은 선거비용을 반환해야 한다(공직선거법 §265의2①).

---

28) 실체규정인 정치자금법 제39조 본문에서 영수증 그 밖의 증빙서류를 구비하도록 규정하였음에도 벌칙규정인 본 조에서 선거비용 관련 영수증 미구비를 처벌하지는 않는 점은 입법오류로 보인다. 이 경우 영수증 미구비에 관한 일반규정인 제47조제1항제10호를 적용할 수 밖에 없다.

나. 처벌대상과 범위

정치자금법의 실체규정인 제39조 본문에서 선거비용에 해당하는지를 불문하고 회계책임자가 정치자금을 수입·지출하는 경우에는 영수증 그 밖의 증빙서류를 구비하도록 정하고 있고, 벌칙규정인 본 조에서는 선거비용과 관련하여 제39조 본문에 따른 영수증 그 밖의 증빙서류를 허위로 기재하거나 위조·변조한 사람을 처벌하고 있으므로, 허위기재·위변조죄의 적용범위가 선거관리위원회에 신고된 회계책임자에 한정되는 것으로 오인할 소지가 있다.

그러나 정치자금법 제39조 본문은 정치자금을 수입·지출하는 경우 영수증 등 증빙서류를 구비해야 한다는 정치자금 수입·지출의 방법을 규정한 것뿐이고, 그 벌칙조항인 본 조에서는 행위자를 선거관리위원회에 신고된 회계책임자로 한정하지 않고 있으므로, 회계책임자뿐만 아니라 누구든지 정치자금을 수입·지출하면서 구비해야 하는 영수증 그 밖의 증빙서류를 허위로 기재하거나, 위조하거나, 변조하는 경우에는 본 조에 따라 처벌된다.[29)]

2. 증빙서류 허위기재·위변조로 처벌된 사례

2006년 5월 실시된 제4회 동시지방선거에서 기초의원선거의 후보자, 회계책임자, 인쇄업자가 공모하여 선거홍보물의 공급단가가 실제로는 합계 1,650만 원임에도, 이를 부풀려 합계 2,184만 원으로 허위기재한 세금계산서 2장을 근거로 마치 해당 금액을 실제 지급한 것처럼 정치자금 수입·지출 보고서를 허위로 작성하여 관할 선거관리위원회에 제출함에 따라 기소된 사건이 있었다.

---

29) 서울고등법원 2014. 5. 15. 선고 2014노730 판결

게다가 피고인들은 공모하여 선거일 후 후보자가 회계책임자에게 정치자금 수입·지출보고서를 작성하면서 용처에 대한 입증자료가 없는 부분은 허위의 영수증을 첨부하여 보고할 것을 지시하고, 이에 따라 회계책임자는 선거사무장이 구해온 허위의 102,000원 식사대금 영수증, 허위의 차량수리비 명목의 575,000원 상당의 영수증 2장을 각각 정치자금 수입·지출 보고서에 첨부하여 관할 선거관리위원회에 제출함으로써, 정치자금의 수입·지출에 관한 영수증 허위기재죄가 적용되어 함께 처벌되었다.30)

3. 허위보고죄와 허위기재죄의 관계

2014년 6월 실시된 제6회 동시지방선거에서 아산시의원선거에 출마하여 당선된 후보자가 선거과정에서 자신의 처남을 회계책임자로 선임하고, 홍보물 제작회사의 견적서와 계약서의 금액을 실제보다 부풀려 관할 선거관리위원회에 과다한 금액의 선거비용 보전을 청구하기로 자신의 회계책임자와 공모하였다.

이들은 선거용품 제작업체에 선거비용으로 550만 원을 지출하였으나 회계보고서에는 2차례에 걸쳐 총 1,457만 원을 지출한 것으로 허위기재하고, 현수막 제작업체에는 실제 229만 원을 지출하였음에도 마치 499만 원을 지출한 것처럼 정치자금 수입·지출보고서를 허위로 작성하여 관할 선거관리위원회에 보고하였다.

또한 이들은 후보자의 과다한 선거비용 보전청구를 위하여 선거비용 지출에 관한 증빙서류인 견적서와 계약서의 금액을 허위로 작성하기로 공모하였고, 후보자는 특별히 자신의 회계책임자에게 "어떻게

30) 대구지방법원 2007. 1. 31. 선고 2006고정5033 판결

해서라도 90% 이상을 보전받아야 한다. 견적서, 계약서 금액을 올려서 작성해라"고 여러 차례 지시하였다.

이에 따라 회계책임자는 선거용품 제작비용으로 1,457만 원을 지출한 것처럼 허위 견적서와 계약서를 작성하여 업체 대표자로부터 도장을 날인받고, 해당 업체들은 허위 계약서에 기재된 금액을 입금 받은 후 일정 금액을 후보자에게 돌려주어 후보자, 회계책임자, 업체의 대표자들이 선거비용 허위보고죄와 증빙서류 허위기재죄의 실체적 경합범으로 함께 기소된 사건이 있었다.

해당 사건에서 후보자와 회계책임자는 정치자금법 제40조제4항에 따른 선거비용 회계보고서에 같은 법 제39조에 따른 영수증 그 밖의 증빙서류를 첨부해야 하므로, 증빙서류를 허위로 기재한 행위는 정치자금법 제49조제1항에 따른 선거비용 허위보고죄의 구성요건에 모두 포섭되는 법조경합의 흡수관계에 있어[31] 선거비용 허위보고죄가 인정될 경우 같은 법 제49조제2항제6호에 따른 증빙서류 허위기재죄는 성립될 수 없다고 항변하였다.

해당 사안에 대하여 법원은 증빙서류의 허위기재 행위가 선거비용 허위보고를 위한 수단이 되었더라도, 증빙서류 허위기재 행위는 선거비용에 대한 회계보고 허위기재 행위와 전혀 다른 행위로서 별개의 죄를 구성한다고 판시하였다.[32]

그 이유는 정치자금법 제49조제1항에 따른 선거비용 허위보고죄

31) 법조경합은 1개의 행위가 외관상 여러 죄의 구성요건에 해당하는 것처럼 보이나 실질적으로는 1개의 죄만이 성립되는 경우를 말한다. 예컨대, 음주로 인한 특정범죄가중처벌 등에 관한 법률 위반죄는 형법상 업무상과실치사상죄의 특례를 규정하여 가중처벌하기 위한 것이다. 따라서 특가법 제5조의11제1항에 따른 위험운전 치사상죄가 성립하는 경우 형법상 업무상과실치사상죄를 범한 것을 내용으로 하는 교통사고처리특례법 위반죄는 그 죄에 흡수되어 별도의 죄를 구성하지 않는다. 대법원 2008. 12. 11. 선고 2008도9182 판결, 2003. 4. 8. 선고 2002도6033 판결 등 참조.

32) 대법원 2015. 8. 27. 선고 2015도8815 판결

는 회계책임자에 대한 진정신분범 규정으로서, 신고된 회계책임자가 정당한 사유 없이 선거비용 회계보고서에 허위내용을 기재한 경우에 성립되는 범죄이고, 같은 조 제2항제6호의 증빙서류 허위기재죄는 그 주체가 회계책임자로 한정되지 않고 누구든지 정치자금을 수입·지출하는 경우에 구비해야 하는 증빙서류를 허위로 기재한 경우에 성립되는 범죄이므로, 각 죄는 행위의 주체나 객체 등 구성요건이 서로 다르기 때문이다.

이 사건의 범죄성립 시기에 관한 측면에서도 선거비용 회계서류인 정치자금 수입·지출보고서에 허위내용을 기재하는 행위는 회계책임자가 선거일로부터 한 달 후 관할 선거관리위원회에 이를 제출함으로써 기수(旣遂)에 이르렀지만, 선거홍보물 제작업체들과 허위의 견적서, 계약서를 작성하여 정치자금 수입·지출에 관한 증빙서류를 허위로 기재한 행위는 선거일 전에 이미 기수(旣遂)에 이른 점도 이를 뒷받침한다.

따라서 선거관리위원회에 실제 지출보다 과다한 금액을 기재한 허위의 증빙서류를 제출하고, 선거비용에 관한 회계보고서를 허위로 기재하여 부당하게 선거비용을 보전받으려는 행위는 정치자금법에 따른 선거비용 허위보고죄와 증빙서류 허위기재죄가 모두 성립하고, 이와 더불어 형법상 사기죄도 별도로 성립하므로, 이는 수 개의 죄로서 실체적 경합관계에 있는 것이다.[33]

---

33) 대법원 2015. 8. 27. 선고 2015도8815 판결

제 9 장

벌금형으로 참정권이 제한되는 범죄

중요 정치자금범죄와 선거범죄로 정치공동체에 위해를 가하여 100만 원 이상의 벌금형이 선고된 사람에게는 공직선거법 등 개별 법률에 따라 5년간 참정권이 박탈되어 정치활동의 영역에서 배제된다.

벌금형으로 참정권이 박탈되는 정치자금범죄는 정치자금부정수수죄와 선거비용 관련 범죄뿐이다. 다른 정치자금범죄로는 아무리 무거운 벌금형이 선고되어도 참정권이 제한되지 않는다.

이 장에서는 벌금형으로 참정권이 제한되는 정치자금부정수수죄와 선거비용 관련 범죄에 관하여 살펴보기로 한다.

제 1 절

정치자금범죄로 제한되는 참정권

1. 선거권 · 주민투표권 등 주권행사 제한

정치자금법에 따른 정치자금부정수수죄 및 선거비용과 관련한 범죄로 100만 원 이상의 벌금형의 선고를 받고 그 형이 확정된 후 5년 또는 형의 집행유예의 선고를 받고 그 형이 확정된 후 10년이 경과되지 않았거나 징역형의 선고를 받고 그 집행을 받지 않기로 확정된 후 또는 그 형의 집행이 종료되거나 면제된 후 10년이 경과되지 않는 사람은 선거권이 없다(공직선거법 §18① 3.).

공직선거법에 따라 선거권이 없는 사람은 국민투표법에 따른 국민투표권도 없어 헌법개정을 위한 국민투표를 실시하더라도[1] 해당 국민투표에 참여할 수 없다(국민투표법 §9).

아울러 선거권이 없는 사람은 주민투표법에 따른 주민투표권도 없고(주민투표법 §5① 단서), 주민소환에 관한 법률에 따른 주민소환투표권도 인정되지 않아 풀뿌리 민주주의와 주민자치의 영역에서도 배제된다(주민소환에 관한 법률 §3① 1.).

---

1) 현행 국민투표법은 투표제도, 투표운동 방법 등에 관하여 공직선거법과 주민투표법 등 유사법제의 개선사항이 전혀 반영되지 않았고, 선거관리위원회법 등 조직법규의 변경내용도 수용되지 않아 해당 법률의 전부개정 없이는 사실상 국민투표를 실시하기 어렵다.

2. 정당 · 후원회 가입 등 정치활동 제한

정당법에 따라 16세 이상의 국민은 공무원 그 밖에 그 신분을 이유로 정당가입이나 정치활동을 금지하는 다른 법령의 규정에도 불구하고 누구든지 정당의 당원이 될 수 있지만, 선거권이 없는 사람은 정당 창당을 위한 발기인이 되거나 특정 정당의 당원으로 가입할 수 없어 정치활동이 제한된다(정당법 §22①).

아울러 누구든지 정치자금법에 따라 자유의사로 하나 또는 둘 이상의 후원회의 회원이 될 수 있지만, 정당의 당원이 될 수 없는 사람은 후원회의 회원도 될 수 없다(정치자금법 §8① 단서).

3. 선거운동 등 표현의 자유 제한

선거권이 없는 사람은 공직선거에서 특정 후보자의 당선이나 낙선을 위한 선거운동도 금지된다(공직선거법 §60① 3.). 또한 선거권이 없는 사람은 헌법개정이나 국가의 안위에 관한 중요정책 결정을 위하여 실시되는 국민투표에서 국민투표운동도 할 수 없어(국민투표법 §28①), 정치적 영역에서 표현의 자유가 제한된다.

아울러 선거권이 없는 사람은 주민투표법에 따른 주민투표권도 인정되지 않고(주민투표법 §5①), 주민투표권이 없는 사람은 투표운동을 할 수 없다(주민투표법 §21② 1.).

또한 선거권이 없는 사람은 주민소환에 관한 법률에 따른 주민소환투표에서 투표운동을 할 수 없다(주민소환에 관한 법률 §18③). 이처럼 중요 정치자금범죄를 범하여 선거권이 없는 사람은 풀뿌리 민주주의 영역에서도 표현의 자유가 제한된다.

4. 공직선거의 피선거권 제한

정치자금법에 따른 정치자금부정수수죄 및 선거비용과 관련된 범죄로 100만 원 이상 벌금형의 선고를 받고 그 형이 확정된 후 5년이 지나지 않은 사람, 형의 집행유예의 선고를 받고 그 형이 확정된 후 10년이 경과되지 않은 사람, 징역형의 선고를 받고 그 집행을 받지 않기로 확정된 후 또는 그 형의 집행이 종료되거나 면제된 후 10년이 경과되지 않은 사람은 피선거권도 없으므로, 모든 공직선거에 출마할 수 없다(공직선거법 §19 1.).

이 경우 형(刑)이 실효(失效)된 사람이라도 각각 해당 기간이 경과되어야만 피선거권이 회복된다. 예컨대, 형의 실효 등에 관한 법률은 자격정지 이상의 형을 받지 않고 형의 집행을 종료하거나 그 집행이 면제된 날부터 벌금형의 경우 2년이 경과한 때, 3년 이하의 징역이나 금고의 경우 5년을 경과한 때에는 각각 그 형이 실효되도록 규정하고 있다(§7①).

그러나 정치자금부정수수죄 및 선거비용 관련 범죄로 100만 원 이상의 벌금형을 선고받은 경우에는 형의 실효에 관한 법률에 따라 2년이 경과된 후 피선거권이 회복되는 것이 아니라 공직선거법에 따른 5년이 지나야만 피선거권이 회복된다. 형의 실효는 형 선고의 효력을 상실시키는 것이므로, 형이 실효된 경우 선거권이 회복된다고 해석할 여지가 있어 공직선거법은 정치자금범죄의 형이 실효된 경우에도 일정기간 선거권이 제한된다는 점을 명확하게 규정하고 있는 것이다(공직선거법 §18① 3.).

형식논리상 선거권이 없는 사람은 정당의 당원이 될 수 없어 정당추천후보자가 될 수 없겠지만, 선거권을 상실한 경우에는 피선거권도 제한되므로 무소속 후보자로도 출마할 수 없다.

5. 공무담임의 제한

형의 실효에 관한 법률 등 다른 법률에도 불구하고 정치자금법에 따른 정치자금부정수수죄 및 선거비용과 관련한 죄를 범하여 징역형의 선고를 받은 사람은 그 집행을 받지 아니하기로 확정된 후 또는 그 형의 집행이 종료되거나 면제된 후 10년간, 형의 집행유예의 선고를 받은 사람은 그 형이 확정된 후 10년간, 100만 원 이상의 벌금형의 선고를 받은 사람은 그 형이 확정된 후 5년간 공직에 취임하거나 임용될 수 없으며, 이미 취임 또는 임용된 사람은 그 직에서 퇴직된다(정치자금법 §57, 공직선거법 §266①).

정치자금법에 따른 정치자금부정수수죄 및 선거비용과 관련한 죄를 범하여 100만 원 이상의 벌금형이 확정된 경우 임용이 금지되는 공직의 범위는 다음과 같다.

① 공무원

② 사립학교 교원

③ 예비군 중대장급 이상의 간부

④ 주민자치위원

⑤ 통장 · 이장 · 반장

⑥ 정부가 50% 이상의 지분을 가지고 있는 공공기관의 상근 임원

⑦ 지방공사의 상근 임원

⑧ 농협 · 수협 · 산림조합 등 조합의 조합장과 상근 임직원

⑨ 바르게살기 · 새마을운동협의회 · 한국자유총연맹의 상근 임직원과 이들 단체의 대표자

⑩ 중앙선거관리위원회 규칙으로 정하는 언론인

⑪ 공직유관단체의 임원

이는 후보자 등 정치인이 직접 정치자금부정수수죄를 범한 경우는 물론이거니와, 선거비용 관련 회계를 허위로 보고하거나 선거비용

회계보고서에 첨부하는 영수증 등 첨부서류를 허위로 기재하거나 위조 또는 변조하는 행위에 후보자 등 정치인이 공범으로 가담한 경우 마주하게 되는 가혹한 운명이다.

참고로 정치자금부정수수죄로 인한 공무담임 제한규정은 정치자금법에 직접 규정하고 있음에 반하여, 선거비용 관련 범죄로 인한 공무담임 제한규정은 공직선거법에 따로 규정함에 따라 법률형식의 체계정당성 측면에서 흠을 드러내고 있다. 이는 2005년 8월 정치자금법을 전부개정하던 때에 공직선거법에 규정되어 있던 선거비용 관련 규정들을 정치자금법으로 이관하면서 선거비용 관련 범죄로 인한 공무담임 제한규정을 미처 정치자금법에 이관하지 못하여 발생한 일종의 '배달사고'에 기인한 것으로 추정된다.

이는 입법정책의 졸렬함에 기인한 체계부조화의 문제로 평가될 수 있다. 따라서 해당 규정의 적용대상자가 그리 많지 않더라도 법령의 체계정당성의 원리에 부합하도록 조속하고 적절한 시기에 선거비용 관련 범죄로 인한 공무담임 제한규정을 정치자금법으로 이관하는 것이 바람직한 것으로 보인다.

제 2 절

정치자금부정수수죄(§45)

1. 정치자금부정수수죄 개요

정치자금법 제45조에 따른 정치자금부정수수죄로 100만 원 이상의 벌금형이 확정되면 5년간 선거권과 피선거권이 제한된다(공직선거법 §18①·§19). 선거권과 피선거권이 제한되는 정치자금부정수수죄는 아래의 3가지 유형으로 구분할 수 있다.

첫째, 제45조제1항에 규정된 죄로, 해당 법률이 정하지 않은 방법으로 일체의 정치자금을 기부하거나 기부받은 사람을 처벌하는 포괄적 벌칙 규정이다. 이에 관해서는 '제4장 후원금 외 정치자금 수수 금지'에서 자세하게 다룬 바 있으므로 여기에서는 설명을 생략한다.

둘째, 제45조제2항제1호부터 제4호까지 규정된 죄로, 후원회지정권자가 아닌 사람이 후원회와 유사한 기구를 설치·운영하거나, 정치자금에 관한 모금 또는 기부한도액을 초과하거나, 후원금 모금방법을 위반하여 고지·광고하거나, 그 밖에 위법한 방법으로 후원금을 모금하는 행위를 처벌하는 규정이다.

셋째, 제45조제2항제5호·제6호에 규정된 죄로, 법인·단체와 관련된 자금으로 정치자금을 기부하거나, 공무원이 담당하는 사무에 관한 청탁 등 정치자금의 기부 동기가 오염되거나, 업무·고용 등 특수

관계를 이용하여 부당하게 타인의 의사를 억압하는 방법으로 정치자금 기부를 알선하는 행위를 처벌하는 규정이다. 해당 벌칙에 관해서는 '제5장 오염된 후원금 기부 금지와 반환'에서 자세하게 다룬 바 있으므로 여기에서는 설명을 생략한다.

이에 따라 이 절에서는 정치자금부정수수죄 중 앞에서 설명하지 않은 둘째 유형, 즉 제45조제2항제1호부터 제4호까지 규정된 죄에 관하여 집중적으로 설명하기로 한다.

2. 권한 없는 사람의 후원회 설치 · 운영

가. 구성요건과 법정형

후원회지정권자가 아닌 사람으로서 정치자금의 기부를 목적으로 후원회나 이와 유사한 기구를 설치 · 운영한 사람은 정치자금법에 따라 5년 이하의 징역 또는 1천만 원 이하의 벌금에 처한다(§45② 1.). 후원회지정권자라도 후원회를 두지 않고 정치자금을 수수한 경우에는 정치자금부정수수죄를 구성한다(§45①).

후원회제도는 사회구성원들의 자발적인 정치참여의식을 제고하여 유권자 스스로 정당이나 정치인을 후원하도록 함으로써, 정치에 대한 신뢰감을 높이고, 정치자금을 양성화시키는 계기로 작동되도록 하는 데에 그 입법목적이 있다.[2] 따라서 후원회지정권자가 아닌 사람이 정치자금의 기부를 목적으로 후원회나 이와 유사한 기구를 설치 · 운영한다면 후원회제도의 입법취지를 심각하게 훼손할 것이므로, 정치자금법은 이를 금지하는 것이다.

2) 헌법재판소 2016. 9. 29. 선고 2015헌바228 결정

나. 후원회 설치 판단기준

본 조에서 처벌하는 후원회를 '설치'했다고 평가하기 위해서는 적어도 일정한 목적을 가진 사람들의 인적 결합이 이루어지거나, 후원회에 그러한 목적을 가진 사람들이 회원으로 가입할 수 있는 정도에 이르러야 한다. 판례는 후원회에 단 1명의 회원도 가입되어 있지 않아 아직 후원회로서의 인적 결합이 이루어지지 않는 상태이고, 인터넷상의 후원회라는 특성을 고려하더라도 누구도 회원으로 가입할 수 없는 단계에 있었다면 후원회의 설치로 보기 어려워 본 조 위반으로 처벌할 수 없다고 보았다.[3)]

참고로 공직선거법은 해당 법률에 따라 관할 선거관리위원회에 신고된 선거사무소·선거연락소 외에는 후보자 또는 후보자가 되려는 사람을 위하여 후원회 설립을 금지하고 있는데(§89①), 이는 특정 후보자의 선거운동을 목적으로 설치하는 유사기관을 금지하기 위한 규정이므로,[4)] 정치자금의 기부를 목적으로 설치되는 정치자금법에 따른 후원회와는 본질적인 차이가 있다.

3. 후원회·후원인의 모금·기부 한도액 위반

가. 구성요건과 법정형

후원회의 회원이든 비회원이든 후원인이 모든 후원회에 연간 기부할 수 있는 한도액인 2,000만 원을 초과하여 기부하거나, 후원인이 연간 특정 후원회에 기부할 수 있는 한도액을 초과하여 기부하거나,

3) 광주고등법원 2005. 2. 17. 선고 2004노667 판결

4) 대법원 2005. 1. 27. 선고 2004도7511 판결 등

후원회가 연간 한도액을 초과하여 모금 또는 기부하거나, 공직선거가 있는 연도의 모금·기부 한도액을 초과하여 후원금을 모금 또는 기부한 사람은 정치자금법에 따라 5년 이하의 징역 또는 1천만 원 이하의 벌금에 처한다(§45② 2.).

개별 후원회에 대한 후원인의 연간 기부한도액을 살펴보면, 대통령선거와 관련한 후원회 1,000만 원, 국회의원과 그 선거와 관련된 후원회 500만 원, 광역의원과 그 선거와 관련된 후원회 200만 원, 기초의원과 그 선거와 관련된 후원회 100만 원, 지방자치단체장 선거와 관련된 후원회는 500만 원이다(§11②).

한편, 후원회별 연간 모금할 수 있는 후원금의 한도액은 대통령선거 관련 후원회는 선거비용제한액의 5%에 해당하는 금액, 국회의원·국회의원후보자 및 당대표경선후보자 후원회는 각각 1억5,000만 원, 광역의원 및 지역구 광역의원선거와 관련된 후원회는 각각 5,000만 원, 기초의원 및 지역구 기초의원선거와 관련된 후원회는 3,000만 원, 지방자치단체장선거의 후보자·예비후보자 후원회는 선거비용제한액의 50%에 해당하는 금액으로 한다.

나. 차명기부의 기부자

2008년 4월 실시된 제18대 국회의원선거에서 ▲▲실업 회장의 지시를 받은 비서실장이 후원금 2,000만 원을 각 500만 원씩 4명의 명의로 후원회에 기부하려고 마음먹고 해당 국회의원후보자에게 전화하여 ▲▲실업 회장의 뜻을 전달하자, 그 국회의원후보자는 비서실장에게 승낙하는 취지로 고맙다는 인사를 하였다.

그 후 비서실장이 4명의 명의로 후원금을 기부하려 하였으나, 2명은 이미 연간 후원금 기부한도액이 초과되어 기부하지 못하고 나머지 2명의 명의로 각 500만 원씩 총 1,000만 원의 후원금을 기부한 후

후원회로부터 이에 대한 후원금 영수증을 교부받아 2008년도 연말정산에 알뜰하게 사용한 사건이 있었다.

해당 사안에 대하여 법원은 후원금을 기부한 사람은 ▲▲실업 회장의 지시를 받은 비서실장으로서, 해당 비서실장이 1인당 연간 기부한도액을 초과하여 후원금을 기부한 것으로 판단하였다.[5)]

다. 후원회지정권자가 처벌된 사례

기부한도액 초과죄는 후원인 또는 후원회의 구성원만이 범죄의 주체가 될 수 있는 진정신분범 규정이다. 후원회의 구성원이란 후원회의 회계책임자, 유급사무직원 등 후원회의 업무에 종사하는 임직원을 말한다.[6)] 다만, 그 신분을 보유하지 않은 사람이라도 해당 신분을 가진 사람과 함께 공범으로 처벌될 수는 있다.

예컨대, 2004년 4월 실시된 제17대 국회의원선거의 후보자가 ▲▲주식회사 사장과 공모하여 2004년 3월 말경 선거사무소에서 ▲▲주식회사 사장으로부터 선거자금을 지원하겠다는 연락을 받고 여비서 명의의 후원회 계좌번호를 알려준 다음, ▲▲주식회사 사장이 6명의 명의를 빌려 총 3,000만 원을 송금하게 함으로써 후원금 기부한도를 초과하여 기부한 사안에 대하여, 법원은 해당 국회의원을 본 조 위반의 공범으로 처벌한 바 있다.[7)]

반면에 1인당 연간 후원한도액을 초과하여 2,000만 원의 후원금을 기부받아 기소된 국회의원은 자신의 후원회 또는 후원인과 공범으로 함께 기소되지 않아 비신분자인 국회의원에게는 본 죄가 성립될 여지가 없다며 법원이 무죄로 판결한 사례도 있다.[8)]

5) 대법원 2011. 1. 27. 선고 2010도11153 판결
6) 대전고등법원 2007. 8. 22. 선고 2007노241 판결
7) 대법원 2009. 1. 30. 선고 2008도8138 판결
8) 대법원 2020. 6. 24. 선고 2010도1958 판결

라. 모금한도액 초과죄 성립요건

후원회별 연간 모금한도액은 정치자금법에 따라 엄격하게 규정되어 있다. 그러나 신용카드·예금계좌·전화 또는 인터넷전자결제시스템 등에 의한 모금으로 부득이하게 연간 모금한도액을 초과하게 된 때에는 연간 모금한도액의 100분의 20의 범위에서 예외를 인정한다. 물론, 그 이후에는 후원금을 모금할 수 없다(§12).

이러한 예외규정의 취지는 해당 모금방법이 후원회의 모금의사와 무관하게 후원인의 일방적인 의사와 행위에 따라 이루어지는 경우가 있어 그와 같은 방법에 의한 모금으로 연간 모금한도액을 초과하게 되었다는 사실만으로 후원금 모금자에게 형사책임을 지운다면, 이는 형사상 자기책임의 원리에 반하기 때문이다.

아울러 후원금을 모금하는 사람에게 후원금 모금한도액 초과상태의 발생을 미리 막지 못한 점에 관하여 별도의 부득이한 사정이 있었음을 증명하도록 요구한다면, 이는 후원금을 모금하는 사람에게 후원인들로 하여금 연간 모금한도액이 초과되지 않는 범위에서 후원금을 기부하도록 적절한 조치를 취할 의무를 부과하는 것이 되어 피고인에게 불리한 확장해석이 될 수도 있다.

그러므로 해당 예외규정의 문언적 내용, 정치자금법의 입법취지 등을 종합하여 보면, 예외규정에 정해진 방법으로 후원금을 모금하는 경우 그 과정에서 일시적으로 연간 모금한도액 초과상태에 이르게 되더라도 그러한 사정만으로 곧바로 후원금 모금한도액 초과죄가 성립되는 것으로 보아서는 안 될 것이다.

따라서 그러한 초과사실을 알면서도 계획적으로 후원금을 모금하거나 그와 동일시할 수 있는 정도의 사정이 있는 경우에 한하여 기부한도액 초과죄가 성립되는 것으로 보아야 한다.[9]

9) 대법원 2010. 7. 15. 선고 2007도7523 판결

4. 후원금 모금·홍보 방법 위반

집회 등 정치자금법이 정하지 않은 방법으로 후원금을 모금하거나, 후원금 모금을 위한 고지·광고 방법을 위반하거나, 정치자금영수증과의 교환에 의한 모금방법을 위반하여 후원금을 모금한 사람은 정치자금법에 따라 5년 이하의 징역 또는 1천만 원 이하의 벌금에 처한다(§45② 3.).

실제 처벌사례를 살펴보면, 2002년 12월 실시한 제16대 대통령선거에서 정당의 선거대책위원회 위원장직을 수행하였고, 선거기간 중에는 당대표의 역할까지 맡고 있으면서, 아파트 분양업체인 ◭◭시티의 대표이사로부터 당대표·최고위원 경선 및 대통령선거 후원금 명목으로 수억 원을 중앙선거관리위원회가 제작한 정치자금영수증을 교부하지 않고 기부받아 기소된 사건이 있었다.

피고인은 해당 사건에서 정치자금법상 정치자금영수증을 교부할 의무가 있는 사람은 관할 선거관리위원회에 회계책임자로 신고된 사람이고, 선거대책위원회 위원장이었던 자신은 정치자금법상 영수증 교부 의무자가 아니라고 항변한 바 있다.

해당 사안에 대하여 법원은 후원회의 회계책임자가 따로 신고되었더라도 정당이나 후원회의 구성원이 회원 또는 회원이 아닌 사람으로부터 금품을 기부받고도 정치자금영수증을 교부하지 않은 때에는 실제 정치자금을 받은 정당이나 후원회의 구성원이 정치자금법에 따라 처벌된다고 판결하였다.[10)]

참고로 후원회 이외의 사람은 후원회로부터 위임을 받은 경우에 한정하여 그 위임과 함께 미리 교부받아 둔 정치자금영수증을 후원금과 직접 교환하는 방법으로 후원금을 모금할 수 있다. 이 경우 그 위

10) 대법원 2005. 2. 17. 선고 2004도6940 판결

임은 정치자금법규에 따라 위임장의 교부를 요구하므로[11] 구두나 묵시적 방법에 의한 위임은 허용될 수 없다.

따라서 후원회로부터 후원금 모금에 관한 위임장이나 정치자금영수증을 전혀 교부받은 바 없는 상태에서 정치자금영수증과 교환하지 않고 후원금을 모금한 경우에는 본 죄로 처벌된다.[12]

11) 정치자금사무관리 규칙 제20조에서는 후원회가 정치자금영수증과의 교환에 의한 후원금 모금을 위임하는 경우에는 정치자금영수증 위임 관리기록부에 의하여 수임자의 인적사항과 정치자금영수증 교부내역을 기재하고, 수임자에게는 별지 서식에 의한 위임장을 교부하도록 규정하고 있다.

12) 대법원 2007. 11. 30. 선고 2007도5236 판결

제 3 절

중요 선거비용범죄(§49)

1. 선거비용 관련 정치자금범죄 개요

가. 선거비용범죄의 일반적 제한

선거비용과 관련한 정치자금범죄는 정치자금법 제49조제1항과 제2항에서 규정하고 있다. 정치자금법에 규정된 선거비용 관련 범죄도 공직선거법에 따른 선거범죄와 마찬가지로 100만 원 이상의 벌금형이 확정되면 참정권이 제한된다(공직선거법 §18①). 2005년 8월 정치자금법이 전부 개정되면서 종전 공직선거법에 규정되어 있던 선거비용 관련 규정 중 선거비용제한액 부분을 제외한 나머지 조항이 모두 정치자금법에 이관된 효과이다.

당선인이 해당 선거에서 선거비용과 관련한 죄를 범하여 100만 원 이상의 벌금형이 확정된 경우 당선이 무효로 되고(공직선거법 §264), 당선무효에 따른 부수적 법률효과도 함께 발생한다.

즉, 돌려받은 기탁금과 지급받은 보전비용을 반환해야 하고, 당선무효에 따라 실시되는 재선거에 후보자가 될 수 없다. 낙선자도 당선무효에 해당하는 형이 확정된 경우에는 돌려받은 기탁금과 지급받은 보전비용을 반환해야 한다(공직선거법 §265의2①).

당선무효에 따라 재선거를 실시하는 경우에도 그들은 해당 선거에 후보자가 될 수 없다(공직선거법 §266②).

참고로 당선인 본인이 해당 선거에서 정치자금부정수수죄를 범하여 100만 원 이상의 벌금형이 확정된 경우에는 선거비용 관련 범죄로 인한 경우와 달리 공직선거법에 따른 당선무효에 해당하지 않는다(§264). 다만, 해당 당선인의 임기가 개시되기 전이라면 관할 선거관리위원회가 피선거권 상실을 이유로 당선무효를 결정할 수 있다(공직선거법 §192②·③). 그러나 일단 임기가 개시된 후에 당선인에게 해당 사유가 발생하면 단지 정치자금범죄로 인한 공무담임 제한규정에 따라 그 직에서 퇴직될 뿐이다(§57).

이 경우에는 공직선거법 제263조부터 제265조까지의 규정에 따른 당선무효가 아니므로, 당선무효에 따른 부수적 법률효과가 발생하지 않는다. 즉, 돌려받은 기탁금과 지급받은 보전비용을 선거관리위원회에 반환할 필요가 없다. 다만, 피선거권이 없으므로 향후 5년간 공직선거에 출마할 수 없게 된다.

나. 중요 선거비용범죄의 특별제한

선거비용과 관련한 정치자금범죄 중 정치자금 수입·지출의 투명성을 전혀 확보할 수 없는 중대한 법익 침해행위, 예컨대 회계보고 의무를 이행하지 않거나(§49①), 회계보고를 허위기재·위조·변조 또는 누락하거나(§49①), 영수증 그 밖의 증빙서류를 허위기재·위조·변조하여(§49② 6.) 선거사무소의 회계책임자에게 징역형 또는 300만 원 이상의 벌금형이 확정된 경우 그의 참정권이 제한되고 해당 후보자의 당선을 무효로 한다(공직선거법 §263②).

이 경우 해당 후보자는 기탁금과 보전비용을 반환해야 하고 당선무효로 인하여 실시되는 재선거에 출마할 수 없지만, 후보자의 피선거권에는 영향이 없으므로 다른 공직선거에 출마하는 것은 제한되지 않는다. 그러나 후보자가 선거사무소의 회계책임자와 공모하여 해당 범죄를 범하여 100만 원 이상의 벌금형이 확정된다면 5년간 피선거권이 제한되는 점에 유의해야 한다.

다만, 선거사무소의 회계책임자라도 앞에 열거된 외의 선거비용과 관련한 죄를 범하여 300만 원 이상의 벌금형을 선고받은 경우에는 회계책임자 자신의 참정권만 제한될 뿐, 당선의 효력에는 아무런 영향을 미치지 않는다.

다. 다른 정치자금범죄와의 관계

선거비용과 관련한 정치자금범죄, 즉 현행 정치자금법 제49조의 선거비용과 관련한 벌칙에는 태생적으로 선거의 공정을 추구하는 공직선거법의 유전자가 깊이 각인되어 있다.

일반적인 정치자금범죄는 정치자금의 수입·지출의 투명성을 확보하여 정치부패를 방지하기 위한 것이 주된 목적이다. 그러나 선거비용과 관련한 정치자금범죄는 비록 정치자금법으로 이관되어 규정되어 있더라도 선거비용제한액제도의 실효성 확보를 통하여 후보자 간 무기대등의 원칙을 구현하고 선거의 공정을 실현하려는 입법자의 깊은 의도를 배반하지 않는다.

예컨대, 2005년 8월 공직선거법에서 정치자금법으로 이관된 제49조의 선거비용과 관련한 벌칙의 대부분은 본래부터 정치자금법에 규정된 제46조의 각종 제한규정위반죄, 제47조의 각종 의무규정위반죄, 제48조의 감독의무해태죄와 중첩된다. 이 경우 입법목적과 보호법익 그리고 구성요건 요소의 측면에서 선거비용과 관련된 정치자금범죄는 일반 정치자금범죄에 대하여 법조경합 중 특별관계로 보아 우선 적용함이 타당한 것으로 보이기 때문이다.

2. 선거비용 회계보고 불이행 · 허위보고죄

회계책임자가 정당한 사유 없이 선거비용에 대하여 정치자금법 제40조제1항 · 제2항에 따른 회계보고를 하지 않거나 허위기재 · 위조 · 변조 또는 누락한 때에는 5년 이하의 징역 또는 2천만 원 이하의 벌금에 처한다(§49①). 여기에서 누락은 선거비용의 수입 · 지출을 은닉하기 위한 목적으로 누락한 경우를 말한다.

해당 범죄로 100만 원 이상의 벌금형이 확정되면 선거권 · 피선거권 등 참정권이 박탈되고, 선거사무소의 회계책임자가 300만 원 이상의 벌금형을 선고받으면 해당 후보자의 당선을 무효로 한다. 해당 규정이 관할 선거관리위원회에 신고된 회계책임자에게만 적용되는 진정신분범의 형식을 취하고 있으나, 회계책임자와의 공모관계에 따라 얼마든지 후보자에게도 적용될 수 있다.

그 밖에 회계보고 불이행에 따른 당선무효, 선거비용 허위보고에 따른 당선무효, 선거비용 위변조 · 누락보고에 따른 당선무효 등에 관하여는 제8장 '제4절 선거비용 미보고 · 허위보고로 인한 당선무효'를 참고하기 바란다.

3. 선거비용 영수증 등 증빙서류 위조 · 변조죄

회계책임자가 선거비용을 수입 · 지출을 하는 때에 구비해야 하는 영수증 그 밖의 증빙서류를 허위기재 또는 위조 · 변조한 사람은 2년 이하의 징역 또는 400만 원 이하의 벌금에 처한다(§49② 6.). 해당 범죄로 100만 원 이상의 벌금형이 확정되면 참정권이 박탈되고, 선거사무소의 회계책임자가 300만 원 이상의 벌금형을 선고받으면 후보자의 당선을 무효로 한다.

본 죄에서는 선거비용에 관한 영수증 그 밖의 증빙서류를 허위로 기재하거나 위조·변조하는 행위를 처벌대상으로 삼고 있을 뿐, 영수증을 아예 구비하지 않은 행위에 대하여는 따로 처벌규정을 두지 않고 있다. 따라서 선거비용과 관련한 영수증을 구비하지 않는 경우에는 정치자금영수증 미구비를 처벌하는 제47조제1항제10호의 일반규정을 적용할 수밖에 없을 것이다. 물론 형벌 외의 제재효과에 대해서는 큰 차이가 있다.

그 밖에 증빙서류 허위기재 또는 위조·변조로 인한 당선무효, 증빙서류 허위기재 또는 위조·변조로 처벌된 사례, 허위보고죄와 허위기재죄의 관계 등에 관하여는 제8장 '제5절 증빙서류 허위기재·위변조에 따른 당선무효'를 참고하기 바란다.

제 4 절

일반 선거비용범죄(§49②)

1. 선거비용 수입 · 지출 실명원칙 위반죄

가. 구성요건과 법정형

정치자금법에 따라 1회 120만 원을 초과하여 정치자금을 기부하는 사람과 건별로 아래에 해당하는 금액을 초과하여 정치자금을 지출하는 사람은 수표나 신용카드 · 예금계좌입금 그 밖에 실명이 확인되는 방법으로 기부하거나 지출해야 한다(§2④).

① 선거비용 외의 정치자금은 50만 원. 다만, 공직선거의 후보자 · 예비후보자의 정치자금은 20만 원

② 선거비용은 20만 원

이 경우 현금으로 연간 지출할 수 있는 정치자금은 연간 지출총액의 20%, 선거비용은 선거비용제한액의 10%를 초과할 수 없다(§2④ 단서). 이를 위반한 경우 정치자금법에 따라 2년 이하의 징역 또는 400만 원 이하의 벌금에 처해진다(§49② 1.).

여기에서 정치자금을 지출하는 사람이란, 회계책임자뿐만 아니라 실제 정치자금 지출사무를 담당하는 사람을 포함한다. 예컨대, 선거에

출마한 국회의원의 비서관이 선거사무소에서 홈페이지 유지보수비용 등의 명목으로 20만 원을 초과하여 현금을 지출한 경우에도 본 죄를 적용한 판례가 있다.[13] 실명이 확인되는 방법의 지출이란, 신용카드 또는 예금계좌 입금처럼 그 지출방법 자체로 지출한 사람이 누구인지 명확하게 특정될 수 있는 경우를 말한다.

나. 실제 처벌사례

2010년 6월 실시한 제5회 동시지방선거에서 후보자가 회계책임자를 겸하면서 확성기 임차료 150만 원, 현수막 제작비 200만 원, 선거벽보 제작비 1,200만 원 등 합계 1,680여만 원의 선거비용을 현금으로 지급하여 기소되었다. 이에 피고인은 현금 지급 후 상대방으로부터 세금계산서, 간이영수증 또는 현금영수증을 교부받았으므로, 이는 정치자금법에 따른 '그 밖에 실명이 확인되는 방법'으로 지출한 경우에 해당한다고 항변한 바 있다.

해당 사안에 대하여 법원은 상대방에게 현금을 직접 지급하는 방법으로 선거비용을 지출하는 경우에는 비록 나중에 상대방으로부터 세금계산서 또는 현금영수증을 교부받았더라도 그 지출방법 제체만으로 지출자가 누구인지 명확하게 특정될 수 있는 경우에 해당하지 않는다며 유죄로 판결하였다.[14]

또한 2010년 6월 실시한 제5회 동시지방선거에서 기초의원후보자의 회계책임자가 5월 중순 선거운동용 명함 인쇄비로 50만 원을 지출하고, 선거 유세차량과 발전기 임차료 110만 원을 지출하는 등 총 252만 원을 현금으로 지출하였다. 건별 20만 원을 초과한 선거비용을 실명이 확인되지 않는 방법으로 지출한 것이다.

---

13) 춘천지방법원 영월지원 2004. 10. 20. 선고 2004고약3216 약식명령

14) 대구지방법원 2011. 1. 21. 선고 2010고합498 판결

해당 회계책임자는 이러한 현금지출 외에도 5월 20일 자원봉사자 식사대금 115,000원을 현금으로 지출한 것을 비롯하여, 그때부터 6월 1일까지 각 지출 건별로는 20만 원을 넘지 않았으나 총 28회에 걸쳐 합계 351만 원의 선거비용을 현금으로 지출하는 등 선거비용제한액의 10%를 초과한 603만 원을 현금으로 지출함에 따라 선거비용 수입 · 지출 실명원칙 위반죄로 처벌되었다.[15)]

한편, 2006년 5월 실시한 제4회 동시지방선거의 기초의원선거에서 선거사무소의 회계책임자가 따로 선임되어 있음에도, 후보자가 직접 2006년 4월 중순 선거운동에 사용할 명함 1만 매의 제작비용 22만 원을 명함 제작회사에 현금으로 지급하는 등 그 무렵부터 같은 해 6월 중순까지 총 10회에 걸쳐 687만 원을 현금으로 지출하여 선거비용 수입 · 지출 실명원칙 위반죄와 회계책임자 외의 선거비용 수입 · 지출죄의 상상적 경합으로 처벌된 사례도 있다.[16)]

2. 회계책임자 · 예금계좌 미신고죄

가. 구성요건과 법정형 개요

공직선거의 후보자 · 예비후보자 등 선임권자가 회계책임자를 선임하지 않거나, 회계책임자를 신고하는 때에 정치자금 수입 · 지출을 위한 예금계좌를 신고하지 않거나, 회계책임자의 변경이 있는 경우 기한 내에 관할 선거관리위원회에 서면으로 변경신고를 하지 않은 사람은 선거비용 관련 벌칙이 적용되어 2년 이하의 징역 또는 400만 원 이하의 벌금에 처한다(§49② 2.).

15) 인천지방법원 2010. 12. 17. 선고 2010고합761 판결
16) 광주지방법원 2007. 1. 9. 선고 2006고합317 판결

여기에서 일반 회계책임자의 변경이 있는 때에는 14일 이내의 신고로 족하지만, 한시적 신분인 공직선거의 후보자·예비후보자가 선거사무소 또는 선거연락소의 회계책임자를 변경하거나, 선거연락소장이 해당 선거연락소의 회계책임자를 변경한 경우에는 지체없이 신고해야 한다(§35①).

나. 실제 처벌사례

회계책임자 변경 시 그 신고를 불이행하여 처벌된 사례는 주로 후보자 또는 예비후보자로 등록하면서 회계책임자를 선임 신고한 후 해당 회계책임자가 사직하였음에도 이를 지체 없이 선거관리위원회에 변경신고를 하지 않은 경우가 일반적이다.[17]

아울러 후보자 또는 예비후보자가 자신이 회계책임자를 겸임하는 것으로 관할 선거관리위원회에 신고하였으나, 나중에 별도로 회계책임자를 선임하였음에도 이를 선거관리위원회에 지체 없이 신고하지 않아 처벌된 사례도 있다.[18]

3. 회계책임자 외의 선거비용 수입·지출죄

가. 구성요건과 법정형

다음 중 어느 하나에 해당하는 사람은 2년 이하의 징역 또는 400만 원 이하의 벌금에 처한다(§49② 3.).

17) 대구지방법원 2012. 10. 5. 선고 2012고약17021 약식명령

18) 광주지방법원 순천지원 2008. 11. 13. 선고 2008고합172·2008고합191(병합) 판결

① 관할 선거관리위원회에 신고된 회계책임자 외에 정치자금을 수입·지출한 사람

② 후보자·예비후보자가 자신의 재산으로 정치자금을 지출하는 경우 그 회계책임자를 통하여 지출하지 않은 사람

③ 후원회를 둔 국회의원·지방의원이 해당 국회의원선거·지방의원선거의 예비후보자로 등록하지 않은 경우로서 해당 선거의 예비후보자등록신청개시일부터 자신의 재산으로 정치자금을 지출하는 때에 자신의 회계책임자를 통하여 지출하지 않은 사람

④ 후원회를 둔 공직선거의 후보자·예비후보자의 회계책임자로서 후원회로부터 기부받은 후원금을 후원회 등록 전에 지출의 원인이 발생한 용도로 지출한 사람

회계책임자 외의 선거비용 수입·지출죄는 회계책임자가 아닌 사람이 선거비용을 지출한 경우 성립되는 것이므로, 비록 해당 후보자가 그와 같은 행위가 죄가 되는지 모르고 선거비용을 지출하였더라도 회계책임자가 아닌 사람이 선거비용을 지출한 이상 죄의 성립에는 영향이 없다. 아울러 회계책임자가 나중에 후보자의 선거비용 지출을 추인하였더라도 그 위법성이 조각되지 않는다.[19]

특히 후보자가 비록 회계책임자의 입회하에 선거비용을 지출하였더라도 본 죄의 성립에는 지장이 없다.[20]

한편, 회계책임자를 선임하기 전 이미 지출사유가 발생한 선거비용이라도 회계책임자와 정치자금 예금계좌를 신고한 후 지출하는 때에는 그 지출사유의 발생시기와 관계없이 해당 회계책임자와 신고된 예금계좌를 통하여 지출해야 한다.[21]

19) 대법원 1999. 10. 12. 선고 99도3335 판결 등

20) 대법원 1999. 5. 25. 선고 99도983 판결

21) 대법원 2007. 11. 15. 선고 2007도4721 판결

나. 실제 처벌사례

작가로 활동하던 사람이 당협위원장으로부터 2010년 6월 실시한 제5회 동시지방선거의 서울시의원선거에 출마제의를 받고 선거를 도와주기로 소개받은 선거사무장에게 '가진 돈이 1천만 원 정도 밖에 없어 출마하기가 곤란하다'는 의사를 표시하였다.

그러자 선거사무장은 '선거비용은 나중에 선거관리위원회에서 보전받을 수 있으니 일단 1,000만 원만 주면 내가 알아서 선거비용을 조달하여 처리하겠다'며 제안하고, 선거비용 수입 · 지출에 관해서는 해당 선거사무장이 전적으로 책임지기로 합의하였다.

이에 따라 2010년 5월 선거관리위원회에 후보자를 회계책임자로 겸임신고를 하고, 선거사무장과 합의한 바에 따라 후보자는 선거관리위원회에 신고할 예금계좌를 개설하여 통장과 도장을 선거사무장에게 건네주자, 해당 선거사무장이 5월 17일부터 6월 22일까지 선거운동을 위한 명함 · 현수막 · 사진 · 피켓 등 홍보물 제작, 선거운동용 차량 임차, 선거사무원 수당 지급 등 5,800여만 원을 지출하여 회계책임자 외의 수입 · 지출죄로 처벌되었다.[22)]

반면, 2006년 5월 말 실시된 제4회 동시지방선거에서 원주시 의원선거의 후보자가 회계책임자를 겸임하면서 본인이 직접 매매, 임대차 등 지출원인행위를 하고 그에 따른 영수증 기타 증빙서류를 선거사무소에 가지고 오면, 그의 고등학교 친구가 후보자의 예금계좌에서 인터넷뱅킹을 통한 계좌이체 방식으로 영수증 등 증빙서류에 기재된 계좌로 선거비용을 송금함에 따라 후보자의 친구가 회계책임자 외의 수입 ·지출죄로 기소된 사건이 있었다.

해당 사안에 대하여 법원은, 후보자 친구의 인터넷뱅킹에 의한 입금행위는 회계책임자를 겸하고 있는 후보자의 완전한 의사관여 아

22) 서울중앙지방법원 2010. 12. 24. 선고 2010고합1526 판결

래 그의 지시를 단순히 따른 것에 불과하므로, 이는 법률상 회계책임자 자신의 행위로 평가함이 타당하다고 보았다.[23)]

한편, 2014년 6월 실시한 제6회 동시지방선거에서 순천시 의원선거에 출마한 후보자와 그의 배우자가 지인(知人)을 회계책임자로 신고하되, 후보자의 배우자가 실질적으로 회계책임자의 모든 권한을 행사하기로 공모한 후, 후보자의 배우자가 회계책임자로 허위신고된 지인에게 도장을 받아 5월 24일부터 6월 13일까지 합계 4,417만 원의 선거비용을 지출하여 회계책임자 외의 선거비용 수입·지출죄의 공범으로 기소된 사건이 있었다.

해당 사건에서 후보자는 지인이 회계책임자로 신고된 사실을 몰랐으므로, 지인을 회계책임자로 신고하기로 공모한 사실이 없다고 항변하였다. 그러나 법원은 해당 후보자가 그의 지인이 회계책임자로 신고된 사실을 알지 못하였더라도 자신의 배우자를 통하여 선거비용을 수입·지출하는 사실을 알고 이에 동의한 이상 회계책임자 외의 선거비용 수입·지출이라는 정치자금범죄의 공동정범이 성립하는 데 아무런 방해가 되지 않는다고 판결하였다.[24)]

4. 예금계좌 외의 선거비용 수입·지출죄

가. 구성요건과 법정형

선거관리위원회에 신고된 예금계좌를 통하지 않고 선거비용을 수입·지출한 사람, 선거사무장 등의 수당·실비를 예금계좌에 입금하는 방법으로 지급하지 않은 사람은 2년 이하의 징역 또는 400만 원 이하

23) 대법원 2007. 11. 22. 선고 2007도6937 판결
24) 대법원 2015. 8. 13. 선고 2015도5885 판결

의 벌금에 처한다(§49② 3.).

정치자금을 수입 · 지출하는 경우 신고된 예금계좌를 통해서만 하도록 규정한 취지는 정치자금의 수입 · 지출과정이 투명하게 드러나도록 하여 음성적인 정치자금을 원천적으로 차단함으로써 깨끗한 정치문화를 정착시키려는 데 있다.

대법원은 본 죄에 관하여 행위자와 그 상대방에 대한 아무런 제한을 두고 있지 않으므로, 이러한 규정형식이나 내용에 비추어 보면 회계책임자가 아닌 사람이 신고된 예금계좌를 통하지 않고 정치자금을 수입 · 지출하는 경우에도 본 죄에 따라 처벌된다고 판시한 바 있다.[25] 참고로 선거운동 과정에서 지출원인이 발생한 선거비용은 선거가 종료된 이후에도 신고된 회계책임자에 의해 신고된 예금계좌를 통해서만 지출해야 한다.

나. 실제 처벌사례

2014년 6월 실시된 제6회 동시지방선거의 군수선거에 출마한 무소속 후보자가 2014년 3월 23일 예비후보자 등록 시부터 2014년 5월 19일까지 회계책임자를 겸하면서 자신 명의의 계좌를 정치자금 수입 · 지출 계좌로 신고하였음에도, 3월 23일 200만 원, 4월 1일 100만 원, 4월 2일 200만 원, 4월 14일 200만 원 등 합계 700만 원의 선거비용을 자신의 배우자 명의의 계좌에서 지출함에 따라 예금계좌 외의 선거비용 수입 · 지출죄로 처벌되었다.[26]

또한 2014년 6월 실시된 제6회 동시지방선거에서 기초의원선거에 출마한 후보자는 회계책임자가 아님에도 5월 2일 자신의 배우자 명의의 계좌를 이용하여 선거용품 제작업자에게 현수막 제작 등 용역

25) 대법원 2012. 12. 27. 선고 2012도12152 판결

26) 창원지방법원 진주지원 2015. 2. 5. 선고 2014고합146 판결

계약에 따른 비용 550만 원을 송금하여 예금계좌를 통하지 않고 선거비용을 지출한 행위로 처벌되었다.27)

한편, 2014년 6월 실시된 제6회 동시지방선거에서 교육감선거에 출마한 후보자가 광고대행업체 대표자에게 부탁하여 그로 하여금 5월 14일 자신의 예비후보자 홍보물 발송비 129만 원을 우체국에 송금하게 하고, 5월 17일 전화를 이용한 투표참여 홍보비용 170만 원을 여론조사업체에 송금하게 하였으며, 5월 26일경 KBS 라디오 방송연설 대금 193만 원을 해당 방송국에 송금하게 하는 한편, 같은 날 선거연락소 선거사무원 수당 504만 원을 송금하게 하는 등 합계 996만 원을 해당 광고대행업체 명의의 계좌에서 지출하여 예금계좌 외의 선거비용 수입·지출죄로 처벌되었다.28)

또한 선거비용제한액이 초과되지 않도록 비용 지출을 감추기 위하여 현금으로 지출한 사례도 있는 데, 2012년 4월 실시된 제19대 국회의원선거에 출마한 후보자가 3월 중순경 자신의 회계책임자로부터 선거운동을 위한 문자메시지 발송비용으로 800만 원이 청구되는 등 과다한 문자메시지 발송비용으로 인하여 선거비용제한액 초과가 염려된다는 보고를 받게 되었다.

이에 해당 국회의원후보자는 지인(知人)의 어머니 명의로 개설한 통신계약을 이용한 후 그 통신비용을 현금으로 지출하여 선거비용제한액을 회피하기로 마음먹은 후, 실제 4월 중순 KT 정읍지사에 현금으로 통신비용을 납부하는 방법으로 자신의 정치자금 1,200만 원을 지출함에 따라 예금계좌 외의 선거비용 수입·지출죄로 처벌받은 사례도 있다.29)

한편, 선거운동 관계자에 대한 수당과 실비한도액을 회피하기 위

27) 대법원 2015. 8. 27. 선고 2015도8815 판결

28) 대전고등법원 2015. 10. 5. 선고 2015노315 판결

29) 전주지방법원 정읍지원 2012. 12. 28. 선고 2012고합87 판결

한 수단으로 관할 선거관리위원회에 신고한 예금계좌 외의 방법으로 선거비용을 지출한 사례도 있다.

예컨대, 2010년 6월 실시된 제5회 동시지방선거에서 ▲▲군수선거에 출마하여 당선된 후보자의 회계책임자가 5월 24일 거리유세 율동 안무단원 3명에게 선거운동 대가로 허용된 실비한도액 140만 원을 초과한 360만 원을 지급하면서 예금계좌를 통하여 지출하지 않았고, 선거운동 관계자에게 수당이나 실비를 지급할 때에는 수령자가 지정한 금융기관의 예금계좌에 입금하는 방법으로 지급해야 함에도 이를 현금으로 지급하여 처벌된 사례도 있다.[30)]

5. 대선 예비후보자 선거비용 통지 불이행죄

대통령선거에서 예비후보자가 정당추천후보자로 확정된 경우 해당 예비후보자의 회계책임자는 자신의 선거비용 지출에 관한 내역을 지체 없이 후보자 선거사무소의 회계책임자에게 통지하여 선거비용 집행에 차질이 없도록 해야 한다(§36⑥). 대통령선거에서 선거사무소 회계책임자는 정치자금법에 따라 소속 정당의 회계책임자가 겸하도록 강행규정을 두고 있기 때문에(§34①), 정당의 회계책임자가 예비후보자 선거비용 지출내역을 인수하여 후보자의 선거비용제한액을 본인의 일원적인 통제에 두기 위함이다.

이를 위반한 사람은 정치자금법에 따라 2년 이하의 징역 또는 400만 원 이하의 벌금에 처한다(§49② 4.). 다행히도 아직 처벌된 사례를 찾아볼 수 없다.

---

30) 춘천지방법원 2011. 2. 9. 선고 2010고합151 판결

6. 회계장부 비치 · 기재의무 위반죄

가. 구성요건과 법정형

정당의 회계책임자, 후원회의 회계책임자, 후원회를 둔 국회의원과 지방의원의 회계책임자, 공직선거의 후보자 · 예비후보자의 회계책임자 등은 회계장부를 비치하고 모든 정치자금의 수입과 지출에 관한 사항을 기재해야 한다. 이 경우 선거비용과 선거비용 외의 정치자금은 각각 별도의 계정을 설정하여 구분 · 경리해야 한다(§37①). 해당 규정을 위반한 사람은 2년 이하의 징역 또는 400만 원 이하의 벌금에 처한다(§49② 5.).

나. 실제 처벌사례

2002년 6월 실시된 제3회 동시지방선거에서 충북지역의 기초의원선거에서 당선된 후보자의 회계책임자가 5월 31일부터 6월 12일까지 후보자의 선거운동을 위하여 무상으로 사용한 포터 화물차에 대하여 시중의 통상적인 임차가격에 상당하는 91만 원을 해당 후보자의 선거비용으로 계상(計上)하지 않아 처벌되었다.[31]

아울러 해당 회계책임자는 5월 28일 축구동호회 총무로부터 시가 6만 원 상당의 음료수 2박스를 교부받은 것을 비롯하여 총 4회에 걸쳐 시가 합계 29만 원 상당의 음료수 11박스를 제공받았음에도 이를 회계장부에 기재하지 않은 행위로도 처벌되었다. 회계책임자 입장에서는 선거사무소를 방문하는 사람들이 들고 오는 음료수 박스에 고마움에 앞서 덜컥 겁부터 나는 이유다.[32]

---

31) 청주지방법원 충주지원 2002. 12. 20. 선고 2002고합106 판결

32) 선거사무소 내방자에게 제공하는 음료수는 선거비용에 산입되기 때문이다.

7. 회계보고 시 예금통장 사본 미제출죄

정당의 회계책임자, 후원회의 회계책임자, 후원회를 둔 국회의원과 지방의원의 회계책임자, 공직선거의 후보자·예비후보자의 회계책임자 등이 선거관리위원회에 회계보고를 하는 때에는 정치자금을 수입·지출한 예금통장 사본을 첨부해야 한다(§40④ 3.).

해당 규정을 위반한 사람은 2년 이하의 징역 또는 400만 원 이하의 벌금에 처한다(§49② 7.).

8. 자료제출요구 불응 또는 허위자료 제출죄

선거관리위원회의 위원과 직원은 선거비용의 수입과 지출에 관하여 확인할 필요가 있다고 인정되는 때에는 회계장부 그 밖의 출납서류를 보거나, 정당, 공직선거의 후보자·예비후보자·회계책임자 또는 선거비용에서 지출하는 비용을 지급받거나 받을 권리가 있는 사람, 그 밖의 관계인에 대하여 조사할 수 있으며, 보고 또는 자료의 제출을 요구할 수 있다(§43①).

선거관리위원회로부터 이러한 요구를 받은 사람은 지체 없이 이에 따라야 한다. 해당 규정을 위반한 사람은 2년 이하의 징역 또는 400만 원 이하의 벌금에 처한다(§49② 8.).

실제 1998년 실시한 제2회 동시지방선거에서 후보자의 회계책임자가 관할 선거관리위원회로부터 선거사무관계자에게 제공한 243식의 식사에 대한 일정별·대상별로 소명자료 제출을 요구받고도 정당한 사유없이 이에 응하지 않아 처벌된 사례가 있다.[33]

33) 광주지방법원 목포지원 1998. 12. 4. 선고 98고합232 판결

9. 회계장부 등의 인계 · 보존의무 위반죄

회계책임자는 정치자금법에 따라 회계보고를 마친 후 지체 없이 선임권자에게 해당 법률에 따른 당비영수증 원부, 정치자금영수증 원부, 회계장부, 정치자금의 수입 · 지출에 관한 명세서, 영수증 그 밖의 증빙서류, 예금통장, 지출결의서 및 구입 · 지급품의서를 인계해야 한다. 아울러 선임권자는 회계책임자가 회계보고를 마친 날부터 3년간 회계장부 등 관련 서류를 보존해야 한다(§44①).

해당 규정을 위반하여 회계장부 등을 인계하지 않은 회계책임자나 관련 서류를 보존하지 않은 선임권자는 2년 이하의 징역 또는 400만 원 이하의 벌금에 처한다(§49② 9.).

다만, 인계하거나 보존해야 하는 회계장부 등 서류 중 '영수증 그 밖의 증빙서류'의 범위는 영수증에 준하여 금전의 지급사실을 증명하는 문서에 한정된다. 예컨대, '선거사무원 출석부'의 경우 선거사무원에게 수당을 지급하기 위하여 출석 일수를 확인하기 위한 근거자료는 될 수 있으나, 해당 출석부는 정치자금법에 따른 '영수증 그 밖의 증빙서류'에는 해당하지 않으므로, 회계책임자가 이를 선임권자에게 인계하지 않아도 무방하다.

제 10 장

일반 정치자금범죄와 과태료

후보자 또는 선거사무소의 회계책임자가 일반 정치자금범죄를 저지른 경우 아무리 고액의 벌금형이 선고되어도 당선의 효력이나 선거권 · 피선거권 등 참정권에 아무런 영향을 미치지 않는다.

다만, 일반 정치자금범죄라도 징역형의 실형을 선고받고 그 집행이 종료되지 않은 사람은 공직선거법의 일반규정에 따라 선거권이 제한되고 그 형이 실효될 때까지는 피선거권도 제한된다.

이 장에서는 벌금형만으로는 참정권이나 당선무효에 영향을 주지 않는 일반 정치자금범죄와 과태료에 관하여 살펴본다.

제 1 절

각종 제한규정위반죄(§46)

1. 정치자금영수증 허위작성 · 부정사용

가. 구성요건과 법정형

당비영수증 또는 정치자금영수증의 기재금액 또는 액면금액과 상이한 금액을 기부한 사람과 이를 받은 사람, 당비영수증 또는 정치자금영수증을 허위로 작성하여 교부하거나 위조 · 변조하여 사용한 사람은 정치자금법에 따라 3년 이하의 징역 또는 600만 원 이하의 벌금에 처한다(§46 1.).

본 죄는 정치자금부정수수죄와 선거비용과 관련한 회계보고 불이행죄 등을 제외하고는 정치자금범죄 중 법정형이 가장 무겁다. 다만, 본 죄로 고액의 벌금형이 확정되더라도 참정권이 제한되지 않고 당선의 효력에도 아무런 영향을 미치지 않는다.

정당에 당비를 납부한 사람과 후원회에 후원금을 기부한 사람은 조세특례제한법이 정하는 바에 따라 해당 정치자금에 상당하는 금액에 대한 소득세 또는 증여세에 대한 조세의 감면을 받는다. 따라서 당비나 후원금을 받는 경우 실제 납부 또는 기부한 금액이 기재된 당비영수증이나 정치자금영수증을 발행해야 함에도, 정치자금의 은닉이나 탈세 등의 부정한 목적으로 정치자금영수증을 허위로 작성하거나 부정하게 사용하는 경우 본 조에 따라 처벌대상이 된다.

본 조에서 '허위'란 객관적 사실에 반하는 것을 의미하므로, 당비영수증 또는 정치자금영수증을 허위로 작성하여 교부한다는 의미는 납부 또는 기부의 일시·금액뿐만 아니라 기부 여부에 대한 기재도 허위의 대상이 될 수 있다.

한편, 위조와 변조의 의미는 형법상 문서위조죄와[1] 동일한 개념으로 보아야 할 것이다. 예컨대, '위조'란 작성권한이 없는 사람이 타인의 명의를 도용(盜用)하여 문서를 작성하는 것을 말하고, '변조'는 진정하게 성립된 문서의 내용에 권한이 없는 사람이 문서의 동일성을 해하지 않는 한도에서 변경을 가하여 새로운 증명력을 지어내는 것을 의미한다.[2]

나. 실제 처벌사례

2010년 6월 실시한 제5회 동시지방선거에서 시장선거의 후보자와 그의 회계책임자가 공모하여 사전에 기부를 약속받은 ▲▲자동차 노조원들로부터 후원금 모금이 늦어지자 연말정산이 가능하도록 미리 영수증을 발급해달라는 모금 담당자의 요청에 따라 실제 후원금을 기부받지 못하였음에도 마치 후원금을 정상적으로 기부받은 것처럼 노조원 388명에게 10만 원권 382매, 5만 원권 6매 등 합계 3,850만 원 상당의 정치자금영수증을 작성하여 교부함에 따라 정치자금영수증 허위작성죄로 처벌되었다.[3]

---

1) 형법 제231조(사문서등의 위조·변조) 행사할 목적으로 권리·의무 또는 사실증명에 관한 타인의 문서 또는 도화를 위조 또는 변조한 자는 5년 이하의 징역 또는 1천만 원 이하의 벌금에 처한다.

2) 대법원 2020. 6. 4. 선고 2020도3809 판결

3) 수원지방법원 평택지원 2012. 2. 23. 선고 2011고정562 판결

2. 후원회 회원명부에 관한 비밀누설

정치자금법과 공직선거법은 정당활동의 자유에 준하여 후원회의 활동의 자유를 두텁게 보장하고 있다. 이에 따라 후원회의 회원명부는 법원이 재판상 요구하는 경우와 관할 선거관리위원회가 회원의 자격과 후원금 내역 등 필요한 사항을 확인하는 경우를 제외하고는 열람을 강요당하지 않고(§8③), 누구든지 회원명부에 관하여 직무상 알게 된 사실을 누설해서는 안 된다(§8⑤).

이를 위반하여 회원명부의 열람을 강요한 사람이나, 회원명부에 관하여 직무상 알게 된 사실을 누설한 사람은 3년 이하의 징역 또는 600만 원 이하의 벌금에 처한다(§46 2.).

'열람'이란 회원명부의 내용을 조사하면서 보는 것을 말하고, '강요'란 그 방법에 제한이 없으므로 폭행·협박 등 유형력을 사용하는 것은 물론 무형적 압력을 가하는 경우를 포함한다. 반드시 상대방의 반항을 불가능하게 하거나 곤란하게 할 정도에 이를 필요는 없으며, 상대방의 자유로운 의사결정과 활동에 영향을 미칠 정도의 폭행이나 협박이면 충분하다.

3. 차입금으로 후원금 기부

후원회는 관할 선거관리위원회에 등록한 후 후원회의 회원과 회원이 아닌 사람으로부터 후원금을 모금하여 이를 해당 후원회지정권자에게 기부한다. 이 경우 후원회가 모금한 후원금 외에 차입금 등은 기부할 수 없다(§10① 후단). 이를 위반하면 3년 이하의 징역 또는 600만 원 이하의 벌금에 처한다(§46 3.).

후원회는 정치자금의 기부를 목적으로 설립·운영되는 단체로서 후원인으로부터 모금한 후원금만을 기부해야 한다. 후원회가 금품모집 홍보활동에 필요한 경비를 조달하기 위하여 금융기관 등으로부터 금전을 차입할 수 있겠으나, 차용한 금전을 후원회지정권자에게 기부한다면 본 조에 위반되어 처벌대상이 된다.

4. 정치자금영수증 일련번호 공개

정치자금영수증에는 제작 주체인 중앙선관위만 기재되고 실제 후원금을 기부받고 해당 영수증을 발행하는 주체인 후원회의 명칭은 전혀 드러나지 않는다. 이는 후원인이 정치자금 면세혜택을 위하여 정치자금영수증을 연말정산 등에 활용할 경우 후원한 정당이나 정치인이 드러나지 않도록 하여 정치자금의 원활한 조성을 도모하고 후원인의 정치활동의 자유를 보호하기 위함이다.

이에 따라 선거관리위원회와 후원회 그 밖에 정치자금영수증의 발급·발행 또는 교부에 관계하는 사람은 법률에 정한 절차에 의하지 않고는 후원회에 발급한 정치자금영수증의 일련번호를 공개하거나 이를 다른 국가기관에 고지해서는 안 된다(§17⑫).

이를 위반하여 법률에 정한 절차에 의하지 않고 특정 후원회에 발급한 정치자금영수증의 일련번호를 공개하거나 이를 다른 국가기관에 고지한 사람은 정치자금법에 따라 3년 이하의 징역 또는 600만 원 이하의 벌금에 처한다(§46 4.).

후원회에 발급한 정치자금영수증이 본 조의 객체이므로, 후원회에 발급한 영수증인 이상 실제 후원인에게 교부되었는지는 묻지 않는다. 여기에서 일련번호를 공개할 수 있는 '법률에 의한 절차'의 대표적 사례는 형사소송법에 따른 압수나 검증을 들 수 있다.

5. 회계장부 미비치 · 허위기재

회계책임자가 회계장부를 비치하지 않거나 회계장부를 허위로 기재한 경우 정치자금법에 따라 3년 이하의 징역 또는 600만 원 이하의 벌금에 처한다(§46 5.). 회계책임자는 불법 정치자금이라도 그 수수 내역을 회계장부에 기재하고 신고할 의무가 있다.

예컨대, 중앙당의 회계책임자가 정치자금을 불법으로 수수하고 이를 회계장부에 허위로 기재한 후 중앙선거관리위원회에 회계보고를 한 사안에 대하여, 판례는 허위기재죄와 허위보고죄가 모두 성립하는 실체적 경합관계에 있다고 보았다.[4] 그 밖에 회계장부 비치 · 기재의무 위반에 관해서는 제9장 제4절 '6. 회계장부 비치 · 기재의무 위반죄'를 참고하기 바란다.

6. 회계보고 불이행 · 위변조 등

가. 회계보고 불이행 · 증빙서류 미제출

회계책임자가 회계보고를 하지 않거나, 회계보고를 하는 때에 재산상황, 정치자금의 수입 · 지출 금액과 그 내역, 수입 · 지출에 관한 명세서, 영수증 그 밖의 증빙서류, 예금통장 사본을 제출하지 않거나 이를 허위로 제출한 경우에는 3년 이하의 징역 또는 600만 원 이하의 벌금에 처한다(§46 5.).

그 밖에 회계보고 불이행 · 허위보고 등에 관해서는 제9장 제3절 '2. 선거비용 회계보고 불이행 · 허위보고죄'를 참고하기 바란다.

4) 대법원 2004. 12. 24. 선고 2004도5494 판결

나. 증빙서류 허위기재·위변조

회계보고서에 첨부하는 정치자금 수입·지출에 관한 영수증 그 밖의 증빙서류를 허위로 기재하거나 위조 또는 변조한 사람은 3년 이하의 징역 또는 600만 원 이하의 벌금에 처한다(§46 5.). 그 밖에 증빙서류 허위기재·위변조 등에 관해서는 제9장 제3절 '3. 선거비용 영수증 등 증빙서류 위조·변조죄'를 참고하기 바란다.

다. 회계서류 인계·보존 위반

회계장부 등의 인계·보존 규정을 위반하여 당비영수증 원부, 정치자금영수증 원부, 회계장부, 정치자금의 수입·지출명세서와 증빙서류, 예금통장, 지출결의서 또는 구입·지급품의서를 인계·보존하지 않은 사람은 정치자금법에 따라 3년 이하의 징역 또는 600만 원 이하의 벌금에 처한다(§46 6.).

이 또한 자세한 내용은 제9장 제4절 '9. 회계장부 등의 인계·보존의무 위반죄'를 참고하기 바란다.

라. 허위보고 처벌규정의 합헌성

우리 헌법 제12조제2항은 "모든 국민은 고문을 받지 아니하며, 형사상 자기에게 불리한 진술을 강요당하지 아니한다"고 규정하여 형사책임에 관하여 자신에게 불이익한 진술을 강요당하지 않을 것을 국민의 기본권으로 보장하고 있다.

이처럼 우리 헌법이 진술거부권을 기본적 권리로 보장하는 것은 형사 피의자나 피고인의 인권을 형사소송의 목적인 실체적 진실발견이나 구체적 사회정의의 실현이라는 국가이익보다 우선적으로 보호함으로써 인간의 존엄성과 가치를 보장하고, 나아가 비인간적인 자백의 강요와 고문을 근절하려는 데 있다.

그러나 정치자금법에서 처벌하는 회계장부 허위기재나 관할 선거관리위원회에 대한 허위 회계보고가 형사상 자기에게 불리한 진술을 비인간적으로 강요하는 것으로 볼 수는 없으므로, 해당 규정이[5] 자기부죄금지(自己負罪禁止)의 원칙을 규정한 헌법 제12조제2항에 위반된다고 할 수 없다.[6]

7. 선관위 위원 · 직원의 직무상 비밀 누설

각급 선거관리위원회의 위원과 직원은 재직 중은 물론, 퇴직 후라도 정치자금법의 집행과 관련하여 직무상 알게 된 비밀을 누설해서는 안 된다(§63). 이를 위반한 경우 정치자금법에 따라 3년 이하의 징역 또는 600만 원 이하의 벌금에 처한다(§46 7.).

여기에서 '직무상의 비밀'이란, 그것이 외부에 알려지지 않은 사실로서 실질적인 비밀로 보호할 가치가 있는 것을 요건으로 한다. 비밀엄수의 의무는 비밀 그 자체를 보호하는 것이 아니라 비밀의 누설에 의하여 위협받을 수 있는 국가의 기능을 보호하기 위하여 부과된 의무라 볼 수 있다. 따라서 그 비밀의 범위는 국민의 표현의 자유 내지 알 권리의 영역을 최대한 넓혀 줄 수 있도록 필요 최소한으로 한정해야 할 것이다.[7]

실제 선거관리위원회 위원과 직원이 퇴직 후에도 지켜야 하는 직

5) 당시 대법원의 판결은 구 정치자금에관한법률 제31조제1호에 대한 판단이었다. 2005. 8. 4. 정치자금법을 전부개정하는 때에 해당 조문은 정치자금법에 이관되고 내용이 보완되어 현행 제46조제5호로 재배치되었다.

6) 대법원 2004. 12. 24. 선고 2004도5494 판결

7) 대법원 2006. 6. 16. 선고 2006도1368 판결

무상 비밀로는 후원회의 회원명단, 정치자금영수증 일련번호, 정치자금 수입 · 지출에 관한 조사 · 확인 등이 이에 해당할 것이다.

한편, '누설'의 의미는 비밀에 속하는 사실에 관하여 이를 모르는 사람에게 알게 하는 것을 말한다. 따라서 누설방법에는 제한이 없고, 불특정 또는 다수인을 대상으로 누설할 것을 요구하는 것도 아니므로, 한 사람에게 비밀에 속하는 사실을 알리거나 타인에게 비밀이 기재된 자료를 볼 수 있도록 방치하는 부작위에 의한 방법으로도 비밀을 누설할 수 있다.

제 2 절

각종 의무규정위반죄(§47)

1. 사적용도 등 정치자금 부정지출

정치자금은 정치활동을 위하여 소요되는 경비로만 지출해야 하며, 사적경비(私的經費) 또는 부정한 용도로 지출해서는 안 된다. 이를 위반하여 정치자금을 지출한 사람은 2년 이하의 징역 또는 400만원 이하의 벌금에 처한다(§47① 1.).

여기에서 '사적경비(私的經費)'란 가계의 지원·보조, 개인적인 채무의 변제 또는 대여, 향우회·동창회·종친회, 산악회 등 동호인회, 계모임 등 개인 간 모임의 회비 그 밖의 지원경비, 개인적인 여가 또는 취미활동에 소요되는 경비를 말한다(§2③).

'부정한 용도'란 사적경비 외의 경우로서 정치자금의 지출목적이 위법한 것뿐만 아니라 사회상규나 신의성실의 원칙에 위배되는 부당한 경우를 의미한다.[8)]

그 밖에 정치자금의 사적경비 또는 부정한 용도의 지출에 관하여 자세한 내용은 제2장 '제4절 사적경비·부정용도 지출금지의 원칙'을 참고하기 바란다.

---

8) 대법원 2008. 6. 12. 선고 2006도4982 판결

2. 정치자금영수증 발행 기한 · 방법 위반

가. 구성요건과 법정형

당비를 납부받거나 후원금을 기부받은 경우 그 날부터 30일까지 영수증을 발행 또는 교부하지 않은 사람과 무정액영수증의 사용범위를 위반하여 교부한 사람은 2년 이하의 징역 또는 400만 원 이하의 벌금에 처한다(§47① 2.).

정당의 회계책임자가 당비를 납부받은 때에는 그 날부터 30일까지 해당 당원에게 당비영수증을 교부해야 하고(§5①), 후원회가 후원금을 기부받은 때에는 그 날부터 30일까지 해당 후원인에게 정치자금영수증을 교부해야 하기 때문이다(§17①).

정치자금영수증 중 무정액영수증은 10만 원 미만의 후원금이나 1회 10만 원을 초과하여 기부한 후원금이라도 10만 원 미만의 자투리에 해당하는 금액에 한정하여 교부할 수 있다(§17③). 이를 위반한 경우에도 본 조에 따라 처벌되는 것이다. 다만, 전자적 형태로 제작한 무정액영수증을 인터넷을 통하여 교부하는 경우에는 해당 규정이 적용되지 않는다(§17③ 단서).

나. 실제 처벌사례

2012년 4월 실시된 제19대 국회의원선거에서 후보자후원회의 회계책임자가 3월 28일 해당 선거의 선거사무장으로부터 "선거사무소 개소식에서 36명으로부터 현금 2,970만 원을 받았다"는 설명과 함께 그로부터 해당 금액을 전달받고, 4월 7일 다시 회계책임자가 해당 선거사무장으로부터 현금 400만 원을 교부받아 정치자금 명목으로 총 2회에 걸쳐 합계 3,370만 원의 후원금을 기부받고도 기부받은 날부터

30일까지 정치자금영수증을 발행하지 않아 처벌된 사례가 있다.[9]

해당 사건에서 회계책임자는 정치자금법 제46조제5호에 따른 영수증 그 밖의 증빙서류 미제출죄와 제47조제1항제9호에 따른 예금계좌 외 수입·지출죄의 실체적 경합범으로도 처벌되었다.

3. 정치자금영수증·후원금 인계의무 위반

후원회 또는 후원회로부터 위임을 받은 사람은 정치자금영수증을 후원금과 교환하는 방법으로 정치자금을 모금할 수 있다. 후원회로부터 위임받은 사람이 후원금을 모금한 때에는 30일 이내에 해당 후원회의 회계책임자에게 정치자금영수증 원부, 기부자의 성명·주소 등 인적사항과 후원금을 인계해야 한다(§16②).

정당한 사유 없이 정치자금영수증 원부, 기부자의 인적사항 또는 후원금을 인계하지 않은 사람은 2년 이하의 징역 또는 400만 원 이하의 벌금에 처한다(§47① 3.).

여기에서 정당한 사유란 천재지변 같은 상황이 발생함에 따라 적법행위를 기대하기 어려워 비난가능성이 없는 경우를 말한다. 이에 해당하는지는 구체적 사정에 따라 개별적으로 판단해야 한다. 예컨대, 홍수나 대형화재가 여기에 해당할 수 있을 것이다.

정치자금영수증 원부와 후원인의 성명·생년월일·주소·전화번호 및 후원금을 인계해야 하는 기간계산의 시점은 후원회로부터 위임을 받은 날이 아니라 실제 특정 후원인으로부터 후원금을 기부받고 영수증을 교부한 날을 기준으로 삼는다.

---

9) 부산고등법원 2013. 5. 31. 선고 (창원)2013노75 판결

4. 정치자금 예금계좌 신고의무 위반

후원회의 대표자, 후원회를 둔 국회의원과 지방의원, 대통령선거의 경선후보자, 당대표·최고위원 경선후보자, 정당 등은 회계책임자를 신고해야 하고, 그 신고를 하는 때에 정치자금의 수입·지출을 위한 예금계좌를 함께 신고해야 한다(§34④ 1.).

해당 규정을 위반하여 정치자금의 수입·지출을 위한 예금계좌를 신고하지 않은 사람은 2년 이하의 징역 또는 400만 원 이하의 벌금에 처한다(§47① 6.).

현실적으로는 회계책임자 선임신고서에 예금계좌 사본이 첨부되지 않으면 관할 선거관리위원회의 담당 직원이 해당 신고서의 접수를 거부할 것이므로, 본 죄가 적용될 가능성은 일반론적 개연성이 없다. 법의 간결성 측면에서도 예금계좌 외의 정치자금 수입·지출에 대한 처벌규정(§47① 9.)으로 족해 보인다.

5. 회계장부 등 인계·인수 불이행

회계책임자가 변경된 경우 인계자와 인수자는 지체 없이 인계·인수서를 작성하고 재산, 정치자금의 잔액과 회계장부, 예금통장·신용카드, 후원회인(後援會印)과 그 대표자의 직인 등 인장(印章), 그 밖의 관계 서류를 인계·인수해야 한다(§35②).

여기에서 '지체 없이'란 정당한 이유 없이 인계·인수를 하지 않는 정도를 의미한다. 해당 규정을 위반하여 재산 및 정치자금의 잔액 또는 회계장부 등을 인계·인수하지 않은 사람은 2년 이하의 징역 또는 400만 원 이하의 벌금에 처한다(§47① 7.).

6. 회계책임자 외의 정치자금 수입 · 지출

가. 구성요건과 법정형

정당, 후원회, 후원회를 둔 국회의원과 지방의원, 대통령선거의 경선후보자, 정당의 당대표 · 최고위원 경선후보자 또는 공직선거의 후보자 · 예비후보자의 정치자금 수입 · 지출은 원칙적으로 관할 선거관리위원회에 신고된 회계책임자만이 할 수 있다(§36①).

아울러 정당의 당대표 · 최고위원 경선후보자 또는 공직선거의 후보자 · 예비후보자가 자신의 재산으로 정치자금을 지출하는 경우에도 회계책임자를 통하여 지출해야 한다. 후원회를 둔 국회의원과 지방의원은 예비후보자로 등록하지 않았더라도 해당 선거의 예비후보자 등록신청개시일부터 자신의 재산으로 정치자금을 지출하는 때에는 회계책임자를 통하여 지출해야 한다.

이를 위반하여 회계책임자에 의하지 않고 정치자금을 수입 · 지출한 사람은 2년 이하의 징역 또는 400만 원 이하의 벌금에 처한다(§47① 8.). 그 밖에 회계책임자 외의 정치자금 수입 · 지출에 관하여 자세한 내용은 제9장 제4절 '3. 회계책임자 외의 선거비용 수입 · 지출죄'를 참고하기 바란다.

나. 실제 처벌사례

2012년 4월 실시된 제19대 국회의원선거에서 부산의 지역구에 예비후보자로 등록하였으나 소속 정당으로부터 해당 지역구에 추천을 받지 못하자 그 예비후보자는 다른 지역구 후보자로 추천을 받기 위하여 노력함과 아울러 같은 해 3월 10일에는 소속 정당에 비례대표 국회의원선거의 후보자 추천을 신청하였다.

결국 해당 예비후보자는 소속 정당으로부터 지역구 후보자로는 추천을 받지 못하였으나, 3월 20일 해당 정당의 비례대표 후보자로 추천을 받아 국회의원으로 당선된 사례가 있었다.

그러나 해당 국회의원은 지역구 예비후보자 시절인 1월 19일 선거사무장이 지출한 식대 2만 원을 자신이 운영하는 유치원의 직원으로 하여금 해당 선거사무장의 은행계좌로 입금하게 하는 방식으로 지출한 것을 비롯하여 2012년 4월까지 정치자금 합계 338만 원을 회계책임자에 의하지 않고 지출하여 기소되었다.

이에 피고인은 해당 사건의 금원이 정치자금인지 불분명하고, 해당 사건의 지출액 중 일부는 예비후보자의 지위를 상실한 2012년 3월 9일부터 비례대표 공천을 받아 다시 후보자의 지위를 가지게 된 2012년 3월 22일까지 지출된 것도 포함되어 있으므로, 해당 사건에서 지출한 금액의 전부 또는 일부는 회계책임자에 의하지 않고 지출한 정치자금으로 볼 수 없다고 항변하였다.

해당 사건에 대하여 법원은, 이 사건 금원 중 일부는 피고인이 소속 정당으로부터 국회의원 지역구 공천에서 탈락한 2012년 3월 9일부터 비례대표 후보자로 공천을 받은 2012년 3월 20일 사이에 집행된 사실은 인정하였다.

그러나 법원은 피고인이 지역구 공천에서 탈락한 직후 3월 10일 소속 정당에 비례대표 후보자 공천신청을 하였을 뿐만 아니라, 소속 정당의 지역구 공천에서 탈락한 것은 예비후보자의 등록무효 사유가 아니고, 피고인이 예비후보자 사퇴절차를 밟았다고 볼 자료도 없어 여전히 예비후보자 신분을 유지하고 있었다고 봄이 상당하므로, 해당 사건의 금원은 정치자금에 해당하여 회계책임자 외에는 지출할 수 없다고 판단하였다.[10]

10) 대법원 2014. 1. 16. 선고 2013도7101 판결

다. 후원회 회계책임자가 선거비용 지출

2010년 6월 실시한 제5회 동시지방선거에서 시장선거에 출마한 후보자가 그가 지정한 후원회의 회계책임자와 공모하여, 2010년 5월 11일부터 6월 1일까지 선거기간 동안 후원회의 회계책임자가 해당 시장선거 후보자의 정치자금 합계 4,252만 원을 수입·지출하였고, 시장선거의 후보자는 이를 알면서도 후원회의 회계책임자에게 자신의 선거와 관련한 모든 회계처리를 일임하여 회계책임자 외의 정치자금 수입·지출 위반죄로 처벌되었다.[11)]

7. 예금계좌 외의 정치자금 수입·지출

가. 구성요건과 법정형

회계책임자가 정치자금을 수입·지출하는 때에는 관할 선거관리위원회에 신고된 예금계좌를 통해서 해야 한다(§36②). 해당 규정을 위반한 사람은 정치자금법에 따라 2년 이하의 징역 또는 400만 원 이하의 벌금에 처한다(§47① 9.).

여기에서 유의할 사항은 예금계좌 외의 정치자금 수입·지출을 금지하는 실체규정인 법 제36조제2항은 그 수범자(受範者)를 회계책임자로 적시하고 있으나, 벌칙규정인 본 조에서는 그 처벌대상을 회계책임자로 한정하지 않고 있으므로, 누구든지 예금계좌 외의 정치자금 수입·지출죄로 처벌될 수 있다는 점이다.

관련 규정의 형식이나 내용에 비추어 보더라도 정치자금법 제36조제2항은 회계책임자에게 정치자금 수입·지출에 관한 방법을 정한

11) 수원지방법원 평택지원 2012. 2. 23. 선고 2011고정562 판결

것일 뿐이고, 벌칙규정인 본 조에서는 행위 주체에 대한 제한을 두고 있지 않으므로, 본 조를 회계책임자의 신분을 보유해야 성립하는 진정신분범 규정으로 보아서는 안 될 것이다.[12)]

나. 계약금 현금지출

2014년 6월 실시된 제6회 동시지방선거의 기초의원선거에서 당선된 사람이 선거를 3개월여 앞둔 3월 11일 ◭◭미디어라는 행사기획업체 대표와 해당 기초의원 입후보예정자의 선거운동 기획을 총괄하는 내용으로 '선거캠프 운영 대행 양해각서' 계약을 체결하면서 계약금 8,500만 원 중 4,500만 원을 계약 시에, 잔금 4,000만 원은 선거비용을 보전받아 지급하기로 약정하였다.

해당 기초의원 입후보예정자는 같은 날 관할 선거관리위원회에 예비후보자로 등록하고 회계책임자를 선임하였다. 그럼에도 불구하고 해당 기초의원선거의 예비후보자는 3월 14일 자신이 운영하는 철물점 부근 도로에 정차된 행사기획업체 대표의 승용차 안에서 그 대표자에게 선거캠프 운영 대행 계약금 명목으로 3,000만 원을 현금으로 교부하여 처벌되었다.[13)]

다. 후보자의 미신고계좌로 지출

2008년 4월 실시된 제18대 총선에서 입후보예정자의 선거운동 기획을 총괄하는 사람이 2007년 11월 15일 서울 여의도에 있는 여론조사기관인 ◭◭리서치에 선거와 관련한 여론조사를 의뢰하고, 그때부터 2008년 3월 22일까지 총 10회에[14)] 걸쳐 해당 입후보예정자를

12) 대법원 2012. 12. 27. 선고 2012도12152 판결

13) 청주지방법원 충주지원 2015. 6. 5. 선고 2014고단556 판결

14) 본래 통상적인 여론조사는 득표를 목적으로 하는 선거운동이 아니므로, 그 조사

위한 여론조사를 실시하였다.

해당 선거운동 기획 총괄자는 2008년 2월 4일 신고되지 않은 해당 입후보예정자 명의의 농협계좌에서 1,000만 원을 인출하여 지인으로 하여금 ▲▲리서치 계좌에 입금하도록 하고, 2월 25일 600만 원을 위와 같은 방법으로 입금하도록 함에 따라 예금계좌를 통하지 않고 정치자금을 지출하여 처벌되었다.[15)]

해당 입후보예정자는 소속 정당의 공천을 받았으나, 후보자 등록 신청 전 자진하여 사퇴하였다.

라. 제3자의 미신고계좌로 지출

2014년 6월 실시된 제6회 동시지방선거에서 구청장선거에 출마하여 당선된 사람이 선거일을 2달 앞둔 4월 3일 관할 선거관리위원회에 예비후보자 등록을 하고 정치자금 수입·지출용 계좌 신고와 함께 본인을 회계책임자로 겸임신고를 하였다.

해당 예비후보자는 4월 11일 자신의 비서로 하여금 신고된 예금계좌가 아닌 자신 명의의 계좌에서 비서 명의의 예금계좌로 40만 원을 송금하게 한 후 해당 비서를 통하여 문자메시지 발송업체의 예금계좌로 문자메시지 발송대금 20만 원을 송금한 것을 비롯하여 4월 8일부터 5월 3일까지 총 16회에 걸쳐 합계 218만 원을 신고된 예금계좌에 입금하지 않고 현금으로 지출하거나 신고된 예금계좌가 아닌 계좌를 이용하여 지출함에 따라 처벌되었다.[16)]

에 소요되는 비용 또한 선거비용으로 보기 어렵다. 그러나 탈법적으로 후보자의 인지도를 높이기 위한 수단으로 여론조사를 악용하는 사례가 빈번하게 발생하자 2017년 2월 공직선거법을 개정하여 예비후보자 이후 총 4회를 초과하여 실시하는 여론조사 비용은 선거비용에 산입하도록 하였다.

15) 춘천지방법원 2008. 6. 5. 선고 2008고합 10, 11, 16(병합) 판결

16) 부산지방법원 동부지원 2014. 12. 3. 선고 2014고단1881 판결

8. 증빙서류 미구비 · 허위기재 · 위조 · 변조

가. 구성요건과 법정형

회계책임자가 정치자금을 수입 · 지출하는 때에는 영수증 그 밖의 증빙서류를 구비해야 한다(§39 본문). 해당 규정을 위반하여 영수증 그 밖의 증빙서류를 구비하지 않거나 허위기재 또는 위조 · 변조한 사람은 정치자금법에 따라 2년 이하의 징역 또는 400만 원 이하의 벌금에 처하게 된다(§47① 10.).

여기에서도 위조 · 변조의 의미는 형법상 사문서 등의 위조 · 변조죄와 같은 개념으로 보아야 할 것이다. 즉, '위조'란 작성 권한이 없는 사람이 타인의 명의를 도용(盜用)하여 문서를 작성하는 것을 말하고, '변조'는 권한이 없는 사람이 진정하게 성립된 문서의 내용에 동일성을 해하지 않는 한도에서 변경을 가하여 새로운 증명력을 지어내는 것으로 해석함이 타당한 것으로 보인다.[17)]

그 밖에 영수증 등 증빙서류 허위기재 또는 위조 · 변조에 관하여 자세한 내용은 제8장 '제5절 증빙서류 허위기재 · 위변조로 인한 당선무효'와 제9장 제3절 '3. 선거비용 영수증 등 증빙서류 위조 · 변조죄'를 참고하기 바란다.

나. 실제 처벌사례

2010년 6월 2일 실시된 제5회 동시지방선거에서 기초의원선거의 회계책임자가 선거 후 선거비용 보전청구를 하면서 후보자와 함께 다니는 사람의 식사 내역서에 특정인이 실제 후보자와 동행하며 선거운동을 한 사람이 아님에도 불구하고 마치 후보자와 동행하여 식사를

17) 대법원 2020. 6. 4. 선고 2020도3809 판결

제공한 것처럼 증빙서류를 허위로 작성하여 관할 선거관리위원회에 제출함에 따라 본 조에 따라 처벌되었다.

하급심의 유죄판결에 따라 사법정의는 실현되었지만, 적용법조에는 심각한 오류가 있는 것으로 보인다. 선거비용에 관한 영수증 그 밖에 증빙서류의 허위기재에 대하여는 본 조가 아니라 법조경합 중 특별관계에 있는 제49조제2항제6호를 적용하는 것이 타당해 보이기 때문이다. 적용법조를 변경하게 되면 결코 가벼운 형을 기대할 수 없고, 해당 회계책임자에게 300만 원 이상의 벌금형이 선고될 경우 후보자의 당선이 무효로 되는 위험이 도드라진다.

고발장이든 공소장이든 적용법조의 선택에 신중함이 요구되는 이유다. 그러나 적용법조를 허투루 선택한 후, 재판부의 공소장 변경요구에도 응하지 않은 경우라면, 이제는 기소편의주의제도의 정당성에 그 답을 물어야 할 것이다.

9. 정당에 대한 공인회계사의 허위 감사보고

정당의 중앙당과 그 후원회의 회계책임자가 중앙선거관리위원회에 회계보고를 하는 때에는 대의기관 또는 예산결산위원회의 심사·의결을 거쳐야 하고, 그 의결서 사본과 자체 감사기관의 감사의견서를 회계보고에 첨부해야 하며, 해당 정당의 당원이 아닌 공인회계사에게 감사를 의뢰하고 그 의견서를 첨부해야 한다. 이 경우 공인회계사는 성실하게 감사해야 한다(§41①·②).

해당 규정을 위반하여 허위의 감사보고를 한 공인회계사는 2년 이하의 징역 또는 400만 원 이하의 벌금에 처한다(§47① 11.). 그러나 실제 처벌된 사례는 찾아보기 어렵다.

10. 정치자금 기부내역의 정치적 목적 이용

정치자금 공개의 원칙에 따라 관할 선거관리위원회는 각 회계책임자로부터 보고된 정치활동 주체들의 재산상황, 정치자금의 수입·지출내역 및 첨부서류를 해당 위원회의 사무소에 비치하고 공고일부터 6개월간 볼 수 있게 해야 한다.

누구든지 공개된 정치자금 기부내역을 인터넷에 게시하여 정치적 목적에 이용해서는 안 된다(§42⑤). 해당 규정을 위반한 사람은 2년 이하의 징역 또는 400만 원 이하의 벌금에 처한다(§47① 12.). 이 경우 정치자금 기부내역을 인터넷에 게시하여 정치적 목적에 이용한 것인지는 게시내용, 게시방법, 게시 당시의 상황 등을 종합적으로 고려하여 판단해야 한다.

11. 정치자금범죄 신고자 보호규정 위반

가. 구성요건과 법정형

누구든지 정치자금범죄에 관한 신고·진정·고소·고발 등 조사 또는 수사단서의 제공, 진술 또는 증언, 그 밖에 자료제출 및 범인검거를 위한 제보 또는 검거활동을 한 사람이 정치자금범죄 신고자로 보호되고 있는 것을 알면서 그 인적사항 또는 해당 신고자임을 미루어 알 수 있는 사실을 다른 사람에게 알려 주거나 공개 또는 보도한 사람은 정치자금법에 따라 2년 이하의 징역 또는 400만 원 이하의 벌금에 처한다(§47① 13.).

본 죄는 비밀을 누설하는 행위를 구성요건으로 하므로, 표현범죄의 구성요건인 공연성과 달리 단지 한 사람에게만 신고자의 인적사항을 알려주어도 본 죄를 구성하게 된다. 통상적으로 인적사항이란 성명·연령·주소·직업 등 신원을 알 수 있는 사항을 의미하지만, 본 조의 인적사항은 해당 신고자임을 미루어 알 수 있는 사실을 포함하는 넓은 의미로 보아야 할 것이다.

나. 신고자 보호요건

2004년 실시된 제17대 국회의원선거와 관련하여 피고인과 선거사무장이 선거운동원들에게 선거운동 대가를 지급한 혐의로 수사와 재판을 받게 된 것이 내부고발자의 제보에 의한 것이라는 소문을 들어오던 중 변호인으로 선임된 법무법인 ▲▲의 변호사 사무실에 들러 피고인이 자신의 수사기록을 열람하는 과정에서 해당 사건의 제보자가 누구인지 그 인적사항을 알게 되었다.

피고인은 이를 기회로 2004년 8월 27일과 8월 29일 소속 정당의 시당 부위원장 등 2인에게 관련 선거범죄 사건의 제보자가 특정인이라는 사실을 알림으로써 이번에는 공직선거법에 따른 선거범죄신고자 보호규정 위반으로 기소된 사건이 있었다.

해당 사건에서 법원은 법률상 보호대상이 되는 선거범죄신고자란, 특정범죄신고자 등 보호법에 따라 조서 등에 선거범죄신고자의 인적사항 기재가 생략되고 신원관리카드에 그 인적사항이 등재된 신고자만을 의미한다고 보았다. 따라서 해당 절차와 형식을 거치지 않은 신고자는 공직선거법에 따라 보호되는 선거범죄신고자에 해당하지 않는다고 판단한 바 있다.[18)]

이러한 법리는 선거범죄신고자뿐만 아니라 정치자금범죄 신고자에게도 동일하게 적용되는 것으로 보인다.

---

18) 대법원 2006. 5. 25. 선고 2005도2049 판결

12. 정치자금범죄 조사불응 · 출입방해

가. 구성요건과 법정형

선거관리위원회의 위원과 직원은 보조금을 지급받은 정당과 관계인에 대하여 정치자금법 위반 여부를 확인하기 위하여 필요하다고 인정하는 때에는 보조금의 지출에 관하여 조사할 수 있다(§28④). 또한 선거관리위원회에 보고된 정치자금의 수입·지출내역에 관하여 이의가 있는 사람은 관할 선거관리위원회에 이의신청을 할 수 있고, 그 이의신청을 받은 선거관리위원회는 이를 조사·확인하여 그 결과를 신청인에게 통보해야 한다(§42⑦).

아울러 각급 선거관리위원회의 위원·직원은 정치자금범죄의 혐의가 있거나 현행범의 신고를 받은 경우 그 장소에 출입하여 관계인에게 질문·조사하거나 관계 서류 그 밖에 조사에 필요한 자료의 제출을 요구할 수 있다(§52①). 누구든지 선거관리위원회 위원·직원의 장소출입을 방해하여서는 안 되며, 질문·조사를 받거나 자료제출을 요구받은 사람은 즉시 이에 따라야 한다.

이러한 선거관리위원회의 조사·자료확인이나 자료제출 요구에 정당한 사유 없이 응하지 않거나 허위의 자료를 제출하거나 장소 출입을 방해한 사람은 정치자금법에 따라 1년 이하의 징역 또는 200만원 이하의 벌금에 처한다(§47②).

나. 실제 처벌사례

2010년 6월 실시된 제5회 동시지방선거에서 ▲▲종친회의 감사가 경기도 도의원선거에 출마하였다. 해당 종친회의 회장과 선거에 출마하였던 감사는 2012년 10월 4일 관할 선거관리위원회의 직원으로부터 해당 종친회가 도의원후보자에게 정치자금을 기부한 혐의와 관련하여 종친회 회의록, 결산보고서, 종친회의 지출 관련 증빙자료 일체 등의 자료제출을 요구받았다.

자료제출 요구를 받은 해당 종친회의 회장과 감사는 정치자금 기부 사실을 감추기 위하여 '2010년 5월 15일 종친회 감사가 종친회 회장으로부터 3,000만 원을 수령하였다'는 취지의 차용증을 작성하고, 2010년 5월 14일자 긴급이사회 회의록 중 '참석자들을 대상으로 감사에게 1,500만 원을 전달하였다고 설명하였다'라고 기재된 내용을, '돈을 전달하려 하였으나 본인이 극구 반대하여 전달하지 못하였다'는 취지로 수정한 후 관할 선거관리위원회에 해당 자료를 제출함에 따라 허위자료 제출죄로 처벌받았다.[19]

19) 수원지방법원 2013. 9. 5. 선고 2013고정1815 판결

제 3 절

감독의무해태죄 등(§48)

1. 회계책임자에 대한 감독의무 해태죄

가. 구성요건과 법정형

회계책임자가 다음 중 어느 하나에 해당하는 사람인 경우 해당 회계책임자의 선임 또는 감독에 상당한 주의를 태만히 한 그 선임권자는 200만 원 이하의 벌금에 처한다(§48 1.).

① 회계장부를 비치하지 않거나 허위로 기재한 사람(§46 5.)

② 회계보고를 하지 않은 사람(§46 5.)

③ 회계보고를 하는 때에 재산상황, 정치자금의 수입·지출금액과 그 내역, 수입·지출에 관한 명세서, 영수증 그 밖의 증빙서류, 예금통장 사본을 제출하지 않거나 이를 허위로 제출한 사람(§46 5.)

④ 수입·지출에 관한 영수증 그 밖의 증빙서류를 허위기재·위조 또는 변조한 사람(§46 5.)

본 죄는 회계책임자에 대한 그 선임권자의 일정한 감독의무가 있는 것을 전제로 한다. 다만, 그 감독의무의 범위에 관하여는 구체적 상황을 참작하여 객관적·개별적으로 판단해야 할 것이다.

나. 실제 처벌사례

2012년 4월 실시한 제19대 국회의원선거에서 낙선한 후보자가 2011년 12월 28일 선거관리위원회에 자신의 처조카를 회계책임자로 선임·신고한 후 정치자금 회계처리에 관한 일체의 업무를 위임하였으나, 해당 회계책임자가 선거관리위원회에 신고되지 않은 계좌 또는 현금으로 정치자금을 지출하고, 그 비용에 대하여 회계보고를 하지 않는 등 정치자금법을 위반함에 따라 기소되면서, 해당 후보자도 감독의 무해태죄로 함께 기소되었다.

해당 사안에 대하여 법원은, 회계책임자 선임권자에게는 자신의 회계책임자에 대한 선임 또는 감독에 상당한 주의를 기울여야 할 의무가 있다는 점을 확인하면서, 해당 후보자가 회계책임자에게 일체의 업무를 위임하고 선임 감독상의 상당한 주의의무를 태만히 한 점을 인정하여 유죄로 판단하였다.[20]

법정최고형이 200만 원 이하의 벌금에 불과한 이 사건에서 후보자는 자신의 처벌에 대한 두려움보다 자신이 회계책임자로 선임한 처조카의 처벌에 따른 처가의 눈총이 더 따가웠을 수도 있다. 그러나 감독의무해태죄의 법정형이 아무리 가볍더라도 이는 범죄전과로 기록되므로 정치인이 함부로 감수할 위험이 아니다.

2. 정치자금 수입·지출 실명원칙 위반죄

가. 구성요건과 법정형

1회 120만 원을 초과하여 정치자금을 기부하는 사람과 다음에 해당하는 금액을 초과하여 정치자금을 지출하는 사람은 정치자금법에

20) 광주고등법원 2013. 2. 6. 선고 (제주)2012노68 판결

따라 수표나 신용카드·예금계좌입금 그 밖에 실명이 확인되는 방법으로 기부 또는 지출해야 한다. 다만, 현금으로 연간 지출할 수 있는 정치자금은 연간 지출총액의 100분의 20을 초과할 수 없다(§2④).

① 일반 정치자금 : 50만 원

② 공직선거의 후보자·예비후보자의 정치자금 : 20만 원

해당 규정을 위반하여 실명이 확인되지 않은 방법으로 정치자금을 기부하거나 지출한 사람, 또는 현금으로 지출할 수 있는 연간 한도액을 초과하여 정치자금을 지출한 사람은 200만 원 이하의 벌금에 처한다(§48 2.).

참고로 선거비용과 관련하여 해당 규정을 위반한 경우에는 선거비용과 관련한 벌칙이 적용되어 2년 이하의 징역 또는 400만 원 이하의 벌금으로 무겁게 처벌된다(§49② 1.). 정치자금 수입·지출 실명제 위반에 관하여 자세한 내용은 제9장 제4절 '1. 선거비용 수입·지출 실명원칙 위반죄'를 참고하기 바란다.

나. 실제 처벌사례

2006년 5월 실시된 제4회 동시지방선거에서 원주시 의원선거에 출마한 후보자가 회계책임자인 자신의 배우자와 공모하여 2006년 3월 30일경 아파트단지 내 상가 2층 사무실을 선거사무소로 사용하기 위하여 임차하면서 임대인에게 임대료 100만 원을 현금으로 지급함에 따라 본 죄가 적용되어 처벌되었다.

참고로 선거사무소 임차료는 선거비용으로 보지 않기 때문에 본 죄가 적용되었다. 선거비용이라면 다른 벌칙이 적용되어 당선이 무효로 되고 보전비용 등을 반환할 수 있는 사안이다(§49② 1.).

3. 가명 · 차명에 의한 정치자금 기부죄

가. 구성요건과 법정형

정치자금 기부는 실명으로 해야 한다. 정치자금 실명 기부의 원칙은 외국인이나 법인·단체 등 정치자금의 기부가 금지된 사람들의 편법적인 정치자금 기부를 방지하고, 후원인의 연간 기부한도액에 대한 규범력을 확보하기 위한 강력한 수단이자 후원금 고액기부자에 대한 공개의 기초가 된다.

아울러 공직선거에서 후보자를 추천하거나 공무원이 담당·처리하는 사무에 관하여 청탁 또는 알선하는 등 특정 행위와 관련한 정치자금 기부를 차단하여 정치부패를 방지할 수도 있다.

이에 따라 정치자금법은 누구든지 타인의 명의나 가명으로 정치자금을 기부할 수 없도록 금지하고 있다(§2⑤). 이를 위반하여 타인의 명의나 가명으로 정치자금을 기부한 사람은 200만 원 이하의 벌금에 처한다(§48 3.).

나. 당비 대납의 쟁점

당원이 소속 정당에 납부해야 할 당비를 제3자가 대신하여 납부하는 행위가 그 당원에 대한 재산상의 이익을 제공하는 행위로서 공직선거법에 따른 기부행위위반죄를 구성하는 경우, 판례는 이를 해당 당원의 명의를 빌리거나 가장(假裝)하여 대납자 스스로가 소속 정당에 정치자금을 기부하는 행위가 아니므로, 가명 또는 차명에 의한 정치자금 기부죄가 성립될 수 없다고 보았다.[21]

해당 사안은 2006년 실시한 제4회 동시지방선거의 시장선거에서

21) 대법원 2007. 2. 22. 선고 2006도7058 판결

특정 정당의 후보자로 공천받기 위하여 후보자가 되려는 사람이 소속 정당의 당내경선 실시에 대비하여 자신을 지지하는 사람들을 당원으로 모집하고, 그 중 당비를 내지 않은 사람들을 대신하여 당비를 대납한 것이 사건의 핵심이다.

이 경우 당비를 대납받은 당원의 입장에서는 당내경선의 투표권을 유지하기 위하여 재산상의 이익을 받았으나 공직선거법에 따른 기부행위 위반을 별론으로 한다면, 정치자금법의 측면에서는 최소한 본인의 명의로 정치자금을 기부한 것으로 볼 수 있기 때문에 정치자금범죄의 성립을 부인(否認)한 것으로 보인다.

반면에 판례는 당원의 급감으로 인한 정당 존립의 위기감 때문에 당비 대납으로 당원 수를 유지하기 위해 당원들의 동의 없이 그들 명의로 당비를 대납하거나,[22] 당내입지를 강화하기 위하여 자신을 추천인으로 다수인을 입당시키면서 입당원서를 위조하고 당비를 대납한 경우에는 대납자가 차명이나 가명으로 정당에 정치자금을 기부하는 것이어서 정치자금범죄가 성립된다고 보았다.[23]

해당 사건에서는 당비 대납자에게 개별 당원의 권리행사를 위하여 이익을 제공하는 기부행위의 측면보다 소속 정당의 존속요건을 갖추거나, 자신의 당내 영향력을 확대하기 위한 목적으로 당원의 권리행사와 무관하게 당비를 대납한 것이기 때문이다.

이 경우에는 차명 또는 가명의 당원에 대한 당비의 대납행위는 당원으로서 그들의 권리유지와 무관하여 재산상의 이익 제공으로 볼 수 없으므로, 공직선거법에 따른 기부행위위반죄가 성립될 수 없고 오직 정치자금법에 따른 가명 또는 차명에 의한 정치자금 기부죄만 성립될 수 있을 뿐이다.

---

22) 울산지방법원 2017. 7. 13. 선고 2017노567 판결

23) 광주지방법원 목포지원 2006. 7. 20. 선고 2006고합38 판결

4. 잔여재산 · 불법자금 국고귀속 불이행죄

아래에 해당하는 당비 · 후원금 또는 잔여재산을 국고에 귀속시키지 않은 사람은 200만 원 이하의 벌금에 처한다(§48 4.).

① 타인의 명의나 가명으로 납부된 당비(§4②)

② 익명기부한도액을 초과하는 후원금이나 타인의 명의 또는 가명으로 기부받은 후원금(§11④)

③ 정당의 대통령선거경선후보자, 당대표 · 최고위원 경선후보자, 공직선거의 예비후보자가 후원회를 둘 수 있는 자격을 상실한 때 그 후원회와 지정권자의 잔여재산. 다만, 정당의 공직선거후보자 선출을 위한 당내경선 또는 당대표경선에 참여하여 당선 또는 낙선한 때를 제외한다(§21③).

④ 해산된 후원회의 잔여재산과 지정권자가 후원회를 둘 수 있는 자격을 상실한 경우 정당이나 공익법인에 인계하지 않은 잔여재산(§21④)

⑤ 후원회가 해산된 후에 기부된 후원금으로 회계보고 전까지 반환하지 않은 후원금(§21⑤)

⑥ 공직선거의 후보자가 반환 · 보전받은 비용 중 정당 또는 공익법인 등에 인계하지 않은 비용(§58④)

5. 기타 정치자금범죄

가. 회원명부 미비치 · 허위작성죄

정치자금법에 따른 후원회의 회원명부를 비치하지 않거나, 회원명부를 허위로 작성한 사람은 200만 원 이하의 벌금에 처한다(§48 5.).

이에 관하여는 후원회제도가 도입된지 45년이 경과되었음에도 아직까지 유권해석 선례가 없고 법원의 판례도 형성되지 않았다. 해당 벌칙은 정치자금법에서 일종의 가정의례준칙[24] 정도로 이해하면 무난할 것으로 보인다.

나. 후원금 익명기부한도 위반죄

후원인은 1회 10만 원 이하, 연간 120만 원 이하의 후원금을 익명으로 기부할 수 있다(§11③). 이러한 익명기부한도액을 초과하여 후원금을 기부한 사람은 200만 원 이하의 벌금에 처한다(§48 6.). 이 또한 설명에 다언(多言)을 요하지 않는다.

---

24) 가정의례준칙은 1973년 5월 가정의례에관한법률의 위임에 따라 제정된 대통령령을 말한다. 해당 준칙에서는 혼인과 장례식의 식순은 물론, 제사와 성묘의 방법 및 절차까지 자세하게 정하였다. 현재도 시행 중인 건전가정의례준칙에서 그 흔적을 찾아볼 수 있다.

제 4 절

정치자금범죄의 양벌규정(§50)

1. 정치자금법의 양벌규정 개요

정당·후원회의 회계책임자와 그 회계사무보조자 또는 법인·단체의 임원이나 구성원이 그 업무에 관하여 정치자금법 제45조부터 제48조까지에 규정된 어느 하나의 죄를 저지른 때에는 행위자를 벌하는 외에 해당 정당이나 후원회 또는 법인·단체가 한 것으로 보아 그 정당이나 후원회 또는 법인·단체에 대하여도 각 해당 조(條)의 벌금형을 과한다(§50 본문).

본래 범죄행위의 주체는 자연인이지만, 본 죄는 정치자금법의 규범력과 실효성을 확보하기 위하여 행위자뿐만 아니라 그가 속한 정당이나 후원회 또는 법인·단체에도 행위자에 대한 주의·감독 책임을 물어 금전적 제재를 가하기 위한 규정이다. 다만, 해당 정당이나 후원회 또는 법인·단체가 그 위반행위를 방지하기 위하여 해당 업무에 관하여 상당한 주의와 감독을 게을리하지 않은 경우에는 벌금형을 과하지 않는다(§50 단서).

참고로 양벌규정은 국회의원과 지방의원은 물론, 공직선거의 후보자·예비후보자와도 전혀 관련이 없다. 오직 위반자가 속한 정당과 후원회 그리고 법인·단체에만 해당 규정이 적용된다.

2. 양벌규정의 적용요건과 면책요건

가. 양벌규정 도입목적

우리나라에서 현재 시행되고 있는 총 1,683건의 법률 중 양벌규정을 두고 있는 법률은 대략 400여 개 정도로 알려져 있다. 본래 양벌규정은 행위자를 처벌하는 것만으로는 형벌의 목적을 달성하기 어렵다는 전제에서 출발한다. 법인이나 단체의 대리인·사용인 또는 종업원이 업무에 관하여 위법행위를 한 경우 벌칙규정을 적용받아 처벌되는 대상은 실제 행위를 한 사람이기 때문이다.

그러나 해당 위법행위로 이익을 얻는 주체는 법인 또는 단체이므로, 이와 같은 위법행위를 방지하기 위하여 행위자뿐만 아니라 해당 법인·단체 또는 사용주에 대해서도 형벌을 과하는 것이 타당하다는 논거에 터 잡아 양벌규정이 도입된 것이다.[25)]

나. 징역·금고 양벌규정

양벌규정에 따라 법인 또는 단체에 부과하는 형벌은 벌금형에 한정되고, 징역이나 금고는 과하지 않는 것이 원칙이다. 법인이나 단체에는 본질적으로 징역이나 금고 등 자유형을 부과하는 것이 불가능하고, 소속 자연인에게 자유형을 부과하는 것은 연좌적으로 처벌된다는 점과 책임주의 원칙에 반할 우려가 있기 때문이다.

예컨대, 양벌규정에 따라 종업원의 위반행위에 대하여 영업주에게도 동일하게 무기 또는 2년 이상의 징역형으로 처벌하도록 규정하였던 구 보건범죄단속에 관한 특별조치법 제6조에 대한 위헌법률제청 심판에서, 2007년 11월 헌법재판소는 해당 규정이 다른 사람의 범죄

25) 법제처『법령입안 심사기준』2024. 12. 594쪽

에 대하여 그 책임 유무를 묻지 않고 형벌을 부과함으로써 형사법의 기본원리인 '책임없는 자에게 형벌을 부과할 수 없다'는 책임주의 원칙에 반하여 헌법에 위반된다고 결정하였다.[26)]

특히 헌법재판소는 해당 조항을 종업원에 대한 선임 감독상의 과실이 있는 영업주만을 처벌하는 규정으로 한정하여 보더라도, 과실밖에 없는 영업주를 고의의 본범인 종업원과 동일하게 처벌하는 것은 그 책임의 정도에 비해 지나치게 무거운 형을 규정한 것이므로, 이 또한 형벌에 관한 책임원칙에 반한다고 보았다.

다. 책임주의와 양벌규정

헌법재판소는 2009년 7월 '법인의 대리인·사용인 그 밖의 종업원이 위반행위를 하면 그 법인에도 해당 조문의 벌금형을 과한다'는 구 의료법 관련 조항에 대한 위헌법률재청심판에서 법인의 반사회적 법익침해 활동에 대하여 법인 자체에 직접적인 제재를 가할 필요성이 강하더라도, 입법자가 제재의 수단으로 형벌을 선택한 이상 형벌에 관한 헌법상 원칙, 즉 법치주의와 죄형법정주의로부터 도출되는 책임주의 원칙이 준수되어야 한다고 보았다.

심판대상 조항에 대하여 헌법재판소는 법인이 종업원 등의 위반행위와 관련하여 선임·감독상의 주의의무를 다하여 아무런 잘못이 없는 경우까지도 법인에게 형벌을 부과할 수밖에 없게 되어 해당 조항이 법치국가의 원리와 죄형법정주의로부터 도출되는 책임주의 원칙에 반하므로 헌법에 위반된다고 결정하였다.[27)]

이에 따라 정치자금법과 공직선거법을 비롯하여 양벌규정을 두었던 70여 개의 법률이 헌법재판소의 위헌결정 취지에 부합되도록

---

26) 헌법재판소 2007. 11. 29. 선고 2005헌가10 결정

27) 헌법재판소 2009. 7. 30. 선고 2008헌가16 결정

정당·후원회 또는 법인·단체가 상당한 주의와 감독을 게을리한 경우에만 양벌규정을 적용하는 것으로 개정된 바 있다.

라. 양벌규정 면책요건

정당이나 후원회 또는 법인·단체가 구성원들의 정치자금범죄를 방지하기 위하여 해당 업무에 관하여 상당한 주의와 감독을 게을리하지 않은 경우 양벌규정의 면책사유가 된다. 따라서 형벌의 자기책임의 원리에 비추어 보면, 위반행위가 발생한 그 업무와 관련하여 정당·후원회 또는 법인·단체가 상당한 주의 또는 관리감독 의무를 게을리한 때에 한정하여 양벌규정이 적용되는 것이다.

구체적인 사안에서 정당·후원회 또는 법인·단체가 그 구성원에 대하여 상당한 주의 또는 관리감독상의 의무를 게을리하였는지는 해당 위반행위와 관련된 모든 사정, 즉 해당 법률의 입법 취지, 처벌조항 위반으로 예상되는 법익침해의 정도, 그 위반행위에 관하여 양벌규정을 마련한 취지 등은 물론, 위반행위의 구체적인 모습과 그로 인하여 실제 야기된 피해 또는 결과의 정도, 법인 등의 영업 규모 및 행위자에 대한 감독가능성 또는 구체적인 지휘감독 관계, 정당·후원회 또는 법인·단체가 위반행위 방지를 위하여 실제 행한 조치 등을 전체적으로 종합하여 판단해야 한다.[28]

정당이나 후원회의 회계책임자 직무에 관하여는 해당 정당 또는 후원회가 수시로 점검할 필요가 있고, 법인과 단체에서는 불법후원금을 기부하는 사례가 없도록 소속 임직원에 대한 적극적인 감독을 실시하며, 정치자금과 관련하여 관할 선거관리위원회가 실시하는 각종 교육에도 빠짐없이 참여해야 할 것이다.

---

28) 대법원 2010. 9. 9. 선고 2008도7834 판결

3. 양벌규정 적용사례

가. 법인자금으로 후원금 기부

◭◭주식회사에서 관리본부장을 맡은 사람이 2008년 4월 해당 회사의 자금을 사용하여 본인, 같은 회사의 영업본부장, 사업본부장, 기획실장 등 4인의 명의로 1인당 500만 원씩, 합계 2,000만 원을 ▽▽▽ 국회의원후원회 계좌로 송금하여 법인과 관련된 자금으로 후원금을 기부한 행위로 처벌되었다.

아울러 해당 사건에서 ◭◭주식회사는 정치자금법에 따른 양벌규정이 적용되어 따로 500만 원의 벌금형을 선고받았다.[29)]

나. 합병 시 형사책임 승계 여부

일반적으로 회사가 합병되는 경우 피합병회사의 권리·의무는 사법상의 관계나 공법상의 관계를 불문하고 모두 합병으로 인하여 존속하는 회사에 승계되는 것이 원칙이지만, 그 성질상 이전을 허용하지 않는 것은 승계대상에서 제외된다.

예컨대, 양벌규정에 의한 법인의 처벌은 형벌의 일종으로서 행정처분이나 민사상 불법행위책임과는 성격을 달리하는 점, 형사소송법 제328조가 '피고인인 법인이 존속하지 아니하게 되었을 때'를 공소기각 결정의 사유로 규정하고 있는 것은 형사책임이 승계되지 않음을 전제로 한 것이라 볼 수 있다.

따라서 합병으로 인하여 소멸한 법인이 그 종업원의 위법행위로 인해 양벌규정에 따라 부담하던 형사책임은 그 성질상 이전을 허용하지 않는 것으로서 합병으로 인하여 존속하는 법인에 승계되지 않는

29) 춘천지방법원 2008. 12. 1. 선고 2008고약4612 약식명령

것으로 보아야 할 것이다.[30)]

실제 정당의 사무부총장 겸 회계책임자가 해당 정당의 총무국장과 공모하여 2011년부터 2012년까지 선거홍보업체로부터 불법 정치자금을 수수하고, 정책지원비와 직원격려금을 반환받는 등 불법 정치자금을 수수함에 따라 정치자금법 위반으로 기소되면서 해당 정당에도 양벌규정이 적용되어 함께 기소된 사건이 있었다.

이후 해당 정당이 2012년 11월 다른 정당에 흡수합당됨에 따라 양벌규정의 형사책임이 흡수한 정당에 승계되는지가 법리적으로 쟁점이 되었다. 정당법에서 합당으로 신설 또는 존속하는 정당은 합당 전 정당의 권리·의무를 승계하도록 강행규정을 두고 있기 때문이다(§19⑤).

해당 사안에 대하여 법원은, 합병으로 인하여 소멸한 법인이 그 종업원의 위법행위로 인해 양벌규정에 따라 부담하던 형사책임은 합병으로 인하여 존속하는 법인에 승계되지 않는다는 법리가 정당의 경우에도 마찬가지로 적용된다고 판단하여 흡수한 정당에 대한 공소를 기각하였다.[31)]

30) 대법원 2007. 8. 23. 선고 2005도4471 판결

31) 서울남부지방법원 2013. 2. 12. 선고 2012고합725 판결

제 5 절

과태료의 부과 · 징수(§51)

1. 정치자금법의 과태료제도

과태료는 형벌과 함께 벌칙의 일종이다. 개별 법률에 규정된 형벌에는 표준적인 구성요건만을 정해놓고, 고의가 없는 과실범, 공범, 경합범, 미수범 등 범죄의 확장된 구성요건에 관하여는 형법총칙을 적용하여 해결한다. 한편, 그 범죄에 대한 수사와 재판은 형사소송법이 정한 절차와 방법에 따른다.

반면에 과태료는 법률상 주어진 의무를 게을리하는 행위에 대하여 질서유지를 위한 제재로서 가하는 행정질서벌이므로, 그 성립요건과 분쟁 해결절차는 질서위반행위규제법이 정한 바에 따른다. 질서위반행위규제법은 형벌에 대한 형법총칙처럼 과태료에 관한 총칙법으로서[32] 질서위반행위의 성립, 과태료의 부과·징수, 질서위반행위에 대한 재판 및 집행 등에 관한 사항을 규정하고 있다.

특히 질서위반행위규제법은 과태료의 부과·징수, 재판 및 집행 등의 절차에 관하여 다른 법률의 규정이 질서위반행위규제법에 저촉

---

32) 질서위반행위규제법은 2007년 12월 독일에 이어 우리나라가 세계 두 번째로 제정·공포한 과태료 총칙법이다. 해당 법률은 현재 과태료를 규정하고 있는 360여 개 법률의 과태료 부과·징수 등에 관하여 공통적으로 적용된다.

되는 경우 질서위반행위규제법이 정한 바에 따르도록 하여, 질서위반행위규제법이 과태료에 관한 일반법이면서도 특별법과 유사하게 우선 적용됨을 밝히고 있다(§5).

참고로 선거에서 통상적인 과태료 부과·징수절차로는 효과적인 대응이 어렵기 때문에 공직선거법은 공정한 선거질서를 담보하기 위하여 과태료 처분에 대한 이의제기, 이의제기 시 과태료 부과처분의 효력, 과태료의 징수위탁 등에 관하여 질서위반행위규제법의 적용에 많은 특례를 두고 있다(공직선거법 §261⑪).

그러나 정치자금법에 따른 질서위반행위는 공직선거와 달리 시급성과 한시성, 그리고 다수인 연루성이라는 특성이 상대적으로 약하므로, 과태료 미납 시 세무서장에 대한 징수위탁을 제외하고는 질서위반행위규제법에 대한 특례를 두지 않는다. 따라서 정치자금법에 따른 과태료에는 질서위반행위규제법이 오롯이 적용된다.

2. 선거비용 관련 과태료 부과대상

선거비용과 관련하여 다음 각 호의 어느 하나에 해당하는 사람은 200만 원 이하의 과태료에 처한다(§49③).

① 회계책임자의 선임·변경·겸임신고를 해태한 사람

② 회계책임자를 신고하는 때에 선거비용제한액에 관하여 회계책임자와 선임권자가 함께 서명·날인한 약정서를 제출하지 않은 사람

③ 회계책임자의 변경이 있는 때에 인계자와 인수자간 인계·인수서를 작성하지 않은 사람

④ 선거운동기구의 회계책임자가 회계보고를 하는 때에 정당·후보자·선거사무장의 연대 서명·날인을 받지 않은 사람

3. 일반 정치자금 관련 과태료 부과대상

가. 300만 원 이하 과태료

다음 중 어느 하나에 해당하는 행위를 한 사람은 300만 원 이하의 과태료에 처한다(§51①).

① 당비를 납부받거나 후원금을 기부받은 날부터 30일까지 당비영수증 또는 정치자금영수증의 발행·교부를 해태한 사람

② 후원회의 사무소와 연락소를 모두 합하여 2인을 초과하여 유급사무직원을 둔 사람. 다만, 중앙당후원회·대통령후보자등후원회·대통령선거경선후보자후원회는 그렇지 않다.

③ 국회의원 지역사무소에 5인을 초과하여 유급사무직원을 둔 사람. 다만, 국회의원 지역구가 2 이상의 구·시·군으로 된 경우 2를 초과하는 구·시·군마다 2인을 추가한다.

④ 현행범인 또는 준현행범인으로서 선거관리위원회 위원·직원의 동행요구에 응하지 않은 사람

나. 200만 원 이하 과태료

다음 중 어느 하나에 해당하는 행위를 한 사람은 200만 원 이하의 과태료에 처한다(§51②).

① 회계책임자의 변경이 있는 때 인계·인수를 지체한 사람

② 중앙당의 정치자금 지출을 공개적·민주적으로 처리하기 위한 지출결의서나 구입·지급품의서에 의하지 않고 정치자금을 지출한 사람

다. 100만 원 이하 과태료

다음 중 어느 하나에 해당하는 행위를 한 사람은 100만 원 이하의 과태료에 처한다(§51③).

① 후원회 등록신청 등 정치자금법에 따른 각종 신고·보고 또는 신청을 해태한 사람

② 후원회 등록신청 또는 변경등록신청을 허위로 한 사람

③ 후원회의 회원이 될 수 없는 사람을 회원으로 가입하게 하거나 가입한 사람

④ 정치자금영수증 사용실태를 보고하지 않거나 정치자금영수증을 관할 선거관리위원회에 반납하지 않은 사람

⑤ 해산된 후원회의 잔여재산 또는 후보자의 반환기탁금·보전비용의 인계의무를 해태한 사람

⑥ 2 이상의 회계책임자가 된 사람. 다만, 후원회를 둔 국회의원이 대통령후보자 관련 후원회 또는 당대표·최고위원 경선후보자후원회를 두거나, 후원회를 둔 지방의원이 대통령선거 경선후보자후원회, 당대표·최고위원 경선후보자후원회 또는 지방자치단체장 관련 후원회를 두는 등 중앙선거관리위원회규칙으로 정하는 경우에는 그렇지 않다.

⑦ 보조금과 보조금 외의 정치자금, 선거비용과 선거비용 외의 정치자금을 각각 구분하여 경리하지 않은 사람

⑧ 회계보고서에 예산결산위원회가 확인·검사한 사실이 명시된 공개자료의 사본, 공인회계사의 감사의견서, 잔여재산 인계·인수서를 첨부하지 않은 사람

⑨ 정치자금범죄 조사를 위한 각급 선거관리위원회 위원·직원의 출석요구에 응하지 않은 사람

4. 정치자금법에 따른 과태료 부과절차

가. 사전통지 · 의견제출

선거관리위원회가 과태료를 부과하려는 때에는 미리 당사자에게 과태료 부과의 원인이 되는 사실, 과태료 금액과 적용법령, 과태료를 부과하는 행정청의 명칭과 주소, 당사자가 의견을 제출할 수 있다는 사실과 그 제출기한 등을 통지하고, 10일 이상의 기간을 정하여 당사자에게 의견을 제출할 기회를 주어야 한다.

당사자는 의견제출 기한 내에 대통령령으로 정하는 방법에 따라 관할 선거관리위원회에 의견을 진술하거나 필요한 자료를 제출할 수 있다. 해당 선거관리위원회는 당사자가 제출한 의견에 상당한 이유가 있는 경우에는 과태료를 부과하지 않거나 통지한 내용을 변경할 수 있다(질서위반행위규제법 §16).

나. 과태료 부과

선거관리위원회가 과태료를 부과하는 때에는 서면으로 해야 한다. 그 서면에는 질서위반행위, 과태료 금액, 과태료 부과의 원인이 되는 사실, 적용법령, 과태료를 부과하는 행정청의 명칭과 주소, 과태료 납부기한, 납부방법과 수납기관, 과태료 부과에 대한 이의제기 기간과 방법을 명시해야 한다.

아울러 해당 서면에는 과태료를 내지 않으면 가산금 부과, 관허사업 제한, 자동차 등록번호판 영치, 신용정보집중기관에 정보 제공, 30일 범위 내의 감치(監置) 등 불이익이 부과될 수 있다는 사실과 그 요건도 함께 알려야 한다(질서위반행위규제법 §17).

다. 과태료 징수

당사자가 의견제출 기한 내에 과태료를 자진하여 납부하려는 경우에는 선거관리위원회가 과태료를 감경할 수 있다. 당사자가 감경된 과태료를 납부한 때에는 해당 질서위반행위에 대한 과태료 부과와 징수절차는 모두 종료된다(질서위반행위규제법 §18).

당사자가 납부기한까지 과태료를 납부하지 않은 경우 선거관리위원회는 관할 세무서장에게 징수를 위탁하고, 해당 세무서장이 국세체납처분의 예에 따라 이를 징수한다. 다만, 과태료 처분대상자가 정당인 경우 해당 정당에 배분·지급될 보조금 중에서 공제하고, 후보자인 경우에는 해당 후보자에게 반환·지급할 기탁금 또는 선거비용 보전금에서 공제할 수 있다(정치자금법 §51④).

5. 과태료에 대한 이의제기와 재판

선거관리위원회의 과태료 부과에 불복하는 당사자는 과태료 부과통지를 받은 날부터 60일 이내에 해당 선거관리위원회에 서면으로 이의제기를 할 수 있다. 당사자의 이의제기가 있는 경우 선거관리위원회의 과태료 부과처분은 그 효력을 상실한다(질서위반행위규제법 §20②). 반면에 이의신청기간이 지나간 경우 해당 과태료 부과처분은 확정되어 다툴 수 없다.[33]

당사자로부터 이의제기를 받은 선거관리위원회는 이의제기를 받은 날부터 14일 이내에 이에 대한 의견과 증빙서류를 첨부하여 관할 법원에 통보해야 한다. 다만, 당사자가 이의제기를 철회하거나, 관할 선거관리위원회가 당사자의 이의제기에 이유가 있어 과태료를 부과할

33) 대법원 1982. 7. 22. 선고 82마337 판결

필요가 없는 것으로 인정하는 경우에는 그렇지 않다(질서위반행위규제법 §21①).

과태료 처분을 받은 당사자가 이의를 제기하면 관할 선거관리위원회의 과태료 부과처분의 당부는 최종적으로 질서위반행위규제법에 따른 법원의 재판에 의하여 결정된다. 과태료 부과처분은 행정처분이 아니므로 이를 행정소송으로 다툴 수는 없다.[34]

참고로 공직선거법에 따른 과태료 부과처분은 일반적인 과태료 처분과 달리 이의제기가 있더라도 그 처분의 효력이나 집행 또는 절차의 속행에 영향을 미치지 않는다(§261⑪ 3.). 2012년 2월 정치자금법이 개정되기 전까지는 정치자금법에 따른 과태료 부과처분에도 이와 동일한 규정을 두었지만,[35] 이제는 삭제된지 오래다.

이는 과태료에 관한 총칙법의 지위를 보유한 질서위반행위규제법의 입법취지를 존중하여 특별히 예외를 인정하기 어려운 개별 법률의 과태료 부과·징수 규정을 삭제함으로써 과태료에 관하여 통일적인 법질서를 형성하려는 입법자의 깊은 의도로 보인다.

34) 대법원 1993. 11. 23. 선고 93누16833 판결

35) 구 정치자금법(법률 제9785호, 2009. 7. 31) 제51조제7항을 말한다.

제 11 장

정치자금범죄 조사와 피조사자의 권리

정치자금법은 정치자금범죄를 효과적으로 억제하고 정치자금의 투명성을 확보하기 위한 제도적 안전판으로 선거관리위원회의 위원과 직원에게 정치자금범죄에 대한 조사권을 부여하고 있다.

반면에 우리 헌법은 진술거부권 등을 기본권으로 보장하고 있고, 최근 형사소송법은 권리장전으로 진화하면서 실체적 진실발견과 사법정의의 실현보다 인권을 우선적으로 보호하겠다는 뜻을 분명히 밝히고 있다. 이러한 시대정신의 큰 흐름에는 행정조사도 예외가 없다.

이 장에서는 선거관리위원회의 정치자금범죄 조사와 그 조사를 받는 피조사자의 방어권에 관하여 살펴본다.

제 1 절 정치자금범죄 조사권 개요

1. 선거관리위원회에 조사권을 부여한 취지

대의 민주정치의 기능적인 출발은 주권자의 의사가 굴절 없이 대의기관의 구성에 반영됨으로써 대의기관의 정책결정이 국민의 뜻에 따라 이루어지도록 하는 데 있다. 그러나 대의민주주의 정치체제에서 권력을 획득하기 위한 경쟁 또는 권력을 행사하는 활동, 즉 정치활동에는 필연적으로 비용이 소요되고, 정치적 결정은 그 활동에 소요되는 자금을 제공하는 사람의 의사에 영향을 받을 수밖에 없다. 여기에서 국민주권의 원리가 오염될 위험에 노출된다.

이에 따라 민주주의 정치체제에서 정치적 형평성을 도모하고 정치부패를 방지하기 위하여 정치자금법은 정치자금의 조성과 집행 등에 관하여 엄격한 규제를 두면서, 해당 규정의 규범력과 실효성을 확보하기 위한 제도적 안전판으로 선거관리위원회의 위원과 직원에게 정치자금범죄에 대한 조사권을 부여하고 있다.

정치자금범죄 조사권은 정치자금의 투명성을 확보하고, 정치자금과 관련한 부정을 방지하며, 정치자금범죄에 대한 실체적 진실발견을 통하여 사법정의를 실현하는 한편, 위법행위자를 정치활동의 영역에서 배제함으로써 공동체의 안전을 도모할 수 있다.

이러한 입법목적에 따라 선거관리위원회의 본질적 기능이 정당에 관한 사무처리와 선거의 공정한 관리 등 행정기능임에도 불구하고, 정치자금법은 그 효과적인 기능수행과 집행의 실효성을 담보하기 위한 수단으로 선거관리위원회의 위원과 직원에게 정치자금범죄에 대한 강력한 조사권을 부여하고 있는 것이다.

우리나라의 형사사법체계상 수사기관에서 정치자금범죄를 단속할 수 있음에도 불구하고 선거관리위원회의 위원과 직원에게 따로 조사권을 부여한 취지는 기관의 독립성과 정치적 중립성이 고도로 보장되는 것을 토대로 그 조사·단속활동에 공정성을 담보할 수 있다는 입법자의 신뢰가 형성되어 있기 때문이다.

2. 정치자금범죄 조사권 행사의 주체

정치자금범죄를 조사할 수 있는 권한을 가진 사람은 선거관리위원회의 위원과 직원이다. 선거관리위원회의 위원이 비상근 명예직이라는 현실을 고려한다면, 실질적으로 조사권을 행사하는 주체는 대체로 선거관리위원회 소속 전임 공무원들이다.

참고로, 읍·면·동선거관리위원회도 조직법규인 선거관리위원회법에 따른 기관이지만, 해당 위원회는 지방공무원이 간사와 서기로 위촉되어 한시적인 선거관리 업무를 수행하고 있을 뿐이므로, 그들은 정치자금범죄에 대한 조사권 행사의 주체가 아니다.

한편, 공직선거법에 따라 선거부정을 감시하고 공정선거를 지원하기 위하여 설치된 공정선거지원단은 관할 선거관리위원회의 지휘를 받아 선거법 위반행위에 대한 조사활동을 할 수 있으므로(§10의2), 선거범죄와 상상적 경합관계가 성립하는 정치자금 범죄에 한해서는 그들의 조사활동이 가능한 것으로 보인다.

3. 정치자금범죄 조사권 행사의 요건

가. 범죄혐의 형성

정치자금법은 정치자금범죄에 대한 조사권을 규정하면서 정치자금범죄의 혐의가 있다고 인정되는 경우 선거관리위원회의 위원과 직원에게 조사권을 행사할 수 있도록 규정하고 있다(§52①).

정치자금범죄의 혐의가 있다고 인정되는 경우란, 조사자의 주관적 판단으로 족할 뿐 객관적 혐의까지 요구하는 것이 아니다. 따라서 조사 착수시점에서 범죄의 의심을 갖기에 상당한 이유가 있는 것으로 인정되는 이상, 나중에 범죄에 해당하지 않는 것으로 밝혀지더라도 선거관리위원회의 조사권 행사는 정당하다.

판례는 후보자가 되려는 사람의 이례적인 연하장 발송에 대하여 선거관리위원회 직원이 사전선거운동에 해당한다는 혐의를 갖기에 상당한 이유가 있는 것으로 인정하고, 그와 같은 이유가 있는 이상 추후 선거범죄에 해당하지 않더라도 당사자에게 선거관리위원회의 조사에 응할 의무가 있다고 보았다.[1)]

나. 현행범 신고

정치자금법은 '현행범의 신고를 받은 경우' 선거관리위원회의 위원·직원이 조사권을 행사할 수 있도록 규정하고 있다(§52①). 현행범의 신고는 신고내용의 진실 여부를 가리지 않는다. 다만, 현행범의 신고를 받은 경우라도 정치자금에 관한 범죄가 아니거나, 정치자금에 관한 사항이라도 범죄의 혐의가 전혀 인정되지 않으면 조사권 행사가 인정될 수 있는 현행범의 신고라 볼 수 없다.

---

1) 대법원 2003. 1. 10. 선고 2002도5981 판결

현행범이란, 범죄를 실행 중이거나 실행 직후인 사람, 범인으로 호창(呼唱)되어 추적되고 있는 사람, 장물이나 범죄에 사용되었다고 인정할만한 흉기 기타의 물건을 소지하고 있는 사람, 신체 또는 의복류에 현저한 증적이 있는 사람을 말한다(형사소송법 §211).

판례는 '범죄의 실행행위를 종료한 직후'를 범죄행위를 실행하여 끝마친 순간 또는 이에 아주 접착된 시간적 단계를 의미하는 것으로 해석하여, 이에 해당하는 사람은 시간적으로나 장소적으로 보았을 때 방금 범죄를 실행한 범인이라는 점에 관한 죄증(罪證)이 명백한 경우에만 현행범으로 볼 수 있다고 판시하고 있다.[2]

정치자금범죄의 혐의가 인정되는 경우 신고 당시 현행범이면 족하고, 선거관리위원회의 위원이나 직원이 현장에 도착할 때까지 범죄를 실행 중이거나 실행 직후일 것을 요하지 않으므로, 일단 현행범의 신고가 있었다면 범인이 현장을 이탈하였더라도 해당 위원회의 위원과 직원은 그 장소에 출입하여 조사권을 행사할 수 있다.

4. 조사권 행사 시 미란다원칙 준수

가. 미란다원칙의 내용

정치자금법은 선거관리위원회의 위원·직원이 범죄의 혐의가 있는 장소에 출입하거나, 질문·조사 또는 자료제출을 요구하거나, 동행 또는 출석을 요구하는 때에는 관계인에게 그 신분을 표시하는 증표를 제시하며 소속과 성명을 밝히고 그 목적과 이유를 설명하도록 미란다원칙의 준수의무를 규정하고 있다(§52⑥).

이 경우 위원과 직원의 신분을 표시하는 증표는 위원신분증이나

2) 대법원 1991. 9. 24. 선고 91도1314 판결

공무원증으로 갈음할 수 있다(규칙 §45⑦).

선거범죄 조사권 행사와 관련하여 형성된 판례에서 선거관리위원회의 위원과 직원이 선거범죄 조사 시 준수해야 할 미란다원칙은 피조사자의 사생활의 비밀과 자유, 개인정보 자기결정권, 재산권 등이 침해되지 않도록 보호하기 위한 규정이라 보았다. 이에 따라 해당 판례에서는 선거관리위원회 위원이나 직원이 관계인에게 사전에 설명해야 할 조사의 목적과 이유에 조사할 범죄혐의의 요지, 조사가 필요한 이유뿐만 아니라 관계인의 진술을 기록 또는 녹음·녹화한다는 사실도 포함하여 알려야 한다고 판시하였다.3)

해당 판례가 비록 공직선거법에 따른 조사권과 관련하여 형성되었지만, 공직선거법의 유사법제로서 정치관계법의 특성을 공유하고 있는 정치자금법의 조사권에도 당연히 적용될 것이다.

아울러 선거관리위원회의 위원이나 직원이 정당, 후원회, 후원회를 둔 국회의원과 지방의원, 공직선거의 후보자 또는 예비후보자, 회계책임자, 정치자금을 기부하거나 기부받은 사람, 정치자금에서 지출하는 비용을 지급받았거나 지급받을 권리가 있는 사람 그 밖의 관계인에 대하여 조사·확인 및 자료제출을 요구하는 경우 정당한 사유 없이 조사·확인에 응하지 않거나 자료의 제출요구에 불응하거나 허위자료의 제출 또는 장소의 출입을 방해하는 때에는 정치자금법에 따라 처벌받을 수 있음을 알려야 한다(규칙 §45①).

이상의 실체적·절차적 요건을 모두 갖추어야만 정치자금범죄에 대한 정당한 조사권 행사로 인정될 수 있어 수집된 자료의 증거능력을 보호할 수 있고, 조사권 행사에 불응하면 정치자금법에 따른 자료제출 거부죄 또는 출입방해죄 등을 적용할 수 있을 것이다.4)

3) 대법원 2008. 11. 13. 선고 2008도6228 판결

4) 대법원 2008. 11. 13. 선고 2008도6228 판결

나. 미란다원칙 보완 검토

2013년 8월 개정된 공직선거법은 형사소송법의 피의자에 준하여 선거법 위반행위에 대한 피조사자의 권리를 더욱 두텁게 보호하기 위해 선거관리위원회의 위원이나 직원이 조사권을 행사할 때에는 피조사자에게 진술거부권과 변호인의 조력을 받을 권리를 미리 알리도록 미란다원칙을 확장한 바 있으나(§272의2⑦), 정치자금법은 이를 수용하는 데 아직 주저하고 있다.

과거 피조사자에 대한 진술거부권 고지규정이 신설되기 전 공직선거법의 선거범죄 조사권에 관한 판례는 선거관리위원회 직원이 선거범죄 조사를 하면서 미리 진술거부권을 고지하지 않은 사안에 조사절차의 위법성이 없다고 보아 그 과정에서 선거관리위원회 직원이 작성한 문답서의 증거능력을 인정한 바 있다.[5]

당시에는 조사자가 피조사자에게 진술거부권을 고지해야 할 법률상 의무가 없었던 시기였으므로, 해당 판례는 진술거부권을 고지하지 않고 수집된 증거물이 위법수집증거에 해당하지 않음을 밝혔을 뿐, 결코 피조사자의 방어권 행사와 국민의 기본권 보장에 소홀해도 무방하다는 취지가 아니다.

진술거부권과 변호인의 조력을 받을 권리가 국민의 기본적 권리인 이상, 그 고지에 관하여 정치자금법 위반혐의에 따른 피조사자와 공직선거법 위반혐의에 따른 피조사자를 차별하는 것은 헌법상 평등권을 침해하여 위헌의 소지도 있다고 본다. 더구나 진술거부권을 고지하지 않은 상태에서 정치자금범죄에 관한 조사가 이루어진다면, 그 문답서가 아무리 특별하게 믿을 수 있는 상태에서 작성되었더라도 해당 문답서는 위법수집증거로서 그 증거능력을 인정받지 못하게 되리라는 점은 어렵지 않게 예상할 수 있다.

---

5) 대법원 2014. 1. 16. 선고 2013도5441 판결

따라서 이러한 문제는 정치자금법의 개정을 기다릴 필요가 없이 정치자금범죄를 조사할 경우 그 상대방에게 진술거부권과 변호인의 조력을 받을 권리가 있다는 점을 미리 알리도록 먼저 실무적 관행으로 수용할 필요가 있다. 우선 정치자금사무관리 규칙을 개정하여 이를 반영하는 방법도 합리적이라 생각한다.

아울러 진술거부권은 헌법상 권리이고(§12②), 진술거부권을 고지받을 권리는 헌법에서 도출되는 권리이므로, 국회가 입법을 통하여 선거관리위원회의 위원과 직원에게 조사권을 부여하면서 진술거부권 고지규정을 두지 않은 것은 입법상의 과오라는 주장[6]에도 깊이 귀 기울일 필요가 있다.

국민의 기본권인 참정권을 수호해야 하는 헌법기관이 이를 핑계로 소속 직원이나 국민의 기본권을 침해하는 것은 일종의 자기부정이 될 수 있다. 국민주권의 원리를 부인하지 못하는 이상 공권력의 영원한 어머니는 주권자이고, 국가는 국민의 기본권을 보호해야 할 무한한 책무를 지고 있기 때문이다.

다. 진술거부권 미고지의 쟁점

농협 등 조합장선거와 새마을금고의 이사장선거에 적용되는 위탁선거법의 조사권에 관하여 형성된 하급심 판례는 진술거부권을 고지받을 권리가 헌법 규정에[7] 의하여 바로 도출된다고 할 수 없으므로, 이를 인정하기 위해서는 국회의 입법적 뒷받침이 필요하다고 보았다.

예컨대, 피의자에 대한 수사기관의 진술거부권 고지를 규정한 형사소송법 관련 규정이[8] 구 공직선거법상[9] 선거관리위원회의 위원과

---

6) 이용복 『위탁선거법강의』 2025. 2. 박영사 455쪽

7) 헌법 제12조 ② 모든 국민은 고문을 받지 아니하며, 형사상 자기에게 불리한 진술을 강요당하지 아니한다.

직원의 조사절차에 당연히 유추된다고 볼 수 없는 것과 마찬가지로, 위탁선거법에 진술거부권 등에 관한 명시적 규정이 없는 이상 위탁선거법에 따른 조사절차에는 진술거부권 고지의무를 인정할 수 없고, 공직선거법상 진술거부권 고지의무 관련 규정이 유추 적용되는 것으로 볼 수도 없다고 판시하였기 때문이다.[10)]

오히려 해당 판결문에는 공직선거법이 2013년 8월 개정되면서 진술거부권 고지규정이 신설되었는데, 그 후 국회가 2014년 6월 위탁선거법을 제정하면서 진술거부권 고지규정을 도입하지 않은 것은 공직선거법이 적용되는 선거와 위탁선거법이 적용되는 선거 사이의 법적 성격과 양 선거에서 선거관리위원회의 지위의 차이 등을 고려한 것으로 이해함이 타당하다고 판시한 바 있다.

그러나 공직선거법과 정치자금법과의 관계는 그 실질이 공직선거법과 위탁선거법의 그것과 전혀 다르다. 위탁선거는 개별 법률에 근거하여 공공단체의 선거를 의무적 또는 임의적으로 관리할 뿐 선거관리위원회 업무의 본령이 아니기 때문이다.

반면, 정치자금에 관한 사무는 정당에 관한 사무의 일종으로 평가할 수 있고, 정당에 관한 사무는 공직선거 관리와 병행하여 선거관리위원회가 처리하도록 헌법에 명시적으로 규정하고 있을 뿐만 아니

---

8) 형사소송법 제244조의3(진술거부권 등의 고지) ① 검사 또는 사법경찰관은 피의자를 신문하기 전에 다음 각 호의 사항을 알려주어야 한다.

1. 일체의 진술을 하지 아니하거나 개개의 질문에 대하여 진술을 하지 아니할 수 있다는 것
2. 진술을 하지 아니하더라도 불이익을 받지 아니한다는 것
3. 진술을 거부할 권리를 포기하고 행한 진술은 법정에서 유죄의 증거로 사용될 수 있다는 것
4. 신문을 받을 때에는 변호인을 참여하게 하는 등 변호인의 조력을 받을 수 있다는 것

9) 2013. 8. 13. 법률 제12111호로 개정되기 전의 것을 말한다.

10) 창원지방법원 통영지원 2020. 1. 7. 선고 2019고단947 판결

라, 공직선거법과 정치자금법의 관계는 불가분의 일체를 이루는 상호 보완적인 법률이기 때문에, 하나의 법률에 적용되는 조사권의 법리는 특별한 사정이 없는 한 다른 법률에도 함께 적용되는 것으로 보아야 할 것이기 때문이다.

결론적으로 정치자금범죄 조사에 관하여 진술거부권의 고지의무가 명시되지 않았다는 이유로 해당 입법의 흠결을 악용하여 국민의 기본권을 함부로 침해해서는 안 될 일이다.

거듭 강조하지만, 정치자금범죄의 피조사자에 대한 질문·조사에 앞서 반드시 조사할 범죄혐의의 요지, 조사가 필요한 이유, 피조사자에게 진술거부권과 변호인의 조력을 받을 권리가 있다는 점뿐만 아니라 피조사자의 진술을 기록 또는 녹음·녹화한다는 사실을 알려야만 위법수집증거 배제의 원칙으로부터 자유로울 수 있을 것이다. 이것이 바로 적법절차의 원리와 법치국가의 원리로 지탱되는 민주공화국의 참다운 모습이다.

제 2 절
정치자금범죄 조사권의 주요내용

1. 질문 · 조사권

선거관리위원회의 위원과 직원은 정치자금범죄의 혐의가 있다고 인정되거나 현행범의 신고를 받은 경우에는 그 장소에 출입하여 정당, 후원회, 후원회를 둔 국회의원과 지방의원, 대통령선거경선후보자, 당대표 · 최고위원 경선후보자, 공직선거의 후보자와 예비후보자, 회계책임자, 정치자금을 기부하거나 받은 사람 또는 정치자금에서 지출하는 비용을 지급 받거나 받을 권리가 있는 사람 그 밖에 관계인에 대하여 질문 · 조사할 수 있다(§52①).

질문 · 조사권은 실체적 진실을 발견하고 범죄혐의를 명백히 하기 위하여 관계인에게 질문하거나 추궁할 수 있는 권한으로서 선거관리위원회의 조사활동에 중심을 이루고 있다.

다만, 질문 · 조사권도 형사소송법에 따른 피의자 진술과 마찬가지로 피조사자의 진술을 강제할 수는 없으므로, 질문 · 조사에 불응하는 사람을 처벌할 수는 없다. 선거관리위원회 위원이나 직원의 질문 · 조사권은 범죄의 혐의가 있는 장소에 한정되지 않고 관계자에 대한 동행 또는 출석을 요구하여 질문하거나, 직접 방문하여 조사하거나, 서면답변을 요구하는 방식으로도 행사할 수 있다.

한편, 질문·조사의 상대방이 되는 관계인이란, 해당 혐의사실을 알거나 알고 있을 것으로 보이는 사람과 그 혐의사실과 관련된 자료를 소지한 사람을 모두 포함한다. 따라서 해당 혐의자 본인도 관계인의 범위에서 제외되는 것이 아니다.[11]

질문·조사과정에 변호인이 입회하는 경우, 해당 변호인이 피조사자를 대신하여 답변하거나, 특정 답변이나 진술번복을 유도하는 등 조사를 방해하는 일은 없어야 한다. 질문·조사 중 피조사자 또는 변호인이 조사내용을 녹음하거나, 그들에게 문답서 사본을 교부하는 것은 조사기밀이 누설될 가능성이 있고 다른 혐의자와 담합의 우려가 있어 이를 금지함이 마땅하다.[12]

2. 장소출입권

선거관리위원회의 위원과 직원은 정치자금범죄의 혐의가 있거나 현행범의 신고를 받은 경우에는 그 장소에 출입하여 조사권을 행사할 수 있다(§52①). 장소출입권은 영장주의 원칙의 예외로서 관계인의 의사에 상관없이 조사자가 범죄의 혐의가 있는 장소에 진입할 수 있는 권한을 말한다.[13]

다만, 선거관리위원회의 위원과 직원이 장소출입권에 기초하여 출입할 수 있는 장소적 범위는 범행의 혐의가 있는 현장에 한정되는 것으로 보아야 한다. 아울러 출입거부 또는 방해가 있는 경우 물리력의 행사는 지극히 신중해야 할 것이다.

11) 대법원 2001. 7. 13. 선고 2001도16 판결

12) 형사소송법 제35조는 기소된 피고인과 그 변호인 등에게 소송계속 중의 관계 서류 또는 증거물을 열람하거나 복사할 수 있도록 규정하고 있다. 변호인의 조력을 받을 권리를 적극적으로 보장하기 위한 취지로 보인다.

13) 대법원 2008. 11. 13. 선고 2008도6228 판결

선거관리위원회의 위원이나 직원이 현장에 출입하는 경우 관계인에게 그 신분을 표시하는 증표를 제시하며 소속과 성명을 밝히고 그 목적과 이유를 설명해야 한다(§52⑥). 만일 관계인이 증표제시를 요구하지 않았거나, 해당 장소에 출입하려는 사람이 선거관리위원회의 위원·직원이라는 사실을 관계인이 이미 알고 있더라도 이러한 절차적 요건은 반드시 준수되어야 한다.[14]

이상의 실체적·절차적 요건 중 어느 하나라도 갖추지 못한 경우에는 선거관리위원회 위원이나 직원에게 해당 장소에 적법하게 출입할 권한이 인정되지 않으므로, 관계인이 장소출입 요구에 불응하여도 출입방해죄가 성립되지 않는다.[15]

3. 자료제출 요구권

선거관리위원회의 위원·직원은 정치자금범죄의 혐의가 있다고 인정되거나 현행범의 신고를 받은 경우 정당, 후원회, 후원회를 둔 국회의원과 지방의원, 대통령선거경선후보자, 당대표·최고위원 경선후보자, 공직선거의 후보자와 예비후보자, 회계책임자, 정치자금을 기부하거나 받은 사람 또는 정치자금에서 지출하는 비용을 지급 받거나 받을 권리가 있는 사람 그 밖에 관계인에게 조사에 필요한 자료의 제출을 요구할 수 있다(§52①).

자료제출 요구권은 선거범죄에 관하여 전문성을 가지고 있는 선거관리위원회의 위원·직원으로 하여금 이를 조사할 수 있는 법적 근거를 명확히 함과 아울러 그 단속활동의 신속성, 효율성, 실효성을 확보하기 위한 권한이다.[16]

---

14) 대법원 2008. 11. 13. 선고 2008도6228 판결

15) 대법원 2008. 11. 13. 선고 2008도6228 판결

질문·조사권과 마찬가지로 자료제출 요구권도 해당 장소에 출입한 경우에 한정하여 인정되는 것은 아니므로, 장소출입과 별도로 자료제출을 요구할 수도 있다. 조사대상자에 대한 자료제출 요구는 조사의 취지·사유, 자료제출 기한, 회계장부 및 출납서류 그 밖의 관계 서류의 제출, 조사대상자의 진술서·경위서 또는 확인서의 제출 등의 사항을 기재하여 문서로 한다(규칙 §45④).

이 경우 자료제출요구에 따라 제출해야 하는 대상은 조사의 바탕이 되는 자료를 사실적 상태 그대로 제출하는 것을 의미하고, 자료제출 요구가 실질적으로 관계자 등의 진술을 요구하는 때에는 진술거부권에 대한 침해가 되어 허용되지 않는다. '진술'의 사전적 의미는 개인의 생각이나 지식, 경험사실을 정신작용의 일환인 언어를 통하여 표출하는 것인 반면, '자료'의 사전적 의미는 조사의 바탕이 되는 재료인 점에 차이가 있다.

여기에서 유의할 사항은, 일반 정치자금범죄의 조사에 관한 자료제출요구에 불응하거나 허위의 자료를 제출한 경우에는 1년 이하의 징역이나 200만 원 이하의 벌금으로 처벌되지만(§47②), 선거비용 관련 정치자금범죄의 조사에 관하여 선거관리위원회의 보고 또는 자료제출 요구에 정당한 사유없이 응하지 않거나 보고 또는 자료의 제출을 허위로 한 사람은 2년 이하의 징역이나 400만 원 이하의 벌금으로 처벌된다는 점이다(§49② 8.).

특히 선거비용과 관련한 조사에 대하여 자료제출 요구를 거부하거나 허위로 제출한 경우 일반 정치자금범죄의 조사거부에 비하여 법정형이 높기도 하지만, 해당 범죄로 벌금 100만 원 이상의 형이 확정되면 공직선거법에 따라 당선이 무효로 되고(§264), 피선거권이 제한되며, 기탁금과 보전비용을 반환해야 한다(§265의2①).

16) 헌법재판소 2019. 9. 26. 선고 2016헌바381 결정

따라서 자료제출 거부나 허위자료 제출도 눈치를 보아가면서 해야 된다. 통상 선거관리위원회의 자료제출 요구서에는 적용법조가 적시되므로, 해당 자료제출 요구가 정치자금법 제52조에 근거한 것인지, 아니면 정치자금법 제43조에 따른 것인지를 합리적으로 구별하여 정치자금법 제43조에 따른 자료제출 요구라면 선거비용 조사와 관련된 것이므로 특별히 긴장할 필요가 있다.

여기에서 자료제출 요구에 불응한 사람이란, 해당 자료를 소지하고 있었음에도 이를 제출하지 않은 사람을 말한다. 이 경우 정치자금법 위반 사실을 인지한 선거관리위원회가 정치자금범죄의 혐의를 갖고 일단 자료제출을 요구하였다면, 해당 혐의가 실제 정치자금범죄에 해당하지 않더라도 선거관리위원회의 자료제출 요구에 불응하면 처벌될 수 있다.[17)]

또한 등기로 배달되거나 선거관리위원회 직원이 직접 가져온 자료제출 독촉장의 수령을 거부하거나, 조사에 불응하기 위하여 자리를 피하는 경우에도 해당 조항이 적용되어 처벌될 수 있다.[18)] 그 밖에 선거관리위원회의 자료제출 요구가 부당하다고 판단하여 자료제출 거부 소명서를 제출한 후 실제 자료를 제출하지 않은 사람에게는 통상적으로 공소장과 유죄의 판결문이 송달된다.[19)]

선거관리위원회의 위원과 직원은 조사대상자가 정당한 사유 없이 조사·확인에 불응하거나 자료제출의 요구를 거부하는 경우 곧바로 고발조치를 하는 것이 아니라 우선 독촉장을 발부한다. 해당 독촉장에는 독촉장을 받은 날부터 7일 이내에 진술 또는 자료제출을 하지 않은 때에는 고발 등 필요한 조치를 하게 된다는 뜻을 알려야 한다(규칙 §45⑥).

---

17) 대법원 2003. 1. 10. 선고 2002도981 판결

18) 이용복·윤상화 2024. 3. 『선거법강의』 813쪽

19) 전주지법 2009. 11. 5. 선고 2009고합154 판결

4. 금융거래자료 제출 요구권

정치자금법은 선거관리위원회가 정치자금의 수입·지출에 관한 조사를 위하여 불가피한 경우 금융기관의 장에게 정치자금법을 위반하여 정치자금을 주거나 받은 혐의가 있다고 인정되는 사람에 대한 아래의 금융거래자료 제출을 요구할 수 있도록 조사권한을 부여하고 있다(§52②). 당연히 금융기관의 장은 이에 따라야 한다.

① 계좌개설 내역

② 통장원부 사본

③ 계좌이체의 경우 거래상대방의 인적 사항

④ 수표에 의한 거래의 경우 해당 수표의 최초 발행기관 및 발행 의뢰인의 인적 사항

다만, 해당 계좌에 입·출금된 타인의 계좌에 대하여는 자료제출을 요구할 수 없으므로, 별도의 금융거래자료 제출 요구절차에 따라야 한다. 금융거래자료 제출 요구권은 1994년 3월 15일 제정된 통합선거법에서 선거비용의 수입과 지출에 관한 확인을 위하여 최초로 선거관리위원회에 부여된 유서 깊은 조사 권한이다.[20]

통합선거법을 제정하면서 선거규제에 관한 코페르니쿠스적 인식의 전환을 통하여 선거운동에 관한 포괄적 금지를 폐지하고 개별적 제한·금지로 이행하면서 그 부작용을 방지하기 위한 안전판으로 선거비용에 관한 통제를 강화하기 위하여 다른 조사권에 앞서 금융거래자료 제출 요구권을 먼저 도입한 것이다.

이후 2002년 12월 실시한 제16대 대선의 불법 정치자금 문제로 촉발된 정치개혁 입법을 통하여 2004년 3월 정치자금에 관한 법률을 개정하여 선거비용 외의 정치자금에 대해서도 금융거래자료 제출 요

20) 공직선거및선거부정방지법(법률 제4739호, 1994. 3. 16. 제정) 제134조

구권을 인정하게 되었다. 한편, 2005년 8월에는 법률간 체계정합성을 확보하기 위하여 공직선거법에 규정되었던 금융거래자료 제출 요구권 등에 관한 내용을 정치자금법에 이관하여 현재에 이르고 있다.

참고로 신용카드에 의한 거래정보는 정치자금으로 지출한 상품의 구매내역에 불과할 뿐, 금융거래에 해당하지 않으므로 관계 법령에 따른 비밀보장[21] 대상이 아니다. 따라서 범죄혐의가 있으면 자료제출 요구권을 행사하여 해당 자료의 제출을 요구할 수 있다.[22]

5. 증거물품 수거권

선거관리위원회의 위원과 직원은 정치자금범죄에 사용된 증거물품으로서 증거인멸의 우려가 있다고 인정되는 경우에는 현장에서 조사에 필요한 범위에서 이를 수거할 수 있다(§52③).

여기에서 증거인멸의 우려가 있는 경우란, 증거를 은닉·위조·변조 등의 방법으로 증거의 현출(現出)이나 그 효능 또는 가치를 멸실·감소시킬 개연성이 높은 상황을 의미한다. 따라서 현장에서 자료제출 요구나 추후 수사기관의 압수·수색 등 다른 수단에 의하면 목적달성이 현저히 곤란하거나 증거인멸의 우려가 있는 경우에 한정하여 해당 증거물품을 수거해야 할 것이다.

한편, '조사에 필요한 범위'란 해당 범죄를 조사하기 위하여 증거물품의 수거가 범죄의 실체적 진실을 밝히기 위한 목적달성에 필요한 최소한의 범위에서 이루어져야 하고, 비례의 원칙을 준수하여 관계인의 재산권 침해를 최소화하여야 한다는 의미이다.

여기에서 정치자금범죄에 사용된 증거물품이란, 정치자금범죄에

21) 금융실명거래 및 비밀보장에 관한 법률 제4조 참조.

22) 이창술 『정치자금법 이해』 2024. 1. 박영사 565쪽 참조.

직접 사용된 물품뿐만 아니라 간접적으로 범죄의 실행과 밀접한 관계가 있는 행위에 사용된 서류와 물건 등을 포함하는 개념으로 넓게 보아야 할 것이다.

수거한 증거물품은 선거관리위원회가 해당 증거물품과 관련된 범죄에 대하여 고발 또는 수사의뢰를 한 경우에는 관계 수사기관에 송부하고, 그렇지 않은 때에는 그 소유·점유·관리하는 사람에게 지체 없이 반환해야 한다(§52③ 후단).

6. 동행·출석 요구권

선거관리위원회의 위원·직원은 정치자금범죄의 조사와 관련하여 관계자에게 질문·조사하기 위하여 필요하다고 인정되는 때에는 선거관리위원회에 출석할 것을 요구할 수 있고, 범죄혐의에 대하여 명백한 증거가 있는 때에는 동행을 요구할 수 있다(§52⑤).

다만, 공직선거와 당내경선의 선거기간 중 공직선거의 후보자 또는 당내경선의 후보자에 대하여는 동행 또는 출석을 요구할 수 없다(§52⑤ 단서). 공직선거와 정당의 당내경선에 출마한 후보자의 선거운동의 자유를 보장하기 위한 취지이다.

동행·출석요구권은 정치자금범죄의 억제와 확산방지를 위해 신속한 조사의 필요성과 조직적이고 다수인 관련성이라는 범죄의 특성상 제한된 선거관리위원회 인력으로는 방문조사가 불가능한 현실적 한계를 고려하여 부여된 권한이다.

따라서 질문·조사의 필요성이 인정되는 이상 그 실효성을 확보하기 위한 수단으로서 관계인에 대한 동행 또는 출석요구권을 인정한 것은 실로 자연스럽다.

선거관리위원회의 위원·직원이 관계자에게 동행을 요구하는 때에는 말(言)로 할 수 있으며, 출석을 요구하는 때에는 문서로 해야 한다. 이 경우 현행범인 또는 준현행범인에 해당하는 관계자에게 동행요구를 하는 때에는 정당한 사유 없이 동행요구에 응하지 않으면 정치자금법 제51조제1항제3호에 따라 과태료에 처할 수 있음을 알려야 한다(규칙 §45⑩).

선거관리위원회 위원과 직원의 동행요구는 어디까지나 관계인에 대한 질문·조사를 전제로 행사하는 것이고, 관계인의 진술거부권은 헌법상 보장된 권리이기 때문에 동행·출석요구에 응할지도 전적으로 당사자의 자유로운 의사에 맡겨야 한다.

결코 당사자의 의사에 반하여 동행이나 출석을 강요해서는 안 된다. 동행·출석 요구에 불응할 경우 과태료를 부과할 수 있을 뿐이다. 동행의 임의성은 동행의 시간과 장소, 동행의 방법과 동행 거부의사의 유무, 동행 이후의 조사방법과 피조사자의 퇴거의사 유무 등 여러 사정을 종합하여 객관적인 상황을 기준으로 판단한다.[23)]

23) 대법원 1993. 11. 23. 선고 93다35155 판결

제 3 절

방어를 위한 피조사자의 권리[24)]

1. 위법한 조사 거부권

선거관리위원회의 위원과 직원은 정치자금범죄에 대한 조사권을 보유하고 있으므로, 선거범죄의 혐의가 있는 장소에 그들의 출입을 방해해서는 안 되고, 위원 또는 직원으로부터 질문·조사를 받거나 자료의 제출을 요구받은 사람은 이에 따라야 한다(§52④).

이 경우 정치자금범죄에 대한 조사권의 행사가 적법한 공무집행인 경우에 한정하여 이를 방해하였을 때 조사방해죄가 성립할 수 있다. 여기서 적법한 공무집행이란, 그 행위가 공무원의 추상적인 권한에 속할 뿐만 아니라 구체적으로도 그 권한 내에 있어야 하고 직무행위로서 중요한 방식을 갖추어야 한다.[25)]

공무원의 추상적인 권한에 속하는 공무집행이 적법한지는 행위 당시의 구체적 상황에 기초하여 객관적·합리적으로 판단해야 한다.[26)] 이러한 기준을 정치자금범죄의 조사에 적용할 경우 조사권 행사의 주체

24) 이 절의 내용은 필자의 저서 『정치신인을 위한 선거법 강의』 제14장 제3절의 내용을 정치자금법에 맞게 수정한 것이다.

25) 대법원 2021. 9. 16. 선고 2015도12632 판결

26) 대법원 2013. 8. 23. 선고 2011도4763 판결

는 선거관리위원회의 위원과 직원에 한정되고, 조사권 행사의 요건으로서 정치자금범죄에 대한 혐의가 있어야 하며, 그 조사권을 행사하는 때에는 미란다원칙을 준수해야 한다는 논리필연적 결론이 도출된다.

특히 선거관리위원회의 위원이나 직원이 미란다원칙을 준수하지 않은 경우, 예컨대, 위원·직원이 장소에 출입하거나 질문·조사 또는 자료제출을 요구하는 때에 관계인에게 그 신분을 표시하는 증표를 제시하지 않거나, 소속과 성명을 밝히지 않거나, 그 목적과 이유를 설명하지 않은 경우에는 자료제출을 거부하거나 범죄 현장에 출입을 방해하더라도 조사방해죄가 성립하지 않는다.[27)]

이상과 같은 실체적·절차적 요건을 모두 갖추지 못한 경우 선거관리위원회 위원과 직원의 정당한 조사권 행사로 보기 어렵고, 그러한 활동을 통하여 확보한 증거물은 위법수집증거 배제의 원칙에 따라 증거로 삼을 수도 없다(형사소송법 §308의2).

2. 불리한 진술 거부권

우리 헌법은 '모든 국민은 고문을 받지 아니하며, 형사상 자기에게 불리한 진술을 강요당하지 아니한다'고 규정하여 진술거부권을 기본권으로 보장하고 있다(§12②). 진술거부권의 보호대상이 되는 '진술'이란 언어적 표출, 즉 개인의 생각이나 지식, 경험사실을 정신작용의 일환인 언어를 통하여 표출하는 것을 말한다.[28)]

우리 헌법이 진술거부권을 국민의 기본적 권리로 보장하는 것은 형사책임과 관련하여 비인간적인 자백의 강요와 고문을 근절하고 인간의 존엄과 가치를 보장하려는 데 근본적인 목적이 있다.[29)] 이러한

27) 대법원 2008. 11. 13. 선고 2008도6228 판결

28) 헌법재판소 2005. 12. 22. 선고 2004헌바25 결정

진술거부권은 우리 헌법의 제정권자들이 실체적 진실발견이나 사법정의의 실현이라는 국가이익보다 피고인 또는 피의자의 인권을 우선적으로 보호하겠다는 뜻을 헌법에서 분명히 밝히고 있다는 점에 큰 의의가 있는 것으로 보인다.

헌법재판소는 일찍이 이와 같은 진술거부권이 형사절차뿐만 아니라 행정조사 절차나 국회의 조사절차 등에서도 보장되며, 현재의 피의자나 피고인뿐만 아니라 장차 피의자나 피고인이 될 사람에게도 보장된다고 판시한 바 있다.[30]

우리는 최근의 형사소송법의 개정방향이 피의자의 권리를 강화하면서 헌법의 기본권을 점차적으로 구체화하는 추세를 확인할 수 있다. 아울러 행정조사는 형사소송법의 개정취지를 광범위하게 수용하여 피조사자의 권리를 더욱 확대하는 경향을 목도할 수 있다.

형사소송법은 점점 헌법화되어 권리장전으로 진화되고 있고, 이러한 추세는 행정조사에도 영향을 미쳐 결국 공권력의 행사로부터 국민의 기본권을 더욱 두텁게 보호하려는 것이다. 이것이 바로 민주공화국이 전진하는 참모습이다.

3. 변호인의 조력을 받을 권리

변호인의 조력을 받을 권리란, 국가권력의 일방적인 형벌권 행사에 대항하여 자신에게 부여된 헌법상, 소송법상의 권리를 효율적이고 독립적으로 행사하기 위하여 변호인의 도움을 얻을 수 있는 피의자 또는 피고인의 권리를 말한다.[31]

29) 대법원 2014. 1. 16. 선고 2013도5441 판결
30) 헌법재판소 1997. 3. 27. 선고 96헌가11 결정
31) 헌법재판소 2004. 9. 23. 선고 2000헌마138 결정

우리 헌법은 '누구든지 체포 또는 구속을 당한 때에는 즉시 변호인의 조력을 받을 권리를 가진다'고 규정하고 있다(§12④ 본문). 문제는 이러한 변호인의 조력을 받을 권리가 과연 행정조사 절차의 피조사자에게도 인정되는가 하는 점이다.

과거 학설과 판례에서 논란이 되었던 이러한 문제는 2007년 5월 17일 행정조사기본법이 제정·공포되면서 입법적으로 해결되었다. 해당 법률에서 '조사대상자는 법률·회계 등에 대하여 전문지식이 있는 관계 전문가로 하여금 행정조사를 받는 과정에 입회하게 하거나 의견을 진술하게 할 수 있다'고 규정하여 행정조사 절차의 피조사자에게도 변호인의 조력을 받을 권리가 있음을 입법적으로 명확히 확인하였기 때문이다(§23②).

행정조사기본법이 적용되지 않는 선거범죄 조사의 경우[32] 2013년 8월 공직선거법의 개정에 따라 조사절차에서 피조사자에게 변호인의 조력을 받을 권리가 있음을 알릴 의무와 변호인의 조사참여 및 의견진술권을 신설하였지만(공직선거법 §272의2⑧), 정치자금법에서는 아직 이를 명시적으로 수용하지 않고 있다.

국민의 자유와 권리는 헌법이나 법률에 열거되지 않은 이유로 가벼이 여겨서는 안 되고, 기본권 침해의 소지가 큰 정치자금범죄 조사권과 달리 임의적 조사를 주요 내용으로 하는 행정조사기본법조차 변호인의 조력을 받을 권리를 인정한 취지를 고려하면, 정치자금법에 변호인의 조력을 받을 권리가 명시되지 않았다 하여 피조사자에게 해당 권리를 부인해서는 안 될 것이다.

다만, 변호인의 조력을 받을 권리도 다른 기본권과 조화를 이루어야 하므로 위법한 조력을 받을 권리까지도 보장하는 것은 아니다. 판례는 피의자 신문에 입회한 변호인이 신문을 방해하거나 수사기밀

32) 행정조사에 관하여 다른 법률에 특별한 규정이 있는 경우에는 행정조사기본법의 적용에 예외를 두고 있다. 행정조사기본법 제3조제1항 참조.

을 누설하는 등의 경우에는 해당 변호인의 참여를 제한할 수 있다고 보았다.[33] 따라서 조사 중 입회한 변호인이 피조사자를 대신하여 직접 답변하거나, 특정 답변을 유도하거나, 진술번복을 유도하는 등 조사를 방해하거나, 조사내용을 녹음·녹취하는 등 조사기밀을 누설하거나, 다른 관계인과 담합의 우려가 있는 때에는 해당 변호인의 참여를 제한할 수 있을 것이다.

4. 위법수집증거 배제원칙의 적용

가. 위법수집증거 배제원칙의 의의

우리나라는 오랜 기간의 논의를 토대로 2007년 6월 형사소송법을 개정하여 '적법한 절차에 의하지 아니하고 수집한 증거는 증거로 할 수 없다'는 위법수집증거의 배제원칙을 전면적으로 수용한 바 있다(§308의2). 이는 세계 최초로 위법수집증거 배제의 원칙을 입법적으로 명문화하였다는 점에 큰 의의가 있다.

위법수집증거 배제원칙이란, 형사소송법과 개별 법률이 정한 절차에 따르지 않고 수집한 증거는 기본적 인권 보장을 위해 마련된 적법한 절차에 따르지 않은 것으로서 유죄 인정의 증거로 삼을 수 없다는 의미다. 구 형사소송법에 관한 대법원 판례는 수사기관의 위법한 압수수색을 억제하고 재발을 방지하는 가장 효과적이고 확실한 대응책은 위법한 압수수색을 통하여 수집한 증거는 물론 이를 기초로 획득한 2차 증거도 유죄 인정의 증거로 삼을 수 없도록 하는 것이라 힘주어 강조한 바 있다.[34]

33) 대법원 2005. 5. 9. 선고 2004모24 판결

34) 대법원 2007. 11. 15. 선고 2007도3061 판결

이러한 입법추세와 판례변경의 핵심은 형사절차에 요구되는 위법수집증거 배제의 법칙이 행정조사의 일종인 정치자금범죄 조사절차에도 광범위하게 적용된다는 점이다.

공직선거법에 따른 선거범죄 조사권에 관하여 형성된 판례는 선거관리위원회의 설치목적, 범죄 조사권한, 고발 또는 수사의뢰 조치를 하는 경우 수사자료를 함께 송부하는 점 등을 종합적으로 고려하여 선거관리위원회가 수사에 준하는 조사권한을 보유한 기관으로서 범죄를 조사하거나 증거를 수집하는 활동을 하는 때에는 당연히 적법절차를 준수해야 할 의무가 있다고 강조한다.[35]

정치자금법의 조사권 관련 규정에서도 공직선거법과 유사한 규정을 두고 있으므로, 해당 판결에 적용된 법리는 당연히 정치자금범죄의 조사에도 원용되는 것으로 보아야 할 것이다.

따라서 선거관리위원회의 위원과 직원이 조사권을 행사할 때에는 우선 조사권 행사의 요건에 대한 엄밀한 검토를 기초로 관계인에 대한 미란다원칙을 지키고 비례의 원칙을 준수하여 조사목적 달성에 필요한 최소한의 범위에서 그쳐야 한다. 조사권을 포함하여 어떠한 공권력도 국민을 배반할 수 없다. 국민주권의 원리를 부인하지 못하는 한 국민은 공권력의 영원한 어머니이기 때문이다.

우리는 최근에도 민주공화국을 수호하기 위해서는 계엄군의 장갑차를 온몸으로 막아서는 비장한 결단이나, 계엄군의 총부리에 자신을 내던지는 영웅적인 투쟁이 필요하다는 점을 다시 한번 확인하였다. 그러나 국가권력이 일상의 영역에서 적법절차를 준수한다면 굳이 주권자들이 단호한 헌법수호 의지를 드러내지 않더라도 과거가 현재를 돕고 죽은 자가 산 자를 구하며 민주공화국은 언제나 평화롭게 유지될 수 있을 것이다.

---

35) 대전고법 2021. 9. 10. 선고 2021노103 판결

나. 일시적으로 현출된 자료 압수

2007년 6월 위법수집증거 배제의 원칙을 명시적으로 수용한 개정 형사소송법이 공포되기 전까지 대법원 판례는 진술증거에 대한 판단과 달리 비진술증거인 증거물에 관해서는 '압수물은 압수절차가 위법하더라도 물건 자체의 성질·형상에 변경을 가져오는 것은 아니어서 그 형태 등에 관한 증거가치에는 변함이 없으므로 증거능력이 있다'는 소위 '성질형상 불변론'에 터 잡아 적정절차의 원리보다 실체진실주의를 더욱 강조하는 입장을 취하여 왔다.[36)]

그러나 대법원은 위법수집증거 배제의 원칙을 수용한 개정 형사소송법이 공포된 후 그 시행을 앞두고 2007년 11월 15일 제주도지사 선거의 선거범죄에 관한 재판에서 종전의 판례를 변경하여 비진술증거인 증거물에 대하여도 위법수집증거 배제의 법칙을 전면적으로 수용하기에 이르렀다.[37)]

당시 사건에서 대법원이 위법수집증거로 판단하고 압수물의 증거능력을 부인한 핵심적 이유는, 원래 도지사 집무실에 보관 중이던 업무일지를 도지사를 보좌하는 공무원이 압수수색이 진행 중이던 비서실에 일시적으로 가져온 경우, 이는 영장에 기재된 압수대상인 비서실에 '보관' 중인 물건이 아니라 일시적으로 비서실에 '현출'된 물건이므로 이를 압수한 것이 위법하다는 것이었다.

이는 개정 형사소송법의 취지를 고려하여 범죄수사에서 실체적 진실발견이나 사법정의의 실현보다 적법절차의 준수를 통한 인권의 보호가 우선적 가치라는 점을 명확히 밝혔다는 점에 의의가 있다. 해당 판결문은 개정 형사소송법의 조문보다 더 굵은 글씨로 인쇄되어 오랜 세월이 흘러도 그 빛이 바래지 않을 것이다.

---

36) 대법원 1968. 9. 17. 선고 68도932 판결 등

37) 대법원 2007. 11. 15. 선고 2007도3061 판결

다. 녹음사실 미고지 녹음파일

선거관리위원회의 위원과 직원이 범죄의 혐의가 있는 장소에 출입하거나 해당 범죄와 관련하여 질문·조사하거나 자료제출을 요구하는 때에는 관계인에게 그 신분을 표시하는 증표를 제시하며 소속과 성명을 밝히고 목적과 이유를 설명해야 한다(§52⑥).

정치자금범죄의 조사에 대한 이러한 미란다원칙은 공직선거법에도 동일하게 규정되어 있다. 판례는 공직선거법의 미란다원칙이 조사를 받는 관계인의 사생활의 비밀과 자유 내지 자신에 대한 정보를 결정할 자유와 재산권 등이 침해되지 않도록 하기 위한 절차적 규정이므로, 선거관리위원회의 직원이 관계인에게 사전에 설명할 '조사의 목적과 이유'에는 조사할 선거범죄 혐의의 요지, 관계인에 대한 조사가 필요한 이유뿐만 아니라 관계인의 진술을 기록 또는 녹음·녹화한다는 점도 포함된다고 판시한 바 있다.[38)]

입법자가 미처 인쇄하지 못한 문장을 법원이 찾아낸 것이다. 만일 선거관리위원회의 위원과 직원이 관계인에게 녹음된다는 사실을 미리 알려 주지 않고 그의 진술을 녹음하였다면, 해당 녹음은 형사소송법에서 정하는 소위 '적법한 절차에 따르지 아니하고 수집한 증거'에 해당하여 이를 유죄의 증거로 삼을 수 없다.[39)]

해당 판례에 적시된 선거범죄 조사권 행사의 요건에 관한 법리는 농업협동조합법에 따른 조합장선거의 선거범죄 조사에 적용된 것이므로, 공직선거법의 유사법제인 정치자금범죄에 대한 조사권 행사에도 당연히 적용되는 것으로 보아야 할 것이다.

---

38) 대법원 2014. 10. 15. 선고 2011도3509 판결 참조. 해당 판결은 지역농협의 조합장선거에 관하여 내려진 것이다. 당시 위탁선거법 제정 전이므로, 농협법에서 조합장선거를 선거관리위원회에 의무위탁하면서 그 위반행위에 대한 조사에 관하여는 공직선거법 제272조의2를 준용하고 있었다.

39) 대법원 2014. 10. 15. 선고 2011도3509 판결

라. 핸드폰에서 발견한 별개 혐의

2020년 제21대 국회의원선거를 앞둔 시점에서 오전에 출마 기자회견을 한 예비후보자가 당일 오후 지지자 모임을 공지하고 모임에 참석한 사람들에게 음식물을 제공한 혐의에 관하여 선거관리위원회 직원이 해당 예비후보자를 소환하여 문답조사를 하던 중 피조사자의 핸드폰을 임의제출받아 디지털 포렌식을 진행하였다.

선거관리위원회의 직원이 문답조사와 병행하여 해당 예비후보자의 핸드폰에 대한 디지털 포렌식을 완료한 결과, 사건 당일 오전의 기자회견과 오후의 모임에서 치킨과 맥주를 제공한 일련의 행위가 사전선거운동과 기부행위 위반죄에 해당된다는 증거를 확보하였고, 그 과정에서 우연히 자원봉사자들에게 금품을 제공한 정황이 담겨있는 문자메시지를 추가로 발견하게 되었다.

이에 선거관리위원회는 사전선거운동과 기부행위 위반에 대하여는 확정적 의사로 검찰에 고발조치를 하고, 우연히 발견한 자원봉사자 매수혐의는 부가적으로 수사를 의뢰하였다. 문제는 검찰에서 선거관리위원회가 고발한 기부행위위반죄와 더불어 수사의뢰한 매수죄를 함께 기소하면서 불거졌다.

해당 사안에 대하여 법원은 선거관리위원회의 조사과정에서 휴대폰 및 이에 저장된 전자정보를 임의제출한 제출자에게는 제출할 자료의 범위를 결정할 권리가 있다고 보면서, 해당 선거관리위원회의 조사직원은 임의제출자가 제출 동의를 한 핸드폰에 내장된 전자정보 전체가 아니라 내장된 정보 중 조사하는 사건과 관련이 있는 정보만을 선별하여 수집할 권한이 있다고 보았다.[40)]

구체적으로 설명하면, 선거범죄 조사권은 범죄의 혐의가 있는 경우에 한정하여 행사할 수 있는 것이고, 자원봉사자 매수혐의는 핸드폰

40) 대전고법 2021. 9. 10. 선고 2021노103 판결

저장정보에서 기자회견 및 치킨과 맥주모임에 관한 증거를 탐색하는 과정에서 우연히 발견한 경우에 불과하여 핸드폰 제출요구 당시에는 선거관리위원회 직원에게 자원봉사자 매수혐의가 형성되었다고 볼 수 없으므로, 해당 직원은 매수죄와 관련된 자료제출 요구권을 행사할 수 없다는 것이다.

이에 따라 해당 선거관리위원회가 수사의뢰한 매수죄의 공소사실에 대하여는 위법수집증거 배제법칙에 따라 무죄가 확정되었지만, 해당 선거관리위원회가 고발조치한 기부행위는 공소가 유지되어 치킨과 맥주모임에 참석한 사람 3명의 회비 각 1만 원씩 총 3만 원을 부담한 사람과 4명의 회비 4만 원을 대신 내준 예비후보자의 회계책임자는 유죄판결을 피하지 못하였다. 그 전에 해당 예비후보자도 소속 정당으로부터 자격을 박탈당하였다.

마. 조사공무원이 증거형성에 가담

2012년 4월 실시된 제19대 총선에서 당선된 국회의원이 선거과정에서 선거운동을 도와준 고향 후배를 자신의 지역사무실에 유급사무원으로 채용한 것처럼 위장하여 급여 명목으로 해당 후배의 계좌에 선거운동과 관련한 금전을 입금하였다.

선거운동의 대가를 지급받은 해당 후배가 포상금을 기대하며 선거관리위원회에 이를 신고하였으나, 선거관리위원회의 조사직원은 계좌로 입금된 돈이 선거운동의 대가로 지급된 것임을 입증할 직접증거가 없는 것으로 판단하였다.

이에 선거관리위원회 조사담당 직원은 신고자로 하여금 당선자에게 전화를 걸어 신고자의 계좌에 입금된 돈이 선거운동의 대가로 지급된 것이라는 사실을 확인하는 내용으로 통화를 하고 이를 녹음하여 제출하도록 요구하였다.

해당 사안에 대하여 1심 법원은 선거관리위원회 직원의 이러한 행위는 조사기관이 사실상 범죄혐의에 대한 증거를 스스로 만들어 낸 것과 마찬가지이므로, 행정조사 또는 준수사기관으로서 선거관리위원회의 직무범위를 일탈한 것이라 평가하면서 신고자가 제출한 녹음파일의 증거능력을 부인하였다.[41)]

2심 법원 또한 선거관리위원회 직원의 이러한 행위는 행정조사기관이 피조사자를 이용하여 사실상 압수수색 또는 감청의 효과를 달성하는 셈이고, 나아가 헌법상 영장주의를 몰래 빠져나가는 결과로 이어지는 것이므로 그 증거능력을 인정하기 어렵다고 판단하였다.[42)] 정치자금부정수수죄 등 정치자금범죄에 대한 조사권 행사에서도 이와 달리 판단할 여지가 전혀 없는 것으로 보인다.

그나마 위안이 되는 점은 해당 사건에서 오염되지 않은 다른 증거들에 터 잡아 해당 국회의원에게 300만 원의 벌금형이 확정되어 당선이 무효로 된 점이다.

41) 수원지법 2012. 12. 5. 선고 2012고합971－1(분리) 판결
42) 서울고법 2013. 5. 2. 선고 2013노120 판결

제 4 절

정치자금범죄 신고자 포상과 보호

1. 정치자금범죄 신고자 포상

각급 선거관리위원회는 정치자금범죄에 대하여 선거관리위원회 또는 수사기관이 인지하기 전에 그 범죄행위를 신고한 사람에게 최고 5억 원의 범위에서 포상금을 지급할 수 있다(§54①). 이 경우 정치자금범죄에 관한 신고로 당선무효에 해당하는 형이 확정된 경우에는 그 신고자에게 추가로 포상할 수 있다(규칙 §47①).

하나의 사건에 정치자금범죄신고자가 2인 이상인 경우에는 그 공로를 참작하여 배분·지급한다. 다만, 당사자들이 포상금 배분방법에 관하여 미리 합의한 경우에는 그 합의내용에 따라 지급한다. 정치자금범죄의 신고대상 행위는 공직선거법에 따른 선거범죄신고자에 대한 포상과 달리 과태료 부과대상은 제외된다.[43]

참고로 선거범죄와 달리 정치자금범죄에 관해서는 수사기관도 신고자에 대한 포상금 지급의 주체로 규정된 점이 흥미롭지만, 현실적으로 규범력을 담보하기 어려운 것으로 보인다.

43) 정치자금법 제53조제1항은 정치자금범죄에 관하여 '죄'로 한정하는 반면, 공직선거법은 제262조의2제1항에서 선거범죄의 범위에 '죄' 외에 과태료에 해당하는 위법행위를 포함하고 있다.

2. 포상금 반환과 그 요건

각급 선거관리위원회 또는 수사기관은 정치자금범죄 신고자에게 포상금을 지급한 후 담합 등 거짓의 방법으로 신고한 사실이 발견된 경우 해당 신고자에게 반환할 금액을 고지해야 하고, 해당 신고자는 그 고지를 받은 날부터 30일 이내에 해당 선거관리위원회 또는 수사기관에 이를 납부해야 한다(§54②). 해당 신고자가 납부기한까지 반환할 금액을 납부하지 않은 때에는 해당 신고자의 주소지를 관할하는 세무서장에게 징수를 위탁하고 관할 세무서장이 국세 체납처분의 예에 따라 이를 징수한다(§54③).

공직선거법에 따른 선거범죄 포상금과 달리 정치자금범죄 신고에 따른 포상금은 사법경찰관의 불송치 결정이나 검사의 불기소처분 또는 법원에서 무죄의 판결이 확정된 경우에도 반환대상이 아니라는 점에 근본적인 차이가 있다(공직선거법 §262의3③).

공직선거법이 광범위한 사유로 포상금 반환을 규정함에 따라 포상금 지급 후 수년이 흘러 무죄가 확정된 경우에도 포상금 반환을 의무화한 것은 입법권의 남용으로 의심할 여지도 있다. 따라서 공직선거법에 따른 기부행위 위반이나 매수죄의 경우 정치자금의 사적경비 또는 부정한 용도의 지출에 해당하여 정치자금범죄와 상상적 경합이 성립될 것이므로, 실무적으로는 선거범죄 신고를 정치자금범죄에 대한 신고로 다룰 필요가 있다고 본다.

범죄신고자에 대한 포상금 지급제도의 취지를 살리려면, 경찰·검찰이나 법원의 사후적인 판단보다 당초 포상금을 수령하였던 신고자의 신뢰를 더 두텁게 보호해야 한다고 본다. 아울러 포상금을 지급하였던 선거관리위원회에 대한 신뢰와 법적 안정성의 확보도 입법자가 추구해야 할 중대한 공익에 해당한다.

3. 정치자금범죄 신고자 보호

가. 범죄신고자 보호제도

정치자금법은 정치자금범죄에 관한 신고·진정·고소·고발 등 조사 또는 수사단서의 제공, 진술 또는 증언, 자료를 제출하여 범인 검거를 위한 제보나 검거활동을 한 사람, 즉 정치자금범죄 신고자가 그와 관련하여 피해를 입거나 입을 우려가 있다고 인정할 만한 상당한 이유가 있는 때에는 해당 범죄에 관한 형사절차와 선거관리위원회의 조사과정에서 특정범죄신고자 등 보호법의 관련 규정을 준용하여[44] 그 신원을 보호한다(§53①).

여기에서 '피해를 입거나 입을 우려'란, 생명 또는 신체에 대한 위해나 재산에 대한 피해를 입거나 입을 우려가 있다고 인정하기에 충분한 정도까지를 요구하는 것은 아니다. 예컨대, 신고자가 범죄 용의자로 신고한 사람이나 그 측근이 신고자와 같은 지역에 거주하면서 우연히 만날 가능성이 있거나, 주민들로부터 밀고자로 낙인찍힐 가능성이 있는 경우 등 널리 일상생활에서 겪게 되는 불편함까지도 '피해를 입거나 입을 우려'에 포함되는 것이다.[45]

누구든지 보호되고 있는 정치자금범죄 신고자라는 사실을 알면서 그 인적사항 또는 정치자금범죄의 신고자임을 미루어 알 수 있는 내용을 다른 사람에게 알려주거나 공개 또는 보도해서는 안 된다(§53②). 이를 위반한 사람에게는 정치자금법에 따른 형벌이 적용되어 처벌될 수 있다(§47① 13.).

정치자금범죄의 근절을 위해 범죄신고자에 대한 포상금 지급만으

---

44) 구체적으로는 특정범죄신고자 등 보호법 제5조·제7조, 제9조부터 제12조까지, 그리고 제16조를 준용한다.

45) 대전고법 2015. 7. 6. 선고 2015노158 판결

로는 그 실효성 확보에 일정한 한계가 있다. 중대한 정치자금범죄는 그 성질상 정치활동의 주체들과 밀접한 유대를 맺고 있는 그 주변 사람들 사이에서 은밀하게 이루어지기 때문에 밀고자 또는 배신자라는 비난이 두려워 신고를 꺼리기 때문이다.

이에 따라 정치자금범죄 신고자 보호제도는 정치인의 정치자금범죄를 잘 알고 있는 사람이 안심하고 신고하여 정치자금범죄 적발에 협조할 수 있도록 그 신원을 보호하는 것이다.

나. 조사과정에서 보호

각급 선거관리위원회의 위원과 직원이 정치자금범죄 신고와 관련하여 문답서·확인서 그 밖의 서류를 작성하는 경우 신고자의 성명·주소·연령·직업 등 신원을 알 수 있는 사항의 전부 또는 일부를 기재하지 않을 수 있다(규칙 §46①).

아울러 정치자금범죄 신고자는 선거관리위원회 위원·직원의 승인을 받아 문답서와 확인서 등에 인적사항의 전부 또는 일부를 기재하지 않을 수 있다(규칙 §46②).

선거관리위원회의 위원과 직원은 문답서 등에 기재하지 않은 신고자의 인적사항을 정치자금범죄 신고자 신원관리카드에 등재해야 하고, 관할 선거관리위원회가 해당 범죄에 관하여 고발 또는 수사의뢰를 하는 때에는 조사서류와 별도로 정치자금범죄 신고자의 신원관리카드를 봉인하여 조사기록과 함께 관할 경찰관서 또는 관할 검찰청에[46] 제출해야 한다(규칙 §46③·④).

46) 2022년 검찰청법의 개정에 따라 수사권이 조정되었지만, 정치자금범죄 중 제46조 각종 제한규정위반죄, 제47조 각종 의무규정위반죄, 제49조 선거비용 관련 범죄는 여전히 검사가 수사를 개시할 수 있다. 정치자금법 제45조에 따른 정치자금부정수수죄가 제외된 점은 뜻밖이다.

다. 수사절차에서 보호

특정범죄신고자 등 보호법은 검사[47] 또는 사법경찰관이 범죄신고와 관련하여 조서 등을 작성할 때 신고자나 그 친족 등이 보복을 당할 우려가 있는 경우에는 그 취지를 조서 등에 기재하고 범죄신고자의 성명·연령·주소·직업 등 신원을 알 수 있는 사항의 전부 또는 일부를 기재하지 않도록 규정하고 있다(§7①).

범죄신고자나 그 법정대리인은 검사 또는 사법경찰관에게 신고자 보호에 따른 조치를 하도록 신청할 수 있다. 이 경우 검사 또는 사법경찰관은 특별한 사유가 없으면 그 조치를 해야 한다(특정범죄신고자 등 보호법 §7⑥).

사법경찰관이 조서 등에 범죄신고자의 인적사항의 전부 또는 일부를 기재하지 않는 경우에는 즉시 검사에게 보고해야 하고, 검사 또는 사법경찰관은 조서 등에 기재하지 않은 인적사항을 신원관리카드에 등재해야 한다(특정범죄신고자 등 보호법 §7②·③). 조서 등에 범죄신고자의 성명을 기재하지 않은 경우 신고자의 서명은 가명으로, 간인과 날인은 무인으로 하게 한다. 이 경우 가명으로 된 서명은 본명의 서명과 동일한 효력이 있다(특정범죄신고자 등 보호법 §7④).

검사 또는 경찰서장은 범죄신고자나 그 친족이 보복을 당할 우려가 있는 경우에는 일정 기간 해당 검찰청 또는 경찰서 소속 공무원으로 하여금 신변안전을 위하여 필요한 조치를 하게 하거나 대상자의 주거지 또는 현재지(現在地)를 관할하는 경찰서장에게 신변안전조치[48]를 하도록 요청할 수 있다.

---

47) 검찰의 수사권과는 별개로 검사는 여전히 공소장 작성과 공판에 참여하게 되므로, 검사를 범죄신고자 보호의 주체로 적시한 것으로 보인다.

48) 신변안전조치의 종류는 일정기간 특정시설에서 보호, 일정기간 신변경호, 신고자의 주거에 대한 주기적 순찰이나 폐쇄회로 텔레비전의 설치 등 주거에 대한 보호가 있다. 특정범죄신고자 등 보호법 제13조의2 참조.

이 경우 해당 요청을 받은 경찰서장은 특별한 사유가 없는 한 즉시 신변안전조치를 해야 한다(특정범죄신고자 등 보호법 §13①). 아울러 범죄신고자나 그 법정대리인 또는 친족은 재판장, 검사 또는 주거지나 현재지를 관할하는 경찰서장에게 신변안전조치를 신청할 수 있다(특정범죄신고자 등 보호법 §13③).

라. 재판절차에서 보호

신고자에 대하여 증인신문을 하는 경우 판사는 직권 또는 검사의 신청에 따라 그 과정을 영상물로 촬영할 것을 명할 수 있다. 이 경우 촬영한 영상물에 수록된 신고자의 진술은 증거로 할 수 있다(특정범죄신고자 등 보호법 §10).

법원이 조서 등에 인적사항의 기재를 생략한 범죄신고자를 증인으로 소환할 때에는 검사에게 소환장을 송달하도록 하여 증인소환 방법에 특례를 둔다(특정범죄신고자 등 보호법 §11①).

재판장 또는 판사는 소환된 증인의 인적사항이 신원확인·증인선서·증언 등 증인신문의 모든 과정에서 공개되지 않도록 해야 한다. 이 경우 소환된 증인의 신원확인은 검사가 제시하는 신원관리카드에 의한다. 공판조서에 인적사항을 기재하지 않는 경우 재판장 또는 판사는 범죄신고자로 하여금 선서서에 가명으로 서명·무인하게 해야 한다. 이 경우 가명으로 된 서명은 본명의 서명과 동일한 효력이 있다(특정범죄신고자 등 보호법 §11③·④).

증인으로 소환받은 범죄신고자가 피해를 당할 우려가 있는 경우 재판장과 판사는 직권 또는 해당 범죄신고자의 신청에 따라 피고인이나 방청인을 퇴정(退廷)시키거나 공개법정 외의 장소에서 증인신문을 할 수 있다. 이 경우 변호인이 없는 때에는 국선변호인을 선임해야 한다(특정범죄신고자 등 보호법 §11⑥).

공소유지 과정에서 증인으로 소환된 범죄신고자에 대한 피고인 측의 반대신문권 보장에 관한 다툼은 범죄신고자에 대한 보호를 위태롭게 하는 아킬레스건이 된다. 쉽지는 않겠지만 상충하는 법익 간 조화로운 해결책을 모색할 필요가 있다.

한편, 범죄신고를 함으로써 그와 관련된 자신의 범죄가 발견된 경우 그 범죄신고자에 대하여는 형을 감경 또는 면제할 수 있다(특정범죄신고자 등 보호법 §16).

제 12 장

정치자금범죄의 특별 형사제도

정치자금법은 정치부패를 방지하고 정치자금 수입 · 지출의 투명성을 확보하기 위하여 형벌을 규정하는 한편, 피고인의 참정권과 선거결과를 보호하기 위하여 형사사법제도에 특례를 두고 있다.

예컨대, 피고인의 출정이 없는 궐석재판을 허용하되, 벌금형으로 당선이 무효로 되거나 참정권이 제한되는 정치자금범죄가 다른 범죄와 실체적 경합범으로 기소된 경우 그 형을 분리하여 선고한다.

이 장에서는 정치자금법과 공직선거법에 규정된 정치자금범죄에 관한 특별 형사제도에 관하여 알아보기로 한다.

제 1 절

정치자금범죄의 재판에 관한 특례

1. 궐석재판과 형의 선고

정치자금범죄에 관한 재판에서 피고인이 공시송달에 의하지 않은 적법한 소환을 받고서도 공판기일에 출석하지 않은 때에는 다시 기일을 정하고, 다시 정한 기일 또는 그 후에 열린 공판기일에도 피고인이 정당한 사유없이 출석하지 않은 경우에는 피고인의 출석 없이 공판절차를 진행할 수 있다(§55②).

피고인의 출석 없이 공판절차를 진행할 경우에는 출석한 검사와 변호인의 의견을 들어야 한다. 피고인의 출정이 없는 궐석재판에서 심리뿐만 아니라 판결의 선고도 가능하다. 법원이 궐석재판에서 판결을 선고한 때에는 피고인 또는 변호인에게 전화 기타 신속한 방법으로 그 사실을 통지해야 한다. 정치자금범에 대한 궐석재판제도는 제1심은 물론 항소심에도 적용된다.[1]

정치자금범에 대한 궐석재판제도는 피고인이 법원의 공판기일 소환장을 받고도 의정활동이나 질병을 이유로 재판에 불출석함에 따라 재판이 지연되는 문제점을 해소하기 위해 2004년 3월 정치자금법의 개정으로 최초 도입되었다.

1) 대검찰청『공직선거법 벌칙해설』2024. 10. 174쪽

2. 기소통지와 확정판결문 송부

검사가 정당의 대표자, 국회의원과 지방의원, 지방자치단체의 장, 공직선거의 후보자 또는 예비후보자, 대통령선거의 당내경선후보자, 정당의 당대표·최고위원 경선후보자, 후원회의 대표자 또는 그 회계책임자를 기소한 때에는 관할 선거관리위원회에 그 사실을 통지해야 한다(§56①).

이와 같이 정치자금법이 검사의 기소처분을 관할 선거관리위원회에 통지하도록 의무를 부과한 것은 정치자금범죄에 대한 재판의 결과가 당선무효나 피선거권 등 참정권에 영향을 미칠 수 있으므로, 기소단계부터 해당 선거관리위원회가 향후 당선무효에 따른 재선거 또는 피선거권 상실에 따른 보궐선거에 미리 대비할 수 있도록 하기 위한 취지로 보인다. 해당 범죄로 일반인을 기소한 경우에는 검사의 통지의무가 없기 때문이다.

아울러 정치자금범죄에 대하여 확정판결을 내린 재판장은 그 판결서 등본을 관할 선거관리위원회에 송부해야 한다(§56②). 다만, 양벌규정에 따라 기소된 정당·후원회 또는 법인·단체에 대한 판결은 제외한다. 정치자금범죄에 관한 확정판결문 송부제도는 정치자금에 관한 사무처리를 담당하는 선거관리위원회로 하여금 관련 업무 추진에 적정을 기하도록 하기 위한 취지로 보인다.

제 2 절

당선무효 범죄와 형의 분리선고

1. 당선무효제도의 취지

정치자금법은 정치자금의 적정한 제공을 보장하고, 그 수입과 지출내역을 공개하여 투명성을 확보하며, 정치자금과 관련한 부정을 방지함으로써 민주정치의 건전한 발전에 기여함을 목적으로 한다(§1). 따라서 선거에서 위법 또는 부정한 방법으로 정치자금을 조성하거나 선거비용과 관련한 정치자금범죄로 당선된 사람이 있다면 당연히 그 지위를 박탈하여 이익을 향유할 수 없도록 하는 것이 정치자금법의 입법취지에 부합될 것으로 보인다.

아울러 선거에서 선거사무장, 선거사무소의 회계책임자, 후보자의 배우자와 가족이 저지른 정치자금부정수수죄와 선거비용과 관련한 불법행위는 전적으로 후보자의 당선을 위한 행위이므로, 해당 후보자를 공범으로 형사처벌은 못하더라도 그 당선을 무효로 하여 불법행위에 따른 이익을 박탈하는 것이 바람직할 것이다.

이러한 당선무효 규정은 후보자와 불가분의 선거운명공동체를 형성하여 활동한 신분의 실질적 지위와 역할을 근거로 후보자에게 연대책임을 부여한 것으로 보아야 한다.[2)]

2. 정치자금범죄로 인한 당선무효의 요건

가. 본인의 범죄

당선인이 해당 선거에서 정치자금법에 따른 선거비용 관련 범죄(§49)로 징역형 또는 100만 원 이상의 벌금형이 확정된 때에는 그 당선을 무효로 한다(공직선거법 §264). 여기에서 해당 선거의 의미는 당선인이 출마한 특정한 개별적 선거구를 의미하는 것이 아니라 대통령선거, 국회의원선거, 지방의원선거, 자치단체의 장선거 등 선출하는 대표의 성격이 동일한 선거를 말한다.[3)]

예컨대, 지방의원선거는 지역구이든 비례대표이든 모두 해당 자치단체의 주민대표를 선출하는 선거이므로, 지역구 선거에서 당선된 사람이 해당 비례대표선거의 선거비용 영수증 그 밖의 증빙서류를 허위기재 또는 위조·변조하여 100만 원의 벌금형이 확정된 경우, 즉 정치자금법 제49조제2항제6호의 죄를 범한 경우 해당 지역구 지방의원선거의 당선이 무효로 된다는 의미이다.

물론, 지방의원선거의 당선자가 자치단체장선거에서 선거비용 영수증 등을 허위기재 또는 위조·변조하여 벌금 100만 원의 형이 확정된다면, 지방의원선거의 당선자에게는 해당 선거가 아니기 때문에 당선무효가 아니라 피선거권 상실에 따른 퇴직사유가 된다.

참고로 당선인이 정치자금법에 따른 정치자금부정수수죄를 범하여 임기개시 후 100만 원 이상의 벌금형이 선고된 때에는 당선무효가 아니라 피선거권 상실과 공무담임 제한규정에 따라 퇴직된다. 이 경우에는 공직선거법에 열거된 당선무효 사유가 아니므로, 돌려받은 기탁금과 보전받은 선거비용을 반환할 필요가 없다.

---

2) 헌법재판소 2005. 12. 22. 선고 2005헌마19 결정

3) 대법원 2012. 10. 11. 선고 2010두28069 판결

나. 가족의 범죄

후보자의 직계존비속과 배우자가 해당 선거에서 정치자금부정수수죄를(§45①) 범하여 징역형 또는 300만 원 이상의 벌금형이 확정된 때에는 해당 후보자의 당선을 무효로 한다(공직선거법 §265).[4] 후보자의 배우자는 후보자와 일상을 공유하는 신분이고, 후보자의 직계존비속은 후보자와 선거운명공동체를 형성하여 활동하기 때문에 해당 후보자에게 연대책임을 부여한 것이다.

다만, 다른 사람의 유도 또는 도발에 의하여 해당 후보자의 당선을 무효로 되게 하기 위하여 죄를 범한 때에는 예외로 하고, 대통령선거와 비례대표선거에서는 당선무효를 적용하지 않는다. 해당 선거는 정당이 주체이기 때문에 후보자 가족의 정치자금범죄로 대통령선거와 비례대표선거에서 당선을 무효로 하는 것은 자기책임의 원리에 반하는 측면이 있기 때문이다.

다. 회계책임자 · 선거사무장의 범죄

선거사무소의 회계책임자가 정치자금법에 따른 선거비용 회계보고 불이행 · 허위보고죄를 범하거나(§49①), 선거비용 영수증 등 증빙서류 위조 · 변조죄를 저질러(§49② 6.) 징역형 또는 300만 원 이상의 벌금형이 확정된 때에는 해당 후보자의 당선을 무효로 한다(공직선거법 §263②).

아울러 선거사무장 또는 선거사무소의 회계책임자가 해당 선거에서 정치자금법에 따른 정치자금부정수수죄(§45①)를 범하여 징역형 또

4) 후보자 가족의 범죄로 당선을 무효로 하는 요건은 공직선거법 제257조 중 기부행위를 한 죄 또는 제230조부터 제234조까지의 매수죄를 범하여 징역형 또는 300만 원 이상의 벌금형의 선고를 받은 때가 포함되나, 여기에서는 정치자금범죄로 논의를 한정한다. 회계책임자 · 선거사무장의 범죄에서도 또한 같다.

는 300만 원 이상의 벌금형이 확정된 때에도 해당 후보자의 당선을 무효로 한다(공직선거법 §265).

선거에서 선거사무장 또는 선거사무소 회계책임자가 저지른 정치자금부정수수죄는 전적으로 후보자의 당선을 위한 행위로서 총체적으로는 후보자의 의사지배하에서 이루어진 것으로 보기 때문에 해당 후보자의 당선을 무효로 하는 것이다. 다만, 다른 사람의 유도 또는 도발에 의한 경우와 적용대상 선거의 범위는 후보자 가족의 정치자금범죄의 예와 같다.

3. 당선무효 대상 범죄의 분리선고

판결이 확정되지 않은 여러 개의 죄를 동시에 판결하는 때에는 경합범 처벌에 관한 형법의 일반원칙에 따라 처벌해야 하므로, 실체적 경합범을 병합하여 심리하는 때에 같은 종류의 형(刑)인 경우에는 가장 무거운 죄에 정한 형(刑)의 장기 또는 다액(多額)에 그 2분의 1까지 가중하여 선고해야 한다(형법 §38① 2.).

이러한 원칙에 따라 벌금형으로 당선이 무효로 되는 정치자금범죄와 일반범죄의 경합범을 병합하여 심리하게 되면 당선무효의 기준이 되어야 할 정치자금범죄의 죄질이나 법익침해의 정도와 무관하게 일반범죄의 가벌성이 선고형에 큰 영향을 줄 수 있다.

이에 따라 공직선거법에서는 선거사무장·선거사무소의 회계책임자 또는 후보자·후보자가 되려는 사람의 직계존비속 및 배우자에게 당선무효에 해당하는 죄와 선거권이 제한되는 다른 죄의 경합범으로 징역형 또는 300만 원 이상의 벌금형을 선고하는 때에는 이를 분리선고하도록 규정하고 있다(§18③). 이 경우 선거권이 제한되는 정치자금범죄 상호 간에도 분리선고가 적용된다.

예컨대, 선거사무소의 회계책임자가 자신의 선거권이 제한되고 당선무효가 적용되는 선거비용 허위보고죄를 범하고(§49①), 당선무효와 무관하게 자신의 선거권만 제한되는 선거비용 관련 자료제출 거부죄를 범하여(§49② 8.) 이를 병합하여 심리하는 경우에도 분리선고의 대상이 된다는 의미이다.

여기에서 회계책임자의 범위에는 선거사무소의 회계책임자로 선임·신고되지 않았으나 후보자와 통모(通謀)하여 해당 후보자의 선거비용으로 지출한 금액이 선거비용제한액의 3분의 1 이상에 해당하는 사람을 포함한다.

제 3 절

선거권제한 범죄와 형의 분리선고

1. 벌금형으로 선거권이 제한되는 범죄

정치자금부정수수죄(§45) 또는 선거비용 관련 정치자금범죄(§49)로 100만 원 이상의 벌금형의 선고를 받고 그 형이 확정된 후 5년 또는 형의 집행유예의 선고를 받고 그 형이 확정된 후 10년을 경과하지 않거나 징역형의 선고를 받고 그 집행을 받지 않기로 확정된 후 또는 그 형의 집행이 종료되거나 면제된 후 10년을 경과하지 않은 사람은 공직선거법에 따라 선거권이 제한된다(§18① 3.).

공직선거법은 선거가 국민의 자유로운 의사와 민주적인 절차에 따라 공정하게 치러지도록 하고 선거와 관련한 부정을 방지함으로써 민주정치의 발전에 기여함을 목적으로 한다(§1). 따라서 부정한 정치자금을 조성하여 선거에 참여하거나, 선거비용과 관련한 범죄를 저질러 정치공동체에 위해를 가한 사람에게는 선거권과 피선거권을 제한하여 그를 정치공동체로부터 배제하는 것이다.

선거권 제한의 효과는 그 자체로서 멈추지 않는다. 선거권이 없으면 국민투표법, 정당법, 정치자금법, 주민투표법 등 개별 법률에서 다양한 종류의 참정권을 제한하고 있다는 점은 제9장 '제1절 정치자금범죄로 인한 참정권 제한'에서 살펴본 바 있다.

2. 선거권제한 범죄의 분리선고 취지

판결이 확정되지 않은 여러 개의 죄를 동시에 판결하는 때에는 경합범 처벌에 관한 형법의 일반원칙에 따라 병합하여 심리해야 하고, 이렇게 실체적 경합범을 병합하여 심리하는 때에 같은 종류의 형인 경우 가장 무거운 죄에 정한 형의 장기 또는 다액(多額)에 그 2분의 1까지 가중하여 선고해야 한다(형법 §38① 2.).

이러한 원칙에 따라 선거권이 제한되는 정치자금범죄와 일반범죄의 경합범을 병합하여 심리하게 되면, 선거권 제한의 기준이 되어야 할 정치자금범죄의 죄질이나 법익침해의 정도와 무관하게 병합된 일반범죄의 가벌성이 선고형에 영향을 줄 수 있다.

이에 따라 공직선거법에서는 경합범 처벌례에 관한 형법 일반조항의 적용을 배제하고 선거범, 중요 정치자금범죄 등 100만 원 이상의 벌금형으로 선거권이 제한되는 범죄는 일반범죄와 분리 심리하여 형을 따로 선고한다(공직선거법 §18③). 선거권이 제한되는 범죄가 경미하여 그것만으로 처벌될 경우 소액의 벌금형에 그칠 사안이 다른 범죄와 경합범으로 처벌되면 100만 원 이상의 벌금형이 선고되어 선거권 제한을 초래할 수 있기 때문이다.[5)]

이러한 문제는 선거사무소의 회계책임자가 선거비용과 관련한 중요범죄를 범하거나, 선거사무소의 회계책임자 또는 후보자의 가족이 정치자금부정수수죄 또는 공직선거법에 따른 매수죄나 기부행위위반죄를 범하고 다른 범죄와 병합하여 심리하는 때에도 유사한 문제가 발생한다. 병합하여 심리하는 경우 일반범죄의 가벌성이 높으면 의도치 않게 당선무효를 초래할 위험성이 있다.

5) 대법원 2004. 2. 13. 선고 2003도3090 판결

3. 분리선고에 따른 공판절차

100만 원 이상의 벌금형으로 선거권이 제한되는 중요 정치자금범죄와 다른 범죄의 경합범의 분리심리를 위한 공판절차의 진행은 사건기록을 분리할 필요가 없이 처음 공판기일에 해당 정치자금범죄를 다른 죄와 분리 심리할 것을 결정·고지하고 같은 기록에 별도의 공판조서를 작성하여 진행한다.

분리심리에 따른 판결은 특별한 사정이 없는 한 하나의 판결문으로 선고하되, 형만을 분리하여 정치자금범죄에 대한 형벌과 그 밖의 죄에 대한 형벌로 나누어 정한다.

만일 공소사실에 불명확한 점이 있어 정치자금범죄와 다른 죄가 형법 일반원칙의 적용을 받는 경합범으로 기소되어 있는지 분명하지 않다면, 법원은 그 불명확한 점에 관하여 석명(釋明)을 구하는 등의 방법으로 공소사실을 특정한 후 사건을 정치자금범죄와 다른 죄로 분리하여 심리해야 한다.[6)]

4. 상상적 경합범의 처리

정치자금범죄와 상상적 경합관계에 있는 다른 범죄에 대하여는 형법의 일반원칙에 따라 그 중 가장 무거운 죄에 정한 형으로 처벌해야 하고(형법 §40), 이때 처벌받는 가장 무거운 죄가 정치자금범죄인지를 묻지 않고 정치자금범죄와 상상적 경합관계에 있는 모든 죄는 통틀어 정치자금범죄로 취급해야 한다.

이러한 법리는 선거범죄의 상상적 경합범에 관한 판례에서 정립

6) 대법원 1999. 4. 23. 선고 99도636 판결

되었으나,[7] 선거권이 제한되는 정치자금범죄에 관해서도 동일하게 적용되는 것으로 보아야 할 것이다.

예컨대, 국회의원 또는 지방의원이 직무와 관련하여 후원회를 통하지 않고 소액의 금품을 수수한 경우, 이는 정치자금법에 따른 정치자금부정수수죄와(§45①) 형법상 수뢰죄의(§129) 상상적 경합이 성립되므로 이를 정치자금범죄로 취급하는 것이다.[8]

이 경우 100만 원 이상의 벌금형이 확정되면 정치자금범죄에 따른 형벌 외의 제재효과로서 공무원의 결격사유에 해당하여 공직에서 퇴직되고(§57), 판결 확정 후 5년간 선거권과 피선거권이 박탈되어 참정권이 제한된다(공직선거법 §18① 3.).

---

7) 대법원 1999. 4. 23. 선고 99도636 판결

8) 서울고법 2015. 2. 11. 선고 2014노3562 판결

제 4 절

불법 정치자금에 대한 필요적 몰수 · 추징

1. 불법 정치자금에 대한 필요적 몰수제도

정치자금법은 해당 법률이 정하지 않은 방법으로 수수한 정치자금이나, 해당 법률에 따른 정치자금이라도 알선 · 청탁 등 제공의 목적이나 동기가 오염된 정치자금, 그 밖에 모금 · 기부 한도액을 초과하거나 모금방법을 위반한 정치자금은 몰수하며, 이를 몰수할 수 없을 때에는 그 가액을 추징하도록 규정하고 있다(§45③).

해당 조항은 형법상 일반원칙인 임의적 몰수와[9] 달리 부정하게 정치자금을 수수한 사람에게 제공된 금품 기타 재산상의 이익을 박탈하여 그로 하여금 부정한 이익을 누릴 수 없도록 필요적 몰수와 추징을 규정하고 있다는 점에 의의가 있다.

'몰수'란 범죄로 인한 이익을 보유하지 못하도록 범행과 관련된 재산을 박탈하여 국고에 귀속시키는 재산형을 말하고, '추징'은 몰수대상물의 전부 또는 일부를 몰수하기 불가능한 때에 몰수에 갈음하여 그 가액의 납부를 명하는 부가형의 일종이다.

9) 형법 제48조제1항은 범인 외의 자의 소유에 속하지 아니하거나 범죄 후 범인 외의 자가 사정을 알면서 취득한 물건은 전부 또는 일부를 몰수할 수 있도록 규정하고 있다. 여기에서 물건은 유체물에 한정하지 않고 권리 또는 이익도 포함된다. 대법원 2008. 2. 14. 2007도10034 판결 참조.

특히 불법 정치자금에 대한 몰수와 추징에 관해서는 정치자금법에 따른 몰수·추징에 관한 규정보다 특별법으로서 불법정치자금 등의 몰수에 관한 특례법(이하 '몰수특례법'이라 한다)이 우선 적용되어 몰수·추징의 대상이 광범위하게 확장된다.

예컨대, 정치자금법에서는 불법 정치자금 자체만 몰수·추징의 대상이지만(§45③), 몰수특례법에서는 해당 불법 정치자금뿐만 아니라 불법 정치자금의 과실(果實)로 얻은 재산, 불법 정치자금의 대가로 얻은 재산, 이들 재산의 대가로 얻은 재산, 불법 정치자금의 변형 또는 증식으로 형성된 재산 등 불법 정치자금에서 유래한 재산 전체를 필요적 몰수의 대상으로 한다(몰수특례법 §3①).

참고로 공무원이 형법상 뇌물죄(§129~§132) 또는 특정범죄가중처벌 등에 관한 법률에 따라 가중처벌되는 뇌물죄와 국고손실죄(§2·§5)를 범하여 얻게 된 수익에 대하여는 공무원범죄에 관한 몰수 특례법을 적용하여 불법수익의 과실(果實)로서 얻은 재산, 불법수익이 변형되거나 증식되어 형성된 재산 등 불법수익에서 유래한 재산도 몰수한다(공무원범죄에 관한 몰수 특례법 §3①).

이제 국회의원과 지방의원 등 공무원에게 직무와 관련하여 제공되는 뇌물이나 후원금 등 불법 자금은 어느 법률이 정한 경로를 따라가든 몰수·추징의 운명으로부터 벗어나기 어렵다.

2. 몰수의 범위와 요건에 관한 특례

가. 몰수의 범위

몰수특례법에 따라 불법 정치자금과 불법 정치자금에서 유래한 재산, 즉 불법재산은 몰수하는 것이 원칙이다. 다만, 몰수해야 할 재산의 성질, 사용상황, 그 재산에 관한 범인 외의 사람의 권리유무 그 밖의 사정으로 이를 몰수함이 상당하지 않다고 인정될 때에는 몰수하지 않을 수 있다(§3).

여기에서 불법 정치자금이란, 정치자금법 제45조에 따른 정치자금부정수수죄, 공직선거에 의하여 취임한 공무원이 범한 형법 제129조부터 제132조까지의 뇌물죄, 특정범죄가중처벌 등에 관한 법률 제2조·제3조에 따라 가중처벌되는 뇌물죄와 알선수재죄, 공직자의 이해충돌 방지법 제27조 제1항·제2항제1호에 따른 직무수행 중 알게 된 비밀 또는 소속 기관의 미공개정보를 이용하여 재산상의 이익을 취득한 죄의 범죄행위로 얻은 재산을 말한다.

이 경우 해당 죄와 다른 죄가 상상적 경합관계에 있는 때에는 그 다른 죄를 포함한다. 통상적으로 국회의원과 지방의원 등 공무원이 직무와 관련하여 후원금을 수수한 경우에는 대부분 뇌물죄와 정치자금부정수수죄의 상상적 경합이 성립할 개연성이 높다.

한편, 불법 정치자금에서 유래한 재산이란, 불법 정치자금의 과실로서 얻은 재산, 불법 정치자금의 대가로서 얻은 재산, 이들 재산의 대가로서 얻은 재산 등 불법 정치자금의 변형 또는 증식으로 형성된 재산을 말한다. 이 경우 불법 정치자금이 불법 정치자금과 관련 없는 재산과 합하여져 변형되거나 증식된 경우에는 불법 정치자금에서 비롯된 부분에 한정한다(몰수특례법 §2).

불법재산의 입증에 관하여 앞에서 열거한 죄의 범행 후 범인이 취득한 재산으로서 그 가액이 취득 당시의 범인의 재산운용상황 또는 법령에 기한 급부의 수령상황 등에 비추어 현저하게 고액이고, 그 취득한 재산이 불법 정치자금의 금액과 재산 취득시기 등 제반사정에 비추어 불법 정치자금으로 형성되었다고 볼만한 상당한 개연성이 있는 경우에는 불법 정치자금 등이 그 재산의 취득에 사용된 것으로 인정할 수 있다(몰수특례법 §7).

나. 몰수의 요건

몰수특례법에 따른 몰수는 불법재산 또는 혼합재산이 범인 외의 사람에게 귀속되지 않는 경우에 한정한다. 다만, 범인 외의 사람이 범죄 후 그 사실을 알면서 그 불법재산 또는 혼합재산을 취득한 경우에는 그 불법재산 또는 혼합재산이 범인 외의 사람에게 귀속된 경우에도 이를 몰수할 수 있다(§5①).

이 경우 범인 외의 사람이 정당인 때에는 해당 정당의 대표자·회계책임자 또는 회계사무보조자가 그 사실을 알았을 때 그 정당이 안 것으로 간주한다(몰수특례법 §5③). 즉, 해당 정당으로부터 불법자금을 몰수할 수 있다는 의미다.

불법재산을 몰수할 수 없거나, 몰수하여야 할 재산에 대하여 재산의 성질, 사용상황, 그 재산에 관한 범인 외의 사람의 권리유무 그 밖의 사정으로 이를 몰수함이 상당하지 않다고 인정될 때에는 그 가액을 범인으로부터 추징한다(몰수특례법 §6).

3. 몰수보전 · 추징보전 절차와 불복

가. 몰수보전 절차

검사는 공소가 제기되기 전이라도 몰수특례법에 규정된 죄와 관련된 피고인의 형사사건에서 해당 법률에 따라 몰수할 수 있는 재산에 해당한다고 판단할만한 상당한 이유가 있고, 그 재산을 몰수하기 위하여 필요하다고 인정되는 경우에는 지방법원 판사에게 청구하여 몰수보전명령을 발하여 그 재산에 관한 처분을 금지하는 처분을 받을 수 있다(몰수특례법 §23①).

사법경찰관도 검사에게 신청하여 검사의 청구로 몰수보전명령에 따른 재산의 금지처분을 받을 수 있다(몰수특례법 §23①).

아울러 법원은 몰수특례법에 규정된 죄와 관련된 피고인의 형사사건에서 해당 법률에 따라 몰수할 수 있는 재산에 해당한다고 판단할만한 상당한 이유가 있고, 그 재산을 몰수하기 위하여 필요하다고 인정될 때에는 직권으로 몰수보전명령을 발하여 그 재산에 관한 처분을 금지할 수 있다(몰수특례법 §22①).

몰수보전명령은 몰수선고가 없는 재판이 확정된 때에는 그 효력을 잃는다. 다만, 공소제기의 절차가 법률 규정을 위반함에 따라 공소기각의 재판이 있는 경우에는 그 재판이 확정된 날부터 30일 이내에 해당 사건에 대하여 다시 공소가 제기되지 않으면 그 때에 몰수보전명령의 효력이 상실된다(몰수특례법 §32).

나. 추징보전 절차

법원은 정치자금부정수수죄 또는 선출직 공무원의 뇌물죄와 관련된 피고인의 형사사건에서 불법재산을 몰수할 수 없거나, 몰수하지 않아 추징하여야 할 경우에 해당한다고 판단할 만한 상당한 이유가 있는 경우에 추징재판을 집행할 수 없게 될 염려가 있거나 집행이 현저히 곤란할 염려가 있다고 인정될 때에는 검사의 청구에 의하거나 직권으로 추징보전명령을 발하여 피고인에 대하여 재산의 처분을 금지할 수 있다(몰수특례법 §41①).

한편, 검사는 추징하여야 할 경우에 해당한다고 판단할 만한 상당한 이유가 있는 경우에 추징재판을 집행할 수 없게 될 염려가 있거나 집행이 현저히 곤란할 염려가 있다고 인정될 때에는 공소가 제기되기 전이라도 지방법원 판사에게 청구하여 추징보전 처분을 받을 수 있다(몰수특례법 §42①).

추징보전명령은 추징재판의 집행을 위하여 보전하는 것이 상당하다고 인정되는 금액을 정하여 특정재산에 대하여 발해야 하고, 추징보전명령에는 추징보전명령의 집행정지나 집행처분의 취소를 위하여 피고인이 공탁해야 할 금액, 즉 추징보전해방금의 금액을 정해야 한다(몰수특례법 §41②·③).

다. 보전처분에 대한 불복

몰수보전 또는 추징보전에 관한 법원의 결정에 대하여는 항고할 수 있다. 또한 몰수보전 또는 추징보전에 관한 법관의 재판에 불복이 있는 경우 그 법관이 소속한 법원에 해당 재판의 취소 또는 변경을 청구할 수도 있다. 몰수보전 또는 추징보전에 대한 불복신청의 절차에 관하여는 형사소송법 제416조제1항의 준항고 절차에 따른 재판의 취소 또는 변경의 청구에 관련된 절차규정을 준용한다(몰수특례법 §51).

이상에서 살펴보았듯이 정치자금법은 정치자금의 적정한 제공을 보장하고, 정치자금의 수입과 지출내역을 공개하여 그 투명성을 확보하며, 정치자금과 관련한 부정을 방지함으로써 민주정치의 건전한 발전을 궁극적인 목적으로 한다.

이러한 입법목적 달성을 위하여 정치자금법은 과거와 미래를 동시에 바라보는 야누스처럼 이율배반적인 규정들을 두고 있다. 정치자금의 부끄러운 과거의 유산에 대한 반성으로 불법 정치자금으로 인한 정치부패와 사회경제적 폐해를 방지하기 위하여 정치자금법은 규제법으로서의 엄정하고 단호한 태도를 견지한다.

반면, 정치자금의 미래를 위한 지향으로서 정치자금법은 투명한 정치자금의 원활한 조달을 통하여 민주정치의 건전한 발전에 버팀목으로 삼기 위해 정치자금 기부에 대한 세액공제와 정당에 대한 보조금제도를 두는 등 조성법적인 성격도 함께 보유한다.

이렇게 모순적인 정치자금 법제가 규율하는 세상에서 투명한 정치자금과 깨끗한 정치를 토대로 공동체의 통합과 번영을 추구하는 사람들이 정치자금의 과거에 대한 성찰을 통하여 현재의 검은 유혹을 이겨내고, 주권자의 후원으로 구축된 밝고 투명한 광장에서 정치발전의 미래를 웅변하며 마음껏 뛰놀 수 있기를 희망한다.

굳이 이 책의 제목을 '정치인(Politician)'을 위한 정치자금법 강의가 아니라, '정치가(Statesman)'를 위한 정치자금법 강의로 이름 지은 이유다.[10] 이제 여기에서 붓을 꺾는다.

---

10) 일반적으로 정치인은 당리당략에 매몰되어 자신의 당선을 목표로 활동하는 사람을 지칭하는 반면, 정치가는 공동체의 미래와 공공선의 실현을 위하여 헌신하는 사람이라는 미묘한 뉘앙스의 차이가 있다.

부 록: 정치자금법

(국고보조금 · 기탁금 조항 제외)

정치자금법

[법률 제20348호, 2024. 2. 20]

제1장 총 칙

제1조(목적) 이 법은 정치자금의 적정한 제공을 보장하고 그 수입과 지출내역을 공개하여 투명성을 확보하며 정치자금과 관련한 부정을 방지함으로써 민주정치의 건전한 발전에 기여함을 목적으로 한다.

제2조(기본원칙) ① 누구든지 이 법에 의하지 아니하고는 정치자금을 기부하거나 받을 수 없다.

② 정치자금은 국민의 의혹을 사는 일이 없도록 공명정대하게 운용되어야 하고, 그 회계는 공개되어야 한다.

③ 정치자금은 정치활동을 위하여 소요되는 경비로만 지출하여야 하며, 사적 경비로 지출하거나 부정한 용도로 지출하여서는 아니된다. 이 경우 "사적 경비"라 함은 다음 각 호의 어느 하나의 용도로 사용하는 경비를 말한다.

1. 가계의 지원·보조
2. 개인적인 채무의 변제 또는 대여
3. 향우회·동창회·종친회, 산악회 등 동호인회, 계모임 등 개인간의 사적 모임의 회비 그 밖의 지원경비
4. 개인적인 여가 또는 취미활동에 소요되는 비용

④ 이 법에 의하여 1회 120만 원을 초과하여 정치자금을 기부하는 자와 다음 각 호에 해당하는 금액을 초과하여 정치자금을 지출하는 자는 수표나 신용카드·예금계좌입금 그 밖에 실명이 확인되는 방법으로

기부 또는 지출하여야 한다. 다만, 현금으로 연간 지출할 수 있는 정치자금은 연간 지출총액의 100분의 20(선거비용은 선거비용제한액의 100분의 10)을 초과할 수 없다.

1. 선거비용 외의 정치자금: 50만 원. 다만, 공직선거의 후보자·예비후보자의 정치자금은 20만 원
2. 선거비용: 20만 원

⑤ 누구든지 타인의 명의나 가명으로 정치자금을 기부할 수 없다.

제3조(정의) 이 법에서 사용하는 용어의 정의는 다음과 같다.

1. 정치자금의 종류는 다음 각 목과 같다.
   가. 당비
   나. 후원금
   다. 기탁금
   라. 보조금
   마. 정당의 당헌·당규 등에서 정한 부대수입
   바. 정치활동을 위하여 정당(중앙당창당준비위원회를 포함한다), 「공직선거법」에 따른 후보자가 되려는 사람, 후보자 또는 당선된 사람, 후원회·정당의 간부 또는 유급사무직원, 그 밖에 정치활동을 하는 사람에게 제공되는 금전이나 유가증권 또는 그 밖의 물건
   사. 바목에 열거된 사람(정당 및 중앙당창당준비위원회를 포함한다)의 정치활동에 소요되는 비용
2. "기부"라 함은 정치활동을 위하여 개인 또는 후원회 그 밖의 자가 정치자금을 제공하는 일체의 행위를 말한다. 이 경우 제3자가 정치활동을 하는 자의 정치활동에 소요되는 비용을 부담하거나 지출하는 경우와 금품이나 시설의 무상대여, 채무의 면제·경감 그 밖의 이익을 제공하는 행위 등은 이를 기부로 본다.
3. "당비"라 함은 명목여하에 불구하고 정당의 당헌·당규 등에 의하여 정당의 당원이 부담하는 금전이나 유가증권 그 밖의 물건을 말한다.
4. "후원금"이라 함은 이 법의 규정에 의하여 후원회에 기부하는 금전이나 유가증권 그 밖의 물건을 말한다.
5. "기탁금"이라 함은 정치자금을 정당에 기부하고자 하는 개인이 이

법의 규정에 의하여 선거관리위원회에 기탁하는 금전이나 유가증권 그 밖의 물건을 말한다.

6. "보조금"이라 함은 정당의 보호·육성을 위하여 국가가 정당에 지급하는 금전이나 유가증권을 말한다.
7. "후원회"라 함은 이 법의 규정에 의하여 정치자금의 기부를 목적으로 설립·운영되는 단체로서 관할 선거관리위원회에 등록된 단체를 말한다.
8. 공직선거와 관련한 용어의 정의는 다음과 같다.
   가. "공직선거"라 함은 「공직선거법」 제2조(적용범위)의 규정에 의한 선거를 말한다.
   나. "공직선거의 후보자"라 함은 「공직선거법」 제49조(후보자등록 등)의 규정에 의하여 관할 선거구선거관리위원회에 등록된 자를 말한다.
   다. "공직선거의 예비후보자"라 함은 「공직선거법」 제60조의2(예비후보자등록)의 규정에 의하여 관할 선거구선거관리위원회에 등록된 자를 말한다.
   라. "비례대표지방의회의원"이라 함은 비례대표시·도의회의원 및 비례대표자치구·시·군의회의원을 말한다.
   마. "정당선거사무소"라 함은 「공직선거법」 제61조의2(정당선거사무소의 설치)의 규정에 의한 정당선거사무소를 말한다.
   바. "선거사무소"·"선거연락소"라 함은 각각 「공직선거법」 제63조(선거운동기구 및 선거사무관계자의 신고)의 규정에 의한 선거사무소·선거연락소를 말한다.
   사. "선거사무장"·"선거연락소장"이라 함은 각각 「공직선거법」 제63조의 규정에 의한 선거사무장·선거연락소장을 말한다.
   아. "선거비용"이라 함은 「공직선거법」 제119조(선거비용 등의 정의)의 규정에 의한 선거비용을 말한다.
   자. "선거비용제한액"이라 함은 「공직선거법」 제122조(선거비용제한액의 공고)의 규정에 의하여 관할 선거구선거관리위원회가 공고한 당해 선거(선거구가 있는 때에는 그 선거구)의 선거비용제한액을 말한다.

제2장 당 비

제4조(당비) ① 정당은 소속 당원으로부터 당비를 받을 수 있다.

② 정당의 회계책임자는 타인의 명의나 가명으로 납부된 당비는 국고에 귀속시켜야 한다.

③ 제2항의 규정에 의하여 국고에 귀속되는 당비는 관할 선거관리위원회가 이를 납부받아 국가에 납입하되, 납부기한까지 납부하지 아니한 때에는 관할 세무서장에게 위탁하여 관할 세무서장이 국세체납처분의 예에 따라 이를 징수한다.

④ 제3항의 규정에 의한 국고귀속절차 그 밖에 필요한 사항은 중앙선거관리위원회규칙으로 정한다.

제5조(당비영수증) ① 정당의 회계책임자는 당비를 납부받은 때에는 당비를 납부받은 날부터 30일까지 당비영수증을 당원에게 교부하고 그 원부를 보관하여야 한다. 다만, 당비를 납부한 당원이 그 당비영수증의 수령을 원하지 아니하는 경우에는 교부하지 아니하고 발행하여 원부와 함께 보관할 수 있다.

② 1회 1만 원 이하의 당비납부에 대한 당비영수증은 해당 연도말일(정당이 등록취소되거나 해산되는 경우에는 그 등록취소일 또는 해산일을 말한다) 현재로 연간 납부총액에 대하여 1매로 발행·교부할 수 있다.

③ 제1항 및 제2항에 따른 당비영수증은 전자적 형태로 제작하여 인터넷을 통하여 발행·교부할 수 있되, 위조·변조를 방지할 수 있는 기술적 조치를 하여야 한다.

④ 제1항부터 제3항까지의 규정에 따른 당비영수증의 서식 그 밖에 필요한 사항은 중앙선거관리위원회규칙으로 정한다.

제3장 후원회

제6조(후원회지정권자) 다음 각 호에 해당하는 자(이하 "후원회지정권자"라 한다)는 각각 하나의 후원회를 지정하여 둘 수 있다.

1. 중앙당(중앙당창당준비위원회를 포함한다)
2. 국회의원(국회의원선거의 당선인을 포함한다)

2의2. 지방의회의원(지방의회의원선거의 당선인을 포함한다)
2의3. 대통령선거의 후보자 및 예비후보자(이하 "대통령후보자등"이라 한다)
3. 정당의 대통령선거후보자 선출을 위한 당내경선후보자(이하 "대통령선거경선후보자"라 한다)
4. 지역선거구(이하 "지역구"라 한다)국회의원선거의 후보자 및 예비후보자(이하 "국회의원후보자등"이라 한다). 다만, 후원회를 둔 국회의원의 경우에는 그러하지 아니하다.
5. 중앙당 대표자 및 중앙당 최고 집행기관(그 조직형태와 관계없이 당헌으로 정하는 중앙당 최고 집행기관을 말한다)의 구성원을 선출하기 위한 당내경선후보자(이하 "당대표경선후보자등"이라 한다)
6. 지역구지방의회의원선거의 후보자 및 예비후보자(이하 "지방의회의원후보자등"이라 한다). 다만, 후원회를 둔 지방의회의원의 경우에는 그러하지 아니하다.
7. 지방자치단체의 장선거의 후보자 및 예비후보자(이하 "지방자치단체장후보자등"이라 한다)

第7조(후원회의 등록신청 등) ① 후원회의 대표자는 당해 후원회지정권자의 지정을 받은 날부터 14일 이내에 그 지정서를 첨부하여 관할 선거관리위원회에 등록신청을 하여야 한다.

② 후원회의 등록신청사항은 다음 각 호와 같다.
1. 후원회의 명칭
2. 후원회의 소재지
3. 정관 또는 규약
4. 대표자의 성명·주민등록번호·주소
5. 회인(會印) 및 그 대표자 직인의 인영
6. 중앙선거관리위원회규칙으로 정하는 사항

③ 후원회를 둔 후원회지정권자는 다음 각 호의 어느 하나에 해당하는 경우 각 호에서 정하는 바에 따라 기존의 후원회를 다른 후원회로 지정할 수 있다. 이 경우 그 대통령후보자등·대통령선거경선후보자·당대표경선후보자등 또는 지방자치단체장후보자등의 후원회의 대표자는 후원회지정권자의 지정을 받은 날부터 14일 이내에 그 지정서와

회인(會印) 및 그 대표자 직인의 인영을 첨부하여 관할 선거관리위원회에 신고하여야 한다.

1. 후원회를 둔 국회의원이 대통령후보자등·대통령선거경선후보자 또는 당대표경선후보자등이 되는 경우: 기존의 국회의원후원회를 대통령후보자등·대통령선거경선후보자 또는 당대표경선후보자등의 후원회로 지정
2. 후원회를 둔 대통령예비후보자가 대통령선거경선후보자가 되는 경우: 기존의 대통령예비후보자후원회를 대통령선거경선후보자후원회로 지정
3. 후원회를 둔 지방의회의원이 대통령선거경선후보자·당대표경선후보자등 또는 해당 지방자치단체장후보자등이 되는 경우: 기존의 지방의회의원후원회를 대통령선거경선후보자·당대표경선후보자등 또는 지방자치단체장후보자등의 후원회로 지정

④ 제2항의 규정에 의한 등록신청사항 중 제1호 내지 제5호에 규정된 사항 및 제3항의 규정에 의한 회인(會印) 및 그 대표자 직인의 인영에 변경이 생긴 때에는 후원회의 대표자는 14일 이내에 관할 선거관리위원회에 변경등록신청 또는 신고를 하여야 한다.

⑤ 관할 선거관리위원회는 제1항 또는 제4항의 규정에 의한 등록신청을 접수한 날부터 7일 이내에 등록을 수리하고 등록증을 교부하여야 한다.

제8조(후원회의 회원) ① 누구든지 자유의사로 하나 또는 둘 이상의 후원회의 회원이 될 수 있다. 다만, 제31조(기부의 제한)제1항의 규정에 의하여 기부를 할 수 없는 자와「정당법」제22조(발기인 및 당원의 자격)의 규정에 의하여 정당의 당원이 될 수 없는 자는 그러하지 아니하다.

② 후원회는 회원명부를 비치하여야 한다.

③ 제2항의 회원명부는 법원이 재판상 요구하는 경우와 제52조(정치자금범죄 조사 등)의 규정에 의하여 관할 선거관리위원회가 회원의 자격과 후원금내역 등 필요한 사항을 확인하는 경우를 제외하고는 이의 열람을 강요당하지 아니한다.

④ 범죄수사를 위한 회원명부의 조사에는 법관이 발부한 영장이 있어야 한다.

⑤ 누구든지 회원명부에 관하여 직무상 알게 된 사실을 누설하여서는 아니된다.

제9조(후원회의 사무소 등) ① 후원회는 그 사무를 처리하기 위하여 다음 각 호에서 정하는 바에 따라 사무소와 연락소를 설치할 수 있다.

1. 중앙당후원회
사무소 1개소와 특별시·광역시·특별자치시·도·특별자치도마다 연락소 각 1개소
2. 지역구국회의원후원회·지역구국회의원후보자후원회
서울특별시와 그 지역구에 사무소 또는 연락소 각 1개소. 이 경우 사무소를 둔 지역구 안에는 연락소를 둘 수 없다.
3. 제1호·제2호 외의 후원회
사무소 1개소

② 후원회의 사무소와 연락소에 두는 유급사무직원의 수는 모두 합하여 2인을 초과할 수 없다. 다만, 중앙당후원회·대통령후보자등후원회·대통령선거경선후보자후원회는 그러하지 아니하다.

③ 국회의원이 지역에 두는 사무소의 유급사무직원의 수는 5인을 초과할 수 없다. 다만, 하나의 국회의원지역구가 2 이상의 구(자치구가 아닌 구를 포함한다)·시(구가 설치되지 아니한 시를 말한다)·군으로 된 경우 2를 초과하는 구·시·군마다 2인을 추가할 수 있다.

제10조(후원금의 모금·기부) ① 후원회는 제7조(후원회의 등록신청 등)의 규정에 의하여 등록을 한 후 후원인(회원과 회원이 아닌 자를 말한다. 이하 같다)으로부터 후원금을 모금하여 이를 당해 후원회지정권자에게 기부한다. 이 경우 후원회가 모금한 후원금 외의 차입금 등 금품은 기부할 수 없다.

② 후원회가 후원금을 모금한 때에는 모금에 직접 소요된 경비를 공제하고 지체 없이 이를 후원회지정권자에게 기부하여야 한다.

③ 후원인이 후원회지정권자에게 직접 후원금을 기부한 경우(후원회지정권자의 정치활동에 소요되는 비용을 부담·지출하거나 금품·시설의 무상대여 또는 채무의 면제·경감의 방법으로 기부하는 경우는 제외한다) 해당 후원회지정권자가 기부받은 날부터 30일(기부받은 날부터 30일이 경과하기 전에 후원회를 둘 수 있는 자격을 상실하는 경우에는

그 자격을 상실한 날) 이내에 기부받은 후원금과 기부자의 인적사항을 자신이 지정한 후원회의 회계책임자에게 전달한 경우에는 해당 후원회가 기부받은 것으로 본다.

제11조(후원인의 기부한도 등) ① 후원인이 후원회에 기부할 수 있는 후원금은 연간 2천만 원을 초과할 수 없다.

② 후원인이 하나의 후원회에 연간(대통령후보자등 · 대통령선거경선후보자 · 당대표경선후보자등 · 국회의원후보자등 · 지방의회의원후보자등 및 지방자치단체장후보자등의 후원회의 경우에는 당해 후원회를 둘 수 있는 기간을 말한다. 이하 같다) 기부할 수 있는 한도액은 다음 각 호와 같다.

1. 대통령후보자등 · 대통령선거경선후보자의 후원회에는 각각 1천만 원(후원회지정권자가 동일인인 대통령후보자등후원회에는 합하여 1천만 원)
2. 다음 각 목의 후원회에는 각각 500만 원
   가. 중앙당후원회(중앙당창당준비위원회후원회가 중앙당후원회로 존속하는 경우에는 합하여 500만 원)
   나. 국회의원후원회(후원회지정권자가 동일인인 국회의원후보자등후원회와 국회의원후원회는 합하여 500만 원)
   다. 국회의원후보자등후원회(후원회지정권자가 동일인인 경우 합하여 500만 원)
   라. 당대표경선후보자등후원회
   마. 삭제
   바. 지방자치단체장후보자등후원회(후원회지정권자가 동일인인 경우 합하여 500만 원)
3. 다음 각 목의 후원회에는 각각 200만 원
   가. 시 · 도의회의원후원회(후원회지정권자가 동일인인 지역구시 · 도의회의원선거 후보자 · 예비후보자의 후원회와 시 · 도의회의원후원회는 합하여 200만 원)
   나. 지역구시 · 도의회의원선거 후보자 · 예비후보자의 후원회(후원회지정권자가 동일인인 경우 합하여 200만 원)
4. 다음 각 목의 후원회에는 각각 100만 원

가. 자치구·시·군의회의원후원회(후원회지정권자가 동일인인 지역구자치구·시·군의회의원선거 후보자·예비후보자의 후원회와 자치구·시·군의회의원후원회는 합하여 100만 원)

나. 지역구자치구·시·군의회의원선거 후보자·예비후보자의 후원회(후원회지정권자가 동일인인 경우 합하여 100만 원)

③ 후원인은 1회 10만 원 이하, 연간 120만 원 이하의 후원금은 이를 익명으로 기부할 수 있다.

④ 후원회의 회계책임자는 제3항의 규정에 의한 익명기부한도액을 초과하거나 타인의 명의 또는 가명으로 후원금을 기부받은 경우 그 초과분 또는 타인의 명의나 가명으로 기부받은 금액은 국고에 귀속시켜야 한다. 이 경우 국고귀속절차에 관하여는 제4조(당비)제3항 및 제4항의 규정을 준용한다.

⑤ 후원회의 회원은 연간 1만 원 또는 그에 상당하는 가액 이상의 후원금을 기부하여야 한다.

⑥ 후원인의 기부방법 그 밖에 필요한 사항은 중앙선거관리위원회규칙으로 정한다.

제12조(후원회의 모금 · 기부한도) ① 후원회가 연간 모금할 수 있는 한도액(이하 "연간 모금한도액"이라 하고, 전년도 연간 모금한도액을 초과하여 모금한 금액을 포함한다)은 다음 각 호와 같다. 다만, 신용카드·예금계좌·전화 또는 인터넷전자결제시스템 등에 의한 모금으로 부득이하게 연간 모금한도액을 초과하게 된 때에는 연간 모금한도액의 100분의 20의 범위에서 그러하지 아니하되, 그 이후에는 후원금을 모금할 수 없다.

1. 중앙당후원회는 중앙당창당준비위원회후원회가 모금한 후원금을 합하여 50억원
2. 삭제
3. 대통령후보자등후원회·대통령선거경선후보자후원회는 각각 선거비용제한액의 100분의 5에 해당하는 금액(후원회지정권자가 동일인인 대통령후보자등후원회는 합하여 선거비용제한액의 100분의 5에 해당하는 금액)
4. 국회의원·국회의원후보자등 및 당대표경선후보자등의 후원회는 각

각 1억5천만 원(후원회지정권자가 동일인인 국회의원후보자등후원회는 합하여 1억5천만 원)

5. 지방의회의원후원회 및 지방의회의원후보자등후원회는 다음 각 목의 구분에 따른 금액(후원회지정권자가 동일인인 지방의회의원후보자등후원회는 합하여 다음 각 목의 구분에 따른 금액)
   가. 시·도의회의원후원회 및 지역구시·도의회의원선거 후보자·예비후보자의 후원회는 각각 5천만 원
   나. 자치구·시·군의회의원후원회 및 지역구자치구·시·군의회의원선거 후보자·예비후보자의 후원회는 각각 3천만 원
6. 지방자치단체장후보자등후원회는 선거비용제한액의 100분의 50에 해당하는 금액(후원회지정권자가 동일인인 지방자치단체장후보자등후원회는 합하여 선거비용제한액의 100분의 50에 해당하는 금액)

② 후원회가 해당 후원회지정권자에게 연간 기부할 수 있는 한도액(이하 "연간 기부한도액"이라 한다)은 제1항의 규정에 의한 연간 모금한도액과 같은 금액으로 한다. 다만, 부득이하게 해당 연도(대통령후보자등·대통령선거경선후보자·당대표경선후보자등·국회의원후보자등·지방의회의원후보자등 및 지방자치단체장후보자등의 후원회는 해당 후원회를 둘 수 있는 기간을 말한다)에 후원회지정권자에게 기부하지 못한 때에는 제40조(회계보고)제1항에 따른 회계보고[국회의원후원회 및 지방의회의원후원회는 12월 31일 현재의 회계보고를, 후원회가 해산한 때에는 제40조(회계보고)제2항에 따른 회계보고를 말한다]를 하는 때까지 기부할 수 있다.

③ 후원회가 모금한 후원금이 연간 기부한도액을 초과하는 때에는 다음 연도에 이월하여 기부할 수 있다.

④ 제19조(후원회의 해산 등)의 규정에 의하여 후원회가 해산된 후 후원회지정권자가 같은 종류의 새로운 후원회를 두는 경우 그 새로운 후원회가 모금·기부할 수 있는 후원금은 당해 후원회의 연간 모금·기부한도액에서 종전의 후원회가 모금·기부한 후원금을 공제한 금액으로 한다.

제13조(연간 모금·기부한도액에 관한 특례) ① 다음 각 호에 해당하는 후원회는 공직선거가 있는 연도에는 연간 모금·기부한도액의 2배를

모금·기부할 수 있다. 같은 연도에 2 이상의 공직선거가 있는 경우에도 또한 같다.

1. 대통령선거
후보자를 선출한 정당의 중앙당후원회 및 지역구국회의원후원회
2. 임기만료에 의한 국회의원선거
후보자를 추천한 정당의 중앙당후원회 및 지역구에 후보자로 등록한 국회의원후원회
3. 임기만료에 의한 동시지방선거
후보자를 추천한 정당의 중앙당후원회, 해당 선거구에 후보자를 추천한 정당의 지역구국회의원후원회 및 지역구에 후보자로 등록한 지방의회의원후원회

② 제1항에서 "공직선거가 있는 연도"라 함은 당해 선거의 선거일이 속하는 연도를 말한다.

제14조(후원금 모금방법) ① 후원회는 우편·통신(전화, 인터넷전자결제시스템 등을 말한다)에 의한 모금, 중앙선거관리위원회가 제작한 정치자금영수증(이하 "정치자금영수증"이라 한다)과의 교환에 의한 모금 또는 신용카드·예금계좌 등에 의한 모금 그 밖에 이 법과 「정당법」 및 「공직선거법」에 위반되지 아니하는 방법으로 후원금을 모금할 수 있다. 다만, 집회에 의한 방법으로는 후원금을 모금할 수 없다.

② 삭제

제15조(후원금 모금 등의 고지·광고) ① 후원회는 회원모집 또는 후원금모금을 위하여 인쇄물·시설물 등을 이용하여 후원회명, 후원금 모금의 목적, 기부처, 기부방법, 해당 후원회지정권자의 사진·학력(정규학력과 이에 준하는 외국의 교육과정을 이수한 학력에 한한다)·경력·업적·공약과 그 밖에 홍보에 필요한 사항을 알릴 수 있다. 다만, 다른 정당·후보자(공직선거의 후보자를 말하며, 후보자가 되려는 자를 포함한다)·대통령선거경선후보자 및 당대표경선후보자등에 관한 사항은 포함할 수 없다.

② 후원회는 「신문 등의 진흥에 관한 법률」 제2조(정의)에 따른 신문 및 「잡지 등 정기간행물의 진흥에 관한 법률」 제2조(정의)에 따른 정기간행물을 이용하여 분기별 4회 이내에서 후원금의 모금과 회원의

모집 등을 위하여 제1항의 내용을 광고할 수 있다. 이 경우 후원회를 둘 수 있는 기간이 3월을 초과하지 아니하는 때에는 4회 이내로 한다.

③ 제2항의 규정에 의한 1회 광고의 규격은 다음 각 호의 기준에 의한다.

1. 신문광고는 길이 17센티미터 너비 18.5센티미터 이내
2. 제1호 외의 광고는 당해 정기간행물의 2면 이내

④ 제2항의 광고횟수 산정에 있어서 같은 날에 발행되는 하나의 정기간행물을 이용하는 것은 1회로 본다. 이 경우 같은 날에 발행되는 정기간행물이 배달되는 지역에 따라 발행일자가 각각 다르게 기재된 경우에도 그 광고횟수는 1회로 본다.

⑤ 제1항의 규정에 의한 인쇄물·시설물 등에 의한 고지방법 그 밖에 필요한 사항은 중앙선거관리위원회규칙으로 정한다.

제16조(정치자금영수증과의 교환에 의한 모금) ① 후원회 또는 후원회로부터 위임을 받은 자는 정치자금영수증을 후원금과 교환하는 방법으로 모금을 할 수 있다.

② 제1항의 규정에 의하여 후원회로부터 위임받은 자가 후원금을 모금한 때에는 30일 이내에 그 후원회의 회계책임자에게 정치자금영수증 원부와 후원인의 성명·생년월일·주소·전화번호 및 후원금을 인계하여야 한다.

③ 정치자금영수증과의 교환에 의한 모금의 위임절차와 방법 그 밖에 필요한 사항은 중앙선거관리위원회규칙으로 정한다.

제17조(정치자금영수증) ① 후원회가 후원금을 기부받은 때에는 후원금을 기부받은 날부터 30일까지 정치자금영수증을 후원인에게 교부하여야 한다.

② 제1항의 규정에 의한 정치자금영수증은 중앙선거관리위원회가 제작하는 정액영수증과 무정액영수증만을 말한다.이 경우 무정액영수증은 인터넷을 통하여 발행·교부할 수 있도록 전자적 형태로 제작할 수 있되, 위조·변조를 방지할 수 있는 기술적 조치를 하여야 한다.

③ 무정액영수증은 1회 10만 원 미만의 후원금이나 10만 원을 초과하여 기부한 후원금의 경우라도 10만 원 미만에 해당하는 후원금에 한하여 교부할 수 있다. 다만, 제2항 후단에 따라 전자적 형태로 제작한

무정액영수증을 인터넷을 통하여 교부하는 경우에는 그러하지 아니하다.

④ 1회 1만 원 이하의 후원금 기부에 대한 정치자금영수증은 해당 연도말일(후원회가 해산되는 경우에는 그 해산일을 말한다) 현재로 일괄 발행·교부할 수 있다.

⑤ 제1항에도 불구하고 다음 각 호의 어느 하나에 해당하는 경우에는 정치자금영수증을 후원인에게 교부하지 아니하고 후원회가 발행하여 원부와 함께 보관할 수 있다.

1. 후원인이 정치자금영수증 수령을 원하지 아니하는 경우
2. 익명기부, 신용카드·예금계좌·전화 또는 인터넷 전자결제 시스템 등에 의한 기부로 후원인의 주소 등 연락처를 알 수 없는 경우
3. 후원인이 연간 1만 원 이하의 후원금을 기부한 경우

⑥ 후원회가 정치자금영수증을 발급받고자 하는 때에는 정치자금영수증의 종류와 발급수량 등을 기재한 신청서 및 정치자금영수증 제작비용을 관할 선거관리위원회에 제출·납부하여야 한다.

⑦ 하나의 후원회가 연간 발급받을 수 있는 정액영수증의 액면가액총액은 그 후원회의 연간 모금한도액을 초과할 수 없다. 이 경우 후원회는 연간 모금한도액의 범위안에서 정액영수증을 일시에 발급받을 수 있다.

⑧ 정치자금영수증에는 후원금의 금액, 그 금액에 대하여 세금혜택이 된다는 문언과 일련번호를 표시하되, 규격과 양식 그 밖에 필요한 사항은 중앙선거관리위원회규칙으로 정한다.

⑨ 정액영수증에 표시하는 금액은 1만 원·5만 원·10만 원·50만 원·100만 원·500만 원의 6종으로 하고 기부자에게 교부하는 정치자금영수증에는 후원회명을 기재할 수 없다.

⑩ 후원회는 관할 선거관리위원회로부터 발급받은 정치자금영수증의 매년 12월 31일 현재 매수 등 사용실태를 제40조(회계보고)제1항에 따른 12월 31일 현재의 회계보고를 하는 때에 관할 선거관리위원회에 보고하여야 하며, 후원회가 해산되는 경우에는 제40조(회계보고)에 따른 회계보고를 하는 때에 사용하지 아니한 정치자금영수증을 관할 선거관리위원회에 반납하여야 한다.

⑪ 후원회는 무정액영수증의 기재금액 및 정액영수증의 액면금액과 상이한 금액을 기부받고 사용할 수 없으며, 사용하지 아니한 정치자금영수증에 대하여 제10항의 규정에 의한 기한 이내에 매수를 보고 또는 반납하지 아니한 경우에는 그 액면금액 총액을 기부받은 것으로 본다.
⑫ 선거관리위원회와 후원회 그 밖에 정치자금영수증의 발급·발행·교부 등에 관계하는 자는 법률에 의한 절차에 의하지 아니하고는 그 후원회에 발급한 정치자금영수증의 일련번호를 공개하거나 이를 다른 국가기관에 고지하여서는 아니된다.
⑬ 후원회는 제34조(회계책임자의 선임신고 등)제4항에 따라 신고된 정치자금의 수입을 위한 예금계좌에 입금된 후원금에 대한 정치자금영수증 발행을 위하여 해당 금융기관에 입금의뢰인(신용카드·전화 또는 인터넷 전자결제 시스템 등에 의한 입금을 포함한다)의 성명과 연락처를 알려줄 것을 서면으로 요청할 수 있으며, 그 요청을 받은 금융기관은 「금융실명거래 및 비밀보장에 관한 법률」에도 불구하고 지체 없이 그 내용을 알려주어야 한다.
⑭ 제13항에 따른 입금의뢰인의 성명과 연락처를 알려 줄 것을 요청하는 서식과 그 밖에 필요한 사항은 중앙선거관리위원회규칙으로 정한다.

제18조(불법후원금의 반환) 후원회의 회계책임자는 후원인으로부터 기부받은 후원금이 이 법 또는 다른 법률에 위반되는 청탁 또는 불법의 후원금이라는 사실을 안 날부터 30일 이내에 후원인에게 반환하고, 정치자금영수증을 교부하였을 때에는 이를 회수하여야 한다. 이 경우 후원인의 주소 등 연락처를 알지 못하여 반환할 수 없거나 후원인이 수령을 거절하는 때에는 선거관리위원회를 통하여 이를 국고에 귀속시켜야 한다.

제19조(후원회의 해산 등) ① 후원회는 해당 후원회지정권자가 해산, 그 밖의 사유로 소멸하거나 후원회를 둘 수 있는 자격을 상실하거나 후원회의 지정을 철회한 때 또는 정관 등에 정한 해산사유가 발생한 때에는 해산한다. 다만, 후원회를 둔 중앙당창당준비위원회가 정당으로 등록하거나 후원회를 둔 국회의원후보자 또는 지방의회의원후보자가 각각 국회의원 또는 지방의회의원으로 당선된 경우에는 그 후원회는

대의기관이나 수임기관의 존속결의로써 등록된 중앙당, 당선된 국회의원 또는 당선된 지방의회의원의 후원회로 존속할 수 있으며, 국회의원당선인후원회 · 지방의회의원당선인후원회는 국회의원후원회 · 지방의회의원후원회로, 후원회를 둔 대통령예비후보자 · 국회의원예비후보자 · 지방의회의원예비후보자 · 지방자치단체장예비후보자가 대통령후보자 · 국회의원후보자 · 지방의회의원후보자 · 지방자치단체장후보자로 등록된 때에는 그 대통령예비후보자후원회 · 국회의원예비후보자후원회 · 지방의회의원예비후보자후원회 · 지방자치단체장예비후보자후원회는 대통령후보자후원회 · 국회의원후보자후원회 · 지방의회의원후보자후원회 · 지방자치단체장후보자후원회로 본다.

② 제1항 단서의 경우에 중앙당후원회 · 국회의원후보자후원회 및 지방의회의원후보자후원회의 대표자는 그 존속결의가 있은 날부터 14일 이내에 제7조(후원회의 등록신청 등)제4항의 규정에 의한 변경등록을 신청하여야 하며, 그 후원회는 종전의 후원회의 권리 · 의무를 승계한다.

③ 후원회가 해산한 때에는 그 대표자는 14일 이내에 그 사실을 관할 선거관리위원회에 신고하여야 한다. 다만, 다음 각 호의 어느 하나에 해당하는 경우에는 그러하지 아니하다.

1. 대통령선거경선후보자와 당대표경선후보자등이 경선의 종료로 그 신분이 상실되어 해산되는 경우
2. 국회의원 또는 지방의회의원의 임기만료, 대통령후보자등 · 국회의원후보자등 · 지방의회의원후보자등 또는 지방자치단체장후보자등의 신분상실로 인하여 해산되는 경우

④ 후원회가 해산일부터 14일 이내에 제3항 본문의 규정에 의한 해산신고를 하지 아니한 경우에는 관할 선거관리위원회는 그 후원회의 등록을 말소할 수 있다.

제20조(후원회의 합병 등) ①「정당법」제19조에 따라 정당이 신설합당하거나 흡수합당하는 경우에는 각 후원회의 대의기관이나 수임기관의 합동회의의 합병결의 또는 대의기관이나 수임기관의 존속결의로써 신설 또는 흡수하는 정당의 후원회로 존속할 수 있다. 이 경우 각 후원회는 제7조제4항에 따른 변경등록신청을 하여야 한다.

② 제1항에 따른 합병으로 신설 또는 존속하는 후원회는 합병 전 후

원회의 권리·의무를 승계한다.

③ 제1항에 따라 존속하는 후원회의 모금·기부 한도액, 그 밖에 필요한 사항은 중앙선거관리위원회규칙으로 정한다.

제21조(후원회가 해산한 경우의 잔여재산 처분 등) ① 제19조(후원회의 해산 등)제1항 본문의 규정에 의하여 후원회가 해산된 경우 잔여재산은 다음 각 호에서 정한바 에 따라 제40조(회계보고)의 규정에 의한 회계보고 전까지 처분하여야 한다.

1. 후원회지정권자가 중앙당(중앙당창당준비위원회를 포함한다) 또는 당원인 경우
   해산 당시의 소속 정당에 인계한다. 다만, 후원회를 둔 국회의원이 대통령후보자등후원회·대통령선거경선후보자후원회나 당대표경선후보자등후원회를 둔 경우, 후원회를 둔 대통령예비후보자가 대통령선거경선후보자후원회를 둔 경우 또는 후원회를 둔 지방의회의원이 대통령선거경선후보자후원회·당대표경선후보자등후원회나 지방자치단체장후보자등후원회를 둔 경우로서 어느 하나의 후원회가 해산된 경우 그 잔여재산은 해산되지 아니한 후원회에 그 후원회의 연간 모금·기부한도액 범위 안에서 후원금으로 기부할 수 있다.
2. 후원회지정권자가 당원이 아닌 경우와 정당이 해산, 그 밖의 사유로 소멸한 경우
   「공익법인의 설립·운영에 관한 법률」에 의하여 등록된 공익법인(학교법인을 포함하며, 이하 "공익법인"이라 한다) 또는 사회복지시설에 인계한다.

② 후원회지정권자(중앙당은 제외한다)가 후원회를 둘 수 있는 자격을 상실한 경우 후원회로부터 기부받아 사용하고 남은 잔여재산[제36조(회계책임자에 의한 수입·지출)제5항을 위반하여 지출한 비용을 포함한다]은 제40조의 규정에 의한 회계보고 전까지 제1항 각 호의 규정에 준하여 처분하여야 한다. 이 경우 후원회를 둔 중앙당창당준비위원회가 중앙당으로 존속하지 아니하고 해산된 경우에는 후원회로부터 기부받아 사용하고 남은 잔여재산은 제1항제2호에 준하여 처분하여야 한다.

③ 제1항 및 제2항에도 불구하고 대통령선거경선후보자·당대표경선후

보자등 · 대통령예비후보자 · 국회의원예비후보자 · 지방의회의원예비후보자 또는 지방자치단체장예비후보자가 후원회를 둘 수 있는 자격을 상실한 때(정당의 공직선거 후보자선출을 위한 당내경선 또는 당대표경선에 참여하여 당선 또는 낙선한 때를 제외한다)에는 그 후원회와 후원회지정권자는 잔여재산을 제40조에 따른 회계보고 전까지 국고에 귀속시켜야 한다.

④ 제1항 및 제2항의 규정에 의하여 잔여재산 또는 후원회로부터 기부받은 후원금을 인계하지 아니한 때에는 이를 국고에 귀속시켜야 한다.

⑤ 후원회가 해산된 후에 기부된 후원금은 지체 없이 후원인에게 이를 반환하되, 제40조의 규정에 의한 회계보고 전까지 반환하지 아니하는 때에는 이를 국고에 귀속시켜야 한다.

⑥ 제3항 내지 제5항의 규정에 의한 국고귀속절차에 관하여는 제4조(당비)제3항 및 제4항의 규정을 준용한다.

⑦ 후원회가 해산된 경우의 잔여재산 처분절차 그 밖에 필요한 사항은 중앙선거관리위원회규칙으로 정한다.

제6장 기부의 제한

제31조(기부의 제한) ① 외국인, 국내 · 외의 법인 또는 단체는 정치자금을 기부할 수 없다.

② 누구든지 국내 · 외의 법인 또는 단체와 관련된 자금으로 정치자금을 기부할 수 없다.

제32조(특정행위와 관련한 기부의 제한) 누구든지 다음 각 호의 어느 하나에 해당하는 행위와 관련하여 정치자금을 기부하거나 받을 수 없다.

1. 공직선거에 있어서 특정인을 후보자로 추천하는 일
2. 지방의회 의장 · 부의장 선거와 교육위원회 의장 · 부의장, 교육감 · 교육위원을 선출하는 일
3. 공무원이 담당 · 처리하는 사무에 관하여 청탁 또는 알선하는 일
4. 다음 각 목의 어느 하나에 해당하는 법인과의 계약이나 그 처분에 의하여 재산상의 권리 · 이익 또는 직위를 취득하거나 이를 알선하는 일

   가. 국가 · 공공단체 또는 특별법의 규정에 의하여 설립된 법인

나. 국가나 지방자치단체가 주식 또는 지분의 과반수를 소유하는 법인

다. 국가나 공공단체로부터 직접 또는 간접으로 보조금을 받는 법인

라. 정부가 지급보증 또는 투자한 법인

제33조(기부의 알선에 관한 제한) 누구든지 업무·고용 그 밖의 관계를 이용하여 부당하게 타인의 의사를 억압하는 방법으로 기부를 알선할 수 없다.

제7장 정치자금의 회계 및 보고·공개

제34조(회계책임자의 선임신고 등) ① 다음 각 호에 해당하는 자(이하 "선임권자"라 한다)는 정치자금의 수입과 지출을 담당하는 회계책임자 1인을 공직선거의 선거운동을 할 수 있는 자 중에서 선임하여 지체 없이 관할 선거관리위원회에 서면으로 신고하여야 한다.

1. 정당(후원회를 둔 중앙당창당준비위원회, 정책연구소 및 정당선거사무소를 포함한다. 이하 이 장에서 같다)의 대표 자
2. 후원회의 대표자
3. 후원회를 둔 국회의원·지방의회의원
4. 대통령선거경선후보자, 당대표경선후보자등
5. 공직선거의 후보자·예비후보자(선거사무소 및 선거연락소의 회계책임자를 선임하는 경우를 말한다). 이 경우 대통령선거의 정당추천후보자, 비례대표국회의원선거 및 비례대표지방의회의원선거에 있어서는 그 추천정당이 선임권자가 되며, 그 선거사무소 및 선거연락소의 회계책임자는 각각 정당의 회계책임자가 겸한다.
6. 선거연락소장(선거연락소의 회계책임자에 한한다)

② 누구든지 2 이상의 회계책임자가 될 수 없다. 다만, 후원회를 둔 국회의원이 대통령후보자등후원회·대통령선거경선후보자후원회 또는 당대표경선후보자등후원회를 두거나 후원회를 둔 지방의회의원이 대통령선거경선후보자후원회·당대표경선후보자등후원회 또는 지방자치단체장후보자등후원회를 두는 등 중앙선거관리위원회규칙으로 정하는 경우에는 그러하지 아니하다.

③ 지방의회의원, 공직선거의 후보자·예비후보자 또는 그 선거사무장이나 선거연락소장은 회계책임자를 겸할 수 있다. 이 경우 그 뜻을 지체 없이 관할 선거관리위원회에 서면으로 신고하여야 한다. 제1항제5호 후단 및 제2항 단서의 규정에 의하여 회계책임자를 겸하는 경우에도 또한 같다.

④ 제1항 및 제3항의 규정에 의하여 회계책임자를 신고하는 때에는 다음 각 호의 사항을 첨부하여야 한다.

1. 정치자금의 수입 및 지출을 위한 예금계좌
2. 선거비용제한액 한도 내에서 회계책임자가 지출할 수 있는 금액의 최고액을 정하고 회계책임자와 선임권자가 함께 서명·날인한 약정서(선거사무소의 회계책임자에 한한다)

⑤ 회계책임자의 선임신고 및 예금계좌의 개설 그 밖에 필요한 사항은 중앙선거관리위원회규칙으로 정한다.

제35조(회계책임자의 변경신고 등) ① 선임권자는 회계책임자의 변경이 있는 때에는 14일 이내에 [제34조(회계책임자의 선임신고 등)제1항제5호 및 제6호의 규정에 의한 선임권자는 지체 없이] 관할 선거관리위원회에 서면으로 변경신고를 하여야 한다.

② 회계책임자의 변경이 있는 때에는 인계자와 인수자는 지체 없이 인계·인수서를 작성하여 서명·날인한 후 재산, 정치자금의 잔액과 회계장부, 예금통장·신용카드 및 후원회인(後援會印)·그 대표자 직인 등 인장 그 밖의 관계 서류를 인계·인수하여야 한다.

③ 회계책임자의 변경신고를 하는 때에는 제2항의 규정에 의한 인계·인수서를 함께 제출하여야 한다.

④ 회계책임자의 변경신고 및 인계·인수 그 밖에 필요한 사항은 중앙선거관리위원회규칙으로 정한다.

제36조(회계책임자에 의한 수입·지출) ① 정당, 후원회, 후원회를 둔 국회의원·지방의회의원, 대통령선거경선후보자, 당대표경선후보자등 또는 공직선거의 후보자·예비후보자의 정치자금 수입·지출은 그 회계책임자(공직선거의 후보자·예비후보자의 경우 그 선거사무소·선거연락소의 회계책임자를 말한다. 이하 같다)만이 이를 할 수 있다. 다만, 다음 각 호의 어느 하나에 해당하는 경우에는 그러하지 아니하다.

1. 회계책임자로부터 지출의 대강의 내역을 알 수 있는 정도의 지출의 목적과 금액의 범위를 정하여 서면으로 위임받은 회계사무보조자(공직선거의 선거운동을 할 수 있는 자에 한한다)가 지출하는 경우
2. 회계책임자의 관리·통제 아래 제34조(회계책임자의 선임신고 등)에 따라 신고된 정치자금 지출을 위한 예금계좌를 결제계좌로 하는 신용카드·체크카드, 그 밖에 이에 준하는 것으로 지출하는 경우

② 회계책임자가 정치자금을 수입·지출하는 경우에는 제34조(회계책임자의 선임신고 등)제4항의 규정에 의하여 관할 선거관리위원회에 신고된 예금계좌를 통해서 하여야 한다. 이 경우 정치자금의 지출을 위한 예금계좌는 1개만을 사용하여야 한다.

③ 대통령선거경선후보자, 당대표경선후보자등 또는 공직선거의 후보자·예비후보자가 자신의 재산으로 정치자금을 지출하는 경우에도 그 회계책임자를 통하여 지출하여야 한다. 후원회를 둔 국회의원·지방의회의원이 해당 국회의원선거·지방의회의원선거의 예비후보자로 신고하지 아니한 경우로서 해당 선거의 예비후보자등록신청개시일부터 자신의 재산으로 정치자금을 지출하는 경우에도 또한 같다.

④ 「공직선거법」 제135조(선거사무관계자에 대한 수당과 실비보상)의 규정에 의한 선거사무장 등의 수당·실비는 당해 선거사무장 등이 지정한 금융기관의 예금계좌에 입금하는 방법으로 지급하여야 한다.

⑤ 후원회를 둔 공직선거의 후보자·예비후보자의 회계책임자는 후원회로부터 기부받은 후원금을 후원회 등록 전에 지출의 원인이 발생한 용도로 지출할 수 없다. 다만, 「공직선거법」 제7장에서 허용하는 선거운동(같은 법 제59조제3호에 따른 인터넷 홈페이지를 이용한 선거운동과 같은 법 제60조의4에 따른 예비후보자공약집은 제외한다)을 위한 경우에는 그러하지 아니하다.

⑥ 대통령선거에 있어 예비후보자가 정당추천후보자로 된 경우 그 예비후보자의 선거사무소 회계책임자는 예비후보자의 선거비용의 지출에 관한 내역을 지체 없이 후보자의 선거사무소 회계책임자에게 통지하여 선거비용의 지출에 지장이 없도록 하여야 한다.

⑦ 정치자금의 지출방법 그 밖에 필요한 사항은 중앙선거관리위원회규칙으로 정한다.

제37조(회계장부의 비치 및 기재) ① 회계책임자는 회계장부를 비치하고 다음 각 호에서 정하는 바에 따라 모든 정치자금의 수입과 지출에 관한 사항을 기재하여야 한다. 이 경우 보조금과 보조금 외의 정치자금, 선거비용과 선거비용 외의 정치자금은 각각 별도의 계정을 설정하여 구분·경리하여야 한다.

1. 정당의 회계책임자(대통령선거의 정당추천후보자와 비례대표국회의원선거 및 비례대표지방의회의원선거의 선거사무소와 선거연락소의 회계책임자를 포함한다)
   가. 수입
      당비, 후원회로부터 기부받은 후원금, 기탁금, 보조금, 차입금, 지원금 및 기관지의 발행 그 밖에 부대수입 등 수입의 상세내역
   나. 지출
      지출(대통령선거와 비례대표국회의원선거 및 비례대표지방의회의원선거에 있어서 추천후보자의 정치자금의 지출을 포함한다)의 상세내역
2. 후원회의 회계책임자
   가. 수입
      후원금 등 수입의 상세내역. 다만, 제11조(후원인의 기부한도 등) 제3항의 규정에 의한 익명기부의 경우에는 일자·금액 및 기부방법
   나. 지출
      후원회지정권자에 대한 기부일자·금액과 후원금 모금에 소요된 경비 등 지출의 상세내역
3. 후원회를 둔 국회의원·지방의회의원의 회계책임자
   가. 수입
      소속 정당의 지원금과 후원회로부터 기부받은 후원금의 기부일자·금액 및 후원금에서 공제하고자 하는 선임권자의 재산(차입금을 포함한다) 등 수입의 상세내역
   나. 지출
      지출의 상세내역
4. 대통령선거경선후보자, 당대표경선후보자등의 회계책임자, 공직선거

의 후보자·예비후보자의 회계책임자(대통령선거의 정당추천후보자와 비례대표국회의원선거 및 비례대표지방의회의원선거의 선거사무소와 선거연락소의 회계책임자를 제외한다)

가. 수입

소속 정당의 지원금과 후원회로부터 기부받은 후원금의 기부일자·금액, 선임권자의 재산(차입금을 포함한다) 및 선거사무소 회계책임자의 지원금(선거연락소의 회계책임자에 한한다) 등 수입의 상세내역

나. 지출

지출의 상세내역

② 제1항에 규정된 용어의 정의는 다음 각 호와 같다.

1. "수입의 상세내역"이라 함은 수입의 일자·금액과 제공한 자의 성명·생년월일·주소·직업 및 전화번호 그 밖의 명세를 말한다.
2. "지출의 상세내역"이라 함은 지출의 일자·금액·목적과 지출을 받은 자의 성명·생년월일·주소·직업 및 전화번호를 말한다. 이 경우 선거운동을 위한 인쇄물·시설물 그 밖에 물품·장비 등을 시중의 통상적인 거래가격보다 현저히 싼 값 또는 무상으로 사용한 경우에는 회계책임자가 중앙선거관리위원회규칙으로 정하는 시중의 통상적인 거래가격 또는 임차가격에 상당하는 가액을 계상한 금액을 지출금액으로 처리한다.

③제1항의 회계장부의 종류·서식 및 기재방법 그 밖에 필요한 사항은 중앙선거관리위원회규칙으로 정한다.

제38조(정당의 회계처리) ① 중앙당은 정치자금의 지출을 공개적·민주적으로 처리하기 위하여 회계처리에 관한 절차 등을 당헌·당규로 정하여야 한다.

② 제1항의 당헌·당규에는 다음 각 호의 사항이 포함되어야 한다.

1. 예산결산위원회의 구성 및 운영에 관한 사항
2. 다음 각 목의 내용을 명시한 지출결의서에 관한 사항
   가. 지출과목, 지출의 목적·일자 및 금액
   나. 지급받거나 받을 권리가 있는 자의 성명·생년월일·주소·직업 및 전화번호

3. 중앙당(정책연구소를 포함한다) 및 시·도당이 물품·용역을 구입·계약하고자 하는 때의 구입·지급품의서에 관한 사항

③ 중앙당의 예산결산위원회(시·도당의 경우에는 그 대표자를 말한다. 이하 같다)는 매분기마다 다음 각 호의 사항을 확인·검사하여야 하며, 그 결과를 지체 없이 당원에게 공개하여야 한다.

1. 당헌·당규에 정한 회계처리절차 준수 여부
2. 예금계좌의 잔액
3. 정치자금의 수입금액 및 그 내역
4. 정치자금의 지출금액 및 그 내역

④ 정당의 회계처리 등에 관하여 필요한 사항은 중앙선거관리위원회규칙으로 정한다.

제39조(영수증 그 밖의 증빙서류) 회계책임자가 정치자금을 수입·지출하는 경우에는 영수증 그 밖의 증빙서류를 구비하여야 한다. 다만, 중앙선거관리위원회규칙으로 정하는 경우에는 그러하지 아니하다.

제40조(회계보고) ① 회계책임자는 다음 각 호에서 정하는 기한까지 관할 선거관리위원회에 정치자금의 수입과 지출에 관한 회계보고(이하 "회계보고"라 한다)를 하여야 한다.

1. 정당의 회계책임자

가. 공직선거에 참여하지 아니한 연도

매년 1월 1일부터 12월 31일 현재로 다음 연도 2월 15일(시·도당의 경우에는 1월 31일)까지

나. 전국을 단위로 실시하는 공직선거에 참여한 연도

매년 1월 1일(정당선거사무소의 경우에는 그 설치일)부터 선거일 후 20일(20일 후에 정당선거사무소를 폐쇄하는 경우에는 그 폐쇄일을 말한다) 현재로 당해 선거일 후 30일(대통령선거 및 비례대표국회의원선거에 있어서는 40일)까지, 선거일 후 21일부터 12월 31일 현재로 다음 연도 2월 15일(시·도당은 1월 31일)까지

다. 전국의 일부지역에서 실시하는 공직선거의 보궐선거 등에 참여한 연도

중앙당과 정책연구소는 가목에 의하고, 당해 시·도당과 정당선

거사무소는 나목에 의한다.

2. 후원회를 둔 국회의원·지방의회의원의 회계책임자
   가. 공직선거에 참여하지 아니한 연도
      매년 1월 1일부터 12월 31일 현재로 다음 연도 1월 31일까지
   나. 공직선거에 참여한 연도
      매년 1월 1일부터 선거일 후 20일 현재로 선거일 후 30일까지, 선거일 후 21일부터 12월 31일 현재로 다음 연도 1월 31일까지
3. 중앙당후원회(중앙당창당준비위원회후원회를 포함한다) 및 국회의원후원회·지방의회의원후원회의 회계책임자
   가. 연간 모금한도액을 모금할 수 있는 연도
      매년 1월 1일부터 6월 30일 현재로 7월 31일까지, 7월 1일부터 12월 31일 현재로 다음 연도 1월 31일까지
   나. 연간 모금한도액의 2배를 모금할 수 있는 연도
      매년 1월 1일부터 선거일 후 20일 현재로 선거일 후 30일까지, 선거일 후 21일부터 12월 31일 현재로 다음 연도 1월 31일까지. 다만, 선거일이 12월 중에 있는 경우에는 가목에 의한다.
4. 대통령선거경선후보자·당대표경선후보자등 및 그 후원회의 회계책임자
   정당의 경선일 후 20일 현재로 경선일 후 30일까지. 이 경우 후원회를 둔 국회의원·지방의회의원의 회계책임자는 제2호의 규정에 불구하고 매년 1월 1일부터 경선일 후 20일 현재로 경선일 후 30일까지, 경선일 후 21일부터 12월 31일 현재로 다음 연도 1월 31일까지
5. 공직선거의 후보자·예비후보자 및 그 후원회의 회계책임자
   선거일 후 20일(대통령선거의 정당추천후보자의 경우 그 예비후보자의 회계책임자는 후보자등록일 전일) 현재로 선거일 후 30일(대통령선거의 무소속후보자는 40일)까지. 이 경우 대통령선거의 정당추천 후보자와 비례대표국회의원선거 및 비례대표지방의회의원선거의 선거사무소·선거연락소의 회계책임자는 제1호 나목 또는 다목에 의한다.

② 제1항의 규정에 불구하고 다음 각 호에 해당하는 사유가 있는 때에는 그 회계책임자는 그 날부터 14일 이내에 관할 선거관리위원회에

회계보고를 하여야 한다.

1. 정당이 등록취소되거나 해산한 때
2. 후원회를 둔 중앙당창당준비위원회가 소멸한 때
3. 후원회가 제19조(후원회의 해산 등)제1항의 규정에 의하여 해산한 때(선거 또는 경선의 종료로 후원회지정권자가 후원회를 둘 수 있는 자격을 상실하여 해산한 때는 제외한다)
4. 후원회를 둔 국회의원·지방의회의원, 대통령선거경선후보자 또는 당대표경선후보자등이 후원회지정을 철회하거나 후원회를 둘 수 있는 자격을 상실한 때(경선의 종료로 인하여 자격을 상실한 때는 제외한다)
5. 공직선거의 예비후보자 또는 그 후원회가 선거기간개시일 30일 전에 그 자격을 상실하거나 해산할 때

③ 제1항 및 제2항의 규정에 의하여 회계보고하는 사항은 다음 각 호와 같다.

1. 정당 및 후원회의 회계책임자
   가. 재산상황
      정당에 있어서는 12월 31일 현재의 회계보고에 한한다.
   나. 정치자금의 수입내역
      1회 30만 원 초과 또는 연간 300만 원(대통령후보자등후원회·대통령선거경선후보자후원회의 경우에는 500만 원)을 초과하여 수입을 제공한 자의 경우에는 성명·생년월일·주소·직업·전화번호와 수입일자 및 그 금액을, 그 이하 금액의 수입을 제공한 자의 경우에는 일자별로 그 건수와 총금액. 다만, 당비의 경우에는 그러하지 아니하다.
   다. 제37조(회계장부의 비치 및 기재)제1항의 규정에 의하여 회계장부에 기재하는 지출의 상세내역
2. 후원회지정권자(정당은 제외한다)·대통령선거경선후보자, 당대표경선 후보자등, 공직선거의 후보자·예비후보자의 회계책임자(대통령선거의 정당추천 후보자, 비례대표국회의원선거 및 비례대표지방의회의원선거에 있어서는 제1호에 의한다)
   가. 후원금 및 소속 정당의 지원금으로 구입·취득한 재산상황

나. 제37조제1항의 규정에 의하여 회계장부에 기재하는 수입·지출의 상세내역

④ 제1항 내지 제3항의 규정에 의하여 회계보고를 하는 때에는 다음 각 호의 서류를 첨부하여야 한다.

1. 정치자금의 수입과 지출명세서
2. 제39조(영수증 그 밖의 증빙서류) 본문의 규정에 의한 영수증 그 밖의 증빙서류 사본
3. 정치자금을 수입·지출한 예금통장 사본
4. 제41조제1항 본문에 따른 자체 감사기관의 감사의견서와 대의기관(그 수임기관을 포함한다)·예산결산위원회의 심사의결서[제38조(정당의 회계처리)제3항의 규정에 의한 공개자료를 포함한다] 사본[정당(정당선거사무소를 제외한다)과 후원회의 회계책임자에 한한다]
5. 제41조제1항 단서의 규정에 의한 공인회계사의 감사의견서(중앙당과 그 후원회에 한한다). 다만, 정치자금의 수입·지출이 없는 경우에는 그러하지 아니하다.
6. 잔여재산의 인계·인수서(인계의무자에 한한다). 이 경우 제58조(후보자의 반환기탁금 및 보전비용의 처리)제1항의 규정에 의한 반환·보전비용의 인계·인수서는 반환·보전받은 날부터 30일까지 제출한다.
7. 제36조(회계책임자에 의한 수입·지출)제6항의 규정에 의한 예비후보자의 선거비용 지출내역서 사본(대통령선거의 정당추천후보자의 선거사무소의 회계책임자와 그 예비후보자의 회계책임자에 한한다)

⑤ 선거사무소·선거연락소의 회계책임자가 회계보고를 하는 때에는 정당의 대표자 또는 공직선거후보자와 선거사무장의 연대 서명·날인을 받아야 한다. 다만, 선거연락소의 경우에는 선거연락소장의 서명·날인을 받아야 한다.

⑥ 회계보고 그 밖에 필요한 사항은 중앙선거관리위원회규칙으로 정한다.

제41조(회계보고의 자체 감사 등) ① 정당(정당선거사무소를 제외한다)과 후원회의 회계책임자가 회계보고를 하는 때에는 대의기관(그 수임기관을 포함한다) 또는 예산결산위원회의 심사·의결을 거쳐야 하며, 그 의결서 사본과 자체 감사기관의 감사의견서를 각각 첨부하여야 한다. 다만, 정당의 중앙당과 그 후원회는 해당 정당의 당원이 아닌 자 중에서

공인회계사의 감사의견서를 함께 첨부하여야 한다.

② 제1항의 규정에 의한 공인회계사는 성실하게 감사하여야 한다.

제42조(회계보고서 등의 열람 및 사본교부) ① 제40조(회계보고)의 규정에 의하여 회계보고를 받은 관할 선거관리위원회는 회계보고 마감일부터 7일 이내에 그 사실과 열람·사본교부기간 및 사본교부에 필요한 비용 등을 공고하여야 한다.

② 관할 선거관리위원회는 제40조제3항 및 제4항의 규정에 의하여 보고된 재산상황, 정치자금의 수입·지출내역 및 첨부서류를 그 사무소에 비치하고 제1항의 규정에 의한 공고일부터 6개월간(이하 "열람기간"이라 한다) 누구든지 볼 수 있게 하여야 한다. 다만, 선거비용에 한하여 열람대상 서류 중 제40조(회계보고)제4항제1호의 수입과 지출명세서를 선거관리위원회의 인터넷 홈페이지를 통하여 공개할 수 있되, 열람기간이 아닌 때에는 이를 공개하여서는 아니된다.

③ 누구든지 회계보고서, 정치자금의 수입·지출내역과 제40조제4항의 규정에 의한 첨부서류(제2호 및 제3호의 서류를 제외한다)에 대한 사본교부를 관할 선거관리위원회에 서면으로 신청할 수 있다. 이 경우 사본교부에 필요한 비용은 그 사본교부를 신청한 자가 부담한다.

④ 제2항 및 제3항의 규정에 불구하고 후원회에 연간 300만 원(대통령후보자등·대통령선거경선후보자의 후원회의 경우 500만 원을 말한다) 이하를 기부한 자의 인적 사항과 금액은 이를 공개하지 아니한다.

⑤ 누구든지 제2항 및 제3항의 규정에 의하여 공개된 정치자금 기부내역을 인터넷에 게시하여 정치적 목적에 이용하여서는 아니된다.

⑥ 제40조의 규정에 의하여 관할 선거관리위원회에 보고된 재산상황, 정치자금의 수입·지출내역 및 첨부서류에 관하여 이의가 있는 자는 그 이의에 대한 증빙서류를 첨부하여 열람기간 중에 관할 선거관리위원회에 서면으로 이의신청을 할 수 있다.

⑦ 제6항의 규정에 의한 이의신청을 받은 관할 선거관리위원회는 이의신청을 받은 날부터 60일 이내에 이의신청사항을 조사·확인[제39조(영수증 그 밖의 증빙서류) 단서의 규정에 해당하는 사항을 제외한다]하고 그 결과를 신청인에게 통보하여야 한다.

⑧ 선거비용에 관하여 제6항의 규정에 의한 이의신청을 받은 관할 선

거관리위원회는 회계책임자 그 밖의 관계인에게 이의사실에 대한 소명자료를 제출하도록 통지하여야 하며, 회계책임자 그 밖의 관계인은 통지를 받은 날부터 7일 이내에 소명자료를 제출하여야 한다. 이 경우 관할 선거관리위원회는 그 소명자료를 제출받은 때에는 그 이의신청 내용과 소명내용을, 그 소명자료의 제출이 없는 때에는 이의신청내용과 소명이 없음을 공고하고 지체 없이 그 사실을 당해 이의신청인에게 통지하여야 한다.

⑨ 제1항의 공고, 회계보고서 등의 열람, 이의신청 및 사본교부 그 밖에 필요한 사항은 중앙선거관리위원회규칙으로 정한다.

제43조(자료제출요구 등) ① 각급 선거관리위원회(읍·면·동선거관리위원회를 제외한다. 이하 이 조에서 같다) 위원·직원은 선거비용의 수입과 지출에 관하여 확인할 필요가 있다고 인정되는 때에는 회계장부 그 밖의 출납서류를 보거나, 정당, 공직선거의 후보자·예비후보자·회계책임자 또는 선거비용에서 지출하는 비용을 지급받거나 받을 권리가 있는 자 그 밖의 관계인에 대하여 조사할 수 있으며, 보고 또는 자료의 제출을 요구할 수 있다.

② 선거관리위원회로부터 제1항의 규정에 의한 요구를 받은 자는 지체 없이 이에 따라야 한다.

③ 선거관리위원회는 제42조(회계보고서 등의 열람 및 사본교부)제6항의 이의신청과 이 조 제1항의 규정에 의한 열람·보고 또는 제출된 자료 등에 의하여 회계장부 그 밖의 출납서류 또는 회계보고서의 내용 중 허위사실의 기재·불법지출이나 초과지출 그 밖에 이 법에 위반되는 사실이 있다고 인정되는 때에는 관할 수사기관에 고발 또는 수사의뢰 그 밖에 필요한 조치를 하여야 한다.

제44조(회계장부 등의 인계·보존) ① 회계책임자는 제40조(회계보고)의 규정에 의하여 회계보고를 마친 후 지체 없이 선임권자에게 이 법의 규정에 의한 당비영수증원부, 정치자금영수증 원부, 회계장부, 정치자금의 수입·지출에 관한 명세서, 영수증 그 밖의 증빙서류, 예금통장, 지출결의서 및 구입·지급품의서(“회계장부등”이라 한다. 이하 제2항에서 같다)를 인계하여야 하며, 선임권자는 회계책임자가 회계보고를 마친 날부터 3년간 보존하여야 한다.

② 제1항의 규정에 불구하고 회계책임자는 선임권자의 동의를 얻어 관할 선거관리위원회에 회계장부등의 보존을 위탁할 수 있다.

제8장 벌 칙

제45조(정치자금부정수수죄) ① 이 법에 정하지 아니한 방법으로 정치자금을 기부하거나 기부받은 자(정당·후원회·법인 그 밖에 단체에 있어서는 그 구성원으로서 당해 위반행위를 한 자를 말한다. 이하 같다)는 5년 이하의 징역 또는 1천만 원 이하의 벌금에 처한다. 다만, 정치자금을 기부하거나 기부받은 자의 관계가 「민법」 제777조(친족의 범위)의 규정에 의한 친족인 경우에는 그러하지 아니하다.

② 다음 각 호의 어느 하나에 해당하는 자는 5년 이하의 징역 또는 1천만 원 이하의 벌금에 처한다.

1. 제6조(후원회지정권자)의 규정에 의한 후원회지정권자가 아닌 자로서 정치자금의 기부를 목적으로 후원회나 이와 유사한 기구를 설치·운영한 자
2. 제11조(후원인의 기부한도 등)제1항의 규정을 위반하여 기부한 자와 제11조제2항, 제12조(후원회의 모금·기부한도)제1항·제2항 또는 제13조(연간 모금·기부한 도액에 관한 특례)제1항의 규정을 위반하여 후원금을 받거나 모금 또는 기부를 한 자
3. 제14조(후원금 모금방법) 내지 제16조(정치자금영수증과의 교환에 의한 모금)제1항의 규정을 위반하여 고지·광고하거나 후원금을 모금한 자
4. 제22조(기탁금의 기탁)제1항의 규정을 위반하여 선거관리위원회에 기탁하지 아니하고 정치자금을 기부하거나 받은 자
5. 제31조(기부의 제한) 또는 제32조(특정행위와 관련한 기부의 제한)의 규정을 위반하여 정치자금을 기부하거나 받은 자
6. 제33조(기부의 알선에 관한 제한)의 규정을 위반하여 정치자금의 기부를 받거나 이를 알선한 자

③ 제1항 및 제2항의 경우 그 제공된 금품 그 밖에 재산상의 이익은 몰수하며, 이를 몰수할 수 없을 때에는 그 가액을 추징한다.

제46조(각종 제한규정위반죄) 다음 각 호의 어느 하나에 해당하는 자는 3

년 이하의 징역 또는 600만 원 이하의 벌금에 처한다.

1. 제5조(당비영수증)제1항·제2항 또는 제17조(정치자금영수증)제11항의 규정을 위반하여 당비영수증·정치자금영수증의 기재금액 또는 액면금액과 상이한 금액을 기부한 자와 이를 받은 자, 당비영수증·정치자금영수증을 허위로 작성하여 교부하거나 위조·변조하여 이를 사용한 자
2. 제8조(후원회의 회원)제3항의 규정을 위반하여 회원명부의 열람을 강요한 자 또는 같은 조제5항의 규정을 위반하여 회원명부에 관하여 직무상 알게 된 사실을 누설한 자
3. 제10조(후원금의 모금·기부)제1항 후단의 규정을 위반하여 정치자금을 기부한 자
4. 제17조제12항의 규정을 위반하여 법률에 의한 절차에 의하지 아니하고 후원회에 발급한 정치자금영수증의 일련번호를 공개하거나 이를 다른 국가기관에 고지한 자
5. 제37조(회계장부의 비치 및 기재)제1항 또는 제40조(회계보고)제1항 내지 제4항의 규정을 위반하여 회계장부를 비치하지 아니하거나 허위로 기재한 자 또는 회계보고를 하지 아니하거나 재산상황, 정치자금의 수입·지출금액과 그 내역, 수입·지출에 관한 명세서, 영수증 그 밖의 증빙서류, 예금통장 사본을 제출하지 아니하거나 이를 허위로 제출한 자 또는 수입·지출에 관한 영수증 그 밖의 증빙서류를 허위기재·위조 또는 변조한 자
6. 제44조(회계장부 등의 인계·보존)제1항의 규정을 위반하여 당비영수증 원부, 정치자금영수증 원부, 회계장부, 정치자금의 수입·지출명세서와 증빙서류, 예금통장, 지출결의서 또는 구입·지급품의서를 인계·보존하지 아니한 자
7. 제63조(비밀엄수의 의무)의 규정을 위반하여 직무상 비밀을 누설한 자

제47조(각종 의무규정위반죄) ① 다음 각 호의 어느 하나에 해당하는 자는 2년 이하의 징역 또는 400만 원 이하의 벌금에 처한다.

1. 제2조(기본원칙)제3항의 규정을 위반하여 정치자금을 정치활동을 위하여 소요되는 경비 외의 용도로 지출한 자
2. 제5조(당비영수증)제1항 또는 제17조(정치자금영수증)제1항·제3항

의 규정을 위반하여 당비·후원금을 납부 또는 기부받은 날부터 30일까지 당비영수증이나 정치자금영수증을 발행 또는 교부하지 아니한 자와 무정액영수증의 사용범위를 위반하여 교부한 자

3. 제16조(정치자금영수증과의 교환에 의한 모금)제2항의 규정을 위반하여 정당한 사유 없이 정치자금영수증 원부, 기부자의 인적 사항 또는 후원금을 인계하지 아니한 자
4. 제28조(보조금의 용도제한 등)제1항 내지 제3항의 규정을 위반하여 보조금을 사용한 자
5. 제30조(보조금의 반환)제1항의 규정을 위반하여 보조금의 잔액을 반환하지 아니한 자
6. 제34조(회계책임자의 선임신고 등)제4항제1호의 규정을 위반하여 정치자금의 수입·지출을 위한 예금계좌를 신고하지 아니한 자
7. 제35조(회계책임자의 변경신고 등)제2항의 규정을 위반하여 재산 및 정치자금의 잔액 또는 회계장부 등을 인계·인수하지 아니한 자
8. 제36조(회계책임자에 의한 수입·지출)제1항 또는 제3항의 규정을 위반하여 회계책임자에 의하지 아니하고 정치자금을 수입·지출한 자
9. 제36조제2항의 규정을 위반하여 신고된 예금계좌를 통하지 아니하고 정치자금을 수입·지출한 자
10. 제39조(영수증 그 밖의 증빙서류) 본문의 규정을 위반하여 영수증 그 밖의 증빙서류를 구비하지 아니하거나 허위기재·위조·변조한 자
11. 제41조(회계보고의 자체 감사 등)제2항의 규정을 위반하여 허위의 감사보고를 한 자
12. 제42조(회계보고서 등의 열람 및 사본교부)제5항의 규정을 위반하여 공개된 정치자금 기부내역을 인터넷에 게시하여 정치적 목적에 이용한 자
13. 제53조(정치자금범죄 신고자의 보호 등)제2항의 규정을 위반한 자

② 제28조제4항·제42조제7항 또는 제52조(정치자금범죄 조사 등)제1항·제4항의 규정을 위반하여 선거관리위원회의 조사·자료확인이나 제출요구에 정당한 사유 없이 응하지 아니하거나 허위자료의 제출 또는 장소의 출입을 방해한 자는 1년 이하의 징역 또는 200만 원 이하의 벌금에 처한다.

제48조(감독의무해태죄 등) 다음 각 호의 어느 하나에 해당하는 자는 200만 원 이하의 벌금형에 처한다.

1. 회계책임자가 제46조(각종 제한규정위반죄)제5호의 규정에 의한 죄를 범한 경우 당해 회계책임자의 선임 또는 감독에 상당한 주의를 태만히 한 회계책임자의 선임권자
2. 제2조(기본원칙)제4항의 규정을 위반하여 실명이 확인되지 아니한 방법으로 정치자금을 기부·지출한 자 또는 현금으로 지출할 수 있는 연간 한도액을 초과하여 지출한 자
3. 제2조제5항의 규정을 위반하여 타인의 명의나 가명으로 정치자금을 기부한 자
4. 제4조(당비)제2항·제11조(후원인의 기부한도 등)제4항·제21조(후원회가 해산한 경우의 잔여재산 처분 등)제3항 내지 제5항 또는 제58조(후보자의 반환기탁금 및 보전비용의 처리)제4항의 규정을 위반하여 당비 등을 정당한 사유 없이 국고에 귀속시키지 아니한 자
5. 제8조(후원회의 회원)제2항의 규정을 위반하여 회원명부를 비치하지 아니하거나 허위로 작성한 자
6. 제11조제3항의 규정에 의한 익명기부한도액을 위반하여 기부한 자

제49조(선거비용관련 위반행위에 관한 벌칙) ① 회계책임자가 정당한 사유 없이 선거비용에 대하여 제40조(회계보고)제1항·제2항의 규정에 의한 회계보고를 하지 아니하거나 허위기재·위조·변조 또는 누락(선거비용의 수입·지출을 은닉하기 위하여 누락한 경우를 말한다)한 자는 5년 이하의 징역 또는 2천만 원 이하의 벌금에 처한다.

② 선거비용과 관련하여 다음 각 호의 어느 하나에 해당하는 자는 2년 이하의 징역 또는 400만 원 이하의 벌금에 처한다.

1. 제2조(기본원칙)제4항의 규정을 위반한 자
2. 제34조(회계책임자의 선임신고 등)제1항·제4항제1호 또는 제35조(회계책임자의 변경신고 등)제1항의 규정을 위반하여 회계책임자·예금계좌를 신고하지 아니한 자
3. 제36조(회계책임자에 의한 수입·지출)제1항·제3항·제5항의 규정을 위반한 자, 동조제2항의 규정을 위반하여 신고된 예금계좌를 통하지 아니하고 수입·지출한 자와 동조제4항의 규정을 위반하여 예

금계좌에 입금하지 아니하는 방법으로 지급한 자

4. 제36조제6항의 규정을 위반하여 선거비용의 지출에 관한 내역을 통지하지 아니한 자
5. 제37조(회계장부의 비치 및 기재)제1항의 규정을 위반하여 회계장부를 비치·기재하지 아니하거나 허위기재·위조·변조한 자
6. 제39조(영수증 그 밖의 증빙서류) 본문의 규정에 의한 영수증 그 밖의 증빙서류를 허위기재·위조·변조한 자
7. 제40조제4항제3호의 규정을 위반하여 예금통장 사본을 제출하지 아니한 자
8. 제43조(자료제출요구 등)제2항을 위반하여 선거관리위원회의 보고 또는 자료의 제출 요구에 정당한 사유없이 응하지 아니하거나 보고 또는 자료의 제출을 허위로 한 자
9. 제44조(회계장부 등의 인계·보존)제1항의 규정을 위반한 자

③ 선거비용과 관련하여 다음 각 호의 어느 하나에 해당하는 자는 200만 원 이하의 과태료에 처한다.

1. 제34조제1항·제3항 또는 제35조제1항의 규정을 위반하여 회계책임자의 선임·변경·겸임신고를 해태한 자
2. 제34조제4항제2호의 규정에 의한 약정서를 제출하지 아니한 자
3. 제35조제2항의 규정을 위반하여 인계·인수서를 작성하지 아니한 자
4. 제40조제5항의 규정을 위반한 자

제50조(양벌규정) 정당·후원회의 회계책임자와 그 회계사무보조자 또는 법인·단체의 임원이나 구성원이 그 업무에 관하여 제45조(정치자금부정수수죄)부터 제48조(감독의무해태죄 등)까지의 어느 하나에 해당하는 위반행위를 한 때에는 행위자를 벌하는 외에 당해 정당이나 후원회 또는 법인·단체가 한 것으로 보아 그 정당이나 후원회 또는 법인·단체에 대하여도 각 해당 조의 벌금형을 과한다. 다만, 해당 정당이나 후원회 또는 법인·단체가 그 위반행위를 방지하기 위하여 해당 업무에 관하여 상당한 주의와 감독을 게을리하지 아니한 경우에는 그러하지 아니하다.

제51조(과태료) ① 다음 각 호의 어느 하나에 해당하는 행위를 한 자는 300만 원 이하의 과태료에 처한다.

1. 제5조(당비영수증)제1항 또는 제17조(정치자금영수증)제1항의 규정을 위반하여 당비영수증 또는 정치자금영수증의 발행·교부를 해태한 자
2. 제9조(후원회의 사무소 등)제2항·제3항의 규정을 위반하여 유급사무직원의 수를 초과하여 둔 자
3. 「형사소송법」 제211조(현행범인과 준현행범인)에 규정된 현행범인 또는 준현행범인으로서 제52조(정치자금범죄 조사 등)제5항의 규정에 의한 동행요구에 응하지 아니한 자

② 다음 각 호의 어느 하나에 해당하는 행위를 한 자는 200만 원 이하의 과태료에 처한다.

1. 제35조(회계책임자의 변경신고 등)제2항의 규정을 위반하여 인계·인수를 지체한 자
2. 제38조(정당의 회계처리)제2항의 규정을 위반하여 지출결의서나 구입·지급품의서에 의하지 아니하고 정치자금을 지출한 자

③ 다음 각 호의 어느 하나에 해당하는 행위를 한 자는 100만 원 이하의 과태료에 처한다.

1. 제7조제1항·제4항, 제19조제2항·제3항 본문, 제20조제1항 후단, 제34조제1항·제3항, 제35조제1항 또는 제40조제1항·제2항을 위반하여 신고·보고 또는 신청을 해태한 자
2. 제7조의 규정을 위반하여 후원회의 등록신청 또는 변경등록신청을 허위로 한 자
3. 제8조(후원회의 회원)제1항의 규정을 위반하여 후원회의 회원이 될 수 없는 자를 회원으로 가입하게 하거나 가입한 자
4. 제17조제10항의 규정을 위반하여 정치자금영수증 사용실태를 보고하지 아니하거나 정치자금영수증을 관할 선거관리위원회에 반납하지 아니한 자
5. 제21조(후원회가 해산한 경우의 잔여재산 처분 등)제1항·제2항 또는 제58조(후보자의 반환기탁금 및 보전비용의 처리)제1항의 규정을 위반하여 잔여재산 또는 반환기탁금·보전비용의 인계의무를 해태한 자
6. 제34조제2항 본문의 규정을 위반하여 회계책임자가 된 자

7. 제37조(회계장부의 비치 및 기재)제1항 후단의 규정을 위반하여 보조금과 보조금 외의 정치자금, 선거비용과 선거비용 외의 정치자금을 각각 구분하여 경리하지 아니한 자
8. 제40조제4항제4호 내지 제6호의 규정을 위반하여 예산결산위원회가 확인·검사한 사실이 명시된 공개자료의 사본, 의결서 사본 또는 감사의견서와 인계·인수서를 첨부하지 아니한 자
9. 제52조(정치자금범죄 조사 등)제5항의 규정을 위반하여 출석요구에 응하지 아니한 자

④ 이 법의 규정에 의한 과태료는 중앙선거관리위원회규칙이 정하는 바에 의하여 관할 선거관리위원회(읍·면·동선거관리위원회를 제외한다. 이하 이 조에서 "부과권자"라 한다)가 그 위반자에게 부과하며, 납부기한까지 납부하지 아니한 때에는 관할 세무서장에게 위탁하고 관할 세무서장이 국세체납처분의 예에 따라 이를 징수한다. 다만, 과태료 처분대상자가 정당인 경우에는 당해 정당에 배분·지급될 보조금 중에서 공제하고, 후보자[제49조(선거비용관련 위반행위에 대한 벌칙)제3항에 따라 과태료 처분을 받은 선거연락소장과 회계책임자를 포함한다]인 경우에는「공직선거법」제57조(기탁금의 반환 등) 및 제122조의2(선거비용의 보전 등)의 규정에 의하여 당해 후보자(대통령선거의 정당추천후보자, 비례대표국회의원선거 및 비례대표지방의회의원선거에 있어서는 그 추천정당을 말한다)에게 반환·지급할 기탁금 또는 선거비용 보전금에서 공제할 수 있다.

제9장 보 칙

제52조(정치자금범죄 조사 등) ① 각급 선거관리위원회(읍·면·동선거관리위원회를 제외한다. 이하 이 조에서 같다) 위원·직원은 이 법을 위반한 범죄의 혐의가 있다고 인정되거나 현행범의 신고를 받은 경우에는 그 장소에 출입하여 정당, 후원회, 후원회를 둔 국회의원·지방의회의원, 대통령선거경선후보자, 당대표경선후보자등, 공직선거의 후보자·예비후보자, 회계책임자, 정치자금을 기부하거나 받은 자 또는 정치자금에서 지출하는 비용을 지급받거나 받을 권리가 있는 자 그 밖에 관

계인에 대하여 질문·조사하거나 관계 서류 그 밖에 조사에 필요한 자료의 제출을 요구할 수 있다.

② 각급 선거관리위원회는 정치자금의 수입과 지출에 관한 조사를 위하여 불가피한 경우에는 다른 법률의 규정에 불구하고 금융기관의 장에게 이 법을 위반하여 정치자금을 주거나 받은 혐의가 있다고 인정되는 상당한 이유가 있는 자의 다음 각 호에 해당하는 금융거래자료의 제출을 요구할 수 있다. 다만, 당해 계좌에 입·출금된 타인의 계좌에 대하여는 그러하지 아니하다. 이 경우 당해 금융기관의 장은 이를 거부할 수 없다.

1. 계좌개설 내역
2. 통장원부 사본
3. 계좌이체의 경우 거래상대방의 인적 사항
4. 수표에 의한 거래의 경우 당해 수표의 최초 발행기관 및 발행의뢰인의 인적 사항

③ 각급 선거관리위원회 위원·직원은 이 법에 규정된 범죄에 사용된 증거물품으로서 증거인멸의 우려가 있다고 인정되는 경우에는 조사에 필요한 범위 안에서 현장에서 이를 수거할 수 있다. 이 경우 당해 선거관리위원회 위원·직원은 수거한 증거물품을 그 관련된 범죄에 대하여 고발 또는 수사의뢰한 때에는 관계 수사기관에 송부하고 그러하지 아니한 때에는 그 소유·점유·관리하는 자에게 지체 없이 반환하여야 한다.

④ 누구든지 제1항의 규정에 의한 장소의 출입을 방해하여서는 아니되며, 질문·조사를 받거나 자료의 제출을 요구받은 자는 즉시 이에 따라야 한다.

⑤ 각급 선거관리위원회 위원·직원은 정치자금범죄의 조사와 관련하여 관계자에게 질문·조사하기 위하여 필요하다고 인정되는 때에는 선거관리위원회에 출석할 것을 요구할 수 있고, 범죄혐의에 대하여 명백한 증거가 있는 때에는 동행을 요구할 수 있다. 다만, 공직선거(대통령선거경선후보자·당대표경선후보자등의 당내경선을 포함한다)의 선거기간 중 후보자(대통령선거경선후보자·당대표경선후보자등을 포함한다)에 대하여는 동행 또는 출석을 요구할 수 없다.

⑥ 각급 선거관리위원회 위원·직원이 제1항의 규정에 의한 질문·조사·자료의 제출 요구 또는 장소에 출입하거나 제5항의 규정에 의한 동행 또는 출석을 요구하는 경우에는 관계인에게 그 신분을 표시하는 증표를 제시하고 소속과 성명을 밝히고 그 목적과 이유를 설명하여야 한다.

⑦ 제2항의 규정에 의하여 금융거래의 내용에 대한 정보 또는 자료(이하 "거래정보등"이라 한다)를 알게 된 자는 그 알게 된 거래정보등을 타인에게 제공 또는 누설하거나 그 목적 외의 용도로 이를 이용하여서는 아니된다.

⑧ 제1항 내지 제6항의 규정에 의한 자료제출요구서, 증거자료의 수거 및 증표의 규격 그 밖에 필요한 사항은 중앙선거관리위원회규칙으로 정한다.

제53조(정치자금범죄 신고자의 보호 등) ① 정치자금범죄(제8장에 해당하는 죄를 말한다. 이 장에서 같다)에 관한 신고·진정·고소·고발 등 조사 또는 수사단서의 제공, 진술 또는 증언 그 밖에 자료제출행위 및 범인검거를 위한 제보 또는 검거활동을 한 자(이하 이 조에서 "정치자금범죄 신고자등"이라 한다)가 그와 관련하여 피해를 입거나 입을 우려가 있다고 인정할 만한 상당한 이유가 있는 경우 그 정치자금범죄에 관한 형사절차 및 선거관리위원회의 조사과정에 있어서는 「특정범죄신고자등 보호법」 제5조(불이익처우의 금지)·제7조(인적 사항의 기재생략)·제9조(신원관리카드의 열람) 내지 제12조(소송진행의 협의 등) 및 제16조(범죄신고자 등에 대한 형의 감면)의 규정을 준용한다.

② 누구든지 제1항의 규정에 의하여 보호되고 있는 정치자금범죄 신고자등이라는 정을 알면서 그 인적 사항 또는 정치자금 범죄신고자등임을 미루어 알 수 있는 사실을 다른 사람에게 알려 주거나 공개 또는 보도하여서는 아니된다.

제54조(정치자금범죄 신고자에 대한 포상금 지급) ① 각급 선거관리위원회(읍·면·동선거관리위원회를 제외한다. 이하 이 조에서 같다) 또는 수사기관은 정치자금범죄에 대하여 선거관리위원회 또는 수사기관이 인지하기 전에 그 범죄행위의 신고를 한 자에 대하여는 중앙선거관리위원회규칙이 정하는 바에 따라 포상금을 지급할 수 있다.

② 각급선거관리위원회 또는 수사기관은 제1항에 따라 포상금을 지급한 후 담합 등 거짓의 방법으로 신고한 사실이 발견된 경우 해당 신고자에게 반환할 금액을 고지하여야 하고, 해당 신고자는 그 고지를 받은 날부터 30일 이내에 해당 선거관리위원회 또는 수사기관에 이를 납부하여야 한다.

③ 각급선거관리위원회 또는 수사기관은 해당 신고자가 제2항의 납부기한까지 반환할 금액을 납부하지 아니한 때에는 해당 신고자의 주소지를 관할하는 세무서장에게 징수를 위탁하고 관할 세무서장이 국세체납처분의 예에 따라 징수한다.

④ 제2항 또는 제3항에 따라 납부 또는 징수된 금액은 국가에 귀속된다.

제55조(피고인의 출정) ① 정치자금범죄에 관한 재판에서 피고인이 공시송달에 의하지 아니한 적법한 소환을 받고서도 공판기일에 출석하지 아니한 때에는 다시 기일을 정하여야 한다.

② 피고인이 정당한 사유 없이 다시 정한 기일 또는 그 후에 열린 공판기일에 출석하지 아니한 때에는 피고인의 출석 없이 공판절차를 진행할 수 있다.

③ 제2항의 규정에 의하여 공판절차를 진행할 경우에는 출석한 검사 및 변호인의 의견을 들어야 한다.

④ 법원은 제2항의 규정에 따라 판결을 선고한 때에는 피고인 또는 변호인(변호인이 있는 경우에 한한다)에게 전화 그 밖에 신속한 방법으로 그 사실을 통지하여야 한다.

제56조(기소 · 판결에 관한 통지) ① 정치자금범죄로 정당의 대표자, 국회의원, 지방자치단체의 장, 지방의회의원, 공직선거 후보자 · 예비후보자, 대통령선거경선후보자 · 당대표경선후보자등, 후원회의 대표자 또는 그 회계책임자를 기소한 검사는 이를 관할 선거관리위원회에 통지하여야 한다.

② 제45조부터 제48조까지 및 제49조제1항 · 제2항의 범죄에 대한 확정판결을 행한 재판장은 그 판결서 등본을 관할 선거관리위원회에 송부하여야 한다.

제57조(정치자금범죄로 인한 공무담임 등의 제한) 제45조(정치자금부정수수죄)에 해당하는 범죄로 인하여 징역형의 선고를 받은 자는 그 집행

을 받지 아니하기로 확정된 후 또는 그 형의 집행이 종료되거나 면제된 후 10년간, 금고 이상의 형의 집행유예의 선고를 받은 자는 그 형이 확정된 후 10년간, 100만 원 이상의 벌금형(집행유예를 포함한다)의 선고를 받은 자는 그 형이 확정된 후 5년간 「공직선거법」 제266조(선거범죄로 인한 공무담임 등의 제한)제1항 각 호의 어느 하나에 해당하는 직에 취임하거나 임용될 수 없으며, 이미 취임 또는 임용된 자의 경우에는 그 직에서 퇴직된다.

제58조(후보자의 반환기탁금 및 보전비용의 처리) ① 공직선거의 후보자가 후원회의 후원금 또는 정당의 지원금으로 「공직선거법」 제56조(기탁금)의 규정에 의한 기탁금을 납부하거나 선거비용을 지출하여 같은 법 제57조(기탁금의 반환 등) 또는 제122조의2(선거비용의 보전 등)의 규정에 의하여 반환·보전받은 경우 그 반환·보전비용 [자신의 재산(차입금을 포함한다)으로 지출한 비용을 모두 공제한 잔액을 말한다]은 선거비용을 보전받은 날부터 20일 이내(이하 이 조에서 "인계기한"이라 한다)에 정당추천후보자는 소속정당에, 무소속후보자는 공익법인 또는 사회복지시설에 인계하여야 한다.

② 국회의원선거 또는 지방의회의원선거의 당선인은 제1항에도 불구하고 그 반환·보전비용을 자신의 정치자금으로 사용할 수 있으며, 이 경우 제34조(회계책임자의 선임신고 등)제4항제1호의 규정에 의한 예금계좌(후원회를 두지 아니한 경우에는 자신의 명의로 개설한 예금계좌를 말한다)에 입금하여 정치자금으로 사용하여야 한다.

③ 후원회를 두지 아니한 국회의원 또는 지방의회의원이 자신 명의로 개설한 예금계좌에 입금한 제2항의 자금을 모두 지출한 때에는 중앙선거관리위원회규칙이 정하는 바에 따라 관할 선거관리위원회에 보고하여야 한다.

④ 공직선거의 후보자가 제1항에 따라 인계하여야 하는 반환·보전비용을 그 인계기한 이내에 소속 정당 등에 인계하지 아니한 경우에는 이를 국고에 귀속시켜야 한다. 이 경우 국고귀속절차에 관하여는 제4조(당비)제3항 및 제4항의 규정을 준용한다.

제59조(조세의 감면) ① 이 법에 의하여 정치자금을 기부한 자 또는 기부받은 자에 대하여는 「조세특례제한법」이 정하는 바에 따라 그 정치자

금에 상당하는 금액에 대한 소득세 및 증여세를 면제하되, 개인이 기부한 정치자금은 해당 과세연도의 소득금액에서 10만 원까지는 그 기부금액의 110분의 100을, 10만 원을 초과한 금액에 대해서는 해당 금액의 100분의 15(해당 금액이 3천만 원을 초과하는 경우 그 초과분에 대해서는 100분의 25)에 해당하는 금액을 종합소득산출세액에서 공제하고, 「지방세특례제한법」에 따라 그 공제금액의 100분의 10에 해당하는 금액을 해당 과세연도의 개인지방소득세 산출세액에서 추가로 공제한다. 다만, 제11조(후원인의 기부한도 등)제3항의 규정에 의한 익명기부, 후원회 또는 소속 정당 등으로부터 기부받거나 지원받은 정치자금을 당비로 납부하거나 후원회에 기부하는 경우에는 그러하지 아니하다.

② 후원회의 명의로 개설된 정치자금 예금계좌에 입금하는 방법으로 1회 10만 원, 연간 120만 원 이하의 정치자금을 기부한 자는 그 후원회의 명의와 기부자의 성명·생년월일 등 인적 사항, 거래일자·거래금액 등 기부내역이 기재된 금융거래 입금증이나 위조·복사·변조를 방지하기 위한 장치가 된 전자결제영수증 원본을 제1항의 규정에 따른 세액공제를 위한 영수증으로 사용할 수 있다.

제60조(정치자금의 기부 등 촉진) 각급 선거관리위원회(읍·면·동선거관리위원회를 제외한다)는 정치자금의 기부·기탁을 촉진하기 위하여 정치자금의 기부·기탁의 방법·절차 및 필요성 등을 인쇄물·시설물·광고물 등을 이용하여 홍보하여야 한다.

제61조(정치자금 모금을 위한 방송광고) ①「방송법」에 의한 지상파방송사는 깨끗한 정치자금의 기부문화 조성을 위하여 공익광고를 하여야 하며, 그 비용은 당해 방송사가 부담한다.

② 제1항의 공익광고를 위하여 「방송광고판매대행 등에 관한 법률」에 따른 한국방송광고진흥공사(이하 이 조에서 "한국방송광고진흥공사"라 한다)는 그 부담으로 방송광고물을 제작하여 연 1회 이상 지상파방송사에 제공하여야 한다.

③ 한국방송광고진흥공사는 제2항의 규정에 의한 방송광고물을 제작하고자 하는 때에는 그 방송광고의 주제에 관하여 중앙선거관리위원회와 협의하여야 한다.

제62조(「기부금품의 모집 및 사용에 관한 법률」의 적용배제) 이 법에 의하여 정치자금을 기부하거나 받는 경우에는 「기부금품의 모집 및 사용에 관한 법률」의 적용을 받지 아니한다.

제63조(비밀엄수의 의무) 각급 선거관리위원회 위원과 직원은 재직 중은 물론 퇴직후라도 이 법의 시행과 관련하여 직무상 알게 된 비밀을 누설하여서는 아니된다.

제64조(공고) 관할 선거관리위원회는 제7조(후원회의 등록신청 등)·제19조(후원회의 해산 등)제3항 본문의 규정에 의한 신고나 등록신청을 받은 때, 제40조(회계보고)제1항·제2항의 규정에 의한 회계보고를 받은 때, 제19조제4항의 규정에 의하여 후원회의 등록을 말소한 때, 제23조(기탁금의 배분과 지급)·제27조(보조금의 배분)의 규정에 의한 정치자금을 정당에 지급한 때 또는 제30조(보조금의 반환)의 규정에 의하여 보고를 받거나 보조금을 반환받은 때에는 중앙선거관리위원회규칙이 정하는 바에 따라 그 뜻을 공고하여야 한다.

제65조(시행규칙) 이 법 시행에 관하여 필요한 사항은 중앙선거관리위원회규칙으로 정한다.

부 칙 〈법률 제20348호, 2024. 2. 20.〉

제1조(시행일) 이 법은 공포한 날부터 시행한다.

제2조(지방의회의원의 후원회 지정에 관한 특례) 제6조제2호의2의 개정규정에도 불구하고 지방의회의원은 2024년 7월 1일부터 후원회를 지정하여 둘 수 있다.

제3조(회계보고서 등의 열람에 관한 특례) 이 법 시행 당시 종전의 제42조제2항에 따라 열람 중인 재산상황, 정치자금의 수입·지출내역 및 첨부서류는 제42조제2항의 개정규정에도 불구하고 이 법 시행일부터 6개월간 열람할 수 있다.

찾아보기

ㄱ

ㄴ

ㄹ

ㅁ

ㅂ

ㅇ

ㅈ

ㅊ

ㅎ

기타

저자 소개

신우용(申禹容)

❙ 약력

충청남도 서천군 비인중학교 졸업
국립구미전자공고 통신과 졸업
건국대학교 정치외교학과 학사
연세대학교 법무대학원 석사

중앙선거관리위원회 정당 · 홍보 · 법제과장
법제국장
선거정책실장
기획조정실장
서울시선거관리위원회 상임위원
경기도선거관리위원회 상임위원
제주도선거관리위원회 상임위원
인터넷선거보도심의위원회 상임위원
한국선거협회 법률고문
법무법인대륙아주 고문

선거관리유공 근정포장
중앙선거관리위원회위원장 표창

❙ 주요 저서

『정치신인을 위한 선거법 강의』
『조합장 선거론』
『MG새마을금고 선거론』
『신용협동조합 선거론』

정치가를 위한 정치자금법 강의

초판발행 2025년 12월 3일

지은이 신우용
펴낸이 안종만·안상준

편 집 나세현
기획/마케팅 박부하
표지디자인 BEN STORY
제 작 고철민·김원표

펴낸곳 (주) 박영사
서울특별시 금천구 가산디지털2로 53, 210호(가산동, 한라시그마밸리)
등록 1959. 3. 11. 제300-1959-1호(倫)
전 화 02)733-6771
f a x 02)736-4818
e-mail pys@pybook.co.kr
homepage www.pybook.co.kr
ISBN 979-11-303-9863-1 93360

정 가 30,000원